Den Guddommelige Moders Tusind Navne

med kommentarer

SRI LALITA

Den Guddommelige Moders Tusind Navne

Śrī Lalitā Sahasranāma

Med kommentarer af
T.V. Narayana Menon

Redigeret af professor Prof. K.V. Dev

Oversat til engelsk af M.N. Namboodiri, ph.d.

Mata Amritanandamayi Center, San Ramon
Californien, Forenede Stater

Den Guddommelige Moders Tusind Navne
Sri Lalita Sahasranama

Udgivet af:
Mata Amritanandamayi Center
P.O. Box 613
San Ramon, CA 94583
Forenede Stater

——— *The Thousand Names with Commentary (Danish)* ——

Første oplag: 2016

Danmark:
Hjemmeside: www.amma-danmark.dk
E-mail: info@amma-danmark.dk

India:
Website: www.amritapuri.org
Email: inform@amritapuri.org

Denne bog er med ydmyghed dedikeret til

Śrī Māta Amritānandamayī,

Inkarnationen af den Guddommelige Moder

Hun, den Oprindelige Śakti, som overgår alle, og hvis Egen sande natur er evig, ubegrænset lyksalighed, er grundlaget for alle bevægelige og ubevægelige ting og det rene spejl, hvori Śiva, den Absolutte, erfarer Sig Selv.

Kāma Kalā Vilāsa, vers 2.

Indhold

Noter 7

Forord 9

Introduktion 17

Phalaśruti 37

Meditationsvers for Śrī Lalitā Sahasranāma 43

Kommentarer 47

Mānasa Pūja 513

Alfabetisk liste med navnene 530

Noter

Om forfatteren til kommentarerne: Tiruvali Vallikkattu Narayana Menon

Narayana Menon blev født i 1855 i Manceri i Kerala. Han var kendt for sin store hengivenhed for Devī. Hver dag tilbad han Devī ved at chante *Lalitā Sahasranāma arcana* foran et Śrī Cakra lavet af guld. Hans utrættelige indsats blev belønnet med en stor gave, idet han inden sin død i en alder af 72 år nåede at færdiggøre kommentarerne til *Lalitā Sahasranāma* på Malayalam.

Efter Narayana Menons død blev kommentarerne overleveret til hans datter Meenakshi Amma, som også var Devī-hengiven. Fra hende gik manuskriptet videre til datteren Kalyanikkutty Amma og svigersønnen K.P.N. Menon. K.P.N. Menon, som var leder af Shornur afdelingen af Mata Amritanandamayi Seva Samiti, dedikerede de meget anerkendte kommentarer, som hans kones bedstefar havde skrevet, til Amma i 1998. Med Ammas vejledning udvidede og redigerede Professor K.V. Dev manuskriptet, så det blev tilpasset nutidens sprog og kultur. Den første udgave af kommentarerne blev udgivet på Malayalam i 1994.

Kommentarer til Lalitā Sahasranāma

De bedst kendte og mest ansete kommentarer til *Lalitā Sahasranāma er Saubhāgya Bhaskāra,* som blev skrevet på Sanskrit af Śrī Bhāskararāya (Bhāsurānanda), som levede i det attende århundrede. Bhāskararāya var kendt som en lærd mand, der praktiserede Śrī Vidyā tilbedelse og arbejdede for at udbrede Śākta doktrinen. Man vurderer, at hans kommentarer blev skrevet i 1785. Andre prominente tidlige kommentarer til *Sahasranāma* er Vimarśanānandanātha, Vidyāraṇya Muni og Bhaṭṭanārāyaṇa.

Kommentarerne i denne bog er primært baseret på Bhāskararāyas arbejde. Der er også indarbejdet nogle nye fortolkninger, som er udsprunget af kommentatorens dybe personlige tilbedelse af Devī. Nogle steder har det også været nødvendigt at inddrage relevante ideer fra andre kommenterende værker.

Den Engelske oversættelse

Oversættelsen fra det oprindelige Malayalam til engelsk er gennemført af M.N. Namboodiri, der er forsker inden for kernekraft området. Han blev født i Kerala, arbejdede oprindeligt i Indien, men bor nu i USA sammen med sin kone i nærheden af Ammas ashram i San Ramon i Californien. Den danske oversættelse har taget udgangspunkt i den engelske oversættelse af kommentarerne.

Forord

I tidligere tider var vores forfædres budskab til verden dette: "Der findes kun én sandhed. De vise mænd siger, at der er mange veje til Den."Al vold og strid i religionens og ideologiens navn skyldes, at man insisterer på, at "Min vej er den eneste rette vej, alle andre skal omvendes til den." Den slags ønsker om religiøs omvendelse kan fremkalde konflikter og had. Stemmen, som kommer fra Indien, er blid: "Vælg hvilken som helst vej; blot den fører til Sandheden". Det er en tolerant stemme, en stemme, der opfordrer til venskab og til at komme hinanden i møde. Men hvordan finder man tolerance og imødekommenhed blandt mennesker, der på den ene side taler om universelt broderskab og på den anden side kæmper for, at deres egne snævertsynede synspunkter skal dominere de andres?

Vores bøn er:

Sarve bhavantu sukhinaḥ
Sarve santu nirāmayāḥ
Sarve bhadrāni paśyantu
Mā kaschid duhkhabhagbhavet

Lad alle være lykkelige og fredfyldte!
Lad der ikke være nogen sygdom!
Lad os se det gode i alle!
Lad ikke sorg være nogens lod i livet!

Men hvordan kan mennesker finde glæde, når de ikke har mulighed for at spise to måltider mad om dagen, eller når de ikke har et sæt skiftetøj eller et sted, hvor de kan sove uden at være bange? Alle burde i det mindste have den slags essentielle behov dækket. Luksus kan vente.

Enhver, der bliver ramt af sygdom, kan få brug for lægehjælp. Dhanvantari (som grundlagde Ayurveda) viede sit liv til dette formål. Hvad er den virkelige betydning af bønnen, "Lad der ikke være nogen sygdom!"? Der vil altid være sygdom. Men det er vores ønske, at der skal være tilgængelig lægehjælp og medicin for alle. I dag er selv den mest basale lægehjælp en luksus. Kun hvis den helt basale hjælp når frem til alle, kan vi opnå *anāmāyā*, fravær af lidelse, som gælder for alle.

Men det er ikke nok blot at opfylde dette mål. Der findes også en alvorlig brist i mennesket: jalousi. Jalousi får ofte mennesker til at fordømme andre og finde fejl ved dem. Den tilbøjelighed udgør en stor fare for samfundet, og den kan afstedkomme de religiøse konflikter, som findes i denne tid. Hvad er løsningen på dette problem?

"Lad os se det gode i alle!" Gud findes i alt. Derfor vil der altid findes et lille frø af godhed i alt, uanset om det er skjult for os. Vi må helt fra barndommen bestræbe os på at have blik for det gode i andre mennesker. Det vil rense os for dyrelignende tilbøjeligheder. Der kan ikke længere findes had og konflikter, hvis vi er i stand til at se det gode i alle og overalt. "Sarve bhadrāni pasyantu!" Lad os se det gode i alle!

Opnår vi et sådant udviklingsstadie, vil der ikke længere være nogen, der rammes af sorg. Det er den eneste vej til at give en dybere betydning til bønnen:

Lokāḥ samastāḥ sukhino bhavantu

Må alle væsener i alle verdener være lykkelige og fredfyldte!

Den Indiske grundvision hører ikke til nogen bestemt religion. Den kan ses som en vision, der handler om en universel religion, som kan accepteres i ethvert civiliseret samfund. Visionen bliver anset for at være evig og gælde på tværs af forskellige tidsaldre. Af den grund kaldes filosofien bag idealerne for *sanātana dharma*, livets evige og sande moral, etik og levevis.

"Lev og lad andre leve" er grundlaget for denne filosofi. Dyrene formår ikke at praktisere en sådan tilgang til livet. Selv dyr, der skåner deres artsfæller, dræber dyr fra andre arter. Overalt i dyrenes verden møder vi drab og død. Der er ingen, der sørger over det. Men det er trist at se mennesker synke ned og leve på det samme lave niveau. Af den grund straffer vi mord – af andre mennesker, men dog ikke af dyr.

"Må vi leve i hundrede år" – Jivema śarad śatam. Det lykkedes for vores forfædre at få bønnen til at gå i opfyldelse. Det siges, at de alle nåede at leve et menneskeliv, som havde en fuld længde. Men hvad sker der i denne tid? Mange liv afsluttes allerede i ungdommen. Mange mennesker mister livet på grund af had, jalousi og mangel på tolerance. Indiens vismænd forudså for længe siden denne fare, og tusinder år senere har andre store sjæle i andre lande også været opmærksomme på den. Derfor skabte de forbindelse mellem livet og religionen, mellem livet og Gud.

I denne sammenhæng er det et oplagt spørgsmål, om det ikke muligt for mennesket at leve uden Gud eller religion. Svaret er, at det er muligt. Men selv ved fravær af religion er man nødt til at opstille nogle værdier, som udgør grundlaget for livet; nogle værdier, som man tror på. Når troen på sådanne værdier mangler, vil mennesket befinde sig på en farlig glidebane, der fører til et liv, som er kendetegnet ved ondskab. Det er ikke tilstrækkeligt bare at tale om store idealer. Troen er livets lys. Den er kernen i alt. Uden troens lys vil mennesket vakle rundt i mørke, det vil snuble og synke ned i dybe huller. Men hvis fornemmelsen for de væsentlige værdier bliver forbundet med Gud, er det ligesom et hus, der står solidt forankret på en klippefast grund. Hvis forbindelsen til Gud ikke er der, vil grundlaget smuldre hen over tid.

Gud er bevidsthedens lys. Det findes i alt, men er skjult for øjet. De gamle vismænds erklæring om, at "Alt dette er dækket af Gud, "Īśavasyamidam sarvam" har videnskabelig gyldighed.

Det er ikke muligt at pege på hele ansigtet, hvis man kun rører ved det et enkelt sted. Hvad man end rører ved, er kun en del af ansigtet – øjet, panden, kinderne, læberne, hagen og så videre. Alligevel antager vi ikke, at ansigtet ikke findes. Et andet eksempel er jordens akse. Hvor er den? Hvem har set den? Ingen vil benægte, at den findes som den kraft, som styrer jordens rotationer. Amma siger, at "ligesom et træ findes i frøet, ligesom smør findes i mælk, og ligesom is findes i vandet, fylder Gud hele universet. Ligesom en mor vil kunne udpege faren til sit barn, kan Naturen pege på Gud. Selv når man ikke adlyder sin far, kan man ikke afvise, at han eksisterer!"

Ifølge tidligere tiders visdom fødes skyen af solen, maden fra skyen, livets frø fra maden, og hvert levende menneske fra dette frø. Hvert væsen begynder sin søgen efter lykke fra det øjeblik, det fødes. Mennesket bærer lykken i sig som en knop, der endnu ikke er sprunget ud, og begynder livets rejse i en søgen efter forskellige måder at få den til at springe ud og blomstre.

Rejsens endemål kan sagtens være lige i nærheden. Men når man ikke kender vejen, kan man rejse rundt i lang tid uden at komme frem. Man kan spørge andre til råds, men det er kun dem, der selv kender vejen, som formår at hjælpe. Får man råd fra nogen, som ikke kender målet, er der risiko for, at man farer vild og ender langt fra det mål, man søgte efter.

Her er Satguruen vigtig. Han kaldes Īśvara, Gud. Īśvara eller Īśa er en som beskytter. Og Īśo (Jesus) er identisk med Īśa, beskytteren. Īśa er også Śiva, som er lyksalighed. Forstår man den subtile sandhed, kan man ikke strides med andre over Gud. Men vi savner blik for de mest fine og dybe nuancer i tilværelsen. Vi fokuserer i stedet på de grove og mere overfladiske niveauer. Det er den egentlige årsag til alle problemerne. Vi er som de blinde mænd, der møder elefanten. Eller vi er som dem, der aldrig smager kokosnødens saft, men kun piller i den hårde skal.

Indien, Bhārata, er ikke kendt som de blindes land. Det er kendt som lysets land; landet, som fryder sig ved lyset (*bhā*: lys, *rata*; fryder sig ved). Det lys, der omtales, er lyset fra viden om Selvet. Det frydefulde er Selvets lyksalighed. Søgen efter Selvet er livets ultimative mål. For selv at nå målet, må man søge en Guru, som har opnået det. Bhārata er landet, hvor sådanne Guruer findes. I dette land glemmer man milliardærerne, men man ærer Guruerne. Landets historie handler ikke om konger, landets historie handler om *rishier*, vismænd. Det er årsagen til, at Indien er kendt som *ārshabhūmi* – rishierens land.

Hvad er en rishi? Rishien er identisk med Guruen. Guruen er Gud. Hvis der findes en tilstand, som er hinsides Gud, er det Guruen. Derfor siger man, at "Guruen er Brahmā, Guruen er Viṣnu, Guruen er Maheśvara. Guruen er den Højeste Brahmān. Ærbødige hilsner til den hellige Guru!"

Amma siger, "En lærd person, som kender skrifterne, kan sige, at han er identisk med Gud, men han vil aldrig sige, at han er identisk med sin Guru." Så betydningsfuld er Guruens storhed.

Der findes et mantra, som er blevet chantet gennem mange tidsaldre: "Matru devo bhāva". Moder er Gud. Selv Śri Śankarāchārya, som erklærede "Jeg har ingen anden Gud end Hari, Herren Viṣnu," bemærkede i værket *Saundaraya Laharī*:

"Åh Śakti, når Śiva forenes med Dig, kan Han udføre Sine kosmiske opgaver, ellers kan han end ikke bevæge sig! Det er årsagen til, at Brahmā, Viṣnu, Maheśvara og alle andre guder tilbeder Dig. Hvordan skal et menneske, som ikke har opbygget dyder, kunne bøje sig for Dig eller prise Din storhed?"

Traditionelt har man antaget, at et enkelt menneskekærligt blik fra denne Ādi Parāśakti, den Oprindelige Kosmiske Kraft, kan løsne alle livets knuder og give glæde og styrke. Troen er rodfæstet i konkrete erfaringer, og på den måde er Lalitā Sahasranāma med tiden blevet et fast forankringspunkt i millioner af troende menneskers liv. Når livets båd er truet af stormvejr, vil forankringen beskytte båden fra at kæntre og afværge en katastrofe.

Takket være Ammas spirituelle Odysse er Sahasranāma blevet kendt over hele verden. Både i østlige og vestlige lande appellerer *archana* hymnen i stigende grad til de hengivne. Forskelle i kaste og tro er ingen hindring.

Den hellige *Lalitā Sahasranāma* er en del af den anden Brahmāṇḍa Purāṇa sang. I denne sang fortæller vismanden Agastya, at kun de hengivne, som har en fast forankret tro, skal initieres til denne hymne. Mantraet, som har hemmelig kraft, og som rettes mod Devī, skal aldrig afsløres for mennesker, der ikke er hengivne. "Det må aldrig gives videre til bedrageriske, ondsindede eller troløse mennesker." Det siges, at "denne hymne med tusind navne kun skal videregives til den upāsaka (tilbedende), hvis sind er rent og fyldt af hengivenhed for den Guddommelige Moder, og som bestræber sig på at følge den kongelige Śrīvidyā tilbedelse."

Det er meningen, at *Lalitā Sahasranāma* skal chantes hver dag. Det vil tage omtrent en time. Amma siger ofte, at "De, som hver dag hengivent chanter *Lalitā Sahasranāma* vil aldrig mangle mad eller andre basale nødvendigheder, og de vil også opnå spirituel udvikling. "

Man mener, at det altid vil være muligt at opleve Devīs nærvær i et hjem, hvor de Tusind Navne chantes hver dag. Et sådant hjem kan ikke rammes af fattigdom. Der er mennesker, som dagligt og med fuldkommen overgivelse har chantet *Lalitā Sahasranāma*, der har oplevet helbredelse for selv meget alvorlige sygdomme.

Det er rystende, at mennesker, som tror på maskiner (*yantras*), sindet har frembragt, ikke tror på mantraer, som også er skabt af sindet. *Tantraśāstra* (de tāntriske skrifter) refererer til *cakraer* og symboler som Śri Cakra ved betegnelsen yantraer. Mantraer er ikke mindre nyttige end yantraer – det er mekaniske frembringelser. Ifølge de, der er lærde inden for skrifterne, vil mantraerne i denne hymne omgående bære frugt.

Hver skabning, som fødes i dette univers, er et hele i sig selv. Fra træet, som er et hele, fødes frøet, som også er et hele. Fra koen, som er en helhed, fødes kalven, som også er en helhed. Det er skabelsens generelle natur. Der kan findes undtagelser, som ikke er naturlige, og der kan være bestemte årsager til, at de findes.

Hver skabning, der fødes, har en mor. Selv Brahmā, Visnu, og Śiva må have en mor. Denne Moder kaldes Lalitāmbikā. Det er en anden måde at referere til den ultimative sandhed, den Højeste Brahman. Det er det samme som Ādi Parāśakti.

I denne sfære kan intellektet ikke trænge ind. Erkendelsen af den ultimative sandhed er en personlig erfaring, som opstår ud fra en tilbedelse, som befinder sig hinsides intellektet. Vi må tro på de store vismænd, som har erkendt den ultimative sandhed.

De fleste af os tror på de historier, som skrives af journalister, der lever af at skrive dem, og som lige så vel kan være forkerte som rigtige. De store rishier talte derimod kun ud fra et ønske om at gavne verden. Deres ord er mere sande, men vi har alligevel svært ved at tro dem. Også i Vedaerne står der, at "rishiernes ord er Guds ord".

Den Universelle Moder er *Ādi Parāśakti*, den oprindelige, kosmiske kraft. Ingen, som søger tilflugt hos Hende, vil savne beskyttelse. Vi ser børn forkaste deres mor, men vi ser ikke en mor forkaste sit barn. Når den slags sker, vil ordet "mor" ikke give mening.

For Universets Moder er alle børn Hendes Egne, både de børn, der opfører sig godt, og de børn, der opfører sig dårligt. Også de onde vil blive gode. Det kan godt tage noget tid. Nogle gange kræver det, at man fødes flere gange. Men det bør ikke få os til at miste troen på, at de onde vil blive gode igen. Før eller senere vil det ske, fordi det onde barns mor er Universets Moder. Selv det onde barn indeholder sandheden.

Amma har vejledt os i, hvordan vi skal tilbede den Guddommelige Moder ved at chante Hendes navne. (Hendes ord findes andetsteds i bogen). Vi skal følge Hendes ord opmærksomt og tro på dem. Praksis er vigtigere end viden. Amma siger, at "hvis man lader nogle frø ligge inde i et kornkammer, kan de blive spist op af musene. Men lægger man i stedet frøene ned i jorden, vil alt det inde i dem, der ikke er essentielt – *asat* – rådne op, mens essensen – *sat* – vil spire. Når en ny plante vokser op, giver den utallige nye frø." Det er et billede på storheden i den vedholdende praksis.

Børn, som leger med noget legetøj, begynder at græde og kalde på deres mor, når de keder sig, er sultne eller hvis man tager legetøjet fra dem. Børn, som farer vild i Tivoli, begynder også at græde og kalde på deres mor. De finder ikke længere nogen tilfredsstillelse ved alle forlystelserne. Alle de ting, som glæder os her i verden, er som legetøj; selv vores partnere og børn. De giver kun sjælen en begrænset nydelse, og når man oplever begrænsningen, begynder man at længes efter en Guddommelig Moder.

Selvom barnets mor sårer og straffer det, bliver det ved med at søge hen til hende. Faren kommer i anden række. Selv de børn, som er mere knyttede til deres far, bliver trætte af ham, hvis det er lang tid siden, de har været sammen med deres mor; men de bliver ikke trætte af deres mor på samme måde. Man kan undre sig over det. Men selv når voksne mennesker er travlt beskæftiget med hverdagens opgaver, længes de i det skjulte efter deres mor.

Uanset hvor god den jordiske mor er, kan hun ikke tilfredsstille alle barnets behov. Og uanset hvor kærlig og beskyttende hun er, er hun med tiden nødt til at lære barnet at klare sig selv. Men verdens Moder, som er Parāśakti – Amma – bliver hele tiden ved med at holde Sine børn i hånden, mens Hun viser dem vej i livet. Barnets alder har ingen betydning.

Hun viser Sine børn vejen til Befrielse. ”Hvor der er tilknytning til sanselige nydelser, findes ingen Befrielse. Og hvor der er længsel efter Befrielse, spores ingen ønsker om sanselig nydelse. Men tilbedelsen af Lalitāmbikā giver både fysiske glæder og Befrielse.” *Lalitā Sahasranāma* er derfor en gylden kæde, som forbinder livets materielle og spirituelle sfærer.

Professor K.V. Dev

Introduktion

"Oh Moder, den uvidende finder i støvet ved Dine hellige fødder en strålende ø af solskin, som fjerner sindets mørke; den enfoldige finder en strøm af honning fra den rene bevidstheds blomsterbuket; den fattige finder en samling cintāmaṇi ædelsten, som opfylder alle ønsker. De, der er sunket ned i samsāraoceanet, finder stødtanden på det vildsvin, som er inkarnationen af Herren Viṣṇu"

Saundarya Laharī, v.3

Hvad er den største velsignelse, som de levende væsener har modtaget fra Gud? Uden skygge af tvivl siges det at være en mors kærlighed til sit barn. Så hellig er forbindelsen mellem mor og barn. "Hvad gør man, når der er fare på færde?" Svaret på spørgsmålet er universelt: "Husk Universets Moder og søg Hendes fødder!" Denne Moder er inkarnationen af tilgivelse. Gang på gang tilgiver Hun sine børns fejltagelser og lader sin Kærlighed strømme til dem alle. "Man kan finde onde børn, men man finder aldrig en ond mor," siger Śri Śaṇkarācārya.

I forholdet til sin mor oplever barnet en frihed og nærhed, som det ikke genfinder i nogen andre af livets forhold. Barnets oplevelse af tryghed ved sin mors beskyttelse er ubeskrivelig. Der findes ingen anden kærlighed, der er så ren, uselvisk, varm og vedvarende som en mors kærlighed til sit barn. Men den biologiske mors kærlighed udgør kun en lille brøkdel af den Kærlighed, som strømmer fra Universets Moder. Den mor, som føder os, kan beskytte os fra nogle af livets vanskeligheder, men kun i dette liv. Universets Moder beskytter os i alle de liv, vi bliver født til. Hun giver næring til alt i universet, og Hendes mælk er Kærlighedens evige nektar.

Traditionen for at tilbede Gud som Moder er veletableret i Indien. Traditionen for at tilbede den Guddommelige Kraft som feminin og som Moder var også fremherskende i Egypten,

Grækenland, Rom og Japan. Når vi refererer til Gud som Moder, kan man spørge sig selv, om Gud har en form, og om den er mandlig eller kvindelig? Selvom Gud er en idé, som er hinsides tankens og talens rækkevidde, vil mennesket altid foretrække at se Gud i en individuel form. Det Højeste er i sin ultimative essens uden egenskaber, form og handlinger; men på det plan, hvor man taler om *Paramātman* og *jīvātman*, har Gud egenskaber, form og handlinger.

Den hengivne har brug for en form, der taler til hans hjerte, så han kan tilbede Gud. Af *Gitāen* fremgår det, at tilbedelsen af Brahman, som ikke er manifesteret og ikke har egenskaber, er yderst vanskelig. Hvert individ har forskellig smag, og derfor er det udbredt i mange områder af verden, at man tilbeder den formløse Gud som en Gud, der har forskellige former. I *sanātana dharma* (livets evige og sande etik, moral og levevis, som er nedfældet i Indiens gamle skrifter) har individet altid haft frihed til at tilbede Gud i den form, som taler til hans hjerte. I *sanatāna dharma* tilbedes Gud i mange former: Som Śiva, Viśṇu, Śakti, Kumāra, Moder, Fader og Den Elskede. Den hengivne ser sin foretrukne guddom som den Højeste Herre, og alle andre guddomme anses for at være en dele af Ham eller indeholdt i Ham.

Doktrinen indbefatter ikke accepten af mere end én Gud. I tilbedelsen af de mange former er der ikke brug for konflikter og strid. Der er tale om et rummeligt syn på Gud, hvor man ser: "Herre, Du er i alt, Du er altgennemtrængende; alt er Dine former; Du er kilden til alt; Du er sjælen i alt." (*Viṣṇu Purāṇa*) Tilbedelsen af navn og form er ikke en hindring for at erkende det Højeste. Den hengivne vil i begyndelsen konstant meditere på sin udvalgte guddoms uendelige guddommelige kvaliteter; og til slut vil den tilbedende og objektet for tilbedelsen blive ét, og den hengivne smelter sammen med den Absolutte Sandhed, som er uden navn og form.

Det må være på grund af de uforlignelige kendetegn ved forholdet mellem mor og barn, at tilbedelsen af Gud som Moder er blevet udbredt. Tilbedelsen af Śakti begyndte i forhistoriske tider i Indien. I *Vedaerne* opstår ideen om Devī som Daggryets Gudinde, der væver Tiden. Hun er grundlaget for Sandheden og fjerner *tamas* (mørket). Konceptet bliver udvidet til også at inkludere Moder Jord, som er altoverbærende (*sarvamsahā*), Talens Gudinde som er legemliggørelsen af lyden, og Natten, som er legemliggørelsen af Tiden.

I *Kena Upaniṣad* er Devī Umāmaheśvarī afbildet som Guruen, der giver viden om Selvet. I *Vedaerne* er tilbedelsen af Devī beriget gennem forskellige hymner som *Devīsūkta, Lakṣmīsūkta* og *Durgāsūkta*. Med tiden opstod forskellige *Upaniṣads*, som var viet til Devī. Det var *Bhāvana Upaniṣad, Tripura Upaniṣad, Bhavrija Upaniṣad, Kaula Upaniṣad* og *Tripuratāpini Upaniṣad.* I Rāmāyaṇa ser man, at Rāma tilbeder Durgā Devī for at få succes på slagmarken, og i *Mahābhārata* ser man, at Pāṇḍavaerne gør det samme, og bliver tilskyndet til det af Kṛṣṇa. I *Bhāgavata* ser man *gopierne* bede til Devī: "Åh *Kātyāyanī*, Du som er *Mahāmāya*, den store Yoginī og Herskerinde over alt! Værdig til at gøre Nandas søn (Kṛṣṇa) til min ægtemand! Jeg lægger mig hengivent ved Dine fødder!"

Billedet af Devī blomstrer frem i forskellige *Purāṇaer* som *Brahmāṇda Purāṇa, Mārkaṇḍeya Purāṇa, Devī Purāṇa, Devī Bhāgavata* og *Kālīka Purāṇa*, hvor Hun bliver afbildet som Hende, der forårsager skabelsen, vedligeholdelsen og opløsningen af universet, og som hersker over Treenigheden Brahmā, Viṣṇu og Śiva. I de *Tāntriske* tekster når skildringen af *Śakti* sin fulde højde. Billedet af *Śakti* og tilbedelsen af Hende ses som det Højeste Princip og som inkarnationen af Bevidsthed, som er identisk med Brahmā. Inden for traditionen for Śakti tilbedelse er *Lalitā Sahasranāma* (fra *Brahmāṇda Purāṇa*), *Devī Mahātmya* (fra *Mārkaṇḍeya Purāṇa*) og *Saundarya Laharī* anset for at være enestående som kostelige ædelsten af ubeskrivelig værdi. Man antager, at de er skrevet af *Śaṇkarācārya*.

Efterhånden som tilbedelsen af Devī blev udbredt, begyndte nogle af Devīs aspekter at blive særligt vigtige, og en række forskellige former blev udbredt. Det var tilbedelsen af Devī som Gayatrī, *Vedaernes* Moder og inkarnationen af *Vedaerne*, som Lakṣmi, der giver skønhed og fremgang, Sarasvatī, der hersker over viden og kunst, Durgā, der er den Śakti, som konsoliderer *dharma* og giver sejr, Mahākālī, Moderen som legemliggør naturen og giver Befrielse, og Lalitā Tripurasundarī, som er legemliggørelsen af enheden af Śiva og Śakti.

Selvom Hun i hele Inden tilbedes som Durgā, Lakṣmi og Sarasvatī under *Navarātri* højtiden, anser man i forskellige dele af landet forskellige aspekter for at være specielt vigtige. Således bliver Hun tilbedt som Umā i Himālayaområdet, som Ambā i Kashmir, som Kāmākhya i Assam, som Bhavānī i Mahrashtra, som Mīnāksī og Kanyākumāri i Tamil Nadu, som Chāmuṇḍeśvari og Sāradā i Karnataka, som Bhagavatī i Kerala, som Durgā og Kālī i Bengal, som Bhadrakālī i landsbyerne i Sydindien, og som Lalitā Tripurasundarī i hele Indien, særligt i de sydlige områder. Der var enoghalvtreds Śakti centre (*Śaktipīṭhas*), som blev berømte i hele Indien og anset for at være pilgrimscentre (*tīrthas*). Man anser disse centre for at repræsentere alfabetets enoghalvtreds bogstaver eller de enoghalvtreds Śakti principper.

"Åh Devī, Du er den Højeste Brahmans hustru! De, som kender Vedaernes essens, kalder Dig Talens Gudinde, Herren Brahmās hustru. Du er også kendt som Lakṣmi, Herren Viṣnus dronning og som Pārvatī, Herren Śivas ledsager. Men Du er virkelig Turīyā og besidder uendelig prisværdighed, som overgår vores fatteevne, og Du er Mahāmāyā, som narrer hele universet!"

Saundarya Laharī, v.97.

Śakti tilbedelsens filosofi

Ifølge *Śākteya* (som hører til Śakti) filosofi er Śiva-Śakti den Højeste Sandhed og den ultimative årsag til universet. Śiva og Śakti er ikke adskilte fra hinanden. Śiva princippet er Bevidsthedens Essens uden egenskaber, uden dele og uden handlinger. Śakti er handlingens kraft, som dvæler latent i denne Bevidsthed. Hvis Śiva er Bevidsthed (*Cit*), er Śakti dens legemliggørelse. Hvis Śiva er *prakāśa*, den udelte Bevidsthed, er Śakti *vimarśa*, som i Śiva afføder opmærksomhed om Hans egen eksistens. Śakti er udadskillelig fra Śiva, ligesom brændende kraft er uadskillelig fra ilden, og lyset er uadskilleligt fra solen.

Skabelsen af universet begynder, da Śakti på egen hånd opstår fra Śiva. Śakti er altgennemtrængende og dvæler i alt. *Śākteya* doktrinen fastslår, at det indre væsen i Śiva, Śakti, *jīva* og universet er det samme. I denne dokrin er universet den sande manifestation af det Højeste Princip.

Śākteya doktrinen beskriver seksogtredive *tattvas,* principper, som udgør skabelsens grundlag. Årsagen til skabelsen er evolutionen af fem typer kraft, som er bevidsthed, lyksalighed, vilje, viden og handling (*cit, ānanda, icchā, jñāna* og *kriyā*). Af de seksogtredive principper anses de fem første for at være rene, de næste syv anses for at være blandede, (rene og urene) og de sidste fireogtyve anses for at være urene.

De første fem er Śiva, Śakti, Sadāśiva, Īśvara og Śuddhavidyā. Når Śakti findes latent i Śiva, er Hun *citśakti* og bevidsthedens *Śakti.* I det første stadie af manifestationen fremstår Śakti som adskilt fra Śiva, som *ānandaśakti*, lyksalighedens *Śakti.* Det er det andet princip. På samme måde vil viljens kraft (*icchāśakti*) dukke op i *Sadāśiva*, videnskraften (*jñanaśakti*) opstår i Īsvara og handlekraften (*kriyāśakti*) i Śuddhavidyā. Begrebet *nāda* bruges nogle gange i stedet for Sadāśiva *tattva*, og *bindu* i stedet for Īsvara.

Skabelsens syv efterfølgende *tattvas* er *māyā, kāla, niyatti, rāga, vidyā, kāla, puruṣa* eller *jīva*. Blandt disse står *māyā* for kraften, som dækker over *jīvas* viden. De næste fem *tattvas* er de lag, som binder *jīva*, som er det syvende. De næste fireogtyve *tattvas*, der anses for urene, er natur (*prakṛti*), intellekt (*buddhi*), egosansen (*ahamkāra*), sindet (*manas*), de fem sanseorganer, handlingernes fem organer, de fem *tanmātras* (subtile elementer) og de fem elementer; denne liste stemmer overens med den, der fremhæves i *Samkhya* filosofien. Alle disse opstår fra māyā. Tilhængere af *Śākteya* anser *māyā* for at være Śaktis livmoder. Nogle gange nævner man enoghalvtreds tattvas, som inkluderer de tre guṇas (renhedens, aktivitetens og inertiens principper), de fem vitale åndedræt (*prāṇas*) og de syv bestanddele i kroppen (*dhātus*) tillige med de seksogtredive, som er nævnt tidligere. Listen over *tattvas* er en smule forskellig fra tekst til tekst. Ud over beskrivelsen af skabelsen som baseret på betydning, ser man i *Śākteya* filosofien også en beskrivelse baseret på lyd. Dette diskuteres længere fremme i kommentarerne ved mantra 366 (parā) i *Sahasranāma.*

Sādhana og Mokṣa

Ifølge *Śākteya* doktrinen findes der tre slags *jīvas*: *paśu, vīra* og *divya. Jīva*, som er bundet, begynder den spirituelle evolution med *paśu* riter. Gennem *vīra* riter opnår han herefter Rudra tilstanden, og endelig forenes han med Śakti gennem *divya* riter. Befrielse (*mokṣa*) er erkendelsen af enhed mellem Śiva og Śakti. I lyksalighedens fylde erfarer *jīva* sammensmeltningen af Śiva og Śakti. Ligesom i *Śaiva* metoden anvendes der i *Śākteya* metoden også *cārya, kriyā, yoga* og *jñāna. Cārya* består af handlinger, der udføres med en fornemmelse af overgivelse til Gud. *Kriyā* består af tilbedelse via *mantraer, mudrāer* (specielle fingre- og håndstillinger, der bruges i tilbedelse) og *prāṇayama* (kontrol af åndedrættet). *Yoga* inkluderer *kuṇḍalinī* meditation og andre meditationer. *Jñāna* er viden om enheden mellem Śiva og Śakti. Tāntriske tekster som Kulārṇavatantra beskriver de følgende syv opadstigende sādhana tilstande: vedācāra, vaiṣṇavācāra, śaivācāra, dakṣiṇācāra, vāmācāra, siddhāntācāra og kaulācāra. Vedācāra kan sammenlignes med handlingens vej, vaiṣṇavācāra med tilbedelsens vej og śaivācāra med de første stadier på vidensvejen. De første tre ācāraer hører til paśu klassificeringen, dakṣiṇācāra og vāmācāra hører til vīra klassifikationen og siddhāntācāra og kaulācāra hører til divya kategorien. I divyācāra vil jīvaen, som er fri for vāsanaer (iboende tilbøjeligheder), i højere og højere grad og med større fuldkommenhed erkende enheden af Śiva og Śakti og således opnå guddommelig status. I *Śākteya* doktrinen er det Śakti som forstår naturens evolution og *jīvas* ordnede opadstigende vækst. Den hengivne skal tilbede *Śakti.* Eller med andre ord er *Śakti* identisk med *Śiva* princippet, som er tilbedelse værdig, og som kan erfares. Tilhængere af *Śākteya* understreger behovet for en Guru. De accepterer Guruen som den menneskelige manifestation af Śiva-Śakti, den Højeste Guru. De anser hele universet for at være guddommeligt og anser alt for at være *Śaktis* meningsfulde arbejde.

Tantraer

Tantraer er de tekster, som handler om den praktiske videnskab om *sādhana,* og som beskriver de principper og praksisformer, som bruges i tilbedelsen af *Śakti.* Ifølge definitionen er *tantra* en videnskab, fordi den fastsætter og forklarer princippernes betydning, og fordi den ledsaget af *mantraer* fører til befrielse fra *samsāra* (*tan:* at sprede, at udbrede; *trai* at beskytte, at frelse for).

Der findes tre grupper af *Śākteya tantraer*: *samāyā, kaula* og *miśra.* I *samāyā* understreges betydningen af viden (*jñāna*), indenfor *kaula* lægges der vægt på *mantraernes* opløftende virkning, og i *miśra* understreges begge ting. I *samāyā* gruppen findes der otte *tantraer*, i *kaula* findes der fireogtres, og i *miśra* findes der otte. De *tāntriske* tekster gennemgår forskellige praksisformer inden for *sādhana,* såsom *ṣoḍaśopacāras* (seksten foreskrevne riter), tilbedelse ved brug af *yantraer, mantraer* og *mudrāer,* samt meditation på *kuṇḍalinī.*

Samaya og Kaula doktrinerne

Samaya og *Kaula* er de to vigtigste grene af Śakti tilbedelsen. *Samaya* følger *Vedaernes* vej. *Samaya* doktrinen anser Śakti for at være vigtig under skabelsen og Śiva for at være vigtig under opløsningen. De, der følger *Kaula* vejen tror, at Śakti er altafgørende på alle tidspunkter. Hvor de, der følger *Sāmya* vejen tror, at Śakti er skjult og latent i Śiva, vil de, der følger *Kaula* fastholde, at Śiva findes skjult og latent i Śakti. Ifølge *Samaya* doktrinen vil den søgende nå sit mål, når *kuṇḍalinī* når op til *Sahasrāra cakra,* hvor foreningen mellem Śiva og Śakti finder sted. Ifølge *kaula* doktrinen vil *kuṇḍalinī* vende tilbage til *mulādhārā* efter, at den søgende har opnået lyksaligheden ved foreningen mellem Śiva og Śakti.

Dakṣiṇāmūrti er *Sāmya* vejens vismand, og Kameśvara og Kameśvarī er guddommene. Bhairava er *Kaula* vejens vismand og Ānandabhairava og Ānandabhairavi er guddommene. Hovedafhandlingen i *Sāmya* er *Śubhāgamapañcaka,* som indeholder belæringer fra vismændene Sanaka, Sanatkumāra, Sandanda, Śuka og Vasiṣṭha. Hovedafhandlingerne inden for *Kaula* er *Paraśurāmakalpa Sūtra* og de fireogtres *tantraer.*

Dakṣiṇācara og Vāmācara

Śākteya doktrinen beskriver også to veje, *Dakṣiṇācara* og *Vāmācara. Dakṣiṇācara* er i overensstemmelse med Vedaerne, og den forbindes med *Samāyā* doktrinen. *Vāmācara* er uafhængig af *Vedaerne* og nært beslægtet med *Kaula* doktrinen.

Śrī Vidiā tilbedelse

Śrī Vidiā tilbedelse er tilbedelsen af Devī som Lalitā Mahātripurasundarī. Det er foreningen af Śiva og Śakti, legemliggørelsen af *prakāśa* og *vimarśa*, og årsag til skabelsen, vedligeholdelsen og opløsningen. Hovedbestanddelene i denne tilbedelse er *mantra*, *yantra* og *kuṇḍalinī yoga*. *Yantraet* i Śrī Vidyā tilbedelsen er Śrī Cakra (og Śrī Yantra) og *mantraet* er *pancadaśakṣari*, som har femten stavelser. Hvis man tilføjer ordet Śrī til dette mantra, får man *mantraet ṣoḍaśakṣari*, som har seksten stavelser. Śrī Cakra anses for at repræsentere Devīs grove form, mens *pancadaśakṣari mantraet* repræsenterer Devīs subtile form.

Śrī Cakra symboliserer også de tre *tattvas*, den individuelle sjæl, universet og Śakti. Den søgende, som begynder med tilbedelse af *yantra,* vil som tiden går begynde at lægge mere vægt på indre tilbedelse af Devī og meditation. Det højeste inden for Śrī Vidyā tilbedelse er at dedikere alle handlinger og bevægelser til Devī og at meditere på dem som forskellige manifestationer af Bevidsthed, *citśakti*. Ifølge *Brahmāṇḍa Purāṇa* er *Lalitā Sahasranāma* en essentiel del af Śrī Vidyā tilbedelsen.

Amma og Lalitā Sahasranāma

Menneskelivet indeholder mange sorger. Sorg, uheld, begær og skuffelse plager mennesket fra det fødes til det dør. Filosoffer beskriver denne verden og menneskelivet som forgængeligt, sorgens opholdssted, forbigående og så videre. Amma har trøstet og vejledt millioner af mennesker, og Hun har viet Sit liv til at mindske deres smerte. Ifølge Hende er tilbedelse gennem *Lalitā Sahasranāma* en vigtig vej til at mindske menneskers lidelse og til at styrke deres spirituelle udvikling. Tilbedelsen er meget virkningsfuld i større grupper og som en daglig rutine.

Ammas utrættelige indsats har bidraget til, at chanting af *Sahasranāma archana* i dag er blevet offentligt kendt og mere udbredt end tidligere. I Inden og i andre lande arrangerer Amma regelmæssigt *Sahasranāma yajñas.* Amma anser tilbedelse ved *Sahasranāma archana* for at være en meget vigtig praksisform, og Hun udbreder den med et ønske om at hjælpe flere mennesker til at opleve varig lykke og fred.

Amma har talt om betydningen af at tilbede Universets Moder og at chante *Lalitā Sahasranāma archana.* Hun siger: "Denne tid er præget af, at vi har mistet forbindelsen til hjertets kvaliteter og moderinstinktet. Moderskab er symbol på kærlighed, medfølelse og overbærenhed. Feminine kvaliteter som medfølelse og kærlighed skal blive stærkere i mænd, og maskuline kvaliteter som fasthed og mod skal vokse i kvinder. Derved kan man hurtigt opnå verdslig og spirituel udvikling. Når man ønsker at styrke disse positive kvaliteter, er det ideelt at tilbede den Guddommelige Moder. Tilbedelse med chanting af *Lalitā Sahasranāma* (archana) fremmer trivsel i familien og fred i verden. Man ser aldrig mangel på mad eller tøj i et hjem, hvor *Lalitā Sahasranāma* bliver chantet hver dag. Når guruer i tidligere tider gav Krishna eller Viṣnu *mantraer* til deres disciple, instruerede guruerne dem også i, hvordan de samtidig kunne lave *archana* med *Lalitā Sahasranāma."*

Vigtigheden af Upāsana

Selvom menneskelivet er fyldt med sorger, er menneskets virkelige natur lyksalighed. Sorgerne opstår kun på grund af bindinger til sind og krop og på grund af overbevisningen om, at "jeg er denne krop, jeg er begrænset." Ved en trinvis stærkere erkendelse af, at "jeg er Brahman", kan man frigøres fra sorgerne og opnå evig lyksalighed. Det er menneskelivets mål.

Fordi mennesket ikke har erkendt sin egen iboende fuldkommenhed, opstår der forskellige ønsker, og man engagerer sig i handlinger, der ikke fører mod dette mål. De fleste af livets ulykkelige omstændigheder er et resultat af den slags handlinger, som man har udført på et tidligere tidspunkt. Når man forstår kernen i denne sandhed, vil man erkende, at fænomener i naturen ikke berører *ātman*, og man vil med sindsro acceptere de glæder og sorger, som er del af den individuelle prārabdha. Men det er ikke let for et almindeligt menneske og heller ikke for den spirituelt søgende.

Det er her, at tilbedelse - *upāsana* - er vigtig. Ved at tilbede det Højeste i den form og fremtoning, som taler mest til ens hjerte, kan man fjerne sorgerne og opnå succes i livet og spirituel fremgang. Man vil på den måde gradvist udvikle en kærlig og hengiven indstilling (*premabhakti*). Gradvist bliver den søgendes overgivelse stærkere. På den måde kan man med ro i sindet acceptere både glæder og sorger som Guds vilje, og inden længe kan man smelte sammen med den elskede guddom.

Lalitā Sahasranāmas unikke storhed og betydning

Amma er fuldt opmærksom på, at *Lalitā Sahasranāma archana* har en uforlignelig storhed, og at kraften i *mantraerne* gør det muligt at opfylde alle ønsker. Det er grunden til, at hun har udpeget *Lalitā Sahasranāma archana* (og chanting) som en daglig praksis, der kan fjerne farer på den søgendes vej og give spirituel fremgang. Blandt de mange hymner, *mantraer* og hengivne sange, som findes, er denne *Sahasranāma* specielt egnet til brug ved tilbedelse om morgenen, og den giver hurtigt resultater. Hvor *Sahasranāmaer* som giver materiel velstand og beskyttelse anbefales til alle kaster og i alle livets stadier, er *Lalitā Sahasranāma* specielt egnet til husholdere.

Lalitā Sahasranāma er en mageløs komposition, hvor den dybe virkning af *mantraer*, poetisk skønhed og musikalsk kvalitet bliver kombineret på en betagende måde. Med denne hymne tilbeder man Lalitā Mahātripurasundarī, som er den Højeste Gudinde, foreningen af Śiva og Śakti, gennem tusind navne, som er arrangeret på vers. Hvert navn er et *mantra*. Hele hymnen kan også anses for at være et enkelt *mantra*. Navnene giver indsigt i

Devīs form, egenskaber, bolig, fortællingerne om Hendes inkarnationer og hendes grove, subtile og højeste natur.

Blandt de talrige *Sahasranāmaer*, som lovpriser *Parāśaktis*, den Højeste Krafts, storhed, er ti anset som de vigtigste; og ifølge de lærde inden for videnskaben om *mantraer* er *Lalitā Sahasranāma* den mest ophøjede blandt disse. I *Brahmāṇḍa Purāṇa* er Śrī Vidyā det mest ophøjede blandt *mantraer*, Lalitāmbikā den mest ophøjede blandt guddomme og Śrī Pura den mest ophøjede blandt byer.

I *Lalitā Sahasranāma* ser vi skønheden i mødet mellem de højeste idealer, metoder til *sādhana* og de grundlæggende ideer bag *mantraerne, yantraerne og tantraerne* inden for både *Śaiva og Śākteya* doktrinerne, som her er forenet i en helhed. *Kaula* og *Sāmya* grenene af *Śākteya* tilbedelsen bliver ført sammen på lige fod gennem valg af navne fra begge disse grene som Kaulinī, Kulayoginī, *Kaula*mārgatatparā, Samyācārā, Samayāntasthā og Samayācāratatparā. Den modne frugt af tusinder års tilbedese af Śakti findes således i Lalitā Sahasranāma.

Lalitā Sahasranāmas Lalitā Devī

Lalitā betyder bogstaveligt talt en, som er engageret i *līlā* (sport) eller en, som morer sig ved at lege. Hendes leg er skabelsen, opretholdelsen, ødelæggelsen og den fuldstændige opløsning og velsignelse af universet (Disse fem funktioner bliver beskrevet i *mantraerne* 264-274).

Selvom Devī transcenderer alt, skildres Hun i *Lalitā Sahasranāma* som sædet for uendelige, lykkebringende egenskaber, fyldt af menneskelige kvaliteter og let tilgængelig for alle hengivne. Det allerførste navn introducerer Devī som Moderen, der er fuld af kærlighed. Efter dette navn gøres det klart, at Hun er universets Dronning, som er inkarneret fra selve det ildsted, som er viden, for at sikre *dharma* (retfærdighed).

Sahasranāma tegner et fængslende billede af Lalitā Devī, som altid har et smukt ansigtsudtryk, hvis udstråling er som tusind opstående sole, hvis kølighed er som tusind fuldmåners, og som i Sine hænder holder en bue af sukkerrør, der er symbol på sindet, en pigstav, der er vreden, og et reb, der er kærligheden, og pile, som symboliserer de fem *tanmātras* (subtile elementer). Hun sidder i Śiva Kameśvaras skød på et tæppe, som er Sadāśiva, der er spredt ud på en seng, hvis ben er Brahmā, Viṣnu, Rudra og Īśana. Det er bemærkelsesværdigt, at dette billede af Kameśvara-Kameśvarī har fået en højere placering end det ubevægelige billede af Sadāśiva.

Beskrivelsen af Devī fra top til tå udfolder sig med overstrømmende og poetisk tiltrækkende kraft i en række navne, der beskriver Hende som et skatkammer af skønhed. Hun er den, som indhyller hele universet i Sin forms røde stråleglans. Hun er Lakṣmi – velstandens og fremgangens gudinde – i Kameśvaras hus for ægteskabet. Hendes øjnes spil er som fiskens bevægelser i ansigtets flydende strøm af skønhed. Devīs ørenringe er solen og månen, og Hendes tænder er knopper af ren viden. Hendes stemme er sødere end lyden af Sarasvatīs *vīna.*

Efter beskrivelsen af Devīs form i et poetisk billedsprog, som hjælper den hengivne til at fokusere på Hende i sin meditation, følger der en beskrivelse af de *līlāer,* som er forbundet med Hendes inkarnation. Hendes storslåede kvaliteter og pragt bliver beskrevet. Devī holder af blomster, særligt blomster som *campaka, aśoka* og mange andre blomster, og Hun giver næring til poesi, dans, musik og andre kunstformer. Hun er den, som fryder sig ved Sine hengivnes retskafne handlinger.

I beskrivelsen af Devī, som transcenderer alt, ser vi, hvordan det synlige og det subtile ligesom formerne og det formløse møder hinanden på smukkeste vis. Formålet er at minde den hengivne om Devīs sande natur, selv når Hendes menneskelige aspekter bliver fremhævet. Devī, der tidligere blev beskrevet som et skatkammer for den højeste skønhed, bliver nu beskrevet som essensen af Eksistens-Bevidsthed-Lyksalighed, som Ren Bevidsthed, Ren intelligens og en, som ikke har noget navn eller nogen form.

Hun er legemliggørelsen af Brahmān, Viṣnu og Śiva. Hun er sjælen i alle *mantraer, tantraer* og *yantraer.* Hun er sædet for al viden, alle skrifter og enhver kunstform. Hun er befrielsen, og Hun er også den, der skænker befrielsen. Hun er også legemliggørelsen af ønsker og den, der opfylder ønsker. Hun, som styrker dyderne, er samtidig den, som er hinsides dyder og laster. Hun holder af Sine hengivne, er inkarnationen af kærlighed, uendelig i sin medfølelse og hurtig at behage. Hun er den storm, som fjerner uheldskyernes bomuldstotter fra sine hengivne. Hun er den strålende sol, som fjerner mørket i de hengivnes sygdomme og *samsāra.* Hun er den nektarstrøm, som slukker *samsāras* vilde skovbrand. Hun er den perle, som findes dybt inde i skallen, der udgøres af alle skrifterne. Hun er øksen, som fælder dødens træ. Hun er månelyset, som får tidevandet til at løfte sig med lykke til Sine Hengivne.

Gennem alle de mange dragende og farvestrålende billeder beskriver *Sahasranāma* Devīs pragt og Hendes lege. Vi finder her sammensmeltningen af *karma,* hengivenhed, *yoga* og viden, af de tilbedelsesveje, som kendetegner *Sāmya, Kaula, Dakṣiṇa og Vāma* doktrinerne og af al viden. Her ser vi en vej inden for *sādhana,* som udfolder sig og begynder med ritualer, vokser op gennem handlinger, modnes gennem yoga og opnår fuldkommenhed i *jñāna.*

Baggrund i Purāṇa

Lalitā Sahasranāma fremstår i kapitel 36 i *Lalitopākhyāna,* som er en del af *Brahmāṇḍa Purāṇa.* Den præsenteres som en form for belæring, der gives af vismanden Agastya af Hayagriva, som er en inkarnation af Viṣnu. Den har tre dele; den første er baggrunden, som fører til hymnen, den midterste del er samlingen af de *mantraer,* som hymnen består af, og den sidste del indeholder en liste med de fordele, man opnår ved at chante den. Baggrundshistorien bliver opsummeret nedenfor.

Hayagriva fortæller Agastya historien om Lalitā Devīs inkarnation og beskriver Hendes lege. Bagefter beskriver han Śrī Pura byen, Hendes opholdsted, Hendes *mantras* storhed, *panchadaśakṣari,* den essentielle enhed med Śrī Yantra, Śrī Vidyā, Lalitāmbikā og Śrī Guru, og initierer Agastya til *Sahasranāmaerne,* som hører til Devīs ledsagende guddomme. Men Haygriva nævner ikke *Lalitā Sahasranāma.* Da Agastya spørger til den, nævner han, at denne *Sahasranāma* er meget hemmelig, højest kraftfuld og enestående, og at det er grunden til, at han ikke med det samme overførte sin viden om den til ham. Så begynder han at fortælle, hvordan *Lalitā Sahasranāma* er opstået.

En gang fortalte Lalitā Devī Vāśini og de andre *vāgdevatas* (gudinder for tale): "Jeg beordrer de af jer, som kender hemmelighederne i Śrī Cakra og Śrī Vidyā og andre *mantraer* til at komponere en hymne med tusind navne, som afslører Min storhed. Lad Mine hengivne opnå Min nåde ved at chante den!" Så komponerede Vāśini og de andre guddomme for talen *Lalitā Sahasranāma,* som består af de mest hemmelige *mantraer.*

Herefter gav Devī alle i hoffet mulighed for komme til *darśan* hos Hende, mens Hun sad på sin trone. Der var mange Brahmīer, talrige Viṣnuer, Rudraer og Śaktier som Mantrinī, Daṇḍinī og himlens beboere. Hun gav dem alle mulighed for at tilbede Hende. Da alle havde sat sig, gav Lalitā Devī tegn med øjet til Vāśini og de andre guddomme. De rejste sig og samlede håndfladerne foran i tilbedelse, mens de sang *Lalitā Sahasranāma* som en lovprisning af Hende.

Alle var opslugte af en vidunderlig lyksalighed. Det behagede Devī, som udtalte følgende ord: "Børn, denne hymne blev komponeret af Vāśini og de andre guddomme for talen for at gavne verden og efter Mit ønske. Hvis I ønsker at opnå min nåde, skal I dagligt chante denne hymne, som er den, jeg bedst kan lide. De, som chanter denne hymne, er Mine kæreste. Jeg vil opfylde alle deres ønsker ad denne vej."

Fortællingen om den inkarnation, som beskrives i Sahasranāma

Lalitopākhyāna beskriver historien om Lalitā Devīs inkarnation. Under en tidligere inkarnation af Śakti blev kærlighedens gud, Kāmadeva, offer for Śivas vrede, og han blev brændt til aske af ilden fra Hans øjne. En af Śivas ledsagere, som kaldes Citrakāma, tegnede et billede af en mand med denne aske. Da Śiva så på billedet, blev det levende. Dette nye væsen lovpriste Śiva ved at synge *śatarudrīya* hymnen. Śiva blev fornøjet over det og gav ham herskabet over himlen i trestusind år. Han blev berømt under navnet Bhaṇḍāsura. Han plagede *devaerne* og bragte retfærdigheden til ophør.

Nārada rådede de ulykkelige *devaer* til at give en offergave og tilbede Parashakti. Fra ilden, som blev ofret, rejste Devī sig fra centrum af Śrī Cakra. Fordi Bhaṇḍāsura ikke kunne dræbes af en kvinde, kaster Devī en blomsterkrans i luften, som bruges til at vælge en partner. Kransen falder om Śiva Kameśvaras hals, og Devī gifter sig med Ham. I den efterfølgende kamp, der varer i fire dage, ødelægger Devī Bhaṇḍāsura og hans følge.

Bagefter vækker Devī Kāma til live igen efter *devaernes* ønske. Så går Hun hen til Śrī Pura, en by, der blev bygget af Māyā og Viśvakarma på bjerget Merus tinde. Der tager hun bolig sammen med Herren Kameśvara i et slot, der er opført i *cintāmaṇi* (ønskeopfyldende sten).

Lalitā Sahasranāma og andre Sahasranāmaer

At tilbede den valgte guddom ved en praksis, hvor man chanter tusind navne begyndte efter *Vedaernes* tid under den klassiske periode, hvor de store episke fortællinger blev skrevet. Kompositioner som *Rudrādhyāya* i *Yajur Vedaen* kan have været inspireret af det. Man antager, at blandt de forskellige hymner med tusind navne er den tidligste *Viṣnu Sahasranāma*, som Yudhiṣṭhira blev initieret i af Bhīṣma i Mahābhāratas Anuśāsana Parva. *Lalitā Sahasranāmas* frembringelse fandt sted på et senere tidspunkt efter en periode, hvor videnskaben om *mantraer* og *tantraer* havde udviklet sig.

I *Viṣnu Sahasranāma* er abstrakte, formløse ideer de fremherskende. Der er kun få *mantraer*, som skildrer Viṣnus menneskelige aspekt. Men i *Lalitā Sahasranāma* er der lagt specielt vægt på Devīs menneskelige aspekter: Hendes vaner, form, opholdssted, smykker og fortællingerne om Hendes inkarnation, tillige med de *mantraer*, som beskriver Hendes subtile og høje essens. Formålet er at styrke billedet af Devī og derved gøre det lettere for den tilbedende at huske Hende.

Et andet specielt kendetegn ved *Lalitā Sahasranāma* er, at sproget er fuldkommen mageløst. I denne hymne er der ingen gentagelse af *mantraer.* I *Viṣnu Sahasranāma* findes der seks-oghalvfjerds navne, som gentages to gange, tretten navne, som gentages tre gange, og to navne, som gentages fire gange. Men i *Lalitā Sahasranāma* er der ikke et eneste navn, som gentages. I andre *Sahasranāmaer* ses ofte brugen af fyldord som *ca, api* (der betyder *og).* Men i *Lalitā Sahasranāma* opfyldes alle regler om vers og *mantraers* fulde kraft i et poetisk og yndefuldt sprog. Det sker uden brug af fyldord og til trods for, at der bruges meget lange sammensætninger af ord. Det er et under, at det har været muligt at opnå dette resultat, uden at det er gået ud over sprogets skønhed eller mantraernes kraft. Denne uforlignelige renhed må skyldes, at forfatterne har været talens gudinder.

Lalitā Sahasranāmas overlegenhed ses også ved, at der er en høj frekvens af navne med lange stavelser. Herunder kan man sammenligne fordelingen af lange navne i *Lalitā* og *Viṣnu Sahasranāmaerne:*

Mantraer med	Lalitā Sahasranāma	Viṣnu Sahasranāma
En stavelse	3	3
To stavelser	72	228
Tre stavelser	138	338
Fire stavelser	280	273
Fem stavelser	122	106
Seks stavelser	57	34
Syv stavelser	2	-
Otte stavelser	241	18
Ti stavelser	7	-
Elleve stavelser	3	-
Tolv stavelser	2	-
Seksten stavelser	73	-
Antal Vers	182 ½	107

Der er en særlig *mantrisk* vigtighed forbundet med hvert navn i *Sahasranāmaen.* Når man chanter hymnen eller gennemfører *arcana* med det ene navn efter det andet giver det udbyttet af *mantra.* Ud over skønheden og fuldkommenheden i sproget, ses samtidig organiseringen af kraftfulde *mantraer* og udlægningen af dybe spirituelle principper. Af alle disse grunde er *Lalitā Sahasranāma* et stotram (en hymne), som udmærker sig på storslående vis.

Tilbedelsespraksis ved brug af Sahasranāma

Tilbedelse af Śrī Cakra, at chante *femtenstavelsesmantraet (pancadaśakṣari)* og at chante *Lalitā Sahasranāma* er tre hovedbestanddele i Śakti tilbedelse. Mens *Sahasranāma* er uundværlig for de, som laver Śrī Cakra pūja og chanter *pancadaśakṣari,* kan *Sahasranāma* chantes for sig selv. Ifølge *Brahmāṇḍa Purāṇa* vil chanting af *Sahasranāma* give de fordelagtige resultater, der opnås ved de to andre praksisformer.

Det bedste tidspunkt at chante *Sahasranāma* er om morgenen lige efter, at man har været i bad. Den daglige praksis er det bedste, men for de, som af forskellige grunde ikke kan gøre det dagligt, anbefaler man særlige dage, hvor man kan praktisere (*samkrama* dage, dvs. den første dag i måneden, den niende og fjortende månedag, dage med fuldmåne, fredage, dage hvor familiemedlemmer har fødselsdage og ved formørkelser.)

Chanting af *Sahasranāma* er en spirituel praksis, som styrker hengivenheden, og som kan følges af alle, mænd og kvinder, unge og gamle og til hver en tid. Det er godt at afsætte et bestemt tidspunkt til den daglige chanting af *arcana*. Hvis det ikke er muligt at overholde tidspunktet, er det vigtigt at vedligeholde den daglige praksis ved at gøre det snarest muligt på et senere tidspunkt.

Selvom det er vigtigt at tilstræbe en klar udtale, mens man chanter, er det ikke nødvendigt at opgive *arcana*, fordi man har svært ved at udtale navnene. Gud er den, som forstår vores hjerte. Amma minder os om, at en far godt ved, at babyen kalder på ham og elsker ham, selv om den lille siger "ccha eller "accha" i stedet for at sige far på den rigtige måde.

Hengivenhed og koncentration er mere væsentlig end *nyāsa* og andre ting som ritualer og lamper eller røgelse. Der er ingen grund til at afbryde den daglige praksis, fordi man har svært ved at få fat i de ting, man bruger til tilbedelsen som f.eks. blomster eller offergaver med mad. Alle den slags ting er kun forberedelse til koncentrationen. De er symboler på overgivelse. Hjertets renhed og et koncentreret sind er det vigtigste. Det er årsagen til, at Amma siger, at mental tilbedelse – *mānasa pūja* – er den højeste form for tilbedelse.

Selvom man kan opnå mange forskellige typer udbytte fra *Sahasranāma,* er det bedst kun at ønske sig at opnå Kærlighed til Gud, visdom og uanfægtethed. Tilbedelse uden noget ønske om et resultat vil afslutte al den lidelse, der opstår på grund af *prārabdha* og resultere i det ønskede udbytte. Universets Moder, som er fuld af kærlighed til de, der søger tilflugt hos Hende, vil aldrig svigte nogen, som søger Hende med vedvarende hengivenhed. Findes der nogen større velsignelse end at modtage Ammas godhed og medfølelse, som smelter i hjertet? Findes der nogen højere nydelse end at mærke Hendes moderlige Kærlighed og være som et uskyldigt barn i Hendes favn?

Brahmachari Brahmamrita Chaitanya

Phalaśruti

(oversigt over udbytte)

Målet med *Vedaerne* og andre skrifter er at inspirere mennesker til at nære kærlighed til Gud og til at være mindre påvirkede af tilværelsens forandringer. På den måde kan de lidt efter lidt nærme sig realiseringen af Selvet. Målet med *phalaśruti* – beskrivelsen af det fordelagtige udbytte, som man opnår ved en bestemt type tilbedelse – er at styrke menneskers tilbedelse og forberede dem til højere former for *sādhana*. De får vist en vej til at mindske livets vanskeligheder og opnå fremgang. Nedenfor står der en opsummering af hovedområderne i *Lalitā Sahasranāmas phalaśruti*, som er angivet i teksten *Brahmāṇḍa Purāṇa*.

1. Denne *Sahasranāma*, som er den mest hemmelige, er den, som Lalitā Parameśvari holder mest af. Der findes ingen lig den i *Vedaerne* eller *Tantraerne*.
2. Dagligt at chante denne hymne giver det samme udbytte som opnås ved at bade i hellige floder og give gaver som er baseret på rigdom, mad, jord eller køer.
3. Alle fejl, som opstår ved ikke at fuldende *pūja* ritualer eller fra ikke at udføre bestemte riter på de rette tidspunkter bliver fjernet, når man chanter denne hymne. Denne hymne kan chantes i stedet for udrensende ritualer.
4. Chanting forhindrer den død, der indtræder før tid, og giver et langt liv og et godt helbred. Man kan opnå lindring af feber, hvis man chanter hymnen og holder sin hånd over den, der er syg. Den, der lider af sygdommen, kan også selv gøre det. Afhængigt af hvor alvorlig sygdommen er, kan det være nødvendigt at chante hymnen flere gange. Den hellige aske, som man bruger ved *Sahasranāma arcana* giver lindring af sygdomme med det samme.

5. Hvis man ønsker lindring for lidelser, der skyldes indflydelse fra planeterne eller onde ånder kan man chante *Sahasranāma* mens man holder et bæger med vand, og bagefter kan man hælde vandet over hovedet.
6. Hvis denne hymne bliver chantet, mens man forestiller sig, at Lalitā Devī opholder sig i et hav af nektar, kan den give lindring fra virkningerne af forgiftning.
7. Barnløse kvinder kan blive frugtbare, hvis de spiser *ghee*, som er gjort kraftfuldt ved chanting af *Lalitā Sahasranāma.*
8. Virkningen af onde forbandelser bliver fjernet, hvis man dagligt chanter *Sahasranāma.*
9. Devī beskytter alle, der dagligt chanter denne hymne mod farer og angreb fra fjender. Ved at chante opnår man sejr i kamp.
10. Daglig chanting af *Sahasranāma* øger velstand, fremgang, veltalenhed og berømmelse. Chanting om fredagen er specielt velegnet, hvis man ønsker velstand og fremgang.
11. *Sahasranāma* kan chantes i livets fire forskellige stadier (*brahmacārya, gṛhastha, vānaprastha* og *sannyāsa).* Chanter man med ønsket om berømmelse, opnår man berømmelse. Chanter man med ønsket om at opnå rigdom, giver det rigdom. Hvis man chanter denne hymne med kærlighed og uden noget ønske, giver det viden om Brahman.
12. Et af Śivas navne er lig med tusind af Viṣnus navne. Et af Devīs navne er lig med tusind af Śivas navne. Af tusinder *Sahasranāmaer,* som er dedikeret til Devī, er *Lalitā Sahasranāma* den mest ophøjede.
13. Ved at afholde *yajňaer* med *Lalitā Sahasranāma* (tilbedelse i store grupper) er det muligt at sikre *dharma* i Kali tidsalderen. At chante denne hymne er yderst gavnligt for individuelle personer, men hjælper også til at fjerne de skadelige virkninger af Kālī Yuga. Der findes i den henseende ingen barriere hvad angår land, kaste eller religion.

14. Det er vanskeligt at tilfredsstille Devī, hvis man ikke chanter *Lalitā Sahasranāma.* Gennem denne hymne vil de synder, som har hobet sig op gennem mange livstider, blive fjernet.
15. Der er mange *Sahasranāmaer*, som er dedikeret til Devī. De følgende ti er de vigtigste blandt disse: *Gangāstava, Bhavānīstava, Gāyatrīstava, Kālīstava, Lakṣmistava, Sarasvatīstava, Rājarājeśvarīstava, Bālāstava, Śyāmalāstava* og *Lalitāstava. Af disse er den sidste den mest ophøjede, Lalitā Sahasranāma.*

Śrī Cakra

ŚRĪ LALITĀ SAHASRANĀMA

Den Guddommelige Moders
Tusind Navne

De originale kommentarer på Malayalam af
Thiruvallikkattu Nārāyana Menon

Redigeret af Professor K.V. Dev

Oversat til Engelsk af
Dr. M. Neelakantan Namboodiri

Den danske oversættelse er baseret på den engelske tekst.

MEDITATIONSVERS FOR ŚRĪ LALITĀ SAHASRANĀMA

De gamle vismænd har anvendt fire vers som Meditationsvers (*Dhyānaślokas*) til *Lalitā Sahasranāma.*

1. सिन्दूरारुणविग्रहां त्रिनयनां माणिक्यमौलिस्फुरत्
तारानायकशेखरां स्मितमुखीमापीनवक्षोरुहाम्।

2. पाणिभ्यामलिपूर्णरत्नचषकं रक्तोत्पलं बिभ्रतीं सौम्यां
रत्नघटस्थरक्तचरणां ध्यायेत्परामम्बिकाम्।।

sindūrāruṇa vigrahām trinayanām
māṇikya mauli sphurat
tārānāyaka śekharām smita mukhīm
āpīna vakṣoruhām
pāṇibhyām alipūrṇa ratna caṣakam
raktotpalam bibhratīm
saumyām ratna ghaṭastha rakta caraṇām
dhyāyet parām ambikām

Oh Moder, jeg mediterer på Din strålende røde form med tre hellige øjne, iført strålende kronjuveler og en skinnende halvmåne, mens et sødt smil lyser i Dit ansigt! Jeg mediterer på Dig, Universets Moder, med Dine fyldte bryster, der strømmer over af moderlig kærlighed, med et juvelbesat kar i hver hånd, som er udsmykket med røde lotusblomster og omgivet af sværmende bier, og med Dine røde lotusfødder hvilende på en krukke fyldt med ædelsten!

3. ध्यायेत् पद्मासनस्थां विकसितवदनां पद्मपत्रायताक्षीं हेमाभां पीतवस्त्रां करकलितलसद्धेमपद्मां वराङ्गीम्।

4. सर्वालङ्कारयुक्तां सततमभयदां भक्तनम्रां भवानीं श्रीविद्यां शान्तमूर्तिं सकलसुरनुतां सर्वसम्पत्प्रदात्रीम्।।

dhyāyet padmāsanasthām
vikasita vadanām padma patrāyatākṣīm
hemābhām pīta vastrām karakalitalasad
hemapadmām varāṅgīm
sarvālaṅkāra yuktām satatam abhayadām
bhaktanamrām bhavānīm
śrī vidyām śānta mūrtīm sakala suranutām
sarva sampat pradātrīm

Oh Moder Bhavānī, lad mig meditere på Din smukke form med den gyldne farve, med Dit strålende ansigt og Dine øjne, der er store som lotusblomster, siddende i en lotusblomst og iklædt en rigt udsmykket gul klædning, med en gylden Lotus i hånden og omgivet af de hengivne, der bøjer sig og tilbeder Dig, mens Du altid giver beskyttelse! Lad mig meditere på Dig, Oh Śrī Vidiā, inkarnationen af fred, der tilbedes af alle guderne, og som giver af enhver rigdom, der søges!

5. सकुङ्कुमविलेपनामलिकचुम्बिकस्तूरिकां समन्दहसितेक्षणां सशरचापपाशांकुशाम्।

6. अशेषजनमोहिनीमरुणमाल्यभूषोज्ज्वलां जपाकुसुमभासुरां जपविधौ स्मरेदम्बिकाम्।।

sakuṅkuma vilepanā malika cumbi kastūrikām

samanda hasitekṣaṇām saśara cāpa pāśām kuśām

aśeṣa jana mohinīm aruṇa mālya bhūṣojvalām

japā kusuma bhāsurām japavidhau smaredambikām

Oh Universets Moder, når jeg sætter mig og gentager Dit navn, beder jeg om at huske Din smukke form, der stråler som hibiscusblomsten med den røde blomsterkrans og de glimtende smykker, smurt med rød safran og skinnende med det duftende moskusmærke, som pryder Din pande og tiltrækker summende bier. Du holder buen, pilen, rebet med løkken og pigstaven i hænderne, Oh Moder, Du tiltrækker alle med Dit milde smil og Dine søde fortryllende blikke!

7. अरुणां करुणातरङ्गिताक्षीं धृतपाशाङ्कुशपुष्पबाणचापाम्।

8. अणिमादिभिरावृतां मयूखैरहमित्येव विभावये महेशीम्।।

aruṇām karuṇā taraṅgitākṣīm dhṛta pāśāṅkuśa puṣpa bāṇa cāpām

aṇimā dibhirāvṛtām mayūkhai

rahamityeva vibhāvaye maheśīm

Oh Store Gudinde, lad mig forestille mig, at jeg er ét med Din skinnende røde form, der er omgivet af Animās gyldne stråler og de andre otte guddommelige herligheder, mens Dine hænder holder om rebet, pigstaven, buen og pilene med blomster, og Dine øjne lyser af medfølelse, der strømmer til alle!

Kommentarer

Om

Det siges, at for længe siden før Universet fødsel var der to lyde, som kom ud gennem Herren Brahmās hals; *Om* og *atha* (*atha* betyder bogstaveligt talt her, nu.) Man anså lydene for at være lykkebringende eller hellige og begyndte at tilbede dem. Det er også almindelig kendt, at *Śrī* på lignende vis er et lykkebringende ord. Ordet *Śrī* har betydningen fremgang i denne verden og Befrielse (*mokṣa)* i den hinsides verden. Alle håber, at de opnår disse ting; således er det en ældgammel tro, at det er lykkebringende at begynde en bog med et af disse ord.

1. श्री माता

Śrī mātā

Hun, som er den lykkebringende Moder.

Den hellige *Lalitā Sahasranāma* begynder med dette navn, som har flere forskellige betydninger.

Det er indisk tradition at ære kvindeligheden. Et udmærket eksempel på denne tradition er forestillingen om Śiva som *ardanārīśvara* (afbildet som halv kvinde, halv mand). Guddommene, som hersker over kraft, viden og velstand er også kvindelige: Parāśakti, Sarasvatī og Lakṣmi. Alt i universet har brug for en mor; det første *mantra* fremkalder denne Universelle Moder.

Śrī, Moderen, som er lykkebringende, kan både være Lakṣmi og Sarasvatī, Moderen til fremgang og viden. Herudover betyder *Śrī* ifølge forskellige ordbøger også jord, stamme, sejr, skønhed, smykke, høj position, kongelig storhed og intellekt. Devī Lalitā er Moder til alt dette.

Ordet *Śrī* betyder også først eller førende og modgift. Hun, som er Moderen, var den oprindelige rytme i alt og universets skaber. For Herren Śiva, som spiste gift, blev Devī en modgift.

De vise fortæller, at sanseobjekter er mere skadelige end gift. De ting, vi opfanger via sanserne, er endda mere farlige end kobraslangens gift. "Gift dræber den, som indtager den, mens sanseobjekter dræber den, der blot ser på dem" ifølge Śankara. (*Viveka Cudāmaṇi*, vers 79). Devī er på den anden side ødelæggeren af gift, og legemliggørelsen af evighed.

Mā betyder at måle og begrænse. *Mātā* er den, som måler og sætter grænser. *Śrī Mātā* er den, som har kraften til at begrænse *Śrī* (Lakṣmi). At besidde en pragt, som overgår Lakṣmi, indebærer sand Frigørelse; en Frigørelse, som er ubrydelig og solid Lyksalighed. *Śrī Mātā* er legemliggørelsen af denne Frigørelse.

En anden synsvinkel er, at *Śrī* betyder de udødelige *Vedaer. Śrī Mātā* er i denne betydnig *Vedaernes* Moder. Ifølge *Purāṇaerne* er det Paraśakti, som videregav essensen af de tre *Vedaer* til Herren Brahmā. Hvis *Śrī* står for vedaerne, er Devī den, som har skabt og beskrevet *Vedaerne,* og den, som inkarnerede i Vyāsas form.

Alt, hvad man ærer, kan man stille ordet *Śrī* foran – Śrī Narayana, Śrī Krishna, Śrī Rāma. *Śrī Mātā* er moderen, som æres af alle.

Śrī kan også betyde et *cakra,* en cyklus eller et hjul. *Śrī,* det lykkebringende, forbliver ikke noget sted. Det udfolder sig hele tiden som en cyklus, et *cakra.* Man kan bruge betegnelserne "universets cyklus" og "livets cyklus", og i givet fald er *Śrī Mātā* Moder til *cakraer* eller cyklusser. Alle *cakraers* Moder er *Śrī Vidyā* eller *Śrīcakra.* Vi kan anse det mest lykkebringende *cakra* for at være *Śrīcakra* og *Śrī Mātā* for at være Moder til dette *cakra. Śrī* betyder også universet. Så henviser navnet til den Universelle Moder.

Śivaśaktyaikyarūpiṇi – en, som er foreningen af Śiva og Śakti er det navn, som har nr. 999 i *Sahasranāmaen.*

Denne forening er *Śrīcakras* hemmelighed. Vi refererer også til *Śrīcakra* som *Śrī Mātā*. Navnet *Śrī Mātā* er et *mantra*, som indeholder adskillige *bijākṣaras* eller stavelser, som indeholder roden til andre ord. Navn nr. 1000 er Den Guddommelige Moders eget navn, *Lalitāmbikā*. Således kan vi anse dette *mantra*, *Śrī Mātā*, som essensen i alle *mantraerne* i *Sahasranāma*.

2. श्री महा राज्ञी
Śrī mahā rājñī

Hun, som er Universets Herskerinde.

Śaṅkarācārya beskriver universet som fuld af en skabelsespragt, vi ikke kan forestille os. Devī er Herskerinden over dette Universelle Rige.

Den første del af dette *mantra* indeholder bogstaverne *m, a, h, a. Ha* er Śakti og kaldes *vimarśa* eller "ordet". A står for Herren Śiva og kaldes *prakāśa* eller "betydning" – således ordet og dets betydning. Den store digter Kālīdasa begynder sit værk *Raghuvamśa* med at anerkende universets Guddommelige Forældre, som er uadskillelige ligesom ordet og dets betydning. A og *ha* kan føres sammen i *aham*, der betyder "Jeg", selvet, som er identisk med Devī, som er inkarnationen af Selvet.

Teksten *Saṅketapaddhati* handler om *prakāśa* og *vimarśa:* "A, det første af alle bogstaverne, er *prakāśa,* den Højeste Śiva; *ha* som er det sidste bogstav står for *kāla* og er kendt som *vimarśa."* Kāla er identisk med Devī.

3. श्रीमत् सिंहासनेश्वरी
Śrīmat simhāsaneśvarī

Hun, som er dronningen, der sidder på den mest glorværdige trone.

Tronen er det højeste sæde. Naturligvis fortjener Devī, som uden ophør hersker over hele universet, at sidde på den højeste og mest glorværdige trone. Alle andre troner vil forsvinde med tidens gang, der lader riger opstå og forgå. Devīs trone er ubrydelig, evig; derfor kaldes den for den mest glorværdige trone. Andre troner overføres fra den ene dronning til den anden, hvor der er en rækkefølge af dronninger. Ingen anden end Devī kan sidde på Hendes trone.

Śrīmat simhāsaneśvarī betyder også Gudinden, som sidder på den mest ansete løve (*simha)*. Devīs ganger kan ikke bare være en ordinær løve, derfor bruges terminologien *Śrīmat* (glorværdig) om denne løve. Ifølge *Devī Purāṇa* dræber jomfruen Devī, som sidder på Sin løve, dæmonen Mahiśāsura. Når man overfører ordet *himsa* (dræbe) og dets betydning, får man ordet *simha. Āsana* betyder at smide væk. *Simhāsana* kan være en overført form af *himsāsana,* som betyder at dræbe og kaste væk, en total ødelæggelse. Devī er Gudinden, som regerer over denne ødelæggelse. Som der står i *Śruti* (skrifterne), er Devī den endelige tilstand, " hvori alt omsider bliver opløst igen."

Viśa betyder menneske. Når ordet bliver anvendt i overført forstand, bliver det *Śiva*. Mennesket bliver den tilbedelsesværdige Śiva, når det vender sig indad og finder sin virkelige natur.

Śrīmat simhāsana er tronen, som er forbundet med gudomme (Śrī). I værket *Jñānarnava* står der, at dette *mantra* indeholder otte andre *simhāsana mantraer,* der begynder med *Caitanyabhairavi og Sampadpradabhairavi*. Navnet er forbundet med, at Devī er guddommen, som hersker over disse mantraer.

Vi kan nu se, at det første navn fejrer Devī, som Skaberen, det andet som Herskeren, og det tredje, som Gudinden, der kontrollerer Opløsning og Ødelæggelse. De efterfølgende navne frem til nr. 999 beskriver omfanget, forskelligheden og rigdommen i Hendes sfære af *līlā (*leg, spil), og afrundes med navn nr. 1000, som hylder Gudinden med Hendes eget navn, Lalitāmbikā.

4. चिद् अग्नि कुण्ड संभूता
Cid agni kuṇḍa sambhūtā

Hun, som blev født i det inderste dyb af den Rene Bevidstheds ildsted.

Brahmans natur er *sat-cit-ānanda. Cit* er den udelte Brahman, den ultimative Kilde til alt. Det er *jñānagni,* den rene videns ild, som brænder tilknytningen til verden op. Devī er den, som opstod ud af denne ild. Den udelte *Brahman* er uden egenskaber og handlinger, og af den *Brahman* er Devī formen, som har egenskaber, og som er engageret i handling.

Devaerne (Guderne) forberedte en offergave af ild og begyndte at tilbede Parāśakti med det formål at ødelægge dæmonen Bhaṇḍāsura. Ifølge *Lalitopākhyāna,* opstod Parāśakti fra denne ild.

Hjertet *(cit)* i en *sādhak* eller spirituelt søgende er også offerets ildsted. Den spirituelle søgen kaldes også *tapas* (hede, ild). Det er fra offerets ild, at Devī opstår med en udstråling som tusind sole.

Ild beskrives som billedet på viden, fordi den fjerner uvidenhedens mørke. Vismænd har erfaret, at den lysende Devī opstår midt i ilden af viden for at fjerne uvidenhedens mørke.

Man kan spørge, hvorfor *Brahman* uden egenskaber og form antager egenskaber og form. Svaret findes i det næste *mantra.*

5. देव कार्य समुद्यता
Deva kārya samudyatā

Hun, som har til hensigt at opfylde gudernes ønsker.

I *Bhagavad Gitā (IV-7)* aflægger Herren Kṛṣṇa følgende ønske: "Oh, Bhārata, når som helst retfærdigheden svinder ind, og uretfærdigheden vinder frem, vil jeg manifestere Mig Selv." Dette løfte, som Herren aflægger, er meget betydningsfuldt. Det er et uafviseligt faktum, at når som helst, vi ser en stigende undertrykkelse af retfærdighed, vil den Guddommelige Kraft inkarnere for at kvæle den. Devīs inkarnation havde til formål at beskytte *guderne,* som var blevet overvundet og pint af den sejrende Bhaṇḍāsura.

Der er *devaer* og *asuraer* (dæmoner) i alle aldre og lande. I *Gitā (XVI, 1-6)* står der, "Der findes to slags skabninger i denne verden – *devaerne*, som har guddommelige egenskaber, og *asuraerne,* som har djævelske egenskaber. Frygtløshed, renhed i sindet, vedholdenhed inden for viden og koncentration, velgørenhed, selvkontrol og offervilje, studiet af skrifter, mådehold, moral og ærlighed, ikke-voldelighed, sandhed, ro, at være frigjort fra vrede, evne til at give afkald, ro, modstand mod at finde fejl, medfølelse med levende væsener, fravær af begær, venlighed, beskedenhed, fravær af lunefuldhed, kraft og energi, evne til at tilgive, mod, renhed og fravær af overdreven stolthed er de iboende kvaliteter hos den, som fødes med et guddommeligt væsen.

På den anden side ser man hos dæmoniske væsener praleri, arrogance, overdreven stolthed, vrede, hårdhed og uvidenhed."

Krigen mellem *devaer* og *asuraer* fandt sted i den fjerne fortid, men samtidig finder den stadig sted i dag og vil også gøre det i fremtiden. For at beskytte dem, som har iboende guddommelige kvaliteter fra onde sjæle, der fødes med djævelsk temperament, vil Devī manifestere Sig Selv når som helst, der er behov for det.

6. उद्यद् भानु सहस्राभा

Udyad bhānu sahasrābhā

Hun, hvis udstråling er som tusind opstående sole.

Devī er Parāśakti og legemliggørelsen af *prakāśa,* udstråling. Udstrålingens farver er røde og hvide og kan af den grund sammenlignes med solens udstråling.

Devīs form skal forstås på tre niveauer, som ligner vores egne kroppe: det grove, subtile og kausale niveauher. Formen på det grove niveau opnås i meditationspraksis i løbet af de første stadier af praksis, inden den dybere viden affødes. I stadiet, hvor man bruger *upāsana* (tilbedelse via *mantra japa)* bliver den subtile form opnåelig. Når den søgendes *vāsanaer* mindskes, bliver den kausale form opnåelig.

I stedet for den tredelte beskrivelse af grov-subtil-kausal, bruges til tider en alternativ beskrivelse med fem dele: grov, subtil, mere subtil, mest subtile og udelte. I de næste halvtreds navne beskrives Devīs form på det grove niveau.

7. चतुर् बाहु समन्विताः

Catur bāhu samanvitā

Hun, som har fire arme.

Devī har fire arme, som med stor ekspertise skænker velsignelser, der når ud i alle retninger. Fire er et meget udbredt antal inden for Indisk billedsprog: kompassets fire retninger, Herren Brahmans fire ansigter, der ser i fire retninger, de fire aldre eller *yugaer* (*kṛta, treta, dvāpara* og *kali*), de fire stadier i menneskelivet (barndom, teenageårene, ungdom, alderdom), de fire vigtigste mål i menneskelivet *(dharma, artha, kāma* og *mokṣa),* de fire kaster, de fire stadier i det (religiøse) liv (*brahmacārya, grahastha, vānaprastha* og *sannāyasa)* og de fire *Vedaer* (*Ṛg, Yajus, Sāma* og *Atharva*). Ligeledes findes der fire måder at sejre over en modstander (forsoning, bestikkelse, formel uenighed og straf), fire slags lyde (*parā, paśyanti, madhyamā* og *vaikharī*, som bliver gennemgået i navn 366-371), fire slags oprindelse til livet (liv, der begynder i livmoderen, liv, der begynder i ægget, liv, der udgår fra jorden, og liv, som opstår fra sved og skidt) og fire slags lærdom (*anvikṣiki, trayi, vartha* og *danḍanīti).*

8. राग स्वरूप पाशाढ्या

Rāga svarūpa pāsādhyā

Hun, som i Sin hånd holder kærlighedens reb.

Kærlighed er følelsen, som binder alt liv sammen, og den antager form af et reb, der er bundet i en løkke. Det er denne løkke, som forbinder livet med universet. Denne kærligheds-løkke findes i Devīs nederste venstre hånd.

Kærlighed er en basal følelse. Den bor i alle mennesker, uanset hvilken grad af visdom, de har opnået. Selv blandt dyr, der normalt er grusomme, finder vi kærlighedens skælven. Denne basale følelse er et våben i Devīs hånd. Kærligheden er det reb, som binder alt og gennemtrumfer sin vilje overalt. Der findes en stor visdom i at forstå, hvordan den guddommelige natur afspejler sig i den poetiske idé bag beskrivelsen af denne følelse som et af Devīs våben.

9. क्रोधा काराङ्कुशोज्ज्वला

Krodhā kārānkusojjvalā

Hun, som er lysende, mens Hun bærer vredens pigstav.

Vrede er den form, kærlighed og ønsker antager, når forventninger ikke bliver mødt. Devī kontrollerer alt gennem vredens pigstav.

Vrede ødelægger alle relationer og knuser livets blødere følelser. Det er ønsker, som bliver transformeret til vrede. Oprindelsen sker i *guṇaen*, der kaldes *rājas.* "Det er ubetvingelig lyst, det er forbitrelse, og det fødes af *rājas guṇaen,* som er altfortærende og særdeles syndig," står der i *Gitā* (III-37).

Devī bærer vredens pigstav i Sin nederste højre hånd. *Krodha* tillægges nogle gange betydningen *jňāna* (viden eller visdom). I *Pūrvacatuśśatiśāstra* (en af de *Tāntriske* skrifter) står der, at rebets løkke og pigstaven repræsenterer viljekraften og videnskraften.

10. मनो रूपेक्षु कोदण्डा
Mano rupeksu kodandā

Hun, som i Sin hånd holder en bue af sukkerrør, der er symbol på sindet.

Sindet er både hjemsted for vished og tvivl (*saṅkalpa* og *vikalpa*). Devīs bue er skabt af dette sind og afbildes som lavet af sukkerrør. Sukkerrørets ydre skal er hård og uden saft, mens det indre er fyldt af sødme. Amma siger ofte, at hvis man søger at tilfredsstille sin smagssans, vil man gå glip af den smag, som findes i hjertets sødme. "Hvis man ønsker at opleve smagen af virkelig sødme i sindet, kan man ikke holde sig til overfladen. Man er nødt til at fjerne den ydre skal og presse den inderste del. Det er betydningen af *tapas* (anstrengelser, askese). Det er kun gennem *tapas,* at det bliver muligt for os at nyde sødmen. Devīs bue er sukkerrøret. Den lyser i Hendes øverste højre hånd. Man skal bemærke, at det er et sukkerrør, som står i blomst.

11. पञ्च तन्मात्र सायका
Pañca tanmātra sāyakā

Hun, som bærer pilene, der symboliserer de fem subtile elementer.

Inden for Vedānta svarer de fem subtile elementer til de fem sanser: at se, smage, lugte, røre og høre. De fem sanser skildres her som pile, der afsendes med sindets bue. Hvilket sublimt billede! Når buen er meget bøjet, vil pilen blive affyret med større hastighed. Men hvad sker der, hvis buen ikke bøjes? Da den er lavet af sukkerrør vil den bøje. Kun hvis sukkerrøret bliver omformet til stål, kan buen ikke bøjes. Formålet med *sādhana* (spirituel praksis) er at gøre sindet smidigt og dermed subtilt.

I navnene 8 – 11 findes der skjulte *āyudhamantraer*, som er *mantraer* for våben, der bruges i krigsførelse. De har ingen praktisk betydning i dag, og dette aspekt nævnes kun til de nysgerrige som et kuriosum ved *Sahasranāmaen*. Det er tænkeligt, at Rāma og Kṛṣṇa brugte denne type *mantraer*, når de anvendte forskellige våben.

12. निजारुण प्रभा पूर मज्जद् ब्रह्माण्ड मण्डला
Nijāruna prabhā pūra majjad Brahmāṇḍa maṇḍalā

Hun, som indhyller hele universet i Sin forms røde stråleglans.

De vise beskriver, hvorledes Devīs form skal visualiseres med rød farve ved meditation om morgenen. Den kreative kraft er forbundet med *rājas* kvaliteten, og rød er en *rājas* farve. Det antydes hermed, at Devī er Kraften, der opretholder handling i hele universet.

13. चम्पक् आशोक पुन्नाग सौगन्धिक लसत् कचा
Campakāśoka punnāga saugandhika lasat kacā

Hun, hvis hår er prydet med blomster som campaka, aśoka, punnāga og sugandhika.

Beskrivelsen af Devīs form fra top til tå begynder med dette navn. Hendes form består af tre dele eller *kūṭaer.* Hendes hoved omtales som *Vāgbhavakūṭa,* Hendes krop fra halsen ned til taljen som *Madhyamākūṭa* og fra taljen ned til fødderne som *Śaktikūṭa.*

Vi ser her, at en hyldest af Hendes form begynder ved Hendes hoved. Tidligere er Hun blevet lovprist som *Cidagnikuṇḍasambhūtā,* én, der steg ud af den rene bevidstheds ildsted. Den første del af Hendes form, som opstår derudfra er helt naturligt hovedet. Devīs hår har en iboende duft. Duften i

Hendes hår beriger blomsterne i håret, ikke viceversa. Enhver form for duft er blot en lille del af den vidunderlige duft, som findes i Hendes uendelige skatkammer af dufte!

14. कुरुविन्द मणि श्रेणी कनत् कोटीर मण्डिता

Kuruvinda mani srenī kanat kotīra maṇḍitā

Hun, som stråler, mens Hun bærer en krone, der er smykket med rækker af kuruvindaædelsten.

I skrifterne står der, at når man bærer smykker, styrker det hengivenheden og giver fremgang. Devīs form med den ædelstensbesatte krone findes for at glæde de hengivne. Når vi giver små babyer smukt tøj og fine smykker på, er det så for at glæde babyerne eller for at glæde dem, som kigger på babyerne? For babyen er det ligegyldigt, om der er en guldkæde eller en mørk snor om halsen. På samme måde forholder det sig med Devīs smykker. De giver Hende ikke nogen glæde – det er den hengivne, som oplever glæden. For at glæde Sine hengivne bærer Devī en krone, der er udsmykket med juveler.

Amma siger ofte, "En politimand ser anderledes ud, når han har civilt tøj på, end når han bærer sin uniform. Uniformen viser hans officielle status. Det er årsagen til, at Amma bærer Devīs smykker og pryd." Men en skuespiller, der klæder sig ud som politimand, formår ikke at udføre politimandens pligter. Det er kun politimanden, der kan gøre det. Den hengivne, som overgiver sine sorger til Amma ved godt, at Hun ikke bare er Sin klædning og Sine smykker, men at Hun står for Principperne bag dette.

15. अष्टमी चन्द्र विभ्राजदलिक स्थल शोभिता

Astamī candra vibhrājadalika sthala śobhitā

Hun, hvis pande skinner som halvmånen den ottende nat i måneden.

På den ottende nat fremstår månen som en halv cirkel. Devīs pande skinner som en sådan måne under kronen. *Samudrikaśāstra* (videnskaben, som tolker kroppens form og egenskaber) antager, at en halvmåneformet pande indikerer høj intelligens.

16. मुख चन्द्र कलङ्काभ मृगनाभि विशेषका
Mukha candra kalaṅkābha mrganābhi viseṣakā

Hun, som bærer et moskusmærke i panden, der skinner som fordybningerne i månen.

Navnet peger symbolsk på, at hvor mærkerne fra månens fordybninger ikke ser skønne ud, så fuldender og understreger Devīs moskusmærke derimod Hendes skønhed.

17. वदन स्मर माङ्गल्य गृह तोरण चिल्लिका
Vadana smara māṅgalya gṛha toraṇa cillikā

Hun, hvis øjenbryn skinner som de hvælvede gange, der fører til boligen for Kāma, kærlighedens Gud, som Hendes ansigt ligner.

Devīs ansigt skildres som Kāmas lykkebringende hjemsted. Hendes øjenbryn skinner som to yndefuldt udsmykkede gange. Buede øjenbryn anses for at være særligt smukke. Hvis Cupido hører hjemme i ansigtet, hvordan kan det da være muligt for nogen at bedømme dets umådelige skønhed? Det er tydeligt, at Devīs skønhed er hinsides forestillingsevnen.

18. वक्त्र लक्ष्मी परीवाह चलन् मीनाभ लोचना
Vaktra lakṣmī parīvāha calan mīnābha locanā

Hun, hvis øjnes spil er som fiskens bevægelser i ansigtets flydende strøm af skønhed.

Den symbolske betydning er, at Devīs øjne uden videre er i stand til at opfylde ethvert ønske. Fisken er et væsen, som ikke får åndenød i vandet. Devīs blik kommer beredvilligt den hengivne til undsætning i alle situationer og i alle slags omstændigheder.

19. नवचम्पक पुष्पाभ नासा दण्ड विराजिता

Navacampaka pushpābha nāsā daṇḍa virājitā

Hun, som er strålende med en næse så smuk som en nyudsprunget campakablomst.

En blomst springer kun meget gradvist ud, og den er særligt skøn i den tilstand, hvor den folder sig ud. På samme måde anses Devīs næse for at være smuk og tiltrækkende som en blomsterknop, der folder sig ud.

20. तारा कान्ति तिरस्कारि नासाभरण भासुरा

Tārā kānti tiraskāri nāsābharaṇa bhāsurā

Hun, som er lysende, og hvis næse har et strålende smykke, der overgår stjernernes glans

Tārā betyder stjerne eller planet, særligt *maṅgala* (mars) og *śukra* (venus). Disse to planeter anses for at være guddomme. Devīs diamantbesatte næsesmykke overgår disse himmelske guddommes stråleglans. Billedsproget rummer også betydningen, at smykket har en evig udstråling.

21. कदम्ब मञ्जरी क्लृप्त कर्णपूर मनोहरा

Kadamba mañjarī kḷpta karṇapūra manoharā

Hun, som er fængslende smuk med buketter af kadambablomster som ørenringe.

Der skabes et billede af Devī som legende med en buket *kadambablomster* i hvert øre. Man mener også, at Hun holder til i *kadambaskoven*, og at *kadamba* er et af Hendes yndlingstræer.

22. ताटङ्क युगली भूत तपनोडुप मण्डला

Tāṭaṅka yugalī bhūta tapanoḍupa maṇḍalā

Hun, som bærer solen og månen som et par store ørenringe.

Devīs ørenringe er solen og månen! Betydningen er, at solen og månen giver efter for Hendes vilje og indvilliger i at være Hendes ørenringe. Til tider skildres solen og månen også som Hendes bryster og Hendes øjne.

23. पद्म राग शिलादर्श परिभावि कपोल भूः

Padma rāga śilādarśa paribhāvi kapola bhūḥ

Hun, hvis kinder overgår spejle af slebne rubiner i deres skønhed.

Udstrålingen fra Devīs rosa kinder er så stærk, at end ikke rubiner, der er slebet blanke som spejle, kan overgå den.

24. नव विद्रुम बिम्ब श्री न्यक्कारि रदन च्छदा

Nava vidruma bimba śrī nyakkāri radana cchadā

Hun, hvis læber overgår frisk skåret koral og bimbafrugt i den pragt, de reflekterer.

Devīs røde læber skinner som frisk skåret koral og bimbafrugt.

25. शुद्ध विद्याङ्कुराकार द्विज पङ्क्ति द्वयोज्ज्वला

Śuddha vidyāṅkurākāra dvija paṅkti dvayojjvalā

Hun, hvis tænder stråler som perler af ren viden.

Śuddhavidyā (eller Śrī Vidyā) er også kendt som *Ṣoḍaśavidyā*. Et mantra med seksten stavelser, som har stor betydning; det er lyset af denne viden, som fjerner uvidenhedens mørke.

Dvījas er de, som har to fødsler; tænder, fugle og *brāhmaṇas* er *dvījas*. En *brāhmaṇa* anses fra fødslen for at være en *śūdra,* og bliver en *brāhmaṇa* gennem studiet af *Vedaerne*. En fugl fødes først som et æg, og kun når ægget klækker, ser man den virkelige fugl. Tænder har også to fødsler. Mælketænderne falder ud inden de nye og mere stabile tænder vokser ud. Her er *dvījas* Devīs tænder, hvis udstråling er prisværdig. Ligesom *Śuddhavidyā,* fjerner Devīs smil alle urenheder og spreder lys i vores hjerter.

Som tidligere nævnt er *Śuddhavidyā* det samme som *Śrī Vidyā,* et stort *mantra* i tilbedelsen af Devī. De tre hymner, *Tripuramahimāstotra,* som er skrevet af den vise Durvāsas, *Subhagodayastotra* som er skrevet af Gauḍapādācārya og *Saundarya Laharī,* som er skrevet af Śrī Śaṅkarācārya, har alle stor autoritet og handler om *Śrī Vidyā* og *Śrīcakra.* På et praktisk niveau er *Lalitā Sahasranāma* hovedværket, som man refererer til inden for *Śrī Vidyā* tilbedelse.

Manmatha og Lopāmudrā var de første, som tilbad *Śrī Vidyā.* Men Manu, Candra (månen) og Kubera (velstandens herre), Lopāmudrā, Manmatha, Agastya, Agni (Ildens gud), Sūrya (solen), Subrahmanya, Herren Śiva og Durvāsas nævnes alle som seere *(drastas)* af *Śrī Vidyā mantraet*. Men de brugte ikke alle det samme *mantra* i deres tilbedelse. De fleste af disse *mantraer* er med tidens gang forsvundet igen. Lærde inden for *Vidyā* fortæller, at det er Manmathas og Lopāmudrās *mantraer*, som har overlevet tidens gang.

Man mener, at *mantraet* begynder med *mulādhārā*, som er *kuṇḍalinīs* hjemsted, og at det når op til tungen efter at have passeret gennem fire stadier *parā, paśyanti, madhyamā* og *vaikharī.* Disse stadier repræsenterer stadierne *Sabdabrahman* eller *Brahman*-som-lyd, viden om den Højeste Ånd bestående af ord. *Parā* er frøets form. Det svarer til den tilstand, frøet befinder sig i, når det kommer i kontakt med jord og vand og svulmer op. Frøets første spire kan sammenlignes med *paśyantistadiet*. Den tilstand, hvor frøet er klart til at åbne sig med to kimblade svarer til *madhyamā.* Når de to blade åbner sig som ét, er det *vaikharīstadiet*– de to blade er betydningen og lyden, som smelter sammen i en udelelig helhed. Lever man et verdsligt liv, kan man kun få kendskab til *vaikharī.* De andre tilstande er kun kendt af *yogier* (se *mantraerne* 366-371).

I barndommen er der i starten kun to tænder, som vokser frem. Med tiden får man to rækker tænder med seksten tænder i hver række. Seksten stavelser med lyd og betydning sammenlignes med to rækker tænder med hver seksten tænder. Ligesom *mantraet* med seksten stavelser oplyser den tilbedendes hjerte, vil lyset fra Devīs tænder fjerne mørket fra hjertet og gøre det lyksaligt, når Hun smiler sødt.

Dvījapanktidvayā kan referere til toogtredive ritualer, som man foreskriver, at en *brāhmaṇa* bruger i sin tilbedelse. Disse ritualer (såsom *Śuddhavidyā* eller *Bālāvādaśārdhamatam*) er beskrevet i bøger om *Tantra.* De skal overholdes i to dele og bliver her sammenlignet med de toogtredive tænder, som er ordnet i to rækker.

Śuddhavidyā, som repræsenterer Devīs subtile krop, anses for at være inddelt i tre dele, som det beskrives af Bhāskararāya i teksten *Varivasyārahasya.* Den første er *agnimaṇḍala* (ildens runde skive), fra *mulādhārā* (hjemsted for *Kuṇḍalinī*) til *anāhatacakra* i hjertet og i sin stråleglans er den som Opløsningens ild. Den anden er *Sūryamaṇḍala* (solens runde skive) fra hjertet til *ājňācakra* mellem øjenbrynene, som stråler som ti millioner sole. Den tredje er *Candramaṇḍala* (månens skive) fra *ājňācakra* til *brahmarandhra* i kronen, hvis stråleglans sammenlignes med ti millioner måner (se *mantraerne* 85-87).

26. कर्पूर वीटिकामोद समाकर्षि दिगन्तरा

Karpūra vīṭikāmoda samākarṣi digantarā

Hun, som finder behag i en rulle fyldt med kamfer og helbredende urter, hvis duft tiltrækker mennesker alle steder fra.

Rullen, der er fyldt med kamfer og helbredende urter (*karpūravīṭika)* er sammensat af forskellige duftende ingredienser med medicinsk virkning, som f.eks. kardemomme, kokosnød, sort peber, ingefær og lime. Duften fra denne rulle, som befinder sig i Devīs mund tiltrækker mennesker alle vegne fra, som kommer for at søge Hendes velsignelse.

27. निज सल्लाप माधुर्य विनिर्भर्त्सित कच्छपी

Nija sallāpa mādhurya vinirbhartsita kacchapī

Hun, hvis tales sødme overgår selv Sarasvatīs vīna.

Antagelsen om, at den musikalske sødme i Devīs tale end ikke overgås af *vīnaen*, som tilhører Sarasvatī, Talens Gudinde, findes også i Śankaracāryas *Saundarya Laharī* (vers 66):

"Oh Devī, mens Du nikkende anerkender Devī Sarasvatīs søde musik, som Hun spiller på vīnaen, og som lovpriser Herren Śivas dydige gerninger, begynder Du at rose Hende. Hun dækker stilfærdigt sit instrument, hvis søde toner langt overgås af Din bløde, melodiske stemme."

Hvem der end har haft det gode held at tilbringe sin tid med at tale sammen med Amma vil indse, at denne beskrivelse af Devīs tale er meget rammende.

28. मन्द स्मित प्रभा पूर मज्जत् कामेश मानसा

Manda smita prabhā pūra majjat kāmeśa mānasā

Hun, i hvis smils stråler selv Kāmeśas (Herrens Śivas) sind forsvinder.

Kāmeśa er den, som besejrede Kāma, Begærets Herre. Devīs smil bjergtager selv Kāmeśa.

Kāma har en særlig betydning i *Tantraśāstra.* Det er *Kāmakālas Bindu. Kāmabindus* herre er også Śiva.

29. अनाकलित सादृश्य चिबुक श्री विराजिता
Anākalita sādṛśya cibuka śrī virājitā

Hun, hvis kind ikke kan sammenlignes med noget, (den er hinsides sammenligning, fordi den er uden mage i skønhed.)

I *Saundarya Laharī (*vers 67) har Śankara den samme pointe: ”Der findes intet, Din kind kan sammenlignes med.”.

30. कामेश बद्ध माङ्गल्य सूत्र शोभित कन्धरा
Kāmeśa baddha māṅgalya sūtra śobhita kandharā

Hun, hvis hals er prydet med ægteskabets tråd, som Kāmeśa har bundet.

Devīs bryllup er beskrevet i *Lalitopākhyāna. Devaerne* tænkte over, hvem der kunne være den mest passende brudgom for Devī, som blev ”født i det inderste dyb af den rene bevidstheds ildsted”. Brahmān, Viṣnu og Śiva mødte alle frem foran Hende og bad Hende om at vælge en af dem. Devī kastede ægteskabets krans op i luften. Den faldt om Kāmeśas hals, hvorefter det siges, at *Kāmeśa* bandt *māṅgalyasūtra* (ægteskabets tråd) om Hendes hals. Śankara beskriver i *Saundarya Laharī*, at trådens tre dele kan genfindes selv i dag som de tre folder om Devīs hals. Det er også det samme *māṅgalyasūtra*, som bragte Kāma, kærlighedenes Herre, tilbage efter, at han var blevet brændt af Herren Śivas vrede.

31. कनकाङ्गद केयूर कमनीय भुजान् विता
Kanakāṅgada keyūra kamanīya bhujān vitā

Hun, hvis arme er vidunderligt udsmykket med gyldne armbånd.

Aṅgada og *keyūra* er armbånd, der pryder den øverste del af armene, men *aṅgada* bæres lidt længere nede mod albuen og *keyūra* lidt højere oppe mod skulderen. Der også forskel på deres form. I meditionsvers for Herren Śiva skildres Han med *aṅgada* og *keyūra* armbånd af slanger.

32. रत्न ग्रैवेय चिन्ताक लोल मुक्ताफलान्‍ विता

Ratna graiveya cintāka lola muktāphalān vitā

Hun, hvis hals er lysende og prydet med et ædelstenssmykke med en perlemedaljon.

Bhāskararāya adskiller ordet *graiveyacintākalolamuktā* i tre ord og beskriver, hvordan disse tre ord (*graiveyacintāka, lola* og *muktā*) beskriver tre slags hengivne: *Graiveyacintākas* tilbeder Devī, men kan ikke fæstne Hende solidt i deres hjerte. De befinder sig spirituelt på et middelniveau. *Lolacintākas* tilbeder Hende ud fra ønsker om verdslige objekter og befinder sig på det laveste niveau, og *muktacintākas* tilbeder Hende uden ønsker og befinder sig på højeste niveau. Det væsentlige er forskellen i den hengivnes iboende *vāsanaer.* Devī skænker den hengivne et resultat, der matcher deres hengivenhed. Herren Kṛṣṇa sagde i *Gitāen* (IV-11), "Ud fra den måde mennesker møder Mig, således belønner jeg dem."

33. कामेश्वर प्रेम रत्न मणि प्रतिपण स्तनी

Kāmeśvara prema ratna maṇi pratipaṇa stanī

Hun, som giver Sine bryster til Kameśvara til gengæld for kærlighedens ædelsten, som Han skænker Hende.

Da Devī oplever Herren Parāmesvaras hengivenhed, gør Hun sine bryster til objekt for Hans tilbedelse. Her understreges ikke legen, men tilbedelsen. De ældre kommentarer til dette navn fortæller, at da Herren Śiva gav Hende kærlighedens ædelsten, gav Hun til gengæld Sine bryster og den ædelsten, som er Hendes troskab.

34. नाभ्यालवाल रोमालि लता फल कुच द्वयी

Nābhyālavāla romāli latā phala kuca dvayī

Hun, fra hvis navles dyb udspringer en linje af de fineste hår, der spreder sig opad som en slyngplante og bærer Hendes bryster som frugter.

Den Guddommelige Moders bryster giver kærlighedens nektar til Hendes børn.

35. लक्ष्य रोम लता धारता समुन्नेय मध्यमा

Lakṣya roma latā dhāratā samunneya madhyamā

Hun, hvis talje kun anes, fordi slyngplanten udspringer derfra.

Billedsproget symboliserer, at Devī er så slank, fordi Hendes skønhed er uovertruffen.

36. स्तन भार दलन् मध्य पट्ट बन्ध वलि त्रया

Stana bhāra dalan madhya paṭṭa bandha vali trayā

Hun, hvis underliv har tre folder, der danner et bælte, som sikrer, at Hendes slanke talje holder til vægten af Hendes bryster.

Ifølge *lakṣanaśāstra* (videnskaben om kroppens mærker og egenskaber) vil tre folder i en kvindes underliv gøre hende smukkere. De gyldne folder i Devīs underliv ligner tre gyldne bånd, som styrker Hendes talje, der ellers ikke kunne holde til vægten af Hendes bryster.

37. अरुणारुण कौसुम्भ वस्त्र भास्वत् कटीतटी
Aruṇāruṇa kausumbha vastra bhāsvat kaṭītaṭī

Hun, hvis hofter er prydet med en klædning så rød som den opstigende sol, som er farvet med ekstrakt af saflorblomster (kusumbhablomster).

Aruṇa er solens fartøj. Det har været en udbredt praksis at farve tøj med ekstrakt af saflorblomster. Det er velkendt, at Devī især holder af dybrøde eller gule klæder, hvilket vi ser i beskrivelser som *pitavastrā* (klædt i gyldent) og *raktāmśukadhārinī* (klædt i blodrødt).

38. रत्न किङ्किणिकारम्य रशना दाम भूषिता
Ratna kiṅkiṇikāramya raśanā dāma bhūṣitā

Hun, hvis vidunderligt udsmykkede bælte er prydet med ædelstensindfattede klokker.

Dette bælte bærer Devī over sin dragt. Det er en udsmykning, som ringler sødt, når Devī bevæger sig.

39. कामेश ज्ञात सौभाग्य मार्दवोरु द्वयान्विता
Kāmeśa jñāta saubhāgya mārdavoru dvayānvitā

Hun, hvis lårs skønhed og blødhed kun er kendt af Kāmeśa, Hendes ægtemand.

Kāmeśa er den, der har sejret over Kāma, Herren over ønsker og begær. Han er således uden ønsker og begær. Dette *mantra* peger på, at Devīs indre hemmelighed kun bliver afsløret for den, som har overvundet begær og ønsker, og det viser vigtigheden af den spirituelle erfaring, der kendetegner de vise og erfarne. Billedligt talt minder deres oplevelser om bien, der finder sin næring i en sød blomsternektar, som er den udelte lyksalighed.

40. माणिक्य मुकुटाकार जानु द्वय विराजिता
Māṇikya mukuṭākāra jānu dvaya virājitā

Hun, hvis knæ er som kroner formet af den dyrebare røde juvel, manikya (en slags rubin).

41. इन्द्र गोप परिक्षिप्त स्मर तूणाभ जङ्घिका
Indra gopa parikṣipta smara tūṇābha jaṅghikā

Hun, hvis lægge glimter som Kærlighedsgudens juvelbelagte pilekogger.

I dette navn skildres Devīs lægge, som er dækket af Hendes juvelbesatte røde klædning.

42. गूढ गुल्फा
Gūḍha gulphā

Hun, hvis ankler er skjulte.

Devīs ankler skjules af kanten på Hendes dragt

43. कूर्म पृष्ठ जयिष्णु प्रपदान्विता
Kūrma pṛṣṭha jayiṣṇu prapadānvitā

Hun, hvis fødder har buer, der kan måle sig med skildpaddens ryg i glathed og skønhed.

Ifølge *śāstraerne* er fødder med høje buer et tegn på skønhed.

44. नख दीधिति सञ्छन्न नमज्जन तमो गुणा
Nakha dīdhiti sañchanna namajjana tamo guṇā

Hun, hvis tånegles stråleglans fuldstændig fordriver uvidenhedens mørke fra den hengivne, som knæler ved Hendes fødder.

Tilbedelse af Devīs fødder fjerner al uvidenhed. Fordi Hendes fødder ikke er synlige for mennesker, mener nogle af dem, som har skrevet kommentarer til navnene, at de hengivne, der refereres til i dette navn, er Brahmā og Viṣnu. Selv hos så ophøjede guddommelige væsener vil berøringen fra Devīs fødder fjerne al urenhed i sindet. Sådanne øjeblikke beskrives i *Matsya Purāṇa* og *Padma Purāṇa.* Bhāskararāya fortæller i sine kommentarer, at *devaernes* juvelbesatte kroner blegner i lyset fra Devīs tånegle, da de knæler ved Hendes fødder.

45. पद् द्वय प्रभा जाल पराकृत सरोरुहा

Pada dvaya prabhā jāla parākṛta saroruhā

Hun, hvis fødders udstråling er større end lotusblomstens.

Devīs fødder overgår lotusblomsten i udstråling, blødhed, renhed og duft. Hvor lotusblomsten kun tiltrækker bier med en utydelig summen, tiltrækker Devī begavede digtere. Der er en grænse for lotusblomstens tiltrækningskraft. Tiltrækningskraften i Devīs fødder er ubegrænset. Skønheden og duften i Hendes fødder strækker sig uden grænse i tid og rum.

46. सिञ्जान मणि मञ्जीर मण्डित श्रीपदाम्बुजा

Śiñjāna maṇi mañjīra maṇḍita śrīpadāmbujā

Hun, hvis lykkebringende lotusfødder er smykket med ædelstensbesatte gyldne ankelkæder, som ringler sødt.

De, som tilbeder Devī, har bemærket, at de under dybe meditationer hører den musikalske ringlen fra Hendes ankelbånd.

47. मराली मन्द् गमना
Marālī manda gamanā

Hun, hvis gang er så langsom og blid som en svanes.

Devīs gang er kendetegnet ved fravær af angst. Hvor er der rum for angst, når man er så allestedsnærværende og almægtig?

48. महा लावण्य शेवधिः
Mahā lāvaṇya śevadhiḥ

Hun, som er skønhedens skatkammer.

Śrī Śankara siger, at selv så guddommelige væsener som Herren Brahmā har svært ved at beskrive Hendes uforlignelige skønhed:

"Oh Devī, Datter af Bjerget, selv talentfulde digtere som Brahmān har svært ved at finde ord, der kan skildre Din skønhed. Himmelske kvinder oplever forening med Herren Śiva i deres indre forestillinger, hvilket er vanskeligt at opnå selv ved hårde bodsøvelser, og kun for at opleve Din uforlignelige skønhed." (*Saundarya Laharī,* vers 12).

49. सर्वारुणा
Sarvāruṇā

Hun, hvis hudfarve er fuldstændig rød.

På det grove niveau er Devīs smykker og klæder alle skildret i rød farve. På det subtile niveau, hvor Devī er engageret i universets affærer (som f.eks. skabelse, vedligholdelse og ødelæggelse) er hun *rājasisk*, og rød er en *rājasisk* farve. Det er bemærket, at Śiva er *prakāśa,* og at Devī er *vimarśa. Vimarśa* farven er rød.

50. अनवद्याङ्गी
Anavadyāṅgī
Hun, hvis krop er tilbedelsesværdig.

Avadya er frastødende; *aṇavadya* er det modsatte, og betyder tilbedelsesværdig. Devīs krop er kendetegnet ved, at alle lemmerne er ærværdige og storslåede. Devī er skønhedens skatkammer.

51. सर्वाभरण भूषिता
Sarvābharaṇa bhūṣitā
Hun, som stråler med alle former for smykker.

I nogle tekster skrives navnet i stedet *Sarvābharaṇa bhāsurā* (men har dog samme betydning).

Devī skinner med udsmykning, som begynder med juvelen i kronen og de ædelstensindbefattede smykker på Hendes krop. I *Kālīka Purāṇa* er der beskrevet fyrre smykker, som pryder Devī fra top til tå. I *Paraśurāmakalpasūtra* gøres det tydeligt, at Devīs smykker er ubeskrivelige og uden grænser.

Hermed er beskrivelsen af Devīs synlige krop afsluttet. Hendes trone bliver beskrevet i de næste navne.

52. शिव कामेश्वराङ्कस्था
Śiva kāmeśvarāṅkasthā
Hun, som sidder på skødet af Śiva, der besejrer begæret.

Śiva står for det Udelte Selv, princippet Eksistens, Bevidsthed, Lyksalighed, hvor *jīva* (den individuelle sjæl) og *Īśvara* (Herren) ikke er adskilte.

Kāmeśa er Herre over ønsker og begær, og han kan antage en hvilken som helst form ud fra Sit ønske, eller Kāmeśa er den, som har besejret Kāma, én som er uden ønsker og begær.

Således betyder navnet, at Devī er én, som opholder sig i Selvet, som er hinsides *saṅkalpa* (beslutsomhed, vished) og *vikalpa* (tvivl, uvished).

Kāma betyder også *prajñāna* (viden), som er selve Śiva. Ifølge *Vedaerne* er *Prajñānam Brahmā* eller viden *Brahman*, det Universelle Selv. I Vedaerne står der også, at Śiva havde et *kāma* (ønske) om at skabe universet. Således er Devī den, som sidder i skødet på Śiva, som ønskede skabelsen.

53. शिवा

Śivā

Hun, som skænker alt, hvad der er lykkebringende.

Ifølge *Śaiva* skrifterne er Devī kraften, som gennemtrænger alt, er vidne til alt og ved alt.

Śivā er den feminine form af Śiva. Forskellen findes kun i betoningen. Det Højeste Selv kan kaldes ved navnet Śivā.

Śivā er den store Gudinde, som giver os eller tager os hen til Śivas verden.

Skrifterne fastslår, at Śivā, Devī, er uadskillelig fra Herren Śiva, ligesom vi ikke kan adskille varme fra ild, solstråler fra solen og månelys fra månen.

Ammas hengivne ved, at det ord, som altid er på Hendes læber er "Śiva, Śiva," og at det ofte bliver til "Śivā".

54. स्वाधीन वल्लभा

Svādhīna vallabhā

Hun, som altid holder Sin ægtemand under kontrol.

I tekster om *Tantraśāstra* som *Sūtasamhita, Saundarya Laharī* og *Subhagodayam* bliver det tydeligt, at selv treenigheden Brahmā, Viṣnu og Śiva kun kan udføre deres opgaver på grund af Devīs velsignelser.

Dette *mantra* kan også tolkes som "Hun, som velsigner hustruer med herredømme over deres ægtemænd."

I *Devī Bhāgavata* står der, at Devīs velsignelser gjorde Śacīdevī i stand til at bevare magten over sin ægtemand, Indra.

Historien om Sukanyā er også berømt. Hun var den hengivne hustru til vismanden Cyavana, som var gammel og ikke særlig tiltrækkende. På et tidspunkt kom *Aśvinerne,* en slags guder, og besøgte hende, og efter at de havde forvandlet hendes ægtemand om til at blive lige så tiltrækkende, som de selv var, bad de hende om at vælge en af de tre til ægtemand. Sukanyā som på den måde befandt sig i et smertefuldt dilemma bad og tryglede Devī om hjælp. Med Devīs velsignelse blev hun i stand til at genkende og vælge Cyavana blandt de tre mænd.

55. सुमेरु मध्य शृङ्गस्था
Sumeru madhya śṛṅgasthā

Hun, som sidder på den midterste top af bjerget Sumeru.

Bjerget Meru beskrives med fire tinder. Devī opholder sig på den midterste tinde, og på de tre andre befinder Brahmā, Viṣnu og Śiva sig. (*Lalitāstavaratna* vers 2-4).

Betydningen af dette *mantra* kan findes i *Tantraśāstra.* Der bliver refereret til rygraden som *merudaṇḍa*, den laveste del af den er *trikoṇa*, trekanten, den øverste del er *bindu* i *sahasrāracakraet* i hovedet. *Trikoṇaen* og *binduet* udgør den første *maṇḍala* i *Śrīcakraet.* Cakraets arme er også kendt som tinder. Brahmān, Viṣnu og Śiva befinder sig på disse tinder. Det miderste *bindu* kaldes også for en tinde. Ordet tinde skal fortolkes som et sted, som er svært at nå. Parāśakti opholder sig på den midterste tinde. I nogle tekster skrives dette *mantra* også som *Sumerusrngamadhyastha.*

56. श्रीमन् नगर नायिका
Śrīman nagara nāyikā

Hun, som er Herskerinde over den mest blomstrende og begunstigede by.

Devīs by kaldes Saubhāgyapūra (begunstigede og fremgangsrige by) og befinder sig på den midterste tinde af Bjerget Meru og i midten af nektarhavet. Her er der også tale om et billede med en skjult betydning. Den "begunstigede by" er det samme som *Śrīcakra*, og Parāśakti er dens Herskerinde. Et cakra er noget, som roterer. Śrīcakraet er symbol på Universet, der drejer rundt.

Ser man på et billede af *Śrīcakra* finder man følgende: en firkant yderst, inde i den er der tegnet tre cirkler. Herinde er der seksten blade i en cirkel og inde i den otte blade; herefter følger der i indadgående orden, et *cakra* med fjorten trekanter, et andet med ti trekanter og så et med otte trekanter. Inderst er der i centrum placeret en trekant og inde i den er der et punkt (*bindu)*, som befinder sig i centrum. Hvis vi i stedet for at se billedet på en flad overflade opfatter det som en ting eller en genstand, kan man på den øverste top se *bindu* og nedenfor trekanten. Det er det *tāntriske* billede af den menneskelige krop. Det kan også ses som billedet af hele universet. I *śāstraerne*, som indeholder dette billede, er denne ide velkendt.

Śrīcakra bliver til *Merucakra*, når det laves om til et billede. Śaṅkarācārya installerede *Śrīcakraet* på adskillige steder under sin sejrsrejse (*digivijayā)*.

Śrīcakra har synonymerne *Cakrarāja, Navayonicakra, Viyatcakra og Mātrkācakra.*

Lalitādevī er Parāśakti, den iboende guddom i *Śrīcakra.* Lalitā er den, som transcenderer alle verderner i Sin leg, Sin *līlā.*

57. चिन्तामणि गृहान्तस्था

Cintāmaṇi gṛhāntasthā

Hun, som bor i et hus opført af (ønskeopfyldende) cintāmaṇiædelsten.

Cintāmaṇi er en ædelsten, som kan opfylde ethvert ønske. Navnet antyder en indre betydning i stedet for en bogstavelig betydning. Er huset, som er opført af ønskeopfyldende ædelsten, i virkeligheden ikke ens eget sind? Har dette opbevaringsted for ædelstene (sindet) ikke kraften til at bringe selv det mest uopnåelige mål inden for rækkevidde? Det hus er Devīs opholdssted.

Det siges, at selv *devaerne* tilbeder Devī i *Cintāmaṇihuset.*

58. पञ्च ब्रह्मासन स्थिता

Pañca brahmāsana sthitā

Hun, som sidder på et sæde gjort af de fem Brahmāer.

Devīs bygning er beskrevet som gjort af *Cintāmaṇiædelsten.* Ifølge de tāntriske skrifter er sengen Śiva, og puden den store Isana, madrassen er Sadāśiva, mens de fire sengeben er Brahma, Viṣnu, Rudra og Īśvara. Indra er beskrevet som Hendes spyttebakke! Indra er det højeste symbol på komfort og fremgang. Hvis alle verdslige og himmelske rigdomme kun er en spyttebakke for Devī, hvorfor skal man da søge efter dem? Forestillingen om at Treenigheden og Īśvara er sengeben er også bemærkelsesværdig. En ustabil ting egner sig ikke som sengeben. De fire guddomme står som ubevægelige støtter, der løfter det sublime billede af Devī. Kun de, der opnår en sådan stilhed, kan fastholde Hende indeni.

De fem *Brahmāer* kan tolkes som de fem *tanmātraer* (subtile elementer) som befinder sig i processen, hvor de manifesterer sig fra *sakalabrahman* (*Brahman* med dele eller *Brahman* med form).

59. महा पद्माटवी संस्था
Mahā padmāṭavī samsthā

Hun, som bor i den store lotusskov.

Den tusindbladede lotus (*sahasradala padma)* eller det tusindbladede *cakra* (*sahasrāracakra)* bliver der her refereret til som den store lotusskov.

Den endelige fuldendelse af *upāsana* (tilbedelse) sker, når *Kuṇḍalinī* rejser sig fra *mulādhārā* og når op til den tusindbladede lotus og smelter sammen med Śiva deroppe. I denne forstand er den tusindbladede lotus også Devīs legeplads (se *mantra* 110).

60. कदम्ब वन वासिनी
Kadamba vana vāsinī

Kadambavana er et billede fra den *tāntriske* tradition. Hele vejen rundt om *cintāmaṇislottet* er der templer med kostbare juveler, og rundt om dem findes der *kadambatræer*, som kaster skygge. Śrī Śaṅkara beskriver Devīs opholdssted som "omgivet af en lund med himmelske træer".

61. सुधा सागर मध्यस्था
Sudhā sāgara madhyasthā

Hun, som bor i midten af nektarhavet.

Nektarhavet siges at være *bindu* i centrum af *Śrīcakra.* I *Tantraśāstra* står der, at der findes tre byer i dette ocean. En af disse er omgivet af nektar. En anden er *candramaṇḍala* i det inderste af den tusindbladede lotus. Den tredje er det midterste punkt (*bindu*) i *candramaṇḍalaet,* som kaldes *aparājita.*

62. कामाक्षी
Kāmākṣī

Hun, hvis øjne får længslen til at vågne; eller Hun, som har smukke øjne.

Her er længslen ikke efter fysisk nydelse, men efter livets ultimative mål: Befrielse.

Kan også betyde: "Hun, hvis øjne er Sarasvatī *(kā)* og Lakṣmi *(mā).*" Viden og materiel velstand er mål for alle, som tilbeder Devī. Begge dele er lige så naturlige for Hende som Hendes to øjne. Disse øjne lader gavmildt velsignelserne strømme til Hendes hengivne.

63. काम दायिनी
Kāma dāyinī

Hun, som opfylder alle ønsker.

I *Brahmāṇḍa Purāṇa* står der, at Brahmā gav Devī navnene Kāmāksi og Kāmadāyini på grund af Hendes godhed og gavmildhed.

Mantraet kan også tolkes som "Hun, som bringer held og lykke *(ayini)* til Śiva (Kāmada)" eller som "Hun, der ødelægger *kāma,* ønsker og begær."

Dāya har betydningen ejendel; i denne betydning er meningen: "Hun som hører til Śiva, som Hans ejendel."

Den primære betydning af *mantraet* er dog, "Hun, som opfylder alle Sine hengivnes ønsker."

64. देवर्षि गण संघात स्तूयमानात्म वैभवा
Devaṛṣi gaṇa saṅghāta stūyamānātma vaibhavā

Hun, hvis kraft prises blandt skarer af guder og vise.

Sanghāta er navnet på et særligt helvede. Devī er den, som har kraften til at frelse *guder* og vise fra dette helvede. I *Purāṇaerne* står der, at *guderne* og de vise kan miste deres position på forskellige måder, hvis de begår fejl. *Mantraet* betyder, at Devī er den, som bliver lovprist, fordi Hun frelser dem, når de falder.

Hvis man lader *san* betyde "godt" eller "ordentligt" og *ghātam* betyde "dræbe" kan *mantraet* tolkes som "Hun, der har kraften til at dræbe Bhaṇḍāsura for *devaernes* og de vises skyld" (se næste *mantra).* Det var Devī, som *devaerne* og vismændene påkaldte og priste i sangen om Bhaṇḍāsuras ødelæggelse. Efter hans død, lovpriste de Hende igen i deres sang. Hendes majestætiske storhed er klart uovertruffen. Devī er legemliggørelsen af det Højeste Selv.

65. भण्डासुर वधोद्युक्त शक्ति सेना समन् विता

Bhaṇḍāsura vadhodyukta śakti senā saman vitā

Hun, som er udrustet med en hær af śaktier, som har til hensigt at dræbe Bhaṇḍāsura.

Som der står i det femte mantra: Devī har manifesteret sig med hensigten om at opfylde *devaernes* ønsker. I den forbindelse er drabet af Bhaṇḍāsura Hendes mest betydningsfulde bedrift.

Herren Śiva gjorde Kāma, kærlighedens gud, til aske med ilden fra Sit øje. Ved at bruge sine bodsøvelser, skabte Citrasena, som var med i Śivas følge af ånder *(bhūtaer),* et meget kraftfuldt væsen fra denne aske. Da Herren Brahmā så dette nye væsen roste han det, "godt gjort, godt gjort (*Bhaṇḍa, bhaṇḍa)*! Således blev det nye væsen kendt som Bhaṇḍa. Fordi han var blevet skabt fra asken af Śivas vrede ild af en leder af *bhūtaerne,* blev Bhaṇḍa en meget kraftfuld dæmon (*asura).* Han udførte meget hårde bodsøvelser, fik Śiva til at komme til syne foran sig og opnåede alle de gunstige gaver, som var nødvendige for at han kunne beskytte sig selv.

Herefter begyndte Bhaṇḍa at angribe *devaerne* og de vise. Så gik der panik i *devaerne,* som begyndte at forberede en ildceremoni *(yāga)* for at ødelægge ham. Men *yāgaen* blev forstyrret af Bhaṇḍas invasion. *Devaerne* blev spredt i alle retninger.

Indra, som var devaernes leder, påbegyndte så en endnu kraftigere ildceremoni, som skulle behage Parāśakti. *Devaerne* ofrede eget kød og egne lemmer i offerilden. Fra denne ild manifesterede Devī sig i formen, der er kendt under navnet Tripūrasundarī. *Devaerne,* de syv store vise og Nārada lovpriste Hende i hymner. Devī samlede Sin hær af *śaktier* og forberedte sig på at møde Bhaṇḍa i krig.

Den filosofiske betydning af historien er en anden. *Bhaṇḍa* betyder uden skam; *asu* betyder livet og *ra* betyder en, der ødelægger. Bhaṇḍāsura er en, der skamløst og bevidstløst ødelægger livet. Årsagen til den manglende tilbageholdenhed er uvidenhed. Således er "Bhaṇḍāsura" *jīvaen* (sjælen), som i sin uvidenhed er bundet til kroppen. Uvidenhed tilskynder *jīvaen* til at dræbe (*himsa)* og opildner til alle mulige former for vold. Når man laver *yāgaer* og gennemgår *tapas* er det for at fjerne uvidenhed. Den søgende brænder sine tilknytninger, sin kropsbevidsthed, sine tanker og sine følelser i *sādhana*, ilden fra *tapas.* Det er fra dybet af offerilden i hjertet, at Devī opstår. Hun fjerner alle de bindinger, som er skabt gennem *karma* og *vāsanaer* (vaner og tilbøjeligheder), og som fastholder *jīvaen* og giver den Endegyldig Befrielse. Det er betydningen af billedet om ødelæggelsen af Bhaṇḍāsura.

66. सम्पत्करी समारूढ सिंधुर व्रज सेविता

Sampatkarī samārūḍha sindhura vraja sevitā

Hun, som er ledsaget af en flok elefanter, som Sampatkarī kyndigt styrer.

Beskrivelsen af Devīs hær af *śaktier* begynder her, og den opridser baggrunden for tilintetgørelsen af Bhaṇḍa. Gudinden Sampatkarī samler en hær af elefanter, som hun holder under sin kommando, mens Hun hjælper Devī. Sampatkarī manifesterede sig fra vredens pigstav, som var et af de våben, Devī holdt i Sine hænder.

Sampatkarī er også navnet på et *mantra* med en uforlignelig kraft i tilbedelsen af Devī. I *Lalitopākhyāna,* beskrives Sampatkarī som ridende på en stor elefant ved navn Kolāhala. Det blotte syn af denne elefant får alle andre elefanter til at stille sig i række efter den. Selvom Sampatkarī har andre vogne, stridsheste og mænd under sin kontrol er elefantbrigaden Hendes hovedstyrke.

Sampatkarī er en, som skaber rigdom (*sampat).* Rigdom giver glæde. *Sampatkarīsamārudha* betyder glædegivende. I denne sammenhæng refererer elefantbrigaden til de glædegivende sanser.

Her giver det mening at huske historien om *Gajendramokṣa,* befrielsen af Elefantkongen, som står i *Bhāgavata Purāṇa.* På grund af en forbandelse bliver en konge til en elefant. Som leder af en stor elefantflok hersker han i skoven. Mens han laver kampøvelser med sine fæller ved en sø, bliver han angrebet af en krokodille som sætter sit gab i hans bagben og hiver ham ned mod jorden. Elefanten gør modstand, og kampen varer ved meget længe. Elefantens ledsagere opgiver håbet om at redde ham, og den ene efter den anden forlader ham. Så vender han sine tanker mod Herren Viṣnu, og med sin snabel plukker han vilde lotusblomster i søen, mens han ofrer dem til Herren og beder om hjælp. Hans en gang så majestætiske styrke ebber ud, og da han til sidst er ved at blive fuldstændig trukket ned, henvender han sig en sidste gang med en desperat bøn om hjælp til Herren, mens han ofrer sin sidste blomst. Herren Nārāyana dukker op og holder *sudarśanacakraet* i hånden. Han dræber angriberen og giver *mokṣa* til elefanten.

Hvad betyder historien? Livet er en stor sø fyldt med lotusblomster. Elefanten symboliserer sanseorganerne og blomsterne sanseobjekterne og sanseerfaringerne. Krokodillen er sindet.

For at befri sanserne fra sindet, er der behov for *sudarśana*, som bogstaveligt talt betyder "det gode syn".

Elefanterne repræsenterer sanserne. De vilde dyr må tæmmes, og man må få dem til at lægge sig og lystre, så de tilbeder Devīs fødder. Kun den, som på denne måde har tæmmet sindet og sanserne, vil være i stand til at nyde lyksaligheden i *turīya. Turīya* er lyksaligheden, som findes hinsides tilstanden af dyb søvn.

I *Gitāen* regnes sindet med i sanserne som den sjette sans. I dette tilfælde er livet lotussøen, sanseobjekterne er blomsterne, sindet er Kolāhala, elefanten, de andre sanser er de ledsagende elefanter, og intellektet er krokodillen. Ved at se sandheden (*sudarśana),* vil det verdslige intellekt blive tranformeret til guddommelig erfaring, til viden, som transcenderer sanserne. *Sampatkarī,* kilden til verdslig rigdom bliver til en kilde til rigdom af viden. Når denne omformning er fast forankret, kan *yogien* med fryd nyde lyksaligheden ved *turīyatilstanden.* Den indre betydning af dette *mantra* er således, at Devī tjenes af sådanne *yogier.*

67. अश्वारूढाधिष्ठिताश्व कोटि कोटिभिर् आवृता

Aśvārūḍhādhiṣṭhitāśva koṭi koṭibhir āvṛtā

Hun, som er omgivet af et kavaleri af flere millioner heste under Śakti Aśvārūḍhās kommando.

Navnet Aśvārūḍhā betyder "siddende på en hest." Denne Śakti leder mange millioner heste og eskorterer Devī.

Aśvārūḍhā er en gudinde, som beskrives i *Tantraśāstra.* Hendes mantra er tretten stavelser langt. Hun er afbildet som guddommen over Devīs kavaleri.

Denne gudinde er født ud af rebet, der er bundet som en løkke, (*pāśa)* som er et af Devīs våben. Det er blevet gjort klart (se *mantra* 8), at rebet symboliserer kærlighed og ønsker, som binder alle levende ting sammen. Aśvārūḍhā, guddommen, som udgår fra rebet, der er bundet som en løkke, rider på en hest ved navn Aparājita, som betyder ubesejret.

Hestene står for sanserne. Ordet ubesejret er meget passende for sanserne. En sanse-hest er meget svær at kontrollere. Men Aśvārūḍhā formår at kontrollere den vilde hest og tæmmer den ved sin vilje, så den kan ride vidt omkring og meget hurtigt. Her repræsenterer Aśvārūḍhā sindet, og Devī er Selvet. Men Aśvārūḍhā, den mentale kraft, som har tæmmet den ubesejrede sansehest Aparājita, er i stand til at holde utallige millioner sanse-heste, der findes i universet, under sin kontrol.

Yogiernes virkelige erfaringer overgår denne viden fra bøgerne. Når man ekskorteres af Aśvārūḍhāsindet, bliver alt til et vidunder. Ifølge autoriteterne er *yogaens* land fyldt med vidundere. Sindet, som opnår den forbløffende tilstand af *yogisk* erfaring, erkender Śivas essens. I denne tilstand er *yogiens* kraft kendt som "Umā." Andre navne for den er "Kumāri" og "Parābhaṭṭārikā".

68. चक्र राज रथारूढ सर्वायुध परिष्कृता

Cakra rāja rathārūḍha sarvāyudha pariṣkṛtā

Hun, som skinner i Sin stridsvogn, cakrarāja, der er udstyret med alle slags våben.

Lalitopākhyāna beskriver forskellige slags stridsvogne, hvor Devīs stridsvogn *cakrarāja* er den mest glorværdige. Dens flag er *ānanda* (lyksalighed), og den har ni niveauer. Det svarer til ti *yojanas* (en *yojana* svarer til omkring tretten kilometer).

Herefter kommer *Geyacakrastridsvognen* med store hjul og syv trin, som føres af *śakti* Mantrinī. Så kommer *Kiricakrastridsvognen*, som også har syv trin, og som styres af *śakti* Danḍanātha. De tre stridsvogne rejser altid sammen (se de næste to *mantraer)*. Der er grund til at antage, at stridsvognene er *tāntriske* billeder, der repræsenterer *iḍā, pingalā* og *suṣummā nāḍis* (nerver).

De våben, der nævnes i *mantraet,* repræsenterer *sādhana-metoder,* hvormed man opnår viden om Selvet. Ifølge *Śaiva* traditionen er disse våben teknikker som *āṇavopāya, śāktopāya* og *śāmbhavopāya.*

Vi kan faktisk antage, at *cakrarājastridsvognene*r *Śrīcakra.* Så betyder " *cakrarājarathārūḍhā"* Devī, som sidder i Śrīcakra og skænker Sine velsignelser til Sine hengivne i deres *sādhanaer.* Den, som kender *Śrī Vidyā,* kender *Śrīcakras* hemmelighed. Og den, som kender denne hemmelighed, transcenderer forestillingerne om "Jeg" og "min" og opnår viden om Selvet.

69. गेय चक्र रथारूढ मन्त्रिणी परिसेविता

Geya cakra rathārūḍha mantriṇī parisevitā

Hun, som tjenes af śakti Mantrinī, som rejser i stridsvognen kendt som Geyacakra.

Geyacakra betyder et *cakra,* hvis storhed er værd at prise i sang. Det refererer til *Kuṇḍalinīs* vej, når den stiger op fra *mulādhārā* til *sahasrāra* på toppen. *Geyacakraet* er *Sūryamaṇḍala* (solens skive) i midten af denne vej. *Mantraet* indebærer, at guddommen, der sidder i *Sūryamaṇḍala,* hjælper Devī, som er Tripūrasundarī eller *Kuṇḍalinī Śakti* til *sahasrāra* (se *mantraerne* 99, 110).

I en anden tolkning, står *geyacakra* for det vigtigste *cakra* eller *Śrīcakra.* Siddende i *Śrīcakra* afslører Devī Selv *mantraernes* kraft for Sine hengivne. I dette tilfælde vil navnet betyde: "Hun som tjenes af sine hengivne, for hvem *mantraernes* kraft således er blevet afsløret." I *Tantraśāstra* står der, at Devīs *mantrinī* (minister) og sanger er guddommen Śyāmalāmba. Så betyder det nærværende *mantra:* "Hun, som altid tjenes af guddommen Śyāmalāmba".

70. किरि चक्र रथारूढ दण्ड नाथा पुरस् कृता
Kiri cakra rathārūḍha daṇḍa nāthā puras kṛtā

Hun, som eskorteres af śakti Danḍanātha, der sidder i Kiricakra stridsvognen.

Kiri er et svin, og *kiricakraratha* er en stidsvogn med form som et svin, eller som trækkes af svin. *Daṇḍanātha* er gudinden kendt som *Vārāhi*. Med overkommandoen over Devīs styrker rejser hun altid foran Hende.

I en anden fortolkning står *kiri* for "stråle", som står for alle væsener i skabelsen. *Kiricakra* bliver i denne betydning til *samsāras* hjul. Guddommen Danḍanātha (der drejer staven), som har kraften til at dreje hjulet er Yama eller Dødens Herre. Så betyder *mantraet:* "Hun, som *ikke ekskorteres* (*apuraskṛta)* af Yama, som rejser i sin samsāra stridsvogn." Yama er kraftløs og magter ikke at gå foran Devī. Selv mens Hun engagerer sig i verdslige lege, har Devī den iboende kraft til at transcendere tiden.

71. ज्वाला मालिनिकाक्षिप्त वह्नि प्राकार मध्यगा
Jvālā mālinikākṣipta vahni prākāra madhyagā

Hun, som har placeret sig i centrum af ildens fort, skabt af gudinden Jvālāmalinī.

Jvālāmalinī er én, som kaster flammer overalt omkring sig. Ildens fæstning repræsenterer skabelsens helhed. Denne fæstning er gjort af gnister og flammer, som kun er midlertidige. Ilden er evig; den er Sandheden. *Jňāniens* tilstand eller den oplystes tilstand er som ilden. Gnister og flammer er sanseobjekter, og *jňāni* forbliver uforstyrret i centrum af de forbigående sanseobjekter.

Ifølge *Tantraśāstra,* er *Jvālāmalinīer* Śaktis fem trekanter. Ildens fæstning repræsenterer fire Śiva trekanter, som dækker alle fire retninger. Når de fem Śakti trekanter og de fire Śiva trekanter smelter sammen, dannes *Śrīcakra.* Devī holder til i *Śrīcakras* midterste *bindu.* I *Uttārācatuṣśati* står der klart og tydeligt, at "ved kombinationen af de fem *Śaktier* og de fire gange ild blev dette *cakra* skabt. "

Her giver det mening at huske navnet *"Cidagnikuṇḍa-sambhūtā"* (*mantra* 4). *Devī* befinder sig i centrum af ildens fæstning. *Bhaṇḍāsura*, uvidenhedens mørke, kan end ikke kaste et eneste blik ind i dette centrum.

Jvālāmalinī er guddommen på den fjortende dag i månekalenderens halvmåned.

72. भण्ड सैन्य वधोद्युक्त शक्ति विक्रम हर्षिता

Bhaṇḍa sainya vadhodyukta śakti vikrama harṣitā

Hun, som glæder sig over modet hos Śaktierne, der ønsker at ødelægge Bhaṇḍāsuras styrker.

Bhaṇḍa er *jīvaen*, som er bundet til sanserne og sindet. Bhaṇḍas hær består af dualitetens utallige aspekter, som rummer en myriade af former og navne omkring sig. Dette *mantra* indebærer, at Devī fryder sig ved kraften af den *sādhana*, som er gået frem gennem mange stadier, er nået hinsides *ājñācakraet*, og er opsat på at nå den ultimaltive erfaring, som fjerner enhver oplevelse af dualitet.

Śaktiernes modige handlinger, som nævnes i *mantraet,* er de former for *sādhana,* som én efter én besejrer *kośāer* eller lag som *annamāyā* eller fødelaget, som skygger for *jīvaens* iboende lyksalighed. *Jīvaen* har to eksistensniveauer: *paśubhūmikā* ("dyreniveauet") og *patibhūmikā* (mesterens niveau). *Jīvaen,* som er gennemsyret af *samsāra,* er på dyreniveauet, og den, som er frigjort fra *samsāra,* er på mesterens niveau. Det er grunden til, at Śiva kaldes for "Paśupati," mester over *paśu* (dyrene). Erkendelsen af det nonduale Selv er en proces, hvor *paśu* (dyr) bliver *paśupati* (Mester). Uanset hvad vejen er, vil opnåelsen af det højeste mål være fuldendelsen af det menneskelige liv.

73. नित्या पराक्रमाटोप निरीक्षण समुत्सुका

Nityā parākramāṭopa nirīkṣaṇa samutsukā

Hun, som holder af at se Sine nityāguddommes magt og pragt.

Hver dag i månekalenderens halvmåned har sin egen herskende guddom. De er kendt som *nityā* (daglige) guddomme. *Nityāguddomme* giver beskyttelse til Devī, som manifesterer Tiden. Dette *mantra* fortæller, at Devī er meget tilfreds med *nityāgudommenes* heltemodighed, og at de er årvågne og ødelægger dæmoniske kræfter (som Bhaṇḍa elle Damanaka), som hindrer den søgendes Selv-Realisering.

Begyndende med den første dag i månekalenderen er disse guddomme Kameśvarī, Bhagamālinī, Nityaklinnā, Bherunḍā, Vahnivāśini, Mahāvidyeśvarī, Duti, Tvaritā, Kulasundarī, Nīlapatākā, Vijayā, Sarvamaṇgalā, Jvālā, Malinī og Citrā. Disse femten gudinder dræbte femten dæmoner såsom Citragupta og Damanaka.

Nityā (evigtvarende) er Selvets evige kraft. Den aggressive magt, som der refereres til i *mantraet,* er den mægtige viljekraft, som er dedikeret til kampen for at opnå viden om Selvet. Devī glæder sig ved at se det. En ubrydelig vilje kender ikke til nederlag; den opbygger kun mere styrke for hvert ekstra skridt. Det sker, når vidensfrøet er spiret. Det vil rodfæste sig og gradvist vokse sig stærkere.

74. भण्ड पुत्र वधोद्युक्त बाला विक्रम नन्दिता

Bhaṇḍa putra vadhodyukta bālā vikrama nanditā

Hun, som glæder sig ved at se modet hos gudinden Bālā, som har til hensigt at dræbe Bhaṇḍas sønner.

Bhaṇḍāsura havde tredive sønner, som begyndte med Caturbāhu og Upamāya. De kan anskues som de tredive dage i måneden. Hver dag (søn) søger at gøre den *samsāra* bundne *jīva* (Bhaṇḍa) mere og mere forgiftet og opblæst. Den niårige Bālā ødelægger dem. Her refererer Bālā til *" Bālāmantraet".* Når den søgende udviser stor strenghed i *sādhanaen,* mister han fornemmelsen af, hvornår det er dag og nat. Der refereres til den erfaring her. Devī fryder sig ved det.

75. मन्त्रिण्यम्बा विरचित विषङ्ग वध तोषिता

Mantriṇyambā viracita viṣaṅga vadha toṣitā

Hun, som fryder sig ved striden, hvor dæmonen Viṣaṅgas tilintetgøres af Mantriṇī Śakti.

I *Brahmāṇḍa Purāṇa* står der: "For lang tid siden fandtes dæmonkongen Bhaṇḍa, som med sin stærke vilje var i stand til at skabe forskellige slags dæmoner. For at bevare dæmonernes verden skabte han fra sin højre skulder Viśukra og fra sin venstre skulder Viṣaṅga. Således er disse to dæmoner brødre." Af disse to brødre blev Viṣaṅga dræbt af Śyāmalāma, mantrinī *Śaktien.*

Ordet *Viṣaṅga* kan fortolkes på to måder. Som *vi+sanga* betyder det det modsatte af "satsanga". Tilknytningen til og ønsket om verdens objekter. Det er skabelsen af Bhaṇḍa, *jīvaen,* som er bundet. Den anden betydning er "forgiftet i essensen" (Fra *viṣam+ga* det som opnår *viśa,* gift). Al verdslig nydelse vil i begyndelsen være som nektar, men vil efterfølgende blive som gift for den, der søger Befrielse. Mantrinī*Śaktien* dræber denne Viṣaṅga, og Devī er tilfreds med det.

76. विशुक्र प्राण हरण वाराही वीर्य नन्दिता

Viśukra prāṇa haraṇa vārāhī vīrya nanditā

Hun, som glæder sig ved Vārāhis styrke, der tog livet af Viśukra.

Vārāhi er *Śaktien* kendt som Daṇḍinī. *Tripurāsiddhānta* fortæller, at Devī viste sig for vismanden Varāhānandanātha i form af et vildsvin (*varāhā),* og at herefter er Hun kaldet Vārāhi.

Viśukra kan også tolkes som: "én, som omfaver sorg" (*vi+śuk+ra:* én, som går ivrigt til sorgen). Det er også skabelsen af den *samsārabundne jīva.*

Viṣaṅga og Viśukra er to sider af *jīvaens* tørst efter verdslige glæder. Hvor er trangen til rigdom, hustru og børn dog stor! Men *jīvaen,* som er indhyldet i uvidenhed, ser ikke, at inde i kernen af disse ting findes sorgen. Fanget i sorgens cirkel forbliver *jīvaen* i mange og dybe lidelser. Amma synger: "Oh Sind, husk altid denne sandhed, der er ingen, du kan kalde for din egen!" Det er vanskeligt for *jīvaen,* som er bundet, at forstå betydningen af det. *Jīvaen,* som er sunket ned i *samsāra*, er *jīvaen* i binding (*baddhajīva),* og den, som har transcenderet *samsāra,* er den befriede *jīva (muktajīva).*

De sidste tre *mantraer* (74-76) handler om sindets urenheder (de er teknisk kendt som *aṇava* urenheder), og kraften i den søgende, som kan udrydde dem. Devī fryder sig ved at se den søgendes fremskridt og evner til at klare udfordringerne i *samsāra* og stige opad på vejen mod viden.

77. कामेश्वर मुखालोक कल्पित श्री गणेश्वरा

Kāmeśvara mukhāloka kalpita śrī gaṇeśvarā

Hun, som lader Ganesh opstå ved at kaste et blik på Kāmeśvaras ansigt.

De dæmoniske kræfter skaber mange forhindringer og holder den *samsārabundne jīva* fra at avancere og nå Befrielse. Når Hun ser denne triste tilstand, ønsker Devī i Sin medfølelse at finde en løsning. I *Brahmāṇḍa Purāṇa* står den følgende historie: "Da dæmonerne skabte barrierer på *devaernes* vej, så Devī Lalitā på Kāmeśvaras ansigt og smilede. Fra smilets udstråling blev der født en guddom, hvis ansigt var som en elefant og med gudernes gyldne blod flydende fra tindingerne. Han var Vighneśvara, nedbryderen af barrierer, som fjernede alle forhindringer på *devaernes* vej. "Det er årsagen til, at Vighneśvara (Ganeśa) tilbedes i begyndelsen af alle gunstige forehavender.

Kāmeśvara er ren *Brahman.* "Blikket på hans ansigt" er viden om *Brahman. Gaṇa* er byen (i betydningen kroppen), som er gjort af otte dele (*puryastaka).* Disse otte dele er: handleorganerne, sanseorganerne, sindet, de fem *prāṇaer,* de fem *bhūtaer* (elementer), *kāma* (begær, ønsker), *karma* (handling) og *avidyā* (uvidenhed). Gaṇeśvara er guddommen, som hersker over disse. Ordet kan også forstås som feminint, "Gaṇeśvarā", som betyder "Devī, som behersker kroppen, *Ātman."*

Gaṇeśvarā betyder også guddommen, som hersker over *gaṇeśvaramantraet,* et *mantra* med otteogtyve stavelser, der bruges til at fjerne virkningerne af onde ånder.

78. महा गणेश निर्भिन्न विघ्न यन्त्र प्रहर् षिता

Mahā gaṇeśa nirbhinna vighna yantra prahar ṣitā

Hun, som fryder sig, når Gaṇeśa nedbryder alle forhindringer.

Jīvaens rejse fra *samsāras* bindinger mod Befrielsen skildres som en krig.

Der er fem fugle (sanseorganerne), der spiser fem slags frugter (sanseobjekterne). Fuglene er lukket inde i et stinkende bur, som er kroppen, hvor de flyver omkring og med dygtighed søger at undgå forhindringer. Igennem talrige cyklusser af fødsel og død leger de i forskellige bure. Disse fugle er det nødvendigt at skille sig af med; *vāsanāerne*, som fødes af sanserne, skal udryddes. Kun på den måde kan legemliggørelsen af lyset, af viden om Selvet, opstå. (*Atmopadeśaśataka,* vers 8). Bhaṇḍa gør en indsats for at formørke denne legemliggørelse af viden og bringe den til fald.

Da Bhaṇḍa så, at *śaktierne* havde ødelagt hans hær, og at Bālā Devī havde dræbt hans sønner, kaldte han på Viśukra og beordrede ham til at bruge sine magiske kræfter og anvende *jayavighna* (hindringer for sejr) *yantra* for at overvinde Devīs kræfter. Viśukra kæmpede længe med anvendelsen af *yantraet,* og til sidst sendte han det med stor færdighed af sted i retning af Devīs hær. Hermed blev de guddommelige styrker mindre skarpe, mere søvnige og mindre indstillede på at kæmpe. Det er let at identificere virkningerne af dette *yantra* med den dovenskab og manglende fornemmelse af retning, som den søgende lider under, når *sādhana* er på sit højeste.

Det er i denne sammenhæng, at Devī så på Kameśvaras ansigt og smilede og derved skabte Ganeśa. Ganeśa opløste herefter *vighnayantraet,* hvilket glædede Devī.

I *Lalitopākhyāna* står der, at *vighnayantraet* havde otte hjørner, som blev overvåget af otte onde ånder.

79. भण्डासुरेन्द्र निर्मुक्त शस्त्रप्रत्यस्त्र वर्षिणी

Bhaṇḍāsurendra nirmukta śastrapratyastra varṣinī

Hun, som har rigelige modvåben for hvert våben Bhaṇḍāsura affyrer mod Hende.

Bhaṇḍas hær fører vildfarelsernes våben, som opstår fra uvidenhed. Devī går imod hvert af disse. Hvis den hengivne tager et skridt mod Hende, vil Hun tage ti skridt mod ham. Den hengivne, som tørster efter Viden om Selvet, giver Hun den nødvendige kraft og koncentration til uophørlig undersøgelse af sig selv.

80. करागुलि नखोत्पन्न नारायण दशाकृतिः
Karāṅguli nakhotpanna nārāyaṇa daśākṛtiḥ

Hun, som fra sine fingernegle skabte alle ti inkarnationer af Nārāyana, (Viṣnu).

Daśākrti betyder ti former. I *Purāṇaerne* findes historien om Viṣnus ti inkarnationer. *Lalitopākhyāna* forklarer, at hver inkarnation opstod fra en af Devīs fingernegle på det passende tidspunkt. Vi kan anse denne reference i *Lalitopākhyāna* for kun at være af symbolsk betydning, men vi skal også huske, at historierne om inkarnationerne Parāsurāma, Śrī Rāma, Bālārāma og Kṛṣṇa også har et historisk aspekt. Vālmīki og Vyāsa er ikke kun symbolske figurer.

Alternativt kan *daśākrti* fortolkes som *jīvaens* fem stadier *(daśaer)* og Īśvaras fem funktioner (*kṛtis) (*se *mantraerne 256-274). Jīvaens* fem tilstande er vågen, drøm, dyb søvn, *turīya* (erkendelse af virkeligheden) og dvælen i *Brahman* (tilstanden hinsides *turīya).* Īśvaras fem funktioner er skabelse, vedligeholdelse, ødelæggelse, den store opløsning og genopbyggelse af universet. Her antager man, at alle disse opstår fra Devīs fingernegle. *Mantraet* understreger Hendes overherredømme og magt.

81. महा पाशुपतास्त्राग्नि निर्दग्धासुर सैनिका
Mahā pāśupatāstrāgni nirdagdhāsura sainikā

Hun, som brændte dæmonernes hære i missilet Mahāpaśupatas ild.

Det er *Paśupati* (Śiva) missilet. *Mahāpaśupata* ilden er *jñāna,* viden, ilden. Denne ild brænder enhver oplevelse af forskelligheder væk. Devī er legemliggørelsen af en sådan *jñāna.* Dæmonernes hær konnoterer urenhederne i sindet, som opstår på grund af uvidenhed.

Mahāpaśupatamantraet er forskelligt fra *paśupatamantraet*. Sadāśiva er guddom for det førstnævnte, mens Īśvara er guddom for det sidstnævnte. I *Liṅga Purāṇa* står der, at alt fra Rudra til *piśācaer* (onde ånder) er kendt som *paśu*, og Śiva, Beskytteren af dem, alle er *Paśupati* (Herren over *paśuer)*.

82. कामेश्वरास्त्र निर्दग्ध सभण्डासुर शून्यका

Kāmeśvarāstra nirdagdha sabhaṇḍāsura śūnyakā

Hun, som brændte og ødelagde Bhaṇḍāsura og hans hovedstad Śūnyaka med det mægtige Kāmeśvara missil.

I nogle tekster står dette *mantra* omtalt som "*Kāmeśvarastra nirdagdha sabhaṇḍāsura sainika.*" I dette tilfælde betyder det, at Bhaṇḍas hær i stedet for hovedstaden blev ødelagt sammen med ham. I en anden tekst nævnes "*Kameśvaragni nirdagdha,*" der betyder: "Hun, som dræbte og ødelagde Bhaṇḍāsura og hans hovedstad i Kāmeśvara ilden."

I *Brahmāṇḍa Purāṇa* er episoden beskrevet på følgende måde: "Den Højeste Gudinde, Moder Lalitā, bruger Mahākāmeśvara missilet, hvis udstråling er som tusind sole, til at dræbe den voldsomme og mægtige Bhaṇḍāsura, en ond dæmon, som forvoldte meget skade i verden, som kogte af raseri, og som var den eneste overlevende efter, at alle hans slægtninge var blevet dræbt i kamp. Fra flammerne, der stod ud fra dette missil, blev hans by, Śūnyaka, også brændt til aske på et øjeblik sammen med kvinder, børn, dyr og rigdomme. Hans berømte by Śūnyaka blev i sandhed '*śūnya*' (tom)."

Vi kan være rystede over at høre at kvinder og børn blev brændte og døde. Men hvorfor skal vi være det? Er der nogen fra vores familie eller nogen af vores rigdomme, som følger os, når vi sover? Ved vi, hvor vi ligger henne, når vi sover? Og hvad ved den, som er død? Han bevarer end ikke ejerskabet over en knappenål. Hvis vi anerkender denne sandhed, mens vi stadig er levende, kan vi overbevise sindet om vigtigheden af den, og herved kan vi følge den praksis, som er nødvendig for at føre sindet lidenskabsløst frem til målet.

83. ब्रह्मोपेन्द्र महेन्द्रादि देवसंस्तुत वैभवा
Brahmopendra mahendrādi devasamstuta vaibhavā

Hun, hvis mange kræfter prises af Brahmā, Viṣṇu, Śiva og andre guder.

Ifølge *Lalitopākhyāna* blev Treenigheden og de andre *devaer* meget tilfredse, og de kom alle for at prise Devī, da Hun havde ødelagt Bhaṇḍāsura, som det blev beskrevet ovenfor.

En alternativ tolkning er, at Brahmā, Viṣṇu, Śiva og andre først blev opmærksomme på Selvets uendelighed og allestedsnærvær, da de lovpriste Devī.

84. हर नेत्राग्नि संदग्ध काम संजीवनौषधिः
Hara netrāgni sandagdha kāma sanjīvanauṣadhiḥ

Hun, som blev den livgivende medicin for Kāmadeva (kærlighedens Gud), som var blevet brændt til aske af ilden fra Śivas øje.

Devaerne, som kom for at prise Devī, gjorde Devī opmærksom på Kāmas sørgende enke Rati, som bad om, at Kāma kunne blive vakt til live. Devī glædede sig ved at blive spurgt om det og kastede et blik på sin ægtemand, Śiva. Det plejer at være moderen, som trøster barnet, når faderen har skældt det ud. I reglen skyldes faderens vrede ikke mangel på kærlighed, den hænger sammen med omstændighedernes kraft.

Dette *mantra* afslører en anden af livets hemmeligheder. Hvor mange findes der i et samfund, som er beredt på at blive Hara (Gud)? I *Gitāen* står der (VII, 3) "Blandt tusind mænd, er der kun én som stræber efter at opnå Selvet; blandt dem som stræber og opnår succes er der måske en, som kender Min essens." Den, som opnår denne tilstand, bliver i sandhed Hara, Sadāśiva. Han har ikke flere verdslige tilknytninger. Men verdens eksistens er baseret på skabelsesprocessen, og den proces er forankret i ønsker og begær (*kāma).* Det er genoplivelsen af den Kāma, som Devī bad om. Således blev hun den genoplivende medicin for ham. Hun er, når alt kommer til alt, ansvarlig for at herske over universet.

Der findes også en anden fortolkning af dette *mantra. Hara,* viden om Selvet; *netra,* det som styrer; *agni,* skabelsen af utallige former; *sandagdha,* det som er brændt. Devī er den medicin, som opliver *jīvaen,* som er brændt til aske af *samsāras* ild og løfter den til Viden om Selvet

85. श्रीमद् वाग्भव कूटैक स्वरूप मुख पङ्कजा

Śrīmad vāgbhava kūṭaika svarūpa mukha paṅkajā

Hun, hvis lotus ansigt er det lykkebringende vāgbhavakūṭa (en gruppe stavelser i panchadaśaksharimantraet).

Her begynder beskrivelsen af Devīs subtile krop. Den subtile krop har selv tre former: subtil, mere subtil og mest subtile, som er kendt som *pancadaśakṣari mantra, kāmakāla* og *kuṇḍalinī.*

Den subtile form er repræsenteret af *pancadaśakṣari* (femten stavelser) *mantraet*, som selv er delt i tre dele: den første del med fem stavelser er kendt som *vāgbhavatakūṭa,* den anden del indeholder de næste seks stavelser, som er *madhyakūṭa,* og den sidste del med de sidste fire stavelser er *śaktikūṭa.* I dette *mantra* er Devīs ansigt kaldt for *vāgbhavakūṭa.*

86. कण्ठाधः कटि पर्यन्त मध्यकूट स्वरूपिणी
Kaṇṭhādhaḥ kaṭi paryanta madhyakūṭa svarūpiṇī

Hun, som fra hals til talje er formet som madhyakūṭa (de midterste seks stavelser i panchadsaksarimantraet).

De midterste stavleser er også kendt som *kāmarājakūṭa.* Denne del er kroppens grundstamme, ophav til utallige af livets handlinger og konflikter, som er rettet mod at opfylde ønsker og begær *(kāma).* Husk også i denne sammenhæng, at ifølge *Tāntriske* beskrivelser opholder Devī sig i hjerterummet, som er kendt som *anāhatacakraet.*

87. शक्ति कूटैकतापन्न कट्यधो भाग धारिणी
Śakti kūṭaikatāpanna kaṭyadho bhāga dhāriṇī

Hun, hvis form under taljen er śaktikūṭa (de sidste fire stavelser i pancadaśakṣarimantraet).

I dvaletilstanden opholder *Kuṇḍalinī śakti* sig i *mulādhārā* ved bunden af rygsøjlen, hvorfra den stiger opad mod toppen og smelter sammen med Śiva. Med denne sammensmeltning opleves *Kuṇḍalinī* som ren lyksalighed. *Mulādhārā, Kuṇḍalinīs* opholdsted i dvaletilstanden er i *śaktikūṭa.*

Historien om, hvordan Devī dræber Bhaṇḍāsura, har til formål at hjælpe med at skildre Devīs krop på det grove plan. Historiens billedsprog er et udtryk for de måder, hvorpå de vise i tidligere tider, gjorde de subtile ideer lettere at forstå. At *pancadaśakṣarimantraet* er Devīs (subtile) krop, og at den har tre dele er også et eksempel på en sådan subtil ide.

I vers 32 af Śankaras *Saundarya Laharī,* er *pancadaśakṣarimantraet* omsat til kodesprog:

Śivah Śaktih kāmah kṣitiratha raviḥ śitakiranaḥ
Smaraḥ hamsaḥ śakrastadanu ca parā māraharyaḥ
Ami hrillekhabi stisrubhiravasānesu ghatitā
Bhajante varnāste tava jananī nāmāvayavatam.

Kandiyur Mahādeva Śāstrys kommentar til at fortolke mantraverset er følgende:

Śivah: stavelsen *ka*; *śaktih:* stavelsen *e; kāmah:* stavelsen *i; kṣiti:* stavelsen *la; atha efter; ravih:* stavelsen *ha; sītakirana:* stavelsen *sa; smara:* stavelsen *ka; hamsaḥ*, stavelsen *ha, sakraḥ:* stavelsen *la; tadanu;* efter det; *parā:* stavelsen *sa; maraḥ;* stavelsen *ka; hariḥ:* stavelsen *la; ami:* disse stavelser (de første fire, så de fem og så de tre); *avasaneṣu:* ved slutningen af hver af disse grupper med fire, fem og tre stavelser; *tisrubhi hrillekhabhi ghatita:* hertil lagt *hrīm* stavelsen til hver af de tre; *jananī:* Oh Moder; *tava namāvayavatam:* Som Dit navn og Din krop; *bhajante:* (de hengivnes) tilbedelse.

Ved at bruge denne kode ser vi den følgende betydning af verset: "Stavelserne *ka, e, i, la, ha, sa, ka, ha, la, sa, ha, ka, la* bruges som tre grupper med fire, fem eller tre stavelser. Stavelsen *hrīm* sættes på i slutningen af hver, hvilket giver tre grupper med fem, seks og fire stavelser og i alt femten stavelser. Oh Moder, Dine hengivne tilbeder det som Dit *mantra* og som Din krop." Dette *mantra* er også kendt som *tripurasundarīmantraet.*

Der er de følgende tillægsfortolkninger af *hrīm, hrillekha. Hrīm* siges at indeholde indeholde følgende tolv *tattvaer: h, ri, ī, bindu, ardhacandra, rodhini, nāda, nādānta, śakti, vyāpika, samana* og *unmanī.*

De tre adskilte *kūṭaer* i *pancadaśakṣarimantraet* og *mantraet* som helhed udgør fire enheder. De er forbundet med mange andre grupper på fire, som gengives i *mantraerne* gennem *Sahasranāmaen.*

Skabelse, vedligeholdelse, ødelæggelse og fuldstændig opløsning (se *mantraer* 264-271).

Den, som har erkendt (subjekt), erkendelseshandlingen (relationen mellem subjekt og objekt), og det, som er erkendt (objekt), og kombinationen af de tre.

Agnicakra, sūryacakra, somacakra og *brahmacakra.*

Den vågne tilstand, drømmetilstanden, den dybe søvn og *turīya* (se *mantraerne* 256-263)

Vāma, Jyeṣṭha, Raudrī, Śantā (se *mantra* 628)

Icchā, Jñāna, Kriyā og *Ambikā* (se *mantra* 658)

Kāmeśvarī, Vajreśvari, Bhagamālinī og Mahātripūrasundarī (forskellige *mantraer*).

Atmātāttva, Vidyā tattva, Śivatattva og *Sarvatattva.*

Kāmagiri Pīṭha, Pūrnagiri Pīṭha, Jālandhara Pīṭha og *Oḍyāna Pīṭha* (se *mantra* 379)

Svayambhuliṅga, Bānaliṅga, Itaraliṅga og *Parāliṅga.*

Parā, paśyanti, madhyamā og *vaikharī* (se *mantra* 366-371)

Undfangelsen og udviklingen af disse associationer giver os oplevelsen af et underværk.

88. मूल मन्त्रात्मिका

Mūla mantrātmikā

Hun, som er legemliggørelsen af mūlamantraet (pancadaśakṣarimantraet)

Et *mantra* er noget, som beskytter den, der gentager det. Hvis *mantraet* i sig selv indeholder kraften til at beskytte, hvor stor er da ikke kraften bag guddommen bag mantraet?

89. मूल कूट त्रय कलेबरा

Mūla kūṭa traya kalebarā

Hun, hvis (subtile) legeme består af de tre dele af panchadaśakṣarimantraet

Fordi ordet *mūla* også betyder mere subtilt *(sūkṣmātāra)*, kan dette navn beskrives som Devīs mere subtile krop, som er kendt som *Kāmakāla* formen. *Kāmakāla* formens del er *ūrdhvabindu* i toppen, *hārdakalābindu* på bunden og *madhyabindu* i midten.

90. कुलामृतैक रसिका
Kulāmṛtaika rasikā

Hun, som fryder sig ved nektaren kendt som kula.

Efter beskrivelsen af *Kāmakāla,* det mere subtile aspekt af Devīs krop, kommer vi nu til en beskrivelse af *Kuṇḍalinī,* det mest subtile aspekt. Hvis *Kāmakāla* eller *Tripūrasundarī* opholder sig i universet *(brahmāṇḍa),* opholder *Kuṇḍalinī* sig i den individuelle krop *(piṇḍāṇḍa).*

I *Dattātreya Samhita står der: "Kula* refererer til de seks *cakraer*, som begynder med *mulādhārā."*

Kuṇḍalinī Śakti er beskrevet som den kvindelige slange, der sover i *mulādhārācakraet,* og som er drejet i tre en halv omgang. Man kan vække *Kuṇḍalinīen* ved at praktisere *yoga.* Den vågnende *Kuṇḍalinī* bevæger sig opad mod *suṣumnā,* den går gennem de seks *ādhāraer* og når den tusindbladede *sahasrāra* i hovedet, hvor den smelter sammen med Sadāśiva, som afbildes som en mandlig slange. *Kulamrta* er strømmen af nektar, som udløses, når *Kuṇḍalinī Śakti* når *sahasrāra.*

Kula (familie) refererer til kroppen og til triaden (*"tripūti"*): den vidende, at vide og viden. I *Yoginihrdāya* står der, at der i den menneskelige krop findes toogtredive tāntriske lotusblomster, og at de samlet alle er kendt som *kula* – undtagen den sidste (akula).

Kula er et fællesskab af ting, som er forbundet fra fødslen. *Kulāmṛta* er fortolket som oplevelsen af enhed i forskelligheden. Det er erkendelsen af non-dualitet, som indfinder sig, når man transcenderer fornemmelsen af den vidende, at vide og viden. Det er oplevelsen af, at den tilbedende og den tilbedte er ét. Devī fryder sig ved erfaringen.

Kula er defineret som den tilstand, hvor alle tanker om pluralitet, som er baseret på oplevelsen af tid, sted, årsag, handling og virkning, er fuldstændig opløst. Det eneste, der er tilbage, er *jñānanektaren,* og Devī er én, der kun fryder sig ved den nektar.

Desuden er *kula* også *ācāra,* at overholde regler og traditioner. Devī er også den, der nyder, at regler og traditioner bliver fulgt.

91. कुल संकेत पालिनी
Kula saṅketa pālinī

Hun, som værner om regelsættet for ritualer på yogaens vej kendt som kula.

Kulasaṅketa kan tolkes som *cakraernes, mantraernes* og riternes hemmelighed. Der findes en streng forskift om, at bøger, som handler om *yogisk og Tāntrisk* viden, skal holdes sikkert beskyttet af Guruen. Ritualerne er ikke noget, som disciplen kan praktisere blot ved at læse i bøger. Det siges, at denne type ritualer skal læres gennem mundtlig vejledning fra Guruen.

92. कुलाङ्गना
Kulāṅganā

Hun, som er af god herkomst (som er fra en god familie).

Kvinder, som er af god herkomst, går ikke offentligt omkring. Devī er på samme måde én, som er yderst tilbagetrukket. Betydningen er, at mens al anden viden er tilgængelig for alle, er det samme ikke tilfældet med *Śrī Vidyā.*

Devī forbliver tilsløret som en brud, der har en nobel baggrund. Kun ægtemænd og sønner har lov til at se brudens ansigt. På samme måde kan Devīs *darśan* kun opnås af Herren Śiva og de søgende, som har et rent sind.

Den følgende beskrivelse fra *Kuārṇava* er særlig bemærkelsesværdig: "Al anden viden er frit tilgængelig som en kurtisane; men denne viden om Devī er skjult som den noble brud."Også Parāsurāma følger denne metafor og udtrykker: "Andre former for viden bliver vist frem som en skøge." Målet med disse sammenligninger er ikke at nedvurdere andre former for viden, men at understrege intimiteten og de dyrebare kvaliteter i guru-discipel relationen, som er speciel for *kulavejen.*

93. कुलान्तस्था
Kulāntasthā

Hun, som opholder sig i Kulavidyā.

Her kan *kula* anses for en speciel spirituel viden, *śāstra.* Tænk på disse linjer, som Amma synger:

Āgāmāntap porule jaganmayī
Āraríyunnu ninne vidyāmayī

"Åh, Devī, Essensen i al *Vedānta,* Essensen i Universet, Hvem kender Dig? Åh Essensen af Viden?"

I nogle tekster ses dette *mantra* som *kulānkasthā:* "Den, som sidder i skødet på *kulavidyā."*

Bhāskararāya skriver: "Hun, som opholder sig inde i *kula,* mellem den målende og det målte i målets form." Eller "Hun, som opholder sig mellem den, som har erkendt (subjekt), og det, som er erkendt (objekt), i form af erkendelse (relation mellem subjekt og objekt)."

Kula betyder også landet eller hjemmet. Så betyder *mantraet:* "Hun, som opholder sig som genstanden for tilbedelse i ethvert hjem, enhver stamme og enhver landsby," "Hun, som skal tilbedes ethvert sted, i hver en by, landsby og skov af de, der tilbeder Śakti."

94. कौलिनी

Kaulinī

Hun, som tilhører Kula.

Betydningen af *kula* er allerede forklaret på mange måder. Der bliver refereret til Śakti som *Kula* og til Śiva som *Akula*. Śiva er *svayambhu* – født af Sig Selv, og han har ingen *kula* (familie). Det, som hører til *kula*, er *kaula*. *Kaula* er den Højeste Essens, som repræsenterer relationen mellem *Kula* og *Akula*. Denne relation indebærer enheden af Śiva og Śakti; således er navnet synonymt med *Śivaśaktyaikyarūpiṇī* (*mantra* 999).

Den tusindbladede lotus i *sahasrāracakraet* er kendt som *kula*. Ifølge teksten *Svacchanda Tantra* bebos dens blade af forskellige *śakti* guddomme, og blomsterstænglen bebos af Devī. Således er Devī kendt som *Kaulinī* i og med, at Hun hersker over *kula* guddommene.

95. कुल योगिनी

Kula yoginī

Hun, som er guddommen i Kulaerne.

Yoga betyder "relation" og *yoginī* "én som er forenet med"." *Kula* betyder her de seks *ādhāracakraer* (se *mantra* 99). *Kulayoginī* er den, som bebor disse *cakraer*.

Alle de betydninger af ordet *kula*, som er nævnt tidligere, kan også bruges her, når de sættes samme med ordet *yoginī*.

96. अकुला

Akulā

Hun, som ikke har familie.

Hvor findes familien til Devī, som er Adi Parāśakti, den Oprindelige Højeste Kraft? *Mantraet* betyder også den, som ikke har mere *tripūti* (skelnen mellem den, der har erkendt (subjekt), det, der er erkendt (objekt) og erkendelse(relationen mellem subjekt og objekt)), som ikke har nogen krop og ikke har nogen lige.

Værket *Svacchandasamgraha* forklarer, at Devī, som opholder sig i to lotusblomster under og over *suṣumnā,* kaldes *Akula.*

97. समयान्तस्था

Samayāntasthā

Hun, som opholder sig indeni "samaya".

Samāyā er *mānasa pūja,* indre tilbedelse, som udføres i *hrtcakraet* (*hjertecakraet*). *Yogier* har angivet dette som den højeste form for tilbedelse.

Det er værd at bemærke, at Amma har anbefalet regler og anbefalinger for *mānasa pūja* (Se introduktionen).

Samāyā er en samling af fem *tāntriske* tekster, som er komponeret af Vasiṣṭha, Śuka, Sanaka, Sanātana og Santakumāra. De handler om *Śrīcakra* tilbedelse. *Samāyāntastā* betyder: "Hun, som er emnet for *samaya* skrifterne."

Sama betyder også lige: *ya,* Hun, som har nået eller opnået *antah:* slutningen eller det ultimative mål. *Mantraet* betyder så: "Hun, som opholder sig inde i dem, som har den faste overbevisning, at der er lighed mellem Śiva og Śakti."

De *tāntriske* autoriteter, der er citeret ovenfor, peger på, at der er lighed mellem Śiva og Śakti inden for fem forskellige aspekter: 1) i opholdsstedet, i nektarhavet i *bindu* i *sahasrāracakraet;* 2) i handling, Śaktis kapacitet er lig Śivas; 3) i dans, Śiva og Śakti engagerer sig i *tāṇḍava* og *lāsya* dansene; 4) i navnet, én er Śiva og den anden er Śiva og 5) i deres form, for eksempel har begge rød udstråling.

Dette *mantra* kan også fortolkes som "Hun, som bor indeni os og vækker en forståelse af princippet i *hrt cakraet* og de *tāntriske* teskter, der er skrevet af Vasiṣṭha og andre vise."

98. समयाचार तत्परा

Samayācāra tatparā

Hun, som er knyttet til Samaya formen for tilbedelse.

Samayācāra er beskrevet i teksten *Rudrayāmala* i ti kapitler. Det er en måde at praktisere *sādhana* under Guruens vejledning, som gør det muligt at vække *Kuṇḍalinī. Kuṇḍalinī* rejser sig fra *mulādhārā* gennem hvert af *cakraerne, svādhiṣṭhāna, maṇipūraka, anāhata, viśuddhi* og *ājñā.* Den møder Sadāśiva i den tusindbladede lotus i *sahasrāra* og føjer sig til Ham i lystens kammer, som er skjult bag et forhæng, og derfra vender den tilbage til *mulādhārā. Samāyācara* består af forskellige trin i denne *sādhana,* som man kan følge under Guruens vejledning og vågende øje. *Mantraet* fortæller, at Devī er knyttet til denne form for *sādhana.*

99. मूलाधारैक निलया

Mūlādhāraika nilayā

Hun, hvis hovedtilhørssted er Mulādhārācakraet.

Mulādhārā afbildes som en lotusblomst med fire blade. I centrum er der en *bindu*, der er kendt som *kulakuṇḍa*. *Kuṇḍalinīen* sover her med ansigtet skjult. *Mūla* betyder "rod" eller "base", *ādhāra* betyder også "base". Termen *mulādhārā* står for roden til *suṣumnā* og basis for *Kuṇḍalinī.*

Cakraerne, som *Kuṇḍalinī* går igennem på vejen opad er nævnt ovenfor. Disse *cakraer er forbundet med* følgende *tattvaer* (elementer):

Mulādhārā	Jord (*Prthvi)*
Svādhiṣṭhāna	Ild (*Agni)*
Maṇipūraka	Vand (*Jala)*
Anāhata	Luft (*Vāyu)*

Viśuddhi	Rum (*Ākāśa)*
Ājňā	Sind (*Manas)*

Via *suṣumnā* passerer *Kuṇḍalinī* gennem hver af disse *cakraer.* Heri findes ophavet til *yogiers* alvidenhed. Herefter forbliver intet usynligt eller ukendt for dem.

Mulādhārā er beskrevet som en lotusblomst med fire blade i området mellem anus og genitalierne. *Svādhiṣṭhāna* er en lotusblomst med seks blade på niveau med genitalierne. Over det, ved navlen, findes *maṇipūraka,* den tibladede lotusblomst. På hjertets niveau findes *anāhata,* lotusblomsten med tolv blade, og over den på niveau med halsen findes *viśuddhi,* lotusblomsten med seksten blade. Over den findes *ājňā,* lotusblomsten med to blade, som befinder sig mellem øjenbrynene. Det er de seks *ādhāraer.*

Mulādhārā og *Svādhiṣṭhāna* er kendt som den *tāmasiske* verden. De danner den runde skive af ild (*Agnimaṇḍalaet). Maṇipūraka* og *anāhata* er kendt som den blandede verden (*miśra loka).* De danner Solens skive (Sauramaṇḍala). *Viśuddhi* og *ājňā* er kendt som lysets verden (*jyotirmāyā loka),* og de danner Månens runde skive (*Candramaṇḍala).*

Ifølge *yogaśāstra* løber nerverne *iḍā* og *pingalā* inde i rygsøjlen, respektivt på den højre og den venstre side. Mellem disse to løber *suṣumnā*, fra *mulādhārā* til *brahmarandhra,* og den er slank som lotusblomstens fibre og strålende som lyn. De seks *ādhāraer,* som er beskrevet ovenfor, er forbundet med *suṣumnā.* Når *Kuṇḍalinī*, som normalt sover i *mulādhārā*, vækkes gennem *yogisk* praksis og ved Guruens nåde, farer den opad gennem *suṣumnā.* Når den passerer gennem hvert *cakra,* vil sindets forskellige kamre åbne sig af sig selv. Vidunderlige syner, uforlignelige lyde og ubeskrivelige *siddhier* viser sig. Og når *Kuṇḍalinī* når *sahasrāracakraet* i hovedet, vil *yogien* transcendere alle kroppens og sindets begrænsninger.

Månen bevæger sig konstant gennem *iḍā* og solen gennem *pingalā.* Når solens stråler når den, vil månens nektar smelte og flyde konstant gennem de seks *ādhāraer. Kuṇḍalinīen* falder i søvn i *mulādhārā,* når den har drukket denne nektar. Solens og månens bevægelser kan standses via *yogiske* praksisformer. Det vil få strømmene af nektar fra månen til at standse. Så vil *Kuṇḍalinī* med et vågne op, føle sult og begynde Sin opadstigende rejse.

100. ब्रह्म ग्रन्थि विभेदिनी

Brahma granthi vibhedinī

Hun, som gennembryder Brahmās knude.

Granthi betyder en knude. *Brahmagranthi* befinder sig lige over *agnikhaṇḍa,* som består af *mulādhārā* og *svādhiṣṭhāna.* Brahmā er skaberen, og Devī skinner i *Brahmāgranthi* som et symbol på skabelsen. Navnet *Brahmāgranthi* er således et symbol for det kreative instinkt. Den søgende kan ved *sādhana* og Guruens nåde let transcendere denne *granthi.* Man kan tænke på *granthi* som de forhindringer, der er forårsaget af *vāsanaer,* og som den søgende møder i sin spirituelle søgen.

Solen siges at have tolv dele eller *kalāer.* Hver *kalā* siges at svare til en del af *Lalitāsahasranāma Stotra.* Den første *kāla* er forbundet med den indledende dialog mellem Agastya og Hayagrīva og den sidste *kalā* med afslutningen på *stotramet.* Hver af de resterende *kalāer* svarer til hundrede navne i *stotramet.* Det fuldender de første hundrede navne, som svarer til den anden *kalā,* der er kendt som *Tāpinīkāla.*

101. मणिपूरान्तर् उदिता

Maṇipūrāntar uditā

Hun, som dukker op i Manipuracakraet.

Som forklaret ovenfor er *manipura* en lotusblomst med ti blade, der findes på niveau med navlen. I løbet af *samāyācara* tilbedelsen (se *mantra* 98) vil en *sādhak* udsmykke Devīs billede med *manipuraer* eller smykker, når *Kuṇḍalinī* når til dette *cakra.* Af den grund er dette *cakra* kendt som *manipuracakraet*

Under *mānasa pūja* kan den søgende forestille sig området ved Devīs navle som udsmykket med en lotusblomst med ti blade og diamantsmykker.

102. विष्णु ग्रन्थि विभेदिनी

Viṣṇu granthi vibhedinī

Hun, som gennembryder Viṣnus knude.

Viṣṇugranthi befinder sig lige over *maṇipūraka* i Solens Runde Skive. Det er opholdssted for Viṣṇu og har derfor navnet *Viṣṇugranthi.*

De to *cakraer, maṇipūraka* og *anāhata,* siges tilsammen at repræsentere den strålende *Viṣṇugranthi*, som skænker alle *siddhier* (psykiske kræfter) til den søgende.

Når *Kuṇḍalinī* bryder gennem denne *granthi* og løfter sig over den, vil den søgende opnå ubeskrivelig lyksalighed og forbløffende kræfter. Men de erfarne vise advarer om, at det ikke vil lykkes for ham at nå det endelige mål, hvis han bliver fanget af disse *siddhier.*

103. आज्ञा चक्रान्तरालस्था

Ājñā cakrāntarālasthā

Hun, som har bolig midt i Ājňācakraet.

Ājňācakra er området mellem øjenbrynene, hvor der findes en lotusblomst med to blade. *Ājňā* betyder "at vide, at forstå". For en *sādhak,* hvis *Kuṇḍalinī* er gået ind i *ājňācakraet,* vil al viden være tilgængelig "som et bær i hans håndflade".

104. रुद्र ग्रन्थि विभेदिनी
Rudra granthi vibhedinī

Hun, som gennembryder Śivas knude.

Rudragranthi, som er det mest lykkebringende, befinder sig i *viśuddhi* -og *ājňācakraerne.* Navnet hører sammen med, at det er Śivas opholdssted.

En alternativ fortolkning er, at *Śrī vidyā mantraet* har fire dele (*khaṇḍaer*): *Agni, Sūrya, Soma* og *Candrakāla* (disse kaldes også for de fire *kūṭaer,* som er beskrevet i *mantraerne* 85 frem til 90: *Vāgbhava, Kāmaraja* eller *Madhyamā, Śakti* og *Turīya*).

Viśuddhi og *ājňāhakraet* er i fællesskab kendt som *chandrakhaṇḍa.* Således svarer de tre *granthier* (knuder), *Brahmāgranthi, Viṣṇugranthi* og *rudragranthi* til *agni, Sūrya* og *chandra khaṇḍaer.* Vi kan herfra slutte at disse tre *granthier* repræsenterer kroppens oprindelse, eksistens og forsvinding, som består af de fem elementer.

105. सहस्राराम्बुजारूढा
Sahasrārāmbujārūḍhā

Hun, som stiger op til lotusblomsten med de tusind blade.

Den tusindbladede lotus (*sahasrāra*) findes over *ājňācakra* og lige under *Brahmārandhra* (En åbning i hovedets krone).

106. सुधा साराभिवर्षिणी
Sudhā sārābhivarṣiṇī

Hun, som skænker strømme af ambrosia.

De, som drikker nektar, er udødelige. Strømmen af nektar opstår, når *Kuṇḍalinī* når op til *sahasrāra.* Ved at drikke denne nektar af spirituel lyksalighed, opnår man udødelighed. Tænk på, at de utallige mægtige herrer og konger, som har levet, nu alle sammen er døde og glemte. Men ingen, som har oplevet Devīs nektarstrøm vil nogensinde blive glemt. Rækkefølgen af *ṛṣis* er eksempel på denne pointe. "Lad Devīs fødder, som udsender overstrømmende nektar, gøre os evigt tilfredse." (*Taittiriya Brahmāna,* III. 12.3.)

107. तडिल् लता सम रुचिः

Taḍil latā sama ruciḥ

Hun, der er så smuk som et lynglimt.

I *Śruti* står der: "Hun, som er strålende som lynet." (*Taittiriya Āraṇyaka,* X. 13.2.)

Lynets udstråling får øjet til at blinke. På samme måde er Devīs udstråling så stor, at øjnene ikke kan se direkte på Hende uden at blinke.

108. षट् चक्रोपरि संस्थिता

Ṣaṭ cakropari samsthitā

Hun, som har bolig over de seks cakraer.

De seks *cakraer* er *mulādhārā, svādhiṣṭhāna, maṇipūraka, anāhata, viśuddhi* og *ājňā,* som det er forklaret tidligere.

109. महासक्ति

Mahāsakti

Hun, som er dybt forbundet med den højtidsfulde forening mellem Śiva og Śakti.

Navnet kan også tolkes som "Hun, som holder af lys og pragt."

En anden betydning er: "Hun, som har stor kærlighed". Her menes kærligheden, som Devī nærer til alle – fjende og ven, de uretfærdige og de retfærdige. De børn, som har nydt Ammas kærlighedsnektar, har let ved at forstå, hvad der menes.

Ammas Kærlighed, som strømmer ud til hele verden, er den samme som Kærligheden, der strømmer fra Parāśakti.

110. कुण्डलिनी

Kuṇḍalinī

Hun, som har form som en spiral.

Kuṇḍalinīs natur og tilholdssted er allerede blevet beskrevet. "I *mulādhārā,* i centrum af den strålende ild findes *jīvaens* essens, kendt som *Kuṇḍalinī,* i form af *prāṇa* og som legemliggørelse af glans. Hvis nogen, som med begge ører lukkede, ikke kan høre den konstante hvislen fra *Kuṇḍalinī* i centrum af *suṣumnā,* er han døden nær." (*Tantrarāja*)

Vāmakeśvara Tantra beskriver *Kuṇḍalinī* således: "Kuṇḍalinī ligger i den laveste del af *suṣumnā* (som når op til *Brahmārandhra* i kronen), den nyder i *mulādhārā* lotusblomstens indre, den er snoet om sig selv med sin hale i munden, den er fin som lotusblomstens fiber og skinnende som et lyn."

"Siddende i lotusstilling, med anus sammensnøret, med sindet fokuseret på *kumbhaka* (en øvelse i kontrol af vejrtrækningen), skal *yogien* vende *prāṇaen* opad. Så blusser ilden i *svādhiṣṭhāna* op. Gennem presset fra luft og ild, vil *Kuṇḍalinī,* slangedronningen, som opholder sig i *mulādhārā,* vågne op i forbløffelse og bevæge sig opad gennem Brahmā, Viṣṇu og Rudra *granthierne* og transcenderer de seks cakraer, hvorefter den når op til sahasrāra og forener sig med Śiva. Det er den Højeste Tilstand. Det er også årsag til den Endelige Befrielse."

Aruṇopaniṣad kalder de søgende: "Åh Bhārataer, rejs jer, sov ikke! Hold ilden i live!" "Bhārataer" er søgende efter Bhārati, som er Sarasvatī eller Vidyā eller i denne sammenhæng *Śrī Vidyā.* Ifølge *Bhāskararāya* henvender *Upaniṣad* sig til de, der tilbeder *Śrī Vidyā.*

Devī Purāṇa beskriver *Kuṇḍalinī* "med en form som *sṛṅgātaka.*" *Sṛṅgātaka* betyder trekant. Trekantens spidser er kræfterne i begær, visdom og handling (*icchāśakti, jñānaśakti* og *kriyāśakti*). Disse tre kræfter skal forstås som egenskaber ved *Kuṇḍalinī.*

Kuṇḍalinī er også navnet *vāgbhavabīja*, som svarer til den første *kūṭa* i *pañcadaśimantraet.*

I denne sammenhæng er Ammas ord yderst relevante og bemærkelsesværdige: "Børn, *Kuṇḍalinī* er livskraften i levende ting. Denne kraft dvæler nederst i ryggen i form af en sammenrullet slange. Den kan vækkes ved meditation og ved Guruens nåde. Når den først er vakt, søger den hastigt op gennem *suṣumnā,* og den er drevet af en trang til at møde den mandlige slange, som opholder sig i hovedet. Hver *ādhāra* fremstår som en ganske lille overgang i *suṣumnā.* Når *Kuṇḍalinī* passerer gennem det ene *ādhāra* op til det næste, vil der ske mange forandringer i kroppen. Der vil være en brændende fornemmelse i hele kroppen, som om den blev dækket med en pomade af chilipebber. Kroppen vil føles meget varm. Man vil ofte mærke håret rejse sig. Vandet vil pible frem i form af sved fra alle kroppens porer. Lejlighedsvis vil der også udskilles blod fra kroppens porer. Kroppen vil blive udtæret som et skelet. Den søgende kan blive grebet af frygt ved at opleve disse forandringer for første gang. Det er årsagen til, at man siger, at man kun kan foretage *Kuṇḍalinī sādhana* i en *Satgurus* (Selvrealiseret Mesters) nærvær."

"Børn, på dette stadie skal den søgende være meget forsigtig. Kroppen skal slet ikke bevæge sig. Han skal ikke forsøge at lægge sig ned, end ikke på en madras, fordi selv et par få folder i madrassen kan være ubærlige for ham at mærke. Han skal sove på et helt fladt træbræt. Man må ikke give rygsøjlen noget chok, da det kan give alvorlige eftervirkninger. Når *Kuṇḍalinī* vågner, får den søgende en stor tiltrækningskraft. Kvinder vil henvende sig, fordi de føler sig tiltrukket af ham. Hvis der ikke er en *Satguru* til stede, kan han spilde al den hårdt optjente kraft på kropslig tilfredsstillelse."

"*Kuṇḍalinīen* fuldender hver *ādhāra,* som den når op til, og herefter stiger den op til den næste højere oppe. På denne måde går *Kuṇḍalinī śakti* gennem de seks *ādhāraer* og når op til lotusblomsten med de tusind blade. Når den når dertil, bliver kroppen nedkølet igen. Så vil der komme en strøm af nektar, der løber gennem hele kroppen."

"Det, der herefter er tilbage, er ikke den gamle krop. Det er en ny krop, som er fyldt med Selvets kraft!"

111. बिस तन्तु तनीयसी

Bisa tantu tanīyasī

Hun, som er smuk og sart som lotusblomstens fiber.

"Den lykkebringende *śakti,* kaldet *Kuṇḍalinī,* minder om lotusblomstens fiber," står der i *Vāmakeśvara Tantra.* Den smukke *Kuṇḍalinī,* der er fin som lotusblomstens fiber, opholder sig i *mulādhārā* i en form som en slange. I *Taittiriya Āraṇyaka* står der: "Fin som spidsen af et riskorns øre, safranfarvet, lysende og lig et atom."

112. भवानी

Bhavānī

Hun, som er Śivas hustru.

I Kālīdaśas *Śakuntala,* siger scenelederen (*sutrādhāra)* i sin påkaldelse: "Må Śiva, som manifesterer sig i otte former, beskytte dig!" De otte former er jord, vand, ild, luft, æter, solen, månen og bevidstheden. Blandt disse er Śiva i vandets form kendt som Bhava. Hans hustru er Bhavānī.

Devī Purāṇa nævner betydningerne *"samsārahavet"* og "Manmatha (ønskernes og begærets gud) i forbindelse med ordet *bhava.* Bhavānī er én, som giver liv til dem.

I *Saundarya Laharī* (vers 22) siger Śaṅkarācārya: "Når den hengivne ønsker at bede "Oh Bhavānī, du må kaste dit medfølende blik på mig" og begynder med at sige "Bhavānī, Du...(*Bhavānī tvam...)"* velsigner Du ham straks med Din Højeste Tilstand, som Viṣṇu, Brahmā og Indra tilbeder ved at udføre *nīrājana* (svingen med lys) med deres kroner." "Bhavānī tvam" betyder også "Jeg er Dig".

Kort sagt skænker Devī også den Højeste Tilstand til den hengivne, som ikke forventer det. Den hengivnes bøn er lille; svaret er uden mage og mål. Ild brænder selv den, der rører den uden intentioner.

113. भावना गम्या

Bhāvanā gamyā

Hun, som er uopnåelig gennem forestilling eller tanke.

Ifølge *Śruti* vil "sindet og ordene trække sig tilbage derfra", dvs. fra det virkelige, fra den Højeste Kraft.

Dette *mantra* kan også tolkes som "Hun, som kan opnås ved at rense sindet gennem handlingens vej."

*Bhāvana yoga (*eller meditationens *yoga)* er to former for *yoga,* der beskrives i bøger om *Śaktitilbedelse. Bhāvana yoga* er den *yoga,* der fører til målet gennem meditation ved hjælp af chanting af *mantraet* og kontrol over vejrtrækningen. *Kuṇḍalinī yoga* er den *yoga,* hvor *Kuṇḍalinīen* vækkes og bringes i forening med det Højeste Selv i *sahasrāra.*

Meditationens *yoga* findes i tre typer: *brāhmi, maheśvari* og *akṣara.* Den beskrives også som to typer, *arthabhāvana* (betydningens *bhāvana)* og *śabda bhāvana* (lydens *bhāvana*). Der findes endnu en sondring i meditation: *sakāla, niskāla* og *sakāla-niskāla.* Ifølge Bhāskararāya er meditation fra *mulādhārā* til *ājňācakra sakāla,* den fra *indu* til *unmanī* er *sakāla-niskāla* og den i det Højeste Sted (*mahābindu)* er *niṣkāla.*

Śrī Śankara beskriver *bhāvanā* i sine kommentarer til *Gitā* (II-65) som "hengivenhed til Viden om Selvet." Hvilken metode man end følger vil til sidst blive omformet til et ønske om Viden om Selvet.

114. भवारण्य कुठारिका

Bhavāraṇya kuṭhārikā

Hun, der som en økse fælder samsāras jungle.

Eksistensens jungle er ikke menneskeskabt. Dens beskaffenhed er ikke afgjort af mennesket. Digteren Bhasa siger: "Selvom den skæres ned fra tid til anden, vil skoven vokse frem igen og igen." Sådan er *Vāsanāer* også.

Når lidenskabsløshed opstår, kan tilbedelse, *japa* og meditation nogle gange bære frugt. Men hvis *vāsanāernes* rødder stadig ligger i dvale, vil de springe ud igen. Der er en velkendt historie om en munk, der havde en kat som kæledyr. Den spirituelt søgende mand havde opgivet sin familie og sit hjem for at trække sig tilbage til en eneboertilværelse i skoven. Men hans sindsro blev forstyrret af musene, som regelmæssigt spiste hans lændeklæde, som han havde lagt til tørre udenfor. Han besluttede sig for at få en kat som kæledyr, som kunne fange musen, men katten, som kom fra landsbyen, havde brug for mad. Derfor gik han tilbage til landsbyen og fik en ko, så den regelmæssigt kunne give katten mælk. Eneboeren opdagede, at koen havde brug for endnu mere opmærksomhed. Snart blev både hans kone og børn kaldt ud til skoven for at passe både koen og katten. Der blev lavet et hus, som kunne gøre det behageligt for alle i skoven. At skaffe mad til familien var ikke en let opgave. En omvandrende ven af munken besøgte ham få måneder senere og fandt ud af, at denne mand som ønskede sig *sannyāsi* var sunket endnu dybere ned i *samsāras* hængedynd.

I *Bhaja Govindam* siger Śankara: "Gentagne fødsler, gentagne dødsfald, at ligge i moderens mave gang på gang – det er svært at krydse denne *samsāra.* Frels mig, Oh Kṛṣṇa, ved Din nåde"

Devī er øksen, der for evigt fjerner rødderne til samsāra-skoven, som er tyk, mørk og fuld af grusomme dyr.

Ordet *kuṭhārika* i *mantraet* er tankevækkende. Det er en lille håndholdt økse, som bruges til at skære små ting ned. Det anses for at være ret hurtigt og let at opnå Devīs nåde og dermed blive frigjort fra *samsāras* elendighed. Amma gav en gang en Kṛṣṇa hengiven det følgende råd: ”Søn, du skal også chante Devīs navn; ønsker du ikke at spise?” Kort sagt er tilbedelse af Devī den hurtigste vej til at opnå alle materielle og spirituelle rigdomme.

115. भद्र प्रिया

Bhadra priyā

Hun, som holder af alle lykkebringende ting, og som giver alle lykkebringende ting.

Mantraet betyder også Bhadras elskede; Śiva.

Ordet *bhadra* betyder også fremgang, Bjerget Meru og en elefantfamilie af overlegen type. Devī holder af alle disse. Meru kan også stå for *merudaṇḍa* eller rygsøjlen. *Suṣumnānerven, Kuṇḍalinīens* vej passerer gennem den og når *candramaṇḍala* i hovedet. Derfor har Devī den kær. Hun siges at være glad for *bhadraelefanter*. Devīs hær inkluderer en brigade med elefanter.

116. भद्र मूर्ति

Bhadra mūrti

Hun, som er legemliggørelsen af gunst eller godgørenhed.

Devī er blevet hyldet som ”den mest lykkebringende blandt de lykkebringende”. I *Viṣṇu Purāṇa* står der ”Det er velkendt, at det lykkebringende er lig *Brahman.*” Således er Devī legemliggørelsen af *Brahman.*

Bhadra mūrti kan også betyde ”én som har taget Bhadras form. ”I *Purāṇaerne* står der, at Devī tog form som Bhadrakālī og dræbte dæmonen Dāruka.

117. भक्त सौभाग्य दायिनी

Bhakta saubhāgya dāyinī

Hun, som skænker fremgang til Sine hengivne.

Subhagā er et af Devīs navne (se *mantra* 761). *Saubhāgya* står for Hendes generelle egenskaber. Devī blev beskrevet som opsat på at fremme *devaernes* sag (*mantra* 5). Her siges det, at Hun også er meget gavmild og giver fremgang til Sine hengivne. For den syge er fremgang helbredelse, for den fattige rigdom og for den søgende viden. Devī er den, som giver alle disse.

118. भक्ति प्रिया

Bhakti priyā

Hun, som holder af (og glæder sig over) hengivenhed.

Nārada Bhakti Sūtra beskriver *bhakti* på mange forskellige måder:

”Det er i sandelighed den natur, som er den Højeste Kærlighed.”

”Og det er den udødelige lyksalighed ved selve Friheden (befrielsen).”

”Blottet for alle egenskaber og fri for al selviskhed, er det en ubrudt indre erfaring, hele tiden voksende, mere subtil end det mest subtile.”

I Śaṇḍilyas *Bhaktimīmāmsā sūtra* står der: ”Det er den højeste længsel efter Herren.” Hengivenhed er kærlighed til Gud. Det er sindets opløsning i Gud at glemme sig selv. ”En undersøgelse af ens egen sande form er hengivenhed,” ifølge Śrī Śankara.

Der findes to slags hengivenhed: *mukhya* (primær) og *gauṇa* (sekundær). Uendelig, ubrudt hengivenhed er primær hengivenhed. Det er også kendt som *parābhakti* og er beskrevet i afsnittet ovenfor. *Gauṇa* er den hengivenhed, der vises gennem tjeneste til Herren ud fra skrifternes anvisninger om ritualer.

I *Garuḍa Purāṇa* står der: ”Den som har hengivenhed er den bedste blandt *Brahmānas,* selvom han er en barbar; han er en *sannyāsin,* han er fremgangsrig, han er en asket og en lærd.”

Tegnet på hengivenhed er tjeneste. Vi skal lære, at når vi tjener mennesker, tjener vi Gud. Amma siger: ”Børn, godhed over for de fattige er vores pligt over for Gud.”

Bhāgavata Purāṇa taler om ni former for hengivenhed: ”At høre om Herrens pragt, at synge om den, at huske Herrens navn, at tjene ved Hans fødder, at tilbede ved at ofre blomster, at lægge sig ærbødigt foran Herren, at tjene som en slave, Herrens kammeratskab og overgivelse af ens selv.” I tillæg har de vise beskrevet hengivenhed som kærlighed til den elskede *(premabhakti),* som kærlighed til Gud som ens eget barn *(vātsalyabhakti),* fredfyldt hengivenhed, sød hengivenhed og tjenerens hengivenhed.

Den Guddommelige Moder holder af alle disse former for tilbedelse.

119. भक्ति गम्या

Bhakti gamyā

Hun, som kun nås ved hengivenhed.

Devī kan ikke opnås ved høj status, adel, høj kaste, familiens styrke, rigdom eller viden. Kun oprigtig hengivenhed har Hun kær. Man kan kun opnå Hende gennem den form for hengivenhed. Herren Kṛṣṇa nævner i *Gitā* (XI-54): ”Åh Arjuna, kun gennem udelt hengivenhed kan jeg blive kendt, set og trængt ind i.”

120. भक्ति वश्या
Bhakti vaśyā
Hun, som skal overvindes ved hengivenhed.

Devī er fri for alle bindinger. Hvis Hun skal overvindes, er det kun muligt gennem hengivenhed.

På et tidspunkt fandt følgende samtale sted mellem Herren Viṣṇu og Nārada:

"Nārada, hvad er den største ting i universet?"

"Behøver Du spørge mig, min Herre? Er det ikke jorden?"

"Jorden? Men ligger den ikke i havet? Kun to femtedele er land!"

"Det er rigtigt. Så må det være havet."

"Åh nej! Er det ikke velkendt, at Agastya tog hele havet op i sine hænder for at bruge det i rituel afvaskning?"

"Det er selvfølgelig rigtigt. Det må være Agastya, som er den største!"

"Kan man virkelig sige det Nārada? Er Agastya ikke et stjernebillede? Agastya står bare på et lille hjørne af himlen!"

"Det er rigtigt, Åh Herre! Jeg tog fejl. Himlen er den største ting."

"Mener du virkelig det? Var jeg ikke i stand til at måle jorden, himlen og underverdenen med bare tre skridt?"

"Hvorfor leger Du med mig som om jeg er en lille abe, Herre? Kunne du ikke bare sige det i begyndelsen. Selvfølgelig, Du er den største!"

"Kom nu, Nārada, ved du ikke en gang det? Er jeg ikke bare fanget i Mine hengivnes hjerter? Er den hengivnes hjerte ikke den største ting?"

Sådan er hengivenhedens storhed. Nārada komponerede *Bhakti Sūtraerne*, fordi han forstod det. Hengivenhedens vej er lettere og kortere end videnvejen, handlingens vej og *rāja yoga.*

Selvom Devī er fri for alle bånd, siger de vise, at Hun er bundet af hengivenhed.

121. भयापहा

Bhayāpahā

Hun, som fordriver frygt.

Årsagen til frygt er troen på, at der findes noget andet end en selv. Svāmi Vivekānanda sagde engang: "Hvis du spørger mig, om essensen af *Upaniṣaderne* kogt ned til to ord, vil jeg svare '*Abhih!*' (Frygt ikke!)." Den største frygt er frygten for døden. Det er for at blive befriet for den frygt, at Indiens vise har anbefalet Upaniṣadernes vej." Han, som kender Brahmans lyksalighed, behøver ikke frygte noget." (*Taittitiya Upaniṣad,* II,9,1)

Devī er essensen af *Brahman.* Hun fjerner al frygt. Bhāskararāya citerer *Vāyu Purāṇa*: "I skoven og andre steder, i vandet, på jorden, i nærheden af en tiger, foran bæster og røvere, og særligt i forbindelse med alle sygdomme, skal Devīs navn gentages."

Man siger: "Som sindet er, sådan er verden også." Når sindet er fyldt med Devī, hvor findes der så en plads til frygten? Vores *ṛṣis* (vise) er det bedste bevis for denne frygtløshed.

122. शाम्भवी

Śāmbhavī

Hun, som er hustru til Śambhu (Śiva).

Śambhu er giver af glæde og fremgang. Dette *mantra* betyder også: "Moder til de, der tilbeder Śambhu."

Śambhu mudrāen (*mudrā* er en håndstilling, som bruges under tilbedelse, hvor man bruger fingrene) er velkendt i *hatha yoga* og i *Tantra.*

Devī bruger denne *mudrā,* eller Hun opholder sig i den.

Parā śurāmas *Kalpaśutra* nævner tre typer initiationer (*dīkṣas),* som er *śāmbhavī, mantra* og *Śakti.* Devī skal opnås gennem *śāmbhavī* initiation.

Ordet *śāmbhavī* betyder også en pige på otte år. Devī skal tilbedes i form af en sådan en pige. Denne form for tilbedelse kaldes *Kumāripūja.*

123. शारदाराध्या

Śāradārādhyā

Hun, som tilbedes af Śāradā (Sarasvatī, Gudinden for tale).

Śāradā er én, som kan eller er ekspert. *Śāradāradhya* er én, som tilbedes af lærde med et *sāttvisk* indstillet sind.

Śārad betyder også stor, og *a* betyder Brahmā eller Viṣṇu. Så betyder *mantraet* "Hun, som er tilbedt af den eksalterede Brahmā og Viṣṇu." I *Saundarya Laharī* har Śaṅkarācārya også inkluderet Śiva blandt de, der tilbeder Devī: "Er det derfor muligt for dem, som ikke har opnået gunst, enten at tilbede eller prise Dig, som tilbedes af selv Viṣṇu, Śiva, Brahmā og andre?"

Śārad er efteråret *(*Aświn og Kārtik månederne, midten af september til midten af november). *Śāradāradhya* betyder: "Én, som tilbedes under *śārad* årstiden." *Navarātri* (tilbedelse af Devī i ni nætter) sker i denne årstid.

124. शर्वाणी

Śarvāṇī

Hun, som er hustru til Śarva (Śiva).

I sin jordiske form er Śiva kendt som Śarva (en af Śivas otte former, som er nævnt i *mantra* 112). I *Liṅga Purāṇa* står der: "De, som har transcenderet alle *śāstraer,* kalder *Deva*, som er essensen af jorden, for *Śarva.* Hans kone er kendt som Sukeśi og Hans søn som Angāraka." Angāraka er Mars, også kendt som Kuja. Kuja betyder bogstaveligt "jordens søn" (ku: jord). Der findes en astronomisk teori, som går ud på, at Mars er den del, som blev brudt ud af jorden.

125. शर्मदायिनी
Śarmadāyinī

Hun, som skænker glæde.

"Hun giver glæde til Sine hengivne, derfor kaldes Hun for "Skænker af glæde"" (*Devī Bhāgavata).*

Glæde (*śarma*) er her ikke kun materiel glæde, men også glæde hinsides dette liv. Det er blevet gjort klart i begyndelsen, at tilbedere af Devī både finder materiel glæde og Befrielse.

126. शाङ्करी
Śāṅkarī

Hun, som giver glæde.

"Hun er *Śankarī*, som har for vane at give glæde"

Śankarī er også hustru til Śankara (Śiva). I *Kālīka Purāṇa* står der, at Devī prises ved navnene *Śankarī* og Rudrāṇī, fordi Hun ledsager Śiva i kvindelig form under skabelse, vedligeholdelse og ødelæggelse.

127. श्रीकरी
Śrīkarī

Hun, som skænker overflod af rigdomme.

Det, som møder behovet, er rigdom, og udover er det *Śrī,* overflod.

Śrīkara er Viṣṇu. Devī kaldes *Śrīkari,* der betyder Viṣṇus søster.

128. साध्वी
Sādhvī

Hun, som er kysk.

Herren Śiva er den eneste, der har kendt Devī. Hendes essens er så hemmelig.

Sarasvatī, Brahmāns hustru, giver efter for alle lærde mænd. Lakṣmi, gudinden for rigdom og Viṣṇus hustru, er altid på farten og tilgængelig for alle. Men Devī, Maheśvaras kone, giver kun efter for én. Samtidig med at Hun er et dydsmønster på kyskhed, er Hun, som er Parāśakti også fuldstændig fri. Det indebærer, at kundskab og rigdom kan opnås af enhver, som anstrenger sig, mens Selvrealisering er ekstremt vanskelig.

129. शरच्चन्द्र निभानना
Śaraccandra nibhānanā

Hun, hvis ansigt skinner som fuldmånen på en klar efterårshimmel.

Ved at udvælge måneskin om efteråret antydes det, at månens udstråling ikke er konstant hen over årstiderne. Skønheden i Devīs ansigt er overlegen, fordi den ikke forandrer sig med tiden.

130. शातोदरी
Śātodarī

Hun, som har en slank talje.

Śātodara er også defineret som "havende hundredvis af huler," som betyder Himavat, bjergenes konge. Śātodari er hans datter, Pārvatī.

131. शान्तिमती
Śāntimatī

Hun, som er fredfyldt.

Fredfyldthed er Devīs natur. Hun tilgiver enhver af Sine hengivnes fejl uden ophidselse og udviser en høj grad af godhed.

Devīs ultimative mål er fred og velfærd i universet. Hun vil ikke tolerere noget, som skader dette mål. Det er derfor, Hun var så grusom over for Bhaṇḍāsura.

Santimati er også én, som ikke er overdrevent ivrig efter noget.

132. निराधारा
Nirādhārā

Hun, som er uden afhængighed.

Devī er altings støtte. Derfor har Hun ikke brug for støtte.

Tantraśāstra beskriver seks *ādhāraer* eller *cakraer.* Devī transcenderer dem alle og er derfor uden støtte.

Dette *mantra* refererer også til en form for Parāśakti tilbedelse, som er kendt som *nirādhāra.* Denne tilbedelse er beskrevet på følgende måde i *Sūtasamhita* (vers 11-19): "Der findes to typer tilbedelse, indre og ydre; den ydre er opdelt i *Vedisk* og *Tāntrisk,* og den indre er delt i *sādhāra (saguṇa)* og *nirādhāra (nirguṇa). Sādhāra* tilbedelse er gennem billeder, mens *nirādhāra* tilbedelse ikke er baseret på nogen form. Tilbedelse af Devī med billeder eller med hellige stavelser er *sādhāra* tilbedelse. *Nirādhāra* er den bedste form for tilbedelse. I denne metode sker opløsningen af sindet gennem meditation på Ren Opmærksomhed, som ikke er andet end den Højeste Śakti. Hvis man ønsker frihed fra *samsāra,* skal man derfor tilbede Parāśakti som Selvet, som vidne, fri fra egenskaberne ved de talrige former i universet. Ved gennem direkte erfaring at have viden om Devī, skal Hun tilbedes med hengivenhed. Det er denne tilbedelse, som fører til Befrielse."

133. निरञ्जना

Nirañjanā

Hun, som forbliver uden tilknytninger, ikke bundet til noget.

"Tilknytning er sindets urene *vāsana*, som giver glæde ved at opnå en ting og vrede ved at miste den."(*Yogavasiṣṭha)* Devī er fri for alle disse tilknytninger; Hun er den Rene Ånd.

Rañjana er ønsker og begær, og *nirañjana* betyder én, som er uden begær. *Añjana* er også øjensalven, og *nirañjana* er én, hvis øjne ikke er smurt ind i *avidyās* (uvidenhedens) sorte salve, som opstår fra illusion. Således er *nirañjana:* "Hun, som ikke har nogen fejl, der opstår fra uvidenhed."

Nogle argumenterer for, at hvad der end kan ses med øjet er den eneste sandhed, der findes. Er stjernerne, som ser ubevægelige ud oppe på himlen ikke i virkeligheden i færd med at bevæge sig? Når en fugl flyver højt oppe i himlen, hvor vi ikke længere kan se den, kan vi da sige, at den ikke eksisterer? Når vi tager et stykke af en plante og ser på den gennem et mikroskop, får vi et farverigt billede. Hvad er sandheden, den sorte salve, vi ser med det blotte øje eller det farvefulde skue, der viser sig under mikroskopet? På samme måde er øjnenes måde at se ting på farvet af *Māyās* øjensalve, og de ser ikke det samme, som kan ses, når øjnene er frigjorte fra *Māyā.*

Nu følger adskillige *mantraer,* som beskriver Devīs egenskaber, og som hjælper i den formløse tilbedelse.

134. निर्लेपा

Nirlepā

Hun, som er fri for alle urenheder, der opstår af handling.

Lotusbladet bliver ikke en gang vådt, når det ligger i vandet. På samme måde vil Devī, som hersker over universet, ikke i virkeliged være bundet af handlingernes bånd. Herren Kṛṣṇa siger: "Handlinger binder mig ikke; jeg har heller intet ønske om frugten af nogen handling." (*Gitā,* IV-14) At stige op til dette niveau er den sande opfyldelse for en hengiven af Devī.

135. निर्मला
Nirmalā

Hun, som er fri for alle urenheder.

Mala (urenhed) er uvidenhed. Uvidenhed er frøet fra vildfarelsen om verdens natur. Selvet, som er viden, er dækket af uvidenhed; af den grund bliver mennesket genstand for *moha* (vildfarelse) og opnår ikke viden. Devī er "for altid ren, vidende og fri."

Der findes tre slags uvidenhed: *āṇava, bheda (māyika)* og *kārmika. Āṇava* urenhed er bindinger, der opstår fra ikke fuldt ud at kende Selvets virkelige natur. Det er den mindste og mest subtile urenhed (*anu:* atom). *Bheda* eller *māyika* urenhed er opfattelsen af dualitet – forskel mellem selv og ikke-selv – som opstår fra *Māyā* (*bheda*: forskel). *Kārmika* urenhed er binding på grund af handling (*karma,*) som forårsager fødsel og død.

Devī er end ikke berørt af den mest subtile af disse, *āṇava* urenheden. De, som kun har *āṇava* urenhed, er kendt som *vijňānakevalas,* de som har både *āṇava* og *māyika* urenheder er *pralayakālas,* og de som er påvirket af alle tre typer er *sakālas.* Ifølge *Setubandha* vil *vijňānakevalas* tilbede Devī i *mahābindu* (*niskāladhyāna*)*; pralayakālas* tilbeder Hende fra *ājňācakra* til *unmanī (sakāla- niskāladhyāna),* og *sakālas* fra *mulādhārā* til *ājňācakra (sakāladhyāna).* Disse begreber blev nævnt tidligere under mantra 113.

136. नित्या

Nityā

Hun, som er evig.

Devī er evig, fordi Hun ikke bliver opløst i de tre tidsperioder. "Dette Selv, min kære, er virkelig uforanderligt og unedbrydeligt." (Yajñavalkya til Maitreyi i *Bṛhadāraṇyaka Upaniṣad,* IV, 5, 14) Dette navn går imod teorien om, at intet er evigt.

Andre fortolkninger er: "Hun, der har formen som de fjorten dages daglige guder (*nityā devataer)"* og "Hun, som har form som *nityāmantraet".*

137. निराकारा

Nirākārā

Hun, som er uden form.

Form er baseret på *guṇaerne* (egenskaber). Devī er hinsides de tre *guṇaer* og derfor uden form.

Ideen om at Gud er uden form er ikke fremmed for Hindu filosofien. Men et sind, hvis essens er i *guṇaerne,* kan ikke forestille sig en formløs Gud. Et udsagn i *Śruti* klargør denne pointe: "Sindet og ordene trækker sig tilbage uden at nå det."

Den formløse Gud blev givet en form, for at sindet kan begribe Ham. Den vise ved, at det er et produkt af forestillingsevnen, og at forestillingsevne er bundet til sansen for skønhed og intellektets kraft. Dette *mantra* går imod teorien om, at alt har en form.

138. निराकुला

Nirākulā

Hun, som er uden uro og bevægelse.

Årsagen til ophidselse og sorg er uvidenhed. Der findes ikke den slags sorg for én, som er grundfæstet i visdom. Kendetegnet ved et sådant menneske er at holde sindet fri for ophidselse, når det møder velstand og tab, sejr og nederlag, ære og vanære. Ved således at være grundfæstet i Opmærksomhed, er Devī fri for ophidselse, når hun dræber Bhaṇḍāsura, når Hun velsigner ham, eller når Hun leger med Sadāśiva.

139. निर्गुणा

Nirguṇā

Hun, som er hinsides naturens tre guṇaer: sattva, rājas og tamas.

Hun som ikke er bundet til – som er hinsides – sanseobjekter forbundet med syn, smag, berøring, lugt og lyd.

I *Viṣṇu Bhāgavata Purāṇa* står der: ”Det (*Brahman*) er ikke *deva,* dæmon, menneske, dyr, mandling, kvindelig, levende væsen, kvalitet, *karma,* nærvær eller fravær. Det er uendeligheden, som vedbliver efter alle negationer.”

Kvaliteterne kærlighed og omsorg, som bruges til at beskrive Devī, er ikke *guṇaer*, men Hendes iboende natur.

140. निष्कला

Niṣkalā

Hun, som er uden dele.

Kāla er fraktionen af en del. Dette navn går imod teorien om, at *Brahman* har lemmer eller dele.

Bhāskarācārya gør det klart, at navnet *niskāla* refererer til meditation på *Brahman* uden kvaliteter. Han citerer fra værket *Vijňānabhairavabhaṭṭāraka:* ”*Niskaladhyāna* er meditation (på *Brahman*) uden dele, eftersom han er uden afhængighed og uden et fastlagt tilhørssted. Det er ikke meditation på en form med ansigt, hænder.” Dette *mantra* betyder, at Devī skal erkendes i en sådan formløs meditation. Beskrivelser som ”uden dele, uden handlinger, rolig, uden skyld og uden fejl" passer alle på Devī, som Selv er udelt *Brahman.*

141. शान्ता

Śāntā

Hun, som er rolig.

Hun, som hviler i en stemning eller følelse af ro, "*śānta rasa,*" som er en af poesiens ni følelser. Den grundlæggende egenskab ved denne følelse er fravær af sans for ego. De vise siger: "I *śānta rasa* findes der ingen sorg, ingen glæde, ingen tanker, ingen vrede eller kærlighed eller begær; der er fuldkommen sindsro."

Det sammensatte ord, som består af det foregående og nærværende *mantra,* kan inddeles forskelligt som følgende: *niskāla śānta; niskāla + asanta.* Så betyder *mantraet āśānta:* "Hun, der gennemstrømmer helt indtil afslutningen af alle (*āśā*: retninger)."

Den sidste stavelse i *amṛtabīja mantra* er *śā.* Således er *śānta* (*śā + antā*) "legemliggørelsen af *mantraet*, hvis sidste stavelse er *śā.*"

142. निष्कामा

Niṣkāmā

Hun, som er uden begær.

Hvilket begær findes der for Devī, som kan realisere alt ved Sin blotte *saṅkalpa*? I *Devī Bhāgavata* står der: "Når frugterne af alle ønsker er indeholdt i Hende, hvilket begær kan der da være tilbage for Hende?"

143. निरुपप्लवा
Nirupaplavā

Hun, som ikke kan ødelægges.

Uplava betyder katastrofe, ødelæggelse. Det betyder også: "For hvem overfloden af nektarstrøm forekommer i *jīvaens* krop." Således refererer *mantraet* til *Kuṇḍalinīen,* som stiger op til *sahasrāra* og forårsager en overstrømmende nektarflod i kroppen (se *mantra* 110)

144. नित्यमुक्ता
Nityamuktā

Hun, som er evigt fri af verdslige bindinger.

Det er tydeligt, at alle Devīs gerninger, som gengives her, såsom at slå Bhaṇḍāsura, velsigne *devaer* eller lege med Sadāśiva, er handlinger, som tilskrives Hende, og at Hun samtidig i virkeligheden er fri fra alle disse.

En anden betydning er: "Én, som giver evig Befrielse til hengivne, og i hvem de befriede smelter ind i for evigt." Hun er den personificerede Befrielse og derfor evigt fri.

145. निर्विकारा
Nirvikārā

Hun, som er uforanderlig.

Devī er én, som ikke har *vikara* (forandring). Hun er Årsag til universet. Årsagen er ikke udsat for nogen forandring, men virkningen er. Rebet bevæger sig ikke, men slangen, der er klistret på rebet, bevæger sig tilsyneladende. Det er derfor, vi oplever en slange, som er en illusion. Det forårsagende princip kan ikke i sig selv føle eller forårsage følelsen af illusion, men virkningen kan; så den er genstand for forandring.

Det er gjort tydeligt og klart i *Sāṅkhyatattva kaumudī*: *Mūlaprakṛti* (roden til alt) forandrer sig ikke. De syv principper, begyndende med *mahat,* forårsager og er underkastet forandringer; de sidste seksten principper gennemgår forandringer, men forårsager dem ikke. Sjælen hverken forandrer sig eller forårsager forandring." Devī er den uforanderlige *mūlaprakṛti,* der refereres til her.

146. निष्प्रपञ्चा
Niṣprapañcā
Hun, som ikke er af dette univers.

Prapañca henviser til de fem elementer (*pañca bhūtaer*), som udgør universet. Devī er adskilt fra samlingen af dem. Derfor er Hun kaldet *Nisprapañca.*

147. निराश्रया
Nirāśrayā
Hun, som ikke er afhængig af noget.

Devī er tilflugtsted for alt i universet. Hun har ikke noget tilflugtssted. Der står i *Śruti:*"Hvor er fundamentet for Hende, hvorpå hele universet er baseret?"

Afhængighed er en *"upādhi",* en betingning. *Jīvaens upādhier* udgår fra sindet - *antaḥkaraṇa* – til kroppen. Når *jīvaen* er betinget af kroppens egenskaber, opstår ideer som "Jeg er tyk, jeg er slank," når den er betinget af sanseorganerne, opstår ideeer som "Jeg er blind, jeg er døv," og når den er betinget af sindet, opstår der ideer som "Jeg ønsker, jeg forestiller mig".

Alle den slags betingninger hører til *samsārins* – de, som er bundet af verdslige bånd. Devī er ren eksistens, uden nogen *upādhi* eller betingning.

148. नित्यशुद्धा

Nityaśuddhā

Hun, som er evigt ren.

Begrænsninger relateret til renhed og urenhed er givet til legemliggjorte væsener for at hjælpe dem til at opnå mental renhed. Devī er uberørt af det urene og over og hinsides den slags begrænsninger. Det siges, at "kroppen er meget uren, men at den, der dvæler i den, er meget ren." Urenhed er kun for kroppen, ikke for *Ātman* (Selvet).

149. नित्यबुद्धा

Nityabuddhā

Hun, som altid er vis.

Devī, som er selve *cit* (opmærksomheden) indeholder al viden, og derfor er Hun evigt vis. I *Śruti* står der: "Der kan ikke være fravær af viden i den vidende." (*Bṛhadāraṇyaka Upaniṣad, IV, 3, 30).* Således er viden om *Brahman* ikke adskildt fra den vidende.

150. निरवद्या

Niravadyā

Hun, som er ulastelig, eller Hun, som er prisværdig.

Devī skal tilbedes af alle, fordi Hun er årsag til alt lykkebringende og al fremskridt. "Ulastelig og uden pletter" står der i *Śruti. (Śvetāśvatārā Upaniṣad,* IV, 1, 9).

Avadya betyder også helvedet. *Niravadyā,* betyder i dette tilfælde: "Én, som vogter over Sine hengivne og beskytter dem fra at falde i helvedet." Bhāskararāya citerer fra *Kūrma Purāṇa:* "Så hvis nogen husker Devī dag og nat, går han ikke til det helvede, som er *avadya,* da han renses for alle synder." Ifølge *Liṅga Purāṇa* er der otteogtyve *crores* af helvedet. Sådanne beskrivelser kan føre mennesker væk fra synden og omvende dem, så de begynder at gøre gode gerninger. Frygten for at handle syndigt og troen på Gud er to hjul i livets vogn.

151. निरन्तरा
Nirantarā

Hun, som gennemtrænger alt.

Devī fylder universet uden nogen huller (uden *antārā:* hul eller gab). Kort sagt er Hun "pragten, der fylder det indre og det ydre."

Vi kan også forestille os betydningen af *antārā* som forskel. I *Taittiriya Upaniṣad* (11,7) står der: "Han, som ser blot den mindste forskel eller adskilthed i dette *(Brahman),* i ham vil der opstå frygt." Devī skelner ikke mellem Sine egne, andre eller Sig selv.

152. निष्कारणा
Niṣkāraṇā

Hun, som er uden årsag.

Fordi Devī er årsag til alt, har Hun ingen årsag. Her er årsagen evig, og virkningerne er alle forbigående. Hun er den Universelle Moder, som er årsag til alt.

153. निष्कलङ्का
Niṣkalaṅkā

Hun, som er uden fejl.

Hvis man bruger betydningen *kālanka* (synd): "Hun som udrydder al Sine hengivnes synd."

Synd og fortjeneste (*pāpa* og *puṇya)* er resultatet af *karma.* Fordi Devī er uden handlinger og frigjort, er der i Hende ikke nogen plads til synd eller fortjeneste.

"Ren, uberørt af synd," står der i *Īśāvāsya Upaniṣad* (vers 8).

154. निरुपाधिः

Nirupādhiḥ

Hun, som ikke er betinget eller ikke har begrænsninger.

Upādhi refererer til de forårsagende virkninger af noget, som finder sted i nærheden. Ligesom en klar krystal afspejler farven fra en blomst i nærheden, vil bevidstheden (*caitanya*) påtage sig en oplevelse af pluralitet, der er affødt af uvidenhed. Det er *upādhi.* Devī er uden en sådan betingning. Hun er uden spor af uvidenhed, har ingen dele og ingen begrænsninger hverken fra helheden eller dele. Hun er også et hav af spontan godhed. Hun giver en ubegrænset strøm af velsignelser til Sine hengivne.

På søens blanke overflade kan vi se de spejlvendte billeder af træerne, der står langs søens bred. Her er det ubevægelige vand *upādhi.* De, som formår at skelne, ved, at træerne ikke står på hovedet, men et barn kan blive forvirret af synet. Hvad angår universet er mange af os ligesom barnet. Kun få mennesker ved, at det er vandets *upādhi*, som skaber det omvendte billede. Selv dem, som kender sandheden vil få den umiddelbare erfaring af, at billederne vender på hovedet, som stadig vil eksistere. Det vil forsætte, så længe *upādhi* fortsætter. Det er den samme logik, der får universet til at virke virkeligt lige så længe, som kropsbevidstheden skaber denne betingning. Denne virkelighed er kendt som "illusorisk virkelighed." Man skal ikke insistere på, at det er den Ultimative Virkelighed.

155. निरीश्वरा

Nirīśvarā

Hun, som ikke har nogen overordnet eller beskytter.

Fordi Devī er altings beskytter, har Hun ingen overordnet. Alle verdens filosofier kan inddeles i to grupper, teistiske og ateistiske. Begge er det samme for Devī; med andre ord findes der for Hende ikke en klar skelnen.

156. नीरागा
Nīrāgā

Hun, som ikke har noget begær.

Fordi Devī ikke har noget begær, indebærer det, at Hun heller ikke har andre følelser såsom vrede.

Ifølge *Śaṇḍilya Sūtra* (1,6) henviser ordet *rāga* til hengivenhed. "Hengivenhed er længsel, som står i modsætning til oplevelsen af had; det udtrykkes gennem ordet *rasa."* Devī er fri for det, fordi Hun ikke længes efter noget.

Vi kan se *mantraet* som udgjort af to ord, *nīra* (vand) og *agā* (bjerg). Vandet er her Gangā, og bjerget er Himavat (Himālaya). Hvis vi forstår, at datteren af bjerget ikke er adskilt fra bjerget, så vil dette *mantra* betyde: "Hun, som er Gangā og Pārvatī."

157. राग मथनी
Rāga mathanī

Hun, som nedbryder begær (passioner).

Rāga er den brændende tilknytning til det verdslige liv. Normalt er sanseorganerne tilbøjelige til at søge verdslig tilfredsstillelse. Efterhånden som tilbøjeligheden til at søge den Guddommelige Kraft bliver større, vil tilknytningen til fysiske objekter blive mindre. Devī fjerner følelser som længsel og vrede fra den hengivnes hjerte og befrier ham fra verdslige sorger ved at vække rene *sāttviske* følelser i ham. Hun kværner lidenskaben og frembringer lidenskabsløshed, ligesom man får smør, når man kværner fløde.

158. निर् मदा
Nir madā

Hun, som er uden stolthed.

Selvom Hun er almægtig og alvidende, besidder Devī ikke et eneste gran af stolthed. Skønhed, ungdom, magt, rigdom, alt dette kan være kimen til stolthed, og hvis alle føjes til hinanden, vil der sikkert kunne opstå en intens følelse af stolthed. Men i Devī, som er rollemodel for hele verden, findes der ikke et eneste spor af stolhed, til trods for at Hun er uden lige inden for disse egenskaber.

Amma siger ofte: "Jeg er tjenernes tjener." Som der står i *Gitā* (III, 21) "Hvad end en stor mand gør, vil andre mænd også gøre; hvad han end sætter som standard, vil verden omkring ham følge."

159. मद् नाशिनी
Mada nāśinī

Hun, som nedbryder stolthed.

Devī er ikke kun fri for stolthed, men Hun ødelægger også stoltheden i andre. Hvor stolt man end er, vil det kun være naturligt, at man ved at komme i nærheden af Hende, oplever, at al stolthed forsvinder, og man bliver ydmyg.

Dette navn kan også forstås som: "En, der sluger (ødelægger) *madana* (et andet navn for Kāma, begærets gud)."

Madana skaber oprørthed i den hengivnes sind. Devī ødelægger ham. Hendes hengivne opbygger fasthed i sindet, sådan at de kan opnå deres mål.

160. निश्चिन्ता
Niścintā

Hun, som ikke har bekymringer om noget.

Hvor findes der rum for bekymring i den, der ved alt? *Cintā* (angst) er som *cita* (et ligbål). Ligbålet brænder den døde, mens angsten brænder den, der er levende.

"Som dreng er man knyttet til leg og sport; som ung er man knyttet til en ung kvinde. Et gammelt menneske er knyttet til angst, men den Højeste Brahman er der ingen, som er knyttet til!" bemærker Śaṅkarācārya med undren. Angsten, som opstår i alderdommen, er i virkeligheden angsten for ligbålet. Den spirituelle vej skal begynde tidligt i livet, og træningen i at frigøre sig fra al angst ligesom Devī skal rodfæstes dybt i de hengivne. Dette *mantra* kan bruges som en ledestjerne.

Cintā kan også tolkes som bedrag eller vildfarelse. *Niscintā* er en uden bedrag eller vildfarelse.

161. निर् अहङ्कारा

Nir ahaṅkārā

Hun, som er uden egoisme. Hun er uden begrebet 'jeg' og 'min'.

Afhængigt af fordelingen af *guṇaerne sattva, rājas* og *tamas* kan egoisme være af tre typer: *vaikārika, taijasa* og *bhūtādi.*

Egoisme er roden til al slags ondskab. Skal vi udvinde essensen af vores *Purāṇaer* og episke fortællinger til én eneste sætning, vil det utvivlsomt være: "Skær rødderne til egoismen over." I *Purāṇaerne* findes der mange historier om, hvordan selv ophøjede vismænd som Nārada, Durvāsas og Viśvāmitra var nødt til at lide under de bitre konsekvenser af deres egoisme.

Devī er ikke kun Selv fri for egoisme, men Hendes hengivne bliver også befriede fra den. Eruttacchan, en helgenlignende Malayalam digter, har udtrykt det på en fin måde: "Åh Hari, Du som er Ren Lyksalighed, Elsker af Gopierne, lad mig ikke have følelsen af jeg; og hvis jeg alligevel har den, så lad mig føle, at alt er "jeg", Åh Nārāyana!"

162. निर् मोहा

Nir mohā

Hun, som er fri for illusioner.

Moha kan være begær og manglende skelneevne mellem godt og dårligt, som vi ser i den følgende beskrivelse fra *Gitā:* "Fra *krodha* (vrede) opstår *moha,"* eller tab af bevidsthed. Devī er ikke det fjerneste påvirket af nogen af disse ting.

Moha er forvildelsen, der opstår fra uvidenhed (*avidyā).* Som der står i *Śruti:* "Hvilke illusioner og sorger kan der findes, hvor alle ting ses som et med Selvet?" (*Īśāvāsya Upaniṣad,* 7)

163. मोह नाशिनी

Moha nāśinī

Hun, som tilintetgør Sine hengivnes illusioner.

Alle de betydninger af *moha*, som blev beskrevet ved foregående *mantra,* gælder også her.

164. निर् ममा

Nir mamā

Hun, som ikke har selvisk interesse i noget.

En oplevelse af ejerskab og illusion er frøene til *samsāras* sorger. I *Gitāen* bliver Arjuna kraftløs på slagmarken, da han bliver grebet af denne oplevelse.

Når vi siger, at Devī er uden oplevelse af ejerskab til noget, betyder det ikke, at Hun mangler kærlighed, eller at Hun ikke interesserer sig for andre. Vi har allerede bemærket, at Hun er upåvirket af virkningerne fra *karma* (se *mantra* 133). Det er denne upåvirkethed, der er roden til Hendes fravær af selvisk interesse.

165. ममता हन्त्री

Mamatā hantrī

Hun, som tilintetgør fornemmelsen af ejerskab.

Devī er ikke kun blottet for selvisk interesse. Hun ødelægger den også i Sine hengivne. Hun forårsager den samme mentale transformation, der fandt sted i Arjuna, efter at han lyttede til Kṛṣṇas råd.

Det største udbytte af spirituel træning er hvert eneste skridt, der tages i sejren over selviskheden.

166. निष्पापा

Niṣpāpā

Hun, som er uden synd.

Devī er hele tiden ren, hele tiden vidende og hele tiden fri. I tillæg er Hun ikke påvirket af nogen *karma* bindinger, som forårsager synd.

I *Gitāen* (V.10) står der: "Han, som udfører handlinger og ofrer dem til *Brahman,* og opgiver tilknytning, er ikke farvet af synd, ligesom et lotusblad ikke er berørt af vandet." Hvis det er *karmayogiens* tilstand, hvad kan vi da sige om Devī, som Selv er Brahman?

Hun hersker over verden med verdens bedste i sinde. Der findes ingen tilknytning i Hende. "Jeg har ingen tilknytning til handlingernes frugt," siger Herren Kṛṣṇa.

167. पाप नाशिनी

Pāpa nāśinī

Hun, som tilintetgør alle Sine hengivnes synder.

Hvem der end har viden om Selvet og engagerer sig i bodsøvelser, *japa* og meditation, og tilbringer tid på hellige steder, vil ikke blive farvet af synd. Enhver synd, som begås af sådanne mennesker enten uden at de ved det eller på grund af omstændighederne (selv hvis den er så stor som Bjerget Meru) vil med det samme blive reduceret til aske, ligesom bomuld hurtigt forsvinder i en ildebrand. For den som helt og holdent har søgt tilflugt ved Devīs fødder, er der dog ikke det samme behov for at følge den spirituelle praksis som er nævnt ovenfor.

168. निष्क्रोधा

Niṣkrodhā

Hun, som er uden vrede.

Begær er moder til vrede. Hvis der ikke findes begær, er der ingen vrede. Fordi Devī er fri for begær, er det klart, at Hun ikke har nogen vrede.

Vrede er destruktiv. Man skal bevidst kontrollere den og på den måde opnå frihed. Det siges at *ahimsa* er det største *dharma* (*Ahimsa* er at afholde sig fra at dræbe eller forårsage andre smerte i tanke, ord eller handling). Den mentale forfinelse, der er nødvendig for *ahimsa,* er frihed fra vrede.

Ifølge Herren Kṛṣṇa er begær og vrede, som er affødt af rajaguṇa (passionens kvalitet,) de altfortærende og fuldstændigt syndige fjender (*Gitā* III. 37). At besejre disse fjender er livets største sejr. Alle bodsøvelser, offergaver, *japa* og meditation skal rettes mod dette mål.

169. क्रोध शमनी

Krodha śamanī

Hun, som tilintetgør Sine hengivnes vrede.

Vi kan også udtrykke det således, at vreden i et menneske automatisk vil forsvinde foran Devī.

170. निर्लोभा

Nirlobhā

Hun, som er uden grådighed.

Grådighed er en af de otte følelser (*aṣṭarāgas),* som forhindrer Befrielse. (De andre syv følelser er begær, vrede, illusion, stolthed, misundelse, indbildskhed og ondskabsfuldhed). Grådighed er den dårlige tilbøjelighed til at puge ejendele sammen og søge at opnå og nyde det, der tilhører andre. Grådighed er afkaldets fjende. I *Śruti* står der, *"Tyāgenaike amṛtattvamānaśuḥ":* "Udødelighed opnås kun ved at give afkald". Grådighed blokerer for den guddommelige vej til udødelighed. Devī er uden grådighed. For Hende, som opfylder alle Sine hengivnes behov, er der ikke brug for noget fra nogen. Hun er generøsitetens skabende værksted.

171. लोभ नाशिनी

Lobha nāśinī

Hun, som fjerner Sine hengivnes grådighed.

Menneskets grådighed er roden til al social ondskab og uretfærdighed. Grådighed blokerer for medfølelse, godhed, at give og uselvisk tjeneste.

Devī fjerner grådige tanker i Sine sande hengivne for at ødelægge onde tilbøjeligheder og opmuntre til, at gode egenskaber blomstrer frem i deres sted.

172. निःसंशया

Niḥsamśayā

Hun, som er uden tvivl.

I Devī, som er legemliggørelsen af sandhed, findes der ikke noget rum for tvivlen. Hun, som er Guruen, er fri for enhver tvivl. En Guru er én, som er i stand til at give klare og utvetydige råd om alt.

Devī er én, som man ikke på nogen måde skal tvivle på. Hun er det Højeste Væsen, hvor man uden at tøve kan søge tilflugt og finde et helle.

173. संशयघ्नी

Samśayaghnī

Hun, som dræber enhver tvivl.

En hengiven eller *sādhak* kan godt have mange forskellige slags tvivl. Devī fjerner de forskellige slags tvivl, som opstår og vækker de rette måder at møde tvivlen på i den søgende. At vække denne viden er Guruens nåde (*Gurukaṭākṣa;* et øjekast fra Guruens øjenkrog). Det vil være uden fejl.

Devī fjerner tvivl og skænker Sine velsignelser, selvom man kommer til Hende med en tvivlende indstilling. Det er et tegn på Hendes godhed. Men tvivlen forsvinder dog ikke helt, før man opnår viden om Selvet, så dette *mantra* vidner om, at Devī er den, som skænker Selvrealisering.

"Med Selvrealisering vil alle hjertets knuder helt af sig selv løsnes. Alle knuder skæres over og enhver binding til *karma* forsvinder. " (*Muṇḍakopaniṣad,* II 2:8)

174. निर् भवा

Nir bhavā

Hun, som er uden oprindelse.

Devī er uden begyndelse eller slutning. Hun er legemliggørelsen af evighed.

175. भव नाशिनी

Bhava nāśinī

Hun, som tilintetgør sorgerne ved samsāra (cyklussen af død og genfødsel).

Ifølge *Brahajjābāla Upaniṣad* findes der en flod kaldet *Bhavanāśinī.* De, som bader i den, genfødes ikke.

176. निर् विकल्पा

Nir vikalpā

Hun, som er fri for falske forestillinger.

"*Vikalpa*" er noget, som ikke eksisterer, men giver indtryk af at være virkeligt. I *Yoga Sūtra* findes definitionen: "*Vikalpa*" er en ide, der skabes med ord, men som ikke har et tilhørende virkeligt objekt. Det ses i det følgende eksempel: "Her kommer en søn, der er født af en barnløs kvinde, som lige har taget et bad i vandet på en luftspejling. Han har himmelblomster i håret og holder en bue, der er lavet af harens horn." Der findes barnløse kvinder, men de har ikke børn; himlen eksisterer, men der findes ingen himmelblomster; der findes harer, men ingen af dem har horn. Det er *vikalpa.*

Enhver form for *vikalpa* forsvinder i meditationens højdepunkt (*nirvikalpa dhyāna).* Devī er én, som altid forbliver i den tilstand. I *Gautama Sūtra* (IV.50) står der: "Alt det, som skabes af sindet, er ikke virkeligt." Devī er derimod den ubetingede evige Viden.

Vikalpa er også det, der kan stilles i modsætning til *śāstraerne* (skrifterne), og *nirvikalpa* er ikke i modsætning til dem. Devī er ikke adskilt fra de forskellige *śāstraer,* og derfor kan ingen *śāstra* negere Hende.

177. निराबाधा
Nirābādhā

Hun, som ikke er forstyrret af noget.

Ābādha er fejlagtig viden eller misforståelse. Man kan have en illusion, hvor man tror, at man ser en slange i stedet for et reb, når det er tusmørke. Illusionen forsvinder i det klare lys. Devī er hinsides den slags illusioner.

178. निर् भेदा
Nir bhedā

Hun, som er hinsides enhver fornemmelse af forskel.

For Devī findes der ikke nogen ligheder eller forskelle mellem de forskellige egenskaber, der hører til hvert væsen og hver ting. Der står i *Kūrma Purāṇa:* "Du er den Højeste Hersker, uendelig og den Højeste Śakti, uden forskelle og ødelæggeren af alle forskelle." De uvidende tror, at Śiva og Śakti er adskilte, men *yogier,* som mediterer på sandheden, anerkender, at De er identiske og ens.

179. भेद् नाशिनी
Bheda nāśinī

Hun, som blandt Sine hengivne fjerner alle fornemmelser af forskelle, der er affødt af vāsanas.

Universet består af myriader af navne, former og temaer. Den hengivnes fuldendelse er at erkende den iboende enhed i alle disse forskelle. Devī er den, som fremkalder denne fuldendelse.

Forestillinger om adskilthed og modsætninger, som ven og fjende, deres og vores, sejr og tab er årsagen til alle verdslige sorger. Når oplevelsen af forskellighed fjernes, findes der ikke længere nogen sorg.

I ordbogen står der, at *parigraha* også betyder "rod". Fordi Devī er roden under årsagen til alt, har Hun ikke selv nogen rod (*niṣparigrahā)*.

184. निस्तुला

Nistulā

Hun, som er uforlignelig, uden lige.

Devī er så ophøjet, at der i forhold til Hende ikke findes noget, der er lige, sammenligneligt eller overlegent. Hun er Brahman. "Hun, som er uden årsag eller sammenligning," står der i *Tripuropaniṣad.*

185. नील चिकुरा

Nīla cikurā

Hun, som har skinnende mørkt hår.

Hendes frodige, lange, krøllede hårlokker giver Hende stor skønhed.

186. निर् अपाया

Nir apāyā

Hun, som er uforgængelig.

Apaya betyder adskillelse. Når Devī er allestedsnærværende og altgennemtrængende, hvad kan Hun da være adskilt fra? Man kan huske Herren Kṛṣṇas ord i *Gitāen*: "Alt er ordnet i Mig som perler i en perlekæde."

187. निरत्यया

Niratyayā

Hun, som ikke kan overskrides.

Ordet *atyayā* har følgende betydninger: overskridelse, ødelæggelse, forfald og straf. Devī er uden disse.

Selv Brahmā, Viṣṇu og Śiva kan ikke komme hinsides Devī. Ligesom Hun ikke kan overskrides, overskrider Hun ikke selv. Selvom Hun har skabt hele universet, overskrider Hun ikke reglerne og de love, hun har skabt for at beskytte kosmos. I Naturens skatkammer vil selv Īśvara vise stor mådeholdenhed.

Dette *mantra* tolkes også således: "Hun som fjerner de farer, som hengivne fra tid til anden står ansigt til ansigt med."

188. दुर्लभा
Durlabhā

Hun, som kun meget vanskeligt kan vindes.

Devī er ikke tilgængelig for alle. Hun kan kun vindes af dem, som har et rent hjerte. Amma siger: "Børn, uden et rent hjerte kan man ikke opnå Gud." Hun synger også,

"Du kan måske give Hende endeløse rigdomme,
Men for Hende er dit hjerte det kæreste."

189. दुर्गमा
Durgamā

Hun, som man kun kan nærme sig med en meget stor indsats.

Selv *yogier* har ikke let ved at opnå Hende.

Det nærværende *mantra* kan også læses som *adurgamā,* som betyder: "Hun, som let kan opnås". Gennen ren hengivenhed bliver det let at nå Devī. Det kan også betyde, at Devī ikke har noget sted, som ikke kan opnås, eller nogen forhindring, som ikke kan overvindes.

190. दुर्गा
Durgā

Hun, som er Gudinden Durgā.

Durgā er det kæreste navn for Devī. Durgā var den, som frelste *devaerne* fra frygt. Devī lovprises med navnet Durgā, fordi hun slog den store dæmon Durgāma ihjel. I *Mārkaṇḍeya Purāṇaen* siger Hun: "Der vil jeg dræbe den store dæmon Durgāma, og Mit navn vil blive berømt som Durgā." Navnet *Durgāma* er værd at undersøge nærmere. Det betyder én, som rejser på ondskabens veje. Hvilken anden dæmon end sindet vandrer i søgen efter onde veje? Durgā er kraften i *mantraet*, der ødelægger denne dæmon. Durgā er én, som vender sindet væk fra denne tørst efter ondskab og grundlægger en søgen efter det gode. Det er storheden i tilbedelse af Durgā.

Acārya Bhāskararāya beskriver det yderligere: "Indra og andre *devaer* blev befriet fra psykisk og fysisk frygt i kampen, således kaldes Devī for Durgā, Befrieren."

Billedet af Devī, som kongen Subahu fik indsat i Varanasi, er kendt som Durgā. I *Devī Bhāgavata* står der, at Devī kom til syne foran ham og velsignede ham. Han bad Hende om at tage bolig i byen under navnet Durgā.

Durgā er også kendt som: "Én, som hjælper os til at krydse *samsāra*-oceanet."

191. दुःख हन्त्री
Duḥkha hantrī

Hun, som tilintetgør sorg.

Duḥkha (sorg) betyder bogstaveligt talt korrumperet eller ond (*duh*) sanseorgan (*kha*). Det modsatte er *sukha*, glæde. Det indebærer, at sorger og glæder ikke hører til sjælen, men er baseret på sanserne. Sindet kan også anses for at være et sanseorgan; i *Gitāen* bliver sindet beskrevet som den "sjette sans". Vind over sindet, og så findes der ikke længere nogen sorger, *samsāras* sorger.

192. सुख प्रदा
Sukha pradā

Hun, som er giver af lykke.

Devī giver glæde i denne verden og i den næste med lyksaligheden i den ultimative Befrielse.

I *Taittiriya Upaniṣad* (II.7) står der: "Kun efter at man har opnået Essensen, bliver man lyksalig." Devī er legemliggørelsen af denne *ānanda* (lyksalighed).

Amma siger: "Børn, moderen som fødte jer kan give jer omsorg i dette liv. Selv den omsorg er sjældent set i dag. Men Ammas mål er at føre jer til glæde i alle de liv, I fødes til!"

193. दुष्ट दूरा
Duṣṭa dūrā

Hun, som syndere ikke kan komme i nærheden af.

Det er på grund af tidligere onde handlinger, at man bliver én, som kommer til at hade og skade Devī. Det er ikke Hende, der distancerer sig fra dem; de fjerner sig selv fra Hende. På de kolde dage vil mennesker samle sig om ilden for at blive varme. De, som er i lige i nærheden af ilden, vil ikke fryse. De, som sidder langt væk fra ilden, vil ryste af kulde, men det er ikke ildens skyld; årsagen er, at de ikke har nærmet sig ilden. De, som har en *sāttvisk* natur, kommer nærmere og nærmere hen til Devī. De vil nyde guddommelig lyksalighed.

En anden fortolkning af dette *mantra* er: "Hun som fjerner onde mennesker for at beskytte Sine hengivne."

194. दुराचार शमनी

Durācāra śamanī

Hun, som stopper onde vaner.

Vaner, som går imod skrifterne, er onde. Hun fjerner den synd, som akkumulerer sig ved den slags handlinger.

De gode love for adfærd, som er nedfældet for at sikre samfundet, vil med tidens gang blive korrumperede på grund af menneskets iboende selvviskhed. Devī manifesterer sig for at korrigere det og for at genetablere livets rette love. Herren Kṛṣṇa siger i *Gitāen* (IV-7): "Oh Arjuna, når retfærdighed daler og uretfærdighed vokser, så manifesterer jeg Mig. "

195. दोष वर्जिता

Doṣa varjitā

Hun, som er fri for alle fejl.

Begær og vrede er nogle af de fejl, der refereres til her. Fra disse fejl opstår alt det, der er til fare for samfundet. Vi skal befri os selv for alle disse onder, ligesom vi ville kaste en slange væk, som vi var kommet til at samle op ved en fejltagelse.

Hvor mange selvcentrerede tanker skjuler der sig ikke selv i de mest fromme sind! At tilbede Devī, som fjerner fejl, hjælper os til at opdage dem og fjerne dem.

196. सर्वज्ञा

Sarvajñā

Hun, som er alvidende.

Hun har viden om Det. Når man har kendskab til Det, ved man alt.

Selv en meget lærd persons viden er begrænset. Hans viden afgøres af den nådegave, han har modtaget af Devī.

Devī, som gennemtrænger alt, kender den kurs, der er udstukket for hver levende og ikke-levende ting. Det er den hengivnes pligt ikke at skjule noget for Hende, som ved alt.

197. सान्द्र करुणा

Sāndra karuṇā

Hun, som udviser intens medfølelse.

Devī lader ustandseligt sine velsignelser strømme til alle. Vi kan se den samme Devī i Amma og i Hendes store godhed, når Hun ikke ignorerer en eneste af de tusindvis af hengivne, som kommer til Hendes *darśan.*

198. समानाधिक वर्जिता

Samānādhika varjitā

Hun, som hverken har nogen lige eller overlegen.

Ifølge *Śrutien* er der ikke noget, som er lige med eller overgår Det. I *Śvetāśvatāra Upaniṣad* (VI-8) står der: "Ingen handling (effekt) eller instrument (organ) kan findes hos Ham. Der findes ingen, som er Ham lige eller overlegen. Den store kraft i det Højeste består ifølge *Vedaerne* af mange forskellige typer. Hans viden, styrke og handling er beskrevet som iboende i Ham."

199. सर्व शक्ति मयी

Sarva śakti mayī

Hun, som har alle guddommelige kræfter.

Beskrivelsen af Devīs *saguṇa* (med kvaliteter) form begynder med dette *mantra.* Hun er Kraften, hvori alle gudernes kræfter er koncentreret. Bhāskarācārya citerer Hendes egne ord fra *Lakṣmī Tantra* i *Pañcarātra*: "Oh Indra, jeg er Mahālakṣmī i Svāyambhuva (Manu) alderen. Jeg er født som den, der slår dæmonen Mahiṣa ihjel og gør alle *devaerne* godt. Tilsammen blev alle de dele af Mine kræfter, som kom fra *devaernes* kroppe, til min højeste smukke form."

Enhver gnist af liv, vi ser i naturen, vidner om Hendes kraft. Således står der i *Mārkaṇḍeya Purāṇa*: "De vise ved, at den energi et hvilket som helst objekt besidder, er Selve Devī." I *Śrutien* står der også: "Den højestes Kraft består af mange forskellige slags. " (Her skal der refereres tilbage til citatet under det foregående *mantra)*.

Universet holdes sammen af forskellige kræfter og har uendelig udstrækning. Det er dette videnskabelige faktum, som repræsenteres via billedet af den tusindhovede slange Ananta (uendelighed).

200. सर्व मङ्गला

Sarva maṅgalā

Hun, som er kilden til alt, der er lykkebringende.

Bhāskarācārya citerer fra *Devī Purāṇa:* "Hun giver al held og lykke, vores hjerter længes efter, og alle ønskede objekter. Derfor kaldes Hun *sarvamaṅgalā*. Hun giver alle de bedste og mest udsøgte ting til Hara og fjerner de hengivnes smerter. Derfor er Hun *sarvamaṅgala.*"

Således slutter den tredje *kalā* eller "solstråle", som kaldes Dhūmrikā, med disse hundrede *mantraer*.

201. सद् गति प्रदा

Sad gati pradā

Hun, som fører til den rette vej.

Sadgati er *jīvaens* rejse fra erfaringen af himlen til den endelige Befrielse (*mokṣa)*.

Sat er *Brahman*, og *gati* er viden. *Mantraet* betyder så: "Hun, som giver viden om Selvet." *Sad* betyder også retfærdig, og *gati* betyder et tilflugtssted eller helle. Devī er den, som giver et fuldkomment tilflugtssted til de retfærdige.

202. सर्वेश्वरी

Sarveśvarī

Hun, som hersker over alle levende og ikke-levende ting.

End ikke et enkelt blad kan falde til jorden uden Hendes ønske. End ikke en myre kan røre sig. Hun er den, som kontrollerer og beskytter alt, og den, som har kraften til at handle på den ene eller den anden måde, eller slet ikke at handle, alt efter, hvad Hun ønsker.

203. सर्वमयी

Sarvamayī

Hun, som gennemtrænger alle levende og ikke-levende ting.

Alle *tattvas* (kosmiske elementer) fra jorden til Śiva rummes indeni Devī. Ifølge *Kāmika Tantra* findes der tohundrede-og-firetyve verdener. *Bhuvana* meditationsmåden består i at meditere på disse som om, det var hår på Śivas krop. *Varṇametoden* går ud på, at man mediterer på de halvtreds bogstaver (*varṇaer*) og visualiserer dem på huden af Herren, som bærer treforken. *Mantrametoden* er, at man mediterer på de syv *crorer* (en crore er et mål for ti millioner) af *mantraer*, som opstår fra *Vedaerne,* og visualiserer dem som Śivas blod. *Pada* (ord) metoden går ud på, at man mediterer på ordene i *mantraerne* som Śivas kød og blodkar. *Tattvametoden* går ud på, at man mediterer på de seksogtredivede *tattvaer* og begynder med jorden som Śivas sener, knogler og marv.

Eftersom Śiva og Devī er ét, er Devī altgennemtrængende.

204. सर्व मन्त्र सवरूपिणी

Sarva mantra svarūpiṇī

Hun, som er essensen af alle mantraer.

Inden for den antikke visdom har man anerkendt syv *crorer* med *mantraer*. Hvert *mantra* afslørede sig selv for *ṛṣis* i form af en guddom. Før man chanter et *mantra,* vil den tilsvarende *ṛṣi* blive husket. *Mantra* betyder noget, der fører til frelse, når man mediterer på det.

Śrīvidiyāmantraet (*mantraet* med femten stavelser) er i centrum og styrer alle de andre *mantraer* ifølge *Sundarītāpanīya Upaniśad.*

205. सर्व यन्त्रात्मिका

Sarva yantrātmikā

Hun, som er sjælen i alle yantraer.

Et *yantra* er et symbol, som repræsenterer en guddom i form af et billede eller som et *cakra* (figur) eller stavelser. Devī er den, som understøtter en hvilken som helst guddom, som kaldes frem.

206. सर्व तन्त्र रूपा

Sarva tantra rūpā

Hun, som er sjælen i alle tantraer.

Devī er målet med alle *Tāntriske* veje. Alle de veje, som beskrives i *śāstraerne*, flyder sammen i Hende, ligesom floderne alle flyder ned i havet. Den letteste og mest tilgængelige *Tāntriske* metode er at meditere på hendes form fra hoved til tå.

De forskellige *Tantraer* er blevet beskrevet som dele af Devīs krop. *Kāmika Tantra* er beskevet som Hendes fødder, *Yogaja* som hælene og *Kāraṇa* og *Prasta* som tæerne, *Ajita* som knæene, *Dīpta* som lårene, *Amśuma* som ryggen, *Suprabheda* som navlen, *Vijayā* som maven, *Niśvāsa* som hjertet, *Svāyambhuva* som maven, *Anala* som de tre øjne, *Virāgama* som halsen, *Ruru Tantra* som ørerne, *Makūṭa* som kronen, *Vipula* som armene, *Candrajñāna* som brystet, *Bimba* som ansigtet, *Prodgitā* som tungen, *Lalitā* som kinderne, *Siddha* som panden, *Samtāna* som ørenringene, *Kiraṇa* som ædelstenene, *Vātūla* som klæderne og alle de andre *Tantraer* som hår på kroppen.

207. मनोन्मनी

Manonmanī

Hun, som er Śivas Śakti.

Ifølge Śruti er Manonmanī navnet på Śivas Śakti. Saubhāgyabhāskara citerer fra Bṛhannāradīya: "Når objektet for meditationen, den mediterende handling og den mediterende alle bliver ét, opstår manonmanī tilstanden, hvori oplevelsen af jñāna nektar indfinder sig." Oplevelsen af Devī, som indfinder sig i en sådan tilstand, er også manonmanī. Devī er også manonmanī som én, der opløfter den hengivnes sind (unma: løfte op).

Manonmanī er punktet lige under brahmarandhra, det ottende punkt, når man tæller opad fra midten af øjenbrynene. De otte punkter er indu, rodhinī, nāda, nādanta, śakti, vyāpinī, samanā, og unmanī eller manonmanī. Disse punkter er ekstremt subtile og kan kun læres ved direkte undervisning fra en Guru.

Manonmanī er også navnet på en yogisk stilling, hvor øjnene holdes let åbne uden at blinke, hvor åndedrættet kontrolleres uden at ånde ind eller ånde ud, og hvor sindet gøres blankt og befries for al spekulation og tvivl. I denne tilstand skal man meditere på Devī.

I Tripuropaniṣad står der, at når sindet er fri fra alle forbindelser til sanserne og er koncentreret i hjertet, opnår man unmanī tilstanden. Devī er den, som skænker denne tiltand til yogien.

208. माहेश्वरी

Māheśvarī

Hun, som er Maheśvaras hustru.

Når Maheśvara (Śiva) overvejende er i den *tāmasiske* (sovende) tilstand, bliver han til Rudra, ødelæggeren. Når han overvejende er *rājasisk* (aktiv), er Han Brahman, Skaberen, og når han overvejende er *sāttvisk* (fredfyldt), er Han Viṣṇu, den altgennemtrængede Beskytter. Således er Maheśvara kilden eller støtten bag Treenigheden og blottet for de tre *guṇaer.* Sådan beskrives Maheśvara i *Liṅga Purāṇa. Liṅgaen* er symbol på Maheśvara. Den skal tilbedes med et rent hjerte, og samtidig skal man leve i cølibat.

Ifølge Mahābhārata er Maheśvara Herren over hele skabelsen og Herren over menneskelig storhed. *Vātulaśuddha Āgama* beskriver Maheśvara som den totale sum af de fireogtyve *tattvaer.*

209. महा देवी

Mahā devī

Hun, som har en krop, der ikke kan måles.

Hele kosmos er Hendes store krop. "Hendes krop er umådeligt stor, og intet instrument kan måle den."Roden, "*mahā*" betyder tilbedelse, og ifølge *Devī Purāṇa* kaldes Hun derfor Mahadevī". Devī kan ikke måles med ord, sind eller intellekt og er værdig at tilbede i alle mulige former.

Mahādevī er hustru til Mahādeva (Śiva). Desuden er Hun Mahādevī, fordi Hun er den største (*mahā)* af gudinderne.

210. महा लक्ष्मी

Mahā lakṣmī

Hun, som er den store Gudinde Lakṣmi.

Lakṣma betyder mærke eller tegn. Lakṣmi er den, som har alle de guddommelige kvaliteter. Mahālakṣmi er den store Lakṣmi og hustru til Mahāviṣṇu.

I det foregående *mantra* blev det forklaret, at Viṣṇu er selve Maheśvara i en overvejende *sāttvisk* rolle. I en tilsvarende rolle bliver Devī Mahālakṣmi.

Navnet Lakṣmi kan også betyde Pārvatī. Ifølge *Śiva Purāṇa*: "Den fuldstændigt skønne, mørklødede *Śakti*, som sidder i Maheśvaras skød kaldes for *Mahālakṣmi."*

Lakṣmi er oprindelsen til alt, som manifesterer sig i form af de tre guṇaer." (*Mārkaṇḍeya Purāṇa).*

Devī bliver berømt som Mahālasa og Mahālakṣmi, da Hun slår dæmonen Mahāla. Ifølge *Dhaumya Smṛti* kaldes en pige på 13 år for Mahālakṣmi.

211. मृड प्रिया
Mṛḍa priyā

Hun, som er Mridas (Śivas) elskede.

Mṛḍa er Śivas overvejende sāttviske form, som skænker glæde til alt i universet.

212. महा रूपा
Mahā rūpā

Hun, som har en storslået form.

Ifølge *Viṣṇu Purāṇa* er den højeste *Brahmans* fire former: *Puruṣa, Pradhāna* (ikke manifestereret), *Vyakta* (manifesteret) og *Kāla* (tid). Disse former danner basis for skabelse, vedligeholdelse og ødelæggelse. Devīs form er hinsides disse tre.

213. महा पूज्या
Mahā pūjyā
Hun, som er den højeste genstand for tilbedelse.

Devī er tilbedelsesværdig for selv Brahmā, Viṣṇu og Śiva.

214. महा पातक नाशिनी
Mahā pātaka nāśinī
Hun, som tilintetgør selv de største synder.

Et blik fra Devī brænder alle vores synder til aske. *Brahmāṇḍa Purāṇa* fastslår, at når man husker Parāśaktis hellige fødder, er det den mest virkningsfulde måde at bøde for alle de synder, man bevidst og ubevidst har begået.

Pātaka er det, som forårsager fald. Devī fjerner urenheder som begær og vrede, som forårsager faldet ned fra det plan, hvor der findes Viden om Selvet.

215. महा माया
Mahā māyā
Hun, som er den Store Illusion.

Devī kan forårsage illusorisk ophidselse i selv Brahmā, Viṣṇu og Śiva. "Denne guddommelige Mahāmāyā tiltrækker med sin kraft selv vismændenes sind og leder dem i vildfarelse," står der i *Mārkaṇḍeya Purāṇa.* Desuden er Hun Mahāmāyā, fordi Hun forbinder *jīvaerne* med både glæde og sorg.

Ifølge *Kālīka Purāṇa* er hun den Højeste Gudinde Mahāmāyā, som fjerner viden fra det væsen, som besidder viden, mens det er i livmoderen. Hun giver ham fødsel, fører ham ud fra tidligere *samskāraer* videre til mange former for begær, får ham til at opleve forvirring, egoisme og tvivl. Dag og nat er han offer for den angst, der affødes af vrede, sorg og grådighed; og Gudinden bringer ham til tider sorg og til tider glæde.

Det er den samme store *Māyā*, som til sidst løfter *jīvaen* op fra illusionens mørke og lader ham dykke ned i lyksalighedens hav. I begge tilfælde er *jīvaens prārabda karma* den afgørende faktor. Hvor intenst mørket end er, vil et enkelt stearinlys kunne fjerne det. På samme måde kan et menneske, som er totalt indhyllet i Māyā, med det samme blive transformeret i nærheden af Realiserede Sjæle og ved at have forbindelse med dem. Som digteren synger:

"Det tager kun et øjeblik
for viden at lyse op indeni
og for smertefyldt mørke
at svinde bort"

Māyā er tilstanden, hvor noget synes at være det, det ikke er. *Māyā* er ikke fravær af noget. En blomst er ikke en blomst, det er *caitanya,* Eksistens eller Essens. Solen er ikke virkelig solen, den er Eksistens. Det samme er jorden. Det er *Māyā,* som forhindrer os i at se det på den måde. Når *Māyā* er løftet, kan man erfare, at alt er *Brahman.* Det er ikke gisninger, men en sandhed, der er grundfæstet i erfaringen, men for at opnå den tilstand, hvor man erfarer det, har man brug for Mahāmāyās nåde!

Mahāmāyā kan også fortolkes som den uforlignelige medfølelses skat.

216. महा सत्त्वा
Mahā sattvā

Hun, som besidder storslået sattva.

Sattva betyder kraft, eksistens (*caitanya)*, intelligens, *sāttvisk* egenskab, styrke, substans og virkelighed. Alle disse betydninger kan bruges om Devī med adjektivet *mahā* (stor).

217. महा शक्तिः

Mahā śaktiḥ

Hun, som har stor kraft.

Ligesom ildens klarhed spreder sig i alle retninger, går Devīs kraft ud i alle retninger. Ligesom ildens varme mindskes, når vi fjerner os fra den, gør erfaringen af Hendes kraft det også. Selv når Hun er nær, har man brug for god *karma* fra tidligere for at blive tiltrukket til Hende og opnå Hendes velsignelser. Som det står i *Gitāen* (VII.3): "Blandt tusinder mennesker, er der kun én, som stræber efter at opnå Selvet, og blandt de, der stræber, vil der måske kun være én, som erkender Mig og Min essens." Guddommelig Nåde er essentiel for at opnå denne fuldkommenhed.

Bhāsakarācārya fortolker Mahāśakti som den brede og mangesidige kraft, som er nødvendig for at beskytte og nære hele universet.

Śakti betyder hær, evner og våben. Devī besidder alle disse i et stort omfang.

Mahāśakti repræsenterer også *Kuṇḍalinī Śakti.*

218. महा रतिः

Mahā ratiḥ

Hun, som er ubegrænset fryd.

Et liv med sansemæssig nydelse er, hvor sødt og vidunderligt det end måtte være, lavere end insektens liv, mens omvendt vismandens liv er som en bi, der finder ind i en blomst med uafbrudt lyksalighed og næres af dens nektar. Devī er kilden til den lyksalighed. Hvis der ikke fandtes en så ubeskrivelig lyksalighed i den spirituelle erhvervelse, hvem ville da søge *tapas* vejen? Verdslige glæder er forbigående, mens spirituelle glæder er evige.

219. महा भोगा

Mahā bhogā

Hun, som har umådelig rigdom.

Bhoga betyder rigdomme som penge, korn eller andre goder. De, som søger tilflugt hos Devī opnår automatisk verdslig rigdom. En anden definition af *Mahābhoga* er: "Hun, som besidder stor *ābhoga,"* som betyder fuldkommenhed eller udstrækning. Således er Devī *mahābhoga,* når vi tænker på omfanget af Hendes form, som fylder hele universet.

220. महैश्वर्या

Mahaiśvaryā

Hun, som har det højeste herredømme.

Devī er hersker over de seks *aiśvaryas* (guddommelige kvaliteter): herskerskab *(aiśvarya),* mod og tapperhed (*vīrya),* berømmelse (*kirti*), lykkebringende (śrī), visdom (jñāna) og lidenskabsløshed (vairāgya). Der findes *otte* overmenneskelige kvaliteter *(siddhier),* som også anses for at være *aiśvaryaer* (se mantra 224). Devī er usammenligneligt rig på alle disse egenskaber, og derfor er Hun kendt som Mahaiśvaryā.

221. महा वीर्या

Mahā vīryā

Hun, som er størst i mod og tapperhed.

Devī har uden anstrengelse dræbt adskillige kraftfulde *asuraer.* Hendes mod og styrke lader sig ikke måle.

Vīrya betyder sæd, magt, pragt og styrke ifølge *Viśvakośā.*

222. महा बला

Mahā balā

Hun, som har den største magt.

Bālā har mange betydninger: magt, lugt, form, sjæl, korpulence eller krage.

I *Yogavāsiṣṭha* står der, at Bhuṣuṇḍa, kragen, sammen med sine tyve brødre, tilbad Devī i mange år. Devī gav dem alle befrielse, mens de stadig var i deres fysiske krop.

223. महा बुद्धिः

Mahā buddhiḥ

Hun, som har den højeste intelligens.

Mange hilsner til Hende, som eksisterer i alle væsener i form af intelligens." (*Devī Mahatmāyā)*

Devī er én, som skænker stor intelligens. Når intellektet vedvarende er rettet mod Hende, bliver alt kendt. I *Chāndogya Upaniśad* står der: "Som når det vides, så vides alt."

Intellektet er basis for alt, hvad vi opnår. Når det dør, dør alt. Ikke kun vores egen mangel på intelligens, men også manglen på den hos andre, kan bringe os i fare. Derfor beder vi i *Gayatrīmantraet*: "Vær god ved os og lad vores intelligens vågne."

Herren Kṛṣṇa advarer i *Gitāen* (II.6.3.): "Fra tabet af intelligens kommer den totale ødelæggelse."

224. महा सिद्धिः

Mahā siddhiḥ

Hun, som er udrustet med de største talenter.

De otte *siddhier (*talenter) er: kraften til ved egen vilje at blive så lille som et atom (*animā)*, at vokse sig så stor som universet (*mahimā),* at blive så let som en bomuldstot (*laghimā),* at blive så tung som et bjerg (*garimā),* at herske over alt (*īśitva),* at vinde over og kontrollere alting (*vaśitva)*, uden anstrengelse at nå steder, som er hinsides forestillingsevnen (*prāpti),* og at manifestere hvor som helst og hvad som helst, der er brug for (*prākaśya).*

Hvilken *siddhi* er større end at skabe dette univers, som er så komplekst, at vi ikke kan forestille os det, og desuden beskytte det? Devī besidder denne mirakuløse *siddhi.*

Dette *mantra* kan også tolkes som: "Hun, som skænker store *siddhier* til Sine hengivne."

225. महा योगेश्वरेश्वरी

Mahā yogeśvareśvarī

Hun, som er genstand for selv de største yogiers tilbedelse.

Yogier, spirituelt stræbende, er ikke som almindelige mennesker. De anser sig selv som *Īśvara.* I skrifterne står der, at når alt kommer til alt, bliver den, som kender *Brahman,* til *Brahman.* Selv for sådanne mennesker er Devī gudinde.

226. महा तन्त्रा

Mahā tantrā

Hun, som tilbedes af de store tantraer som Kulārṇava og Jñānarnava.

Da Devī opdagede, at de fireogtres *Tantraer,* som oprindeligt blev formuleret af Herren Śiva, kun gav ubetydelige *siddhier*, som førte den menneskelige sjæl bag lyset i stedet for til det endegyldige mål, bad Devī Herren om at fremkalde *Śrī Vidyā*, som skænker livets ultimative mål, hvilket Śaṅkara påpeger i *Saundarya Laharī* (vers 31.)

Nedenfor kommer listen med de fireogtres *Tantraer.* Det er klart, at formålet med dem alene er at opnå fysiske ønsker og kræfter.

1: *Mahāmāyāśambara* (magiens praksis). 2:*Yoginī jāla-śambara* (At få *darśan* fra flokke af *yoginīer* gennem tilbedelse på kirkegårde). 3:*Tattvaśambara* (*Mahendrajāla,* et højere niveau af magi). 4-11: *Bhairavāṣṭaka Tantraer* (Tilbedelse af *Siddha-, Vatuka, Kankāla-, Kāla-, Yoginī-, Mahā-, Śakti-* og *Kālāgni Bhairavaer).* Disse hører til under ritualerne inden for *Kāpālikas-religionen.* 12-19: *Bahurupāṣṭaka Tantraerne,* som omhandler guddommene *Brāhmi, Māheśvari, Kaumaāi, Vaiṣnavi, Vārāhi, Māhendri, Cāmuṇḍa* og *Śivadūti.* 20-27: *Yamalāṣṭaka Tantraerne* (alle 64 *Tantraer* kaldes nogen gange for "*yamalaer*" i den forstand, at de er uden for *Vedaerne*). 28: *Candrajñāna,* som også er en del af *Kāpālikas*-religionen. Der findes også en anden *Candrajñāna,* som er mere accepteret, fordi den er en del af *yogaśāstra.* 29: *Mālinīvidyā,* som gør det muligt at rejse hen over havet og involverer *siddhien,* der er kendt som *jalastambhana.*

Der findes en historie, som er forbundet med Chāṭṭampi Svāmi. En gang badede han i Kodanafloden med sine disciple. Han gik ind i midten af floden og satte sig i *padmāsana.* Disciplinene troede, at han sad på en klippe, og kom hen mod ham. Han bad dem om at lade være. Da de senere spurgte ham, hvorfor han ikke tillod dem at komme nærmere, fortalte han, at vandet var meget dybt på det sted, og at han var i færd med at undersøge, om han stadig huskede *jalastambhana siddhien* (at immobilisere vandet).

30: *Mahāsammohana, siddhien* forbundet med at få andre til at falde i søvn. Denne kraft opnås ved at "skære et barns tunge" og anses af den grund for at være uacceptabel. 31: *Vāmajusta.* 32: *Mahādeva. 33: Vātūla. 34. Vātulottarna. 35: Kāmika. 36: Hṛdbheda tantra.* 37: *Tantrabheda.* 38: *Guhya Tantra* (disse to sidste skal praktiseres ved at dræbe mange levende ting og er derfor i modstrid med skrifterne). 39: *Kālāvāda.* Omhandler kærlighedens kunst og går imod *Vedaerne*, fordi den indbefatter forhold med partnere uden for ægteskabet. 40: *Kālāsara.* 41: *Kundikāmata.* 42: *Matottārā.* 43:*Vīnākhya,* som er rettet mod *yoginīen* kendt som Vīnāyogini. 44: *Trotala.* 45: *Trottalottārā*, som skulle gøre det muligt direkte at opleve fireogtrestusind *yakṣinis* eller himmelske hunkønsvæsener. 46: *Pañcāmṛta,* hvorigennem mange *siddhier* forbundet med de fem elementer siges at kunne opnås. 47 til 53: Syv *Tantraer, Rūpabheda* osv., som er forbundet med *māranas* eller riter, der forårsager død. 54-58: Fem *Tantraer* der starter med *Śarvajñāna,* som blev praktiseret af *Kāpālikas* og *Digambarassekten.* 59-64: *Tantraer*, som er forbundet med *Digambarasekten.*

227. महा मन्त्रा
Mahā mantrā

Hun, som er det højeste mantra.

Mantraernes formål er at påkalde forskellige guddomme. Som tidligere nævnt siges *mantraer* at være fremtrådt for de store vismænd i form af guddomme. Det højeste af alle *mantraer* er *Śrī Vidyā,* en af Devīs former.

228. महा यन्त्रा
Mahā yantra

Hun, som findes i de store yantraers form.

Devī tilbedes via store *yantraer.* Det største *yantra* er *Śrīcakra,* som er *Śrī Vidyās yantra.* I *Tantraśāstra* er *cakraer*, bogstaver og inskriptioner alle kendt som *yantraer*, der er figurer, som besidder en speciel kraft. Hvert af de hundrede vers i *Saundarya Laharī* har *yantraer*, der er forbundet med det, hvilket er påpeget i forskellige kommentarer. I bøger som *Kulārṇava* findes der detaljerede forklaringer på disse *yantraer.*

229. महासना
Mahāsanā
Hun, som sidder på de højeste sæder.

De seksogtredive *tattvaer* (principper) fra jorden til Śiva anses for at være Hendes sæder, men det siges også, at Hendes kæreste sæde findes i den oprigtigt hengivnes hjerte. I *Gitāen* (XVIII.61) står der: "Herren dvæler i alle væseners hjerter, Arjuna."

230. महा याग क्रमाराध्या
Mahā yāga kramārādhyā
Hun, som tilbedes ved mahāyāga ritualet.

Mahāyāga er en tilbedelse, der er rettet mod at behage Devī. Den udføres med detaljerede forberedelser, der følger foreskrevne regler. Det er tilbedelsen af fireogtres *yoginīer,* som er en del af guddomme som Brāhmi. Bhāskararāya citerer her *Bhāvanopaniṣad* og siger, at *Mahāyāga* er et offer, som udføres af *Śivayogins.*

I sin indre betydning kan *mahāyāga* anses som processen, hvor den tilbedende-søgende ofrer sine *vāsanāer,* den ene efter den anden, i ildens visdom, og den søgende bliver et med det, han søger. Han opnår således den ultimative lyksalighed i enheden med det Højeste.

231. महा भैरव पूजिता
Mahā bhairava pūjitā
Hun, som tilbedes selv af Mahābhairava (Śiva).

I navnet Bhairava er betydningen af "Bha" skabelse, "ra" vedligeholdelse og "va" ødelæggelse. Devī tilbedes af Herren Śiva, som udfører alle disse tre opgaver.

De tre stavelser tolkes også som noget, der står for ordene *bha*rana (beskytte), *rāma*na (behage) og *vāma*na (skille sig af med). Alt i verden er underlagt dette. Når alt kommer til alt, kan vi så undgå at skille os af med noget, som nærer os og giver glæde? Derfor kaldes alt i denne verden for *Māyā.* Amma siger: "Alt, som ikke er permanent, er *Māyā."*

Herren Śiva, Bhairava, er således ansvarlig for at nære, behage og at skille sig af med alt. Devī er tilbedt selv af Ham. Ifølge *Padma Purāṇa:* "holder Śiva, Kilden til Universet en bedekrans i Sin hånd og udfører *nyāsa,* tilbedelse af den godgørende Devī, som er *mantraenes Śakti."* (*Nyāsa* betyder, at man tilskriver forskellige dele af kroppen til forskellige guddomme og ledsager det med bøn og tilsvarende fagter).

232. महेश्वर महाकल्प महाताण्डव साक्षिणी

Maheśvara mahākalpa mahātāṇḍava sākṣiṇī

Hun, som er vidne til Maheśvaras (Śivas) store dans ved slutningen af skabelsens store cyklus.

Den store opløsning (*mahāpralaya)* er ødelæggelsen af universet. Ifølge *Purāṇaerne* befinder Śiva, Ødelæggeren, sig i stor lyksalighed og udfører *tāṇḍavadansen.* Devī, som er hinsides alt, er det eneste vidne til denne dans. Acārya Bhāskararāya citerer fra *Pañcadaśistava:* "Sejr til Din form, som bærer rebløkken, pigstaven, buen af sukkerrør og pilen af blomster, som er det eneste vidne til *tāṇḍavadansen*. Den udføres af den øksebærende Parābhairava på det tidspunkt, hvor Han trækker universet ind i Sig Selv." *Devī Bhāgavata* beskriver Devī i tidspunktet for opløsningen (af universet) som legende, efter at Hun har absorberet alle væsener i Sig Selv og har tiltrukket hele universet. I begge tilfælde ser vi skønheden i *ardhanārīśvara* (halvt-kvindelig, halvt-mandlig gud) konceptet. Mahādevī er det eneste vidne til Mahādevas kosmiske dans, fordi De virkelig er forenet som ordet og dets betydning og er forældre til universet!

233. महा कामेश महिषी

Mahā kāmeśa mahiṣī

Hun, som er den store dronning af Mahākameśvara.

234. महा त्रिपुर सुन्दरी

Mahā tripura sundarī

Hun, som er den store Tripūrasundari.

Bhāskararāya fortolker *"tripurā"* som "de tres by": den, der måler, selve målingen og det, som måles eller med andre ord den, som har erkendt (subjekt), erkendelse (relationen mellem subjekt og objekt) og det, som er erkendt (objekt).

Tripurā kan også være tre kroppe: den grove krop, den subtile krop og den kausale krop. Er *Sundarī* Devī ikke den smukke *Śakti,* som på fængslende vis dvæler i dem alle tre? Hvad er smukkere end denne livets essens? Det er derfor, at der i *Śrutierne* står: "Dette Selv er mere kært end en søn, mere kært end rigdom, mere kært end alle andre ting, og det er mere nært end alt og befinder sig indeni, så man skal alene meditere på Selvet som kært" (*Bṛhadāraṇyaka Upaniśad* I.4.8.) I *Mahābhārata* står der også: "Derfor er Selvet den kæreste af alle ting for et levende væsen."

I alt dette bliver skønheden i *Ātman* og vores store kærlighed til Den klart.

Den individuelle *jīvas śakti* er kendt som *Kuṇḍalinī,* og Sadāśivas *Śakti* er Tripurasundarī.

235. चतुः षष्ट्युपचाराढ्या

Catuḥ ṣaṣṭyupacārāḍhyā

Hun, som tilbedes i fireogtres ceremonier.

De fireogtres ceremonier er beskrevet i Parāsurāmas *Kalpaśutra.* I andre *Tantraer* er der beskrevet otte andre.

Bhāskararāya beskriver dem som *upacāras* i kapitlet om *pūjaer* i *Varivasyārahasya.*

Af disse fireogtres ceremonier er seksten de mest vigtige. De er kendt som *ṣoḍaśopacāras* (*ṣoḍaśa*: seksten). De seksten er: påkaldelse (*āvādhana*), tilbyde et sæde *(āsana)*, vand til at vaske fødderne *(pādya),* ofring af vand og andre substanser (*arghya*), vand til at rense munden (*ācamana),* bad (*snāna),* tøj (*vastra)*, smykker (*ābharana),* duft (*candana*), blomster (*puṣpa)*, røgelse (*dūpa),* en lampe (*dīpa),* mad (*naivedya),* betelblade (*tāmbula),* at gå rundt om (*pradakṣiṇā*) og at lægge sig ærbødigt foran (*namaskāra).*

Nogle *Tantraer* refererer til tooghalvfjerds ceremonier i stedet for fireogtres.

236. चतुः षष्टि कलामयी

Catuḥ ṣaṣṭi kalāmayī

Hun, som legemliggør fireogtres kunstformer.

Kāla betyder "en del," en fraktion. Enhver *kāla* (kunst) er en del af Selvets pragt. Herren Kṛṣṇa fortæller Arjuna i *Gitāen* (X,41): "Hvad der end er prægtigt, fremgangsrīgt eller stærkt, kend det som en manifestation af Min pragt."

Kāla (kunst) er evnen til at vise frem med lethed. Hvor der findes en præstation, som udføres med lethed, findes der kunst. Arjuna fik det faste tilnavn "Savyasācin" på grund af hans naturlige evne til at affyre pile med sin venstre hånd. Han er symbolet på kunst. Det er velkendt fra *Vedaerne*, at Indra er symbol på *Ātman.* Arjuna er søn af Indra. Kunst er *Ātmans* skabelse. Alt, som kan kaldes for kunst, er en del af Devīs pragt.

I *Vāmakeśvara Tantra* er der fireogtres bøger, som kaldes *kālaer.* Devī kan tænkes, som den der skinner og lyser i disse bøger. En liste med disse fireogtres "kunstformer" findes her. Der er variationer i listen alt afhængigt af hvilken kilde, man bruger. 1: Musik. 2: Spille musikinstrumenter. 3: Dans. 4: Skuespil. 5:

Malekunst. 6: At lave emblemer. 7: Blomsterdekoration, at lave blomsterkranse og andre kunstfærdige blomsterdekorationer. 8-9: Kunstværker på madrasser og sengetæpper. 10: Teknikker til at fuldende kroppens skønhed. 11: At udsmykke huset. 12: Musikinstrumenter, der anvender vand, som *jalatāränga.* 13: At lave lydeffekter i vand. 14: At lave beklædning. 15: At lave perlehalskæder. 16: At udsmykke hår. 17: At klæde sig. 18: Kunsten at lave ørenringe. 19: Blomsterdekoration. 20: Dekoration af madretter. 21: Magi. 22: At dekorere omgivelserne. 23: Manicure. 24. Konditori. At lave sødt til at spise, kager osv.25: At fremstille drikke. 26: At sy. 27: At lave net. 28: At frembringe gåder. 29: At recitere digte. 30: At kommentere episk og poetisk arbejde. 31: At læse. 32: At se skuespil. 33: At færddiggøre *samasyas* (et *samasya* er et vers, som ikke er blevet gjort færdigt, og hvor det er en udfordring for andre at færdiggøre det). 34: At lave møbler med rør. 35: Træarbejde. 36: Debat. 37: Arkitektur. 38: At vurdere guld og ædelsten. 39: At raffinere metaller. 40: At skære og pudse diamanter. 41: At søge efter malm. 42: Særlig viden om træer og planter. 43: Hanekamp. 44: At tolke fuglenes lyde. 45: Massage. 46: Hårpleje. 47: Tegnsprog. 48: At lære fremmede sprog. 49: Kendskab til lokale sprog. 50: At forudse fremtiden. 51: At lave maskiner. 52: At styrke hukommelseskraften. 53. At lære ved at høre. 54: At frembringe vers i øjeblikket. 55: At handle beslutsomt. 56: At foregive. 57: Studier af versenes metriske struktur. 58: At bevare tøj. 59: At spille. 60: At kaste terning. 61: At lege med børn. 62: Regler for respektfuld adfærd. 63: Skjaldes sangkunst. 64: At fange essensen i et emne.

237. महा चतुः षष्टि कोटि योगिनी गण सेविता

Mahā catuḥ ṣaṣṭi koṭi yoginī gaṇa sevitā

Hun, som er ledsaget af sekshundrede-og-fyrre millioner yoginīs.

Der er otte hoved-*yoginīer,* som ledsager Devī: Brāhmī, Maheśvari, Kaumāri, Vaiṣṇavi, Vārāhi, Mahendri, Cāmundi og Mahālakṣmi. Hver af dem har otte *Śaktier,* hvilket giver et samlet antal på fireogtres. Hver af disse har en *crore* (ti millioner) af *yoginīer,* som er del af dem selv. I hvert af de ni *cakraer,* begyndende med *Trailokyamohana,* findes en sådan gruppe af fireogtres *crorer* med *yoginīer.* Der bliver refereret samlet til dem alle i dette *mantra.* Devī bliver tilbedt af dem alle.

Der bliver her refereret til de utallige tusinder af ønskernes energier (*icchāśakti),* som omgiver sindet.

238. मनु विद्या
Manu vidyā

Hun, som er legemliggørelsen af manuvidyā .

Manuvidyā er Devī Selv, som er manifesteret i *Śrīvidyā-mantraet. Manuvidyā* er den samlede betegnelse for den tilbedelsesmetode, som anvendes af de følgende tolv Devī hengivne: Manu, Candra, Kubera, Lopāmudrā, Agastya, Manmatha, Agni, Sūrya, Indra, Skanda, Śiva og Krodhabhattārāka (Durvāsas). Den tilbedelsesmetode, som hver af dem har formuleret, findes i *Jñānārṇava.*

239. चन्द्र विद्या
Candra vidyā

Hun, som er legemliggørelsen af Candravidyā.

Candravidyā er en form for *Śrīvidyā* (se det foregående *mantra). Mantraet* betyder: "Hun som tilbedes gennem *candravidyā."*

240. चन्द्र मण्डल मध्यगा

Candra maṇḍala madhyagā

Hun, som har bolig i centrum af candramaṇḍala, månens runde skive.

Her refereres der til *candramaṇḍala* i *Śrīcakraet.* Den *śakti,* der bebor den individuelle *jīva* (*piṇḍāṇḍa*) er *Kuṇḍalinīen,* og *śaktien* i kosmos er (*Brahmaṇḍa*)Tripūrasundarī. I dette *mantra* mindes der om erfaringen af, hvordan *Kuṇḍalinī* gennembryder de seks *ādhāracakraer* og går ind i *sahasrāra,* den tusindbladede lotus og når til dens inderste midte (kendt som *candramaṇḍala*), som forårsager strømmen af nektar.

Bhāskararāya citerer fra *Śiva Purāṇa:* "Jeg bor i ildens flamme, og Du i månens hoved. Denne verden, som består af ild og måne, hersker Vi over. "

Månen og ilden er symboler for kulde og varme, glæde og sorg og alle andre modsætningspar. Betydningen er, at Śiva og Śakti manifesterer Sig overalt i universet gennem dette dualitetsaspekt.

241. चारु रूपा

Cāru rūpā

Hun, hvis skønhed hverken tiltager eller aftager.

Devīs form er evigt smuk og i overensstemmelse med den hengivnes forestilling. Skønheden blegner eller forsvinder ikke. Hendes form er altid strålende, og den fremkalder opvågning i den hengivnes sind igen og igen på nye måder og uden ophør.

242. चारुहासा

Cāruhāsā

Hun, som har et smukt smil.

Månelyset er ifølge digterne Devīs smil. Hun er i stand til at fængsle hele verden med Sit smil, der er så rent som måneskin, og som vækker den ultimative viden. Det er visdommens rene nektar, som flyder gennem Hendes smil.

243. चारु चन्द्र कलाधरा

Cāru candra kalādharā

Hun, som er iklædt en smuk halvmåne, der hverken tiltager eller aftager.

En halvmåne, der hverken tiltager eller aftager, er kendt som ”*sāda*”. Bhāskararāya minder i denne sammenhæng om en historie fra *Devī Bhāgavata:* Fortællingen om den smukke prinsesse af Kāśī kaldet Candrakalā. Hun var meget *sāttvisk* og var i besiddelse af alle lykkebringende egenskaber. Devī gav *darśan* til hende i en drøm og sagde til hende: ”Oh smukke pige, gift dig med prinsen Sudarśana, min hengivne, som vil være i stand til at opfylde alle dine ønsker. Du vil få al mulig glæde og fremgang.” Således blev Devī til et tilflugtsted og en støtte *(dhara)* for Candrakalā.

Her kan man huske det faste tilnavn ”Tārānāyakaśekhara” i Devīs meditationsvers (*dhyānaśloka).* Tārānyaka er stjernernes konge – månen. Devī bærer månen i Sin krone.

244. चराचर जगन्नाथा

Carācara jagannātha

Hun, som er hersker over de levende og livløse verdener.

245. चक्र राज निकेतना

Cakra rāja niketanā

Hun, som forbliver i Śrīcakraet.

Śrīcakraet er det vigtigste *cakra* i *Tantra* og kaldes for *cakraernes* Konge (*cakrarāja*). Devī bebor de ni *cakraer,* begyndende med *Trailokyamohana*, som findes inde i *Śrīcakra.*

I bogen *Śrīcakra* står der: "De ni *cakraer* fra *Trailokyamohana* til *Sarvānandamāyā* er ni lag. Før Sandheden kan erkendes direkte, må man transcendere de ni lag, eller de ni forhæng må fjernes." Det bliver klart, at Devī, som opholder sig i *Śrīcakra,* ikke er så let at opnå, og at konstant tilbedelse er vejen til at opnå Hendes *darśan,* hvor alene ren hengivenhed giver muligheden for at vinde Hendes velsignelser.

246. पार्वती

Pārvatī

Hun, som er bjergets datter (bjerget Himavat eller Himālaya).

Purāṇaerne indeholder en historie om Satī, der er datter af Dakṣa Prajāpati og hustru til Śiva. For at protestere mod den fornærmelse, der bliver vist mod Hende og Hendes mand fra Faderens side, ofrer Satī Sig selv i ilden, der skabes gennem Hendes *yogiske* kraft, der er kendt som *Agneyi.* Så bliver Hun født som datter af Himavat, bjergenes konge. Kālīdasa refererer også til Satīs selvopopfrelse i hans værk *Kumārasambhava.*

247. पद्म नयना

Padma nayanā

Hun, hvis øjne er lange og smukke som lotusblomstens blade.

Padma (lotus) er et synonym for renhed. Devīs øjne ser kun det gode i alt.

248. पद्म राग सम प्रभा

Padma rāga sama prabhā

Hun, som har en strålende rubinrød farve.

Padmarāga er rød i farven og en af de ni typer juveler. Devīs hudfarve beskrives andre steder som rød i sætninger som "skinner som granatæbleblomsten" *(dādimīkusumaprabhā),* "med kroppen rød som safran (*sindūrāruṇavigrahā*), og "rødt skinnende form og øjne fyldt af medfølelse" (*aruṇām karuṇā taraṅgitākṣīm).*

249. पञ्च प्रेतासनासीना

Pañca pretāsanāsīnā

Hun, som sidder på et sæde gjort af fem lig.

Brahmā, Viṣṇu, Rudra, Īśvara og Sadāśiva er de fem lig, der refereres til her. De er også kendt som de frem Brahmāer (se *mantra* 58). Brahmā udfører skabelsens opgave gennem kraften, der er kendt som *vāmaśakti*, og som opnås fra Devī. Uden den er han lige så kraftløs som et lig. På samme måde er Devīs Śakti uundværlig for Viṣṇu, Rudra, Īśvara og Sadāśiva, når de udfører deres opgaver. Uden den er de som lig. Man bliver et lig, når den indre Eksistens forsvinder.

De fem lig kan referere til de fem elementer *(bhūtaer)* i skabelsen: jorden, vandet, ilden, luften og rummet (æteren). Devī, som er ren Eksistens, dvæler i universet, som består af disse fem elementer. Hun er også i den forstand *pañcapretāsanāsīnā.*

250. पञ्च ब्रह्म स्वरूपिणी

Pañca brahma svarūpiṇī

Hun, hvis form består af de fem Brahmāer.

De fem Brahmāer er fem forskellige former for Śiva: Īśana, Tatpuruṣa, Aghora, Vāmadeva og Sadyojāta.

Ifølge *Liṅga Purāṇa* er de fem Bramaer den individuelle sjæl, den oprindelige natur, intellektet, egoet og sindet. De står også for de fem sanseorganger, de fem handleorganer og objekterne for de fem sanser. *Pañcabrahmā* kan måske referere til hele kosmos, der består af fem elementer. *Śruti* understøtter det ved at fastslå: "Alt er i virkeligheden *Brahman.*" Devī er den *Brahman.* Således kan dette *mantra* tolkes som: "Devī, hvis form er kosmos."

I kommentarerne til det foregående *mantra* blev de fem guddomme kaldt de fem *Brahmāer.* Ifølge det nærværende *mantra* kan de blive anset for at være Devīs egne former.

251. चिन्मयी

Cinmayī

Hun, som er selve bevidstheden.

Devī er i dette *mantra* beskrevet som formløs opmærksomhed.

252. परमानन्दा

Paramānandā

Hun, som er den højeste fryd.

Når først ren opmærksomhed er opnået, findes der ikke mere sorg. Der er kun uophørlig lyksalighed. Den højeste lyksalighed kan også forstås som Befrielse (*mokṣa).* Devī findes i form af *mokṣa.*

I *Taittiriya Upaniṣad* (11.8) bliver lyksalighedsskālaen analyseret. Man kan se på følgende sekvens af væsener: menneske, menneske gandharva, himmelsk gandharva, pitṛdeva, karmadeva, Indra, Bṛhaspati, Prajāpati og Brahmā. Den lyksalighed, man oplever, øges med hundrede gange, når man bevæger sig fra den ene type væsen til det næste i denne rækkefølge. Således er lyksaligheden hos den, som dvæler i *Brahman,* utallige gange større end menneskets lyksalighed. Devī er legemliggørelsen af den højeste lyksalighed.

253. विज्ञान घन रूपिणी

Vijñāna ghana rūpiṇī

Hun, som er legemliggørelsen af den altgennemtrængende stoflige intelligens.

Intelligens (*vijñāna*) er også fortolket som *jīva.* (*Bṛhadāraṇyaka Upaniṣad*). *Ghana* er solid masse. Således refererer *vijñānaghana* til samlingen af *jīvaer.* Devī er samlingen af alle *jīvaer.*

254. ध्यान ध्यातृ ध्येय रूपा

Dhyāna dhyātṛ dhyeya rūpā

Hun, som skinner som meditation, den mediterende og genstanden for meditation.

Ifølge *Yoga Sūtra* (III:2): "Meditation er den ubrudte strøm af tanker rettet mod et objekt."

Dhyāna er den syvende *yoga* i den ottende form af *yoga* (*aṣṭāṅga yoga*): *yama* (selvkontrol), *niyama* (kontrol af organerne), *āsana* (stilling), *prāṇāyāma* (åndedrætskontrol), *pratyāhāra* (tilbagetrækning af organerne), *dhārana* (sindets koncentration), *dhyāna* (meditation) og *samādhi.*

255. धर्माधर्म विवर्जिता

Dharmādharma vivarjitā

Hun, som er blottet for (som transcenderer) både dyder og laster.

Ifølge Jaimini er *dharma* handlinger, der følger *Vedaerne*, mens *adharma* er det modsatte. Denne skelnen gælder ikke Devī. I

Samvarta Smṛti står der også, at *dharma* er den opførsel, som følger skrifterne og traditionen.

Ifølge *Nitayhṛdaya Tantra* er *dharma* binding, og *adharma* er befrielse. Ofte kan følgerne af denne slags udsagn virke modsat *śāstraerne.* Her betyder *dharma* i virkeligheden *karma.* Ifølge *Tantra* er Devī én, som ikke har nogen binding eller befrielse.

Dharma skaber lighed eller glæde; *adharma* skaber ulighed eller sorg. Devī er fri for glæde og sorg.

Ifølge *mantraśāstra* står *dharma* for det hellige bogstav (*bīja*) for Śakti, og *adharma* for det, der gælder *Śiva. Vivarjita* betyder her "meget øget." Devī giver en langt større kraft til Śivas og Śaktis hellige stavelser i *mantraer.*

Ordet *dharma* kommer fra roden *dhṛ,* at bære, og *ma* der betyder "stor". Således er *dharma* det, der bæres af det store (ifølge *Matsya Purāṇa*).

Ifølge Yājñavalkya udgør ofringer, god opførsel, selvkontrol, ikkevoldelighed (*ahimsa*), gavegivning og studie af skrifterne alle *dharma,* men den højeste *dharma* er realisering af Selvet.

Dharma og *adharma* angår de ikke-oplyste. Devī er hinsides disse.

256. विश्व रूपा

Viśva rūpā

Hun, hvis form er hele universet.

I *Devī Bhāgavata* siger Devī: "Jeg er Selv universet, der findes intet forskelligt fra Mig." Dette og adskillige følgende *mantraer* beskriver *jīva* og *Īśvaras* forskellige tilstande.

I skabelsesprocessen er *tamas* (mørket) det første, der manifesteres.

Herefter dukker *mahāt, ahaṅkāra* (ego) og de fem store elementer (*pañcamahābhūta)* op. Samtidig opstod de fem vidensenergier (*jňānaśakti)* og de fem handleenergier (*kriyāśakti*). Fra de fem vidensenergier opstod samlet *antaḥkaraṇa* (de "indre instrumenter", som manifesterer sig i de fire former *manas, buddhi, ahaṅkāra* og *citta*) og fra hver af disse opstod de fem sanseorganer (*jňanendriyas*). Fra de fem handleenergier opstod ligeledes samlet *prāṇa* (åndedrag) og fra hvert af disse de fem handleorganer (*karmendriya*). Fra de fem subtile elementer opstod de fem grove elementer.

I den vågne tilstand handler *jīvaen*, som er udstyret med de fem vidensorganer, de fem handleorganer, *antaḥkaraṇa,* de fem *prāṇaer* (åndedrag) og den grove krop. Denne *jīva,* som er stolt (*abhimana*) af den grove krop, er kendt som *Visva.*

257. जागरिणी

Jāgariṇī

Hun, som findes i den vågne tilstand, eller Hun, som antager form af jīvaen i den vågne tilstand.

Den vågne tilstand er den normale handlingstilstand. *Jīvaens* stolthed over sin krop på det grove plan bliver tydelig i denne tilstand. *Jīvaen* i *jāgarī* (vågentilstanden) er det, der manifesterer sig udadtil for alle sanserne, og som er den samme essens, der bor i alle væsener, og som de alle har kær. Devī findes i form af den *jīva.*

258. स्वपन्ती

Svapantī

Hun, som er i drømmetilstanden, eller Hun, som antager form af jīvaen i drømmetilstanden.

Her er drømmetilstanden den tilstand, hvor ideer og viden om ting, som er latente i sindet, bliver manifesteret.

259. तैजसात्मिका
Taijasātmikā

Hun, som er sjælen i Taijasa.

Taijasā er *jīvaen* i drømmetilstanden, som er stolt af sin subtile krop.

Drømme sker i søvne. Søvn er mørke for det ydre øje. Men det indre selv er den skinnende og prægtige essens (*tejas)*, og *taijasa* er det, som hører til *tejas.* Dette *mantra* (*taijasātmikā*) forstærker ideen om, at Devī er legemliggørelsen af den indre essens.

260. सुप्ता
Suptā

Hun, som er i den dybe søvntilstand eller antager form af jīvaen, der oplever dyb søvn.

Den dybe søvn er tilstanden, hvor der ikke er nogen kraft i skelneevnen. I dyb søvn er oplevelsen i virkeligheden: "Jeg ved intet." Det, der forbliver bagefter, er kun hukommelsen: "Jeg vidste intet". Der findes tre slags *avidyā* (uvidenhed), som er i spil her: uvidenhed, egoisme og kærlighed til glæde og komfort. Uvidenhed skaber oplevelsen "Jeg vidste intet." Egoisme skaber oplevelsen "Jeg faldt i søvn." Erfaringen "Jeg sov komfortabelt" er skabt gennem binding til glæde, som er skabt af *Māyā.*

Kroppen, som erfarer den dybe søvntilstand, er den kausale krop.

261. प्राज्ञात्मिका
Prājñātmikā

Hun, som ikke er adskilt fra Prājñā.

Jīvaen, som findes i den dybe søvntilstand, er kendt som *prājñā.* (Se kommentaren til *mantra* 256, *Visvarupa.*)

262. तुर्या

Turyā

Hun, som findes i turyatilstanden.

Devī er én, som befinder sig i den fjerde tilstand kendt som *turya.* Det indebærer ikke en proces, hvor man bevæger sig fra én tilstand eller ét sted og hen til en anden tilstand eller et andet sted. Der findes ikke nogen tilstand, hvor den altgennemtrængende og derfor ubevægelige Devī ikke eksisterer. I denne forstand transcenderer Hun tilstandene vågen, drøm og dyb søvn.

Turya er den tilstand, hvor erfaringen kendt som *śuddhavidya* opnås – den ultimative realisering af *Ātman.*

Śivasūtra nævner fem tilstande: vågen, drøm, dyb søvn, *turya* og tilstanden hinsides *turya* (*turyātīta*). *Jīvaen,* som befinder sig i *turyatilstanden,* er ikke påvirket af erfaringerne i de lavere tilstande. I *turya* eksisterer *jīvaen* kun som et vidne. Men den ultimative forening med Śiva sker kun i den femte tilstand, som er tilstanden hinsides *turya.*

I den dybe søvntilstand handler *jīvaen* gennem den kausale krop, mens den i *turyatilstanden* handler betinget af det, der er kendt som *mahākāraṇa,* "den store kausale krop." Devī kaldes for *Turyā,* fordi Hun i denne tilstand ikke er adskildt fra den individuelle *jīva* eller samlingen af *jīvaer.*

Varadāraja siger: "Den højeste tilstand af *turya* kan kun beskrives som et vidunder. *Yogier* antager kun denne tilstand for at være virkelig." *Turya* konceptet forbløffer moderne psykologi. Det moderne intellekt træder tilbage efter at have gennemgået det bevidste, det underbevidste og det ubevidste sind, mens Indiens rishier for tusinder år siden erklærede, at der også eksisterede *turya* tilstanden, som blev opnået af *yogier.*

I et vers, der kan læses som en kommentar til dette *mantra,* bliver Devī skildret af Śaṅkara i *Saundarya Laharī* (vers 97): "Oh Devī, Du er den Højeste *Brahman*, lovprist af de, der kender *Vedaerne* som Sarasvatī, Bramans hustru, som Lakṣmī, Viṣṇus hustru og som Pārvatī , Śivas hustru. Men Du er Turya, tilstanden hinsides deres rækkevidde. Som Mahāmāyā, herredømmet over kræfter, som kun kan opnås med de største anstrengelser, hvirvler Du konstant universet rundt."

I én fortolkning er *Turīyā* navnet på en *śakti,* og Devī siges at være uadskilt fra hende.

I *Tripurasiddhānta* står der, at Devī gennem Sin *darśan* velsignede en vis *siddha* kendt som Turīyānandanātha, og at Hun således blev berømt som *Turīya.*

263. सर्वावस्था विवर्जिता

Sarvāvasthā vivarjitā

Hun, som transcenderer alle tilstande.

Der findes en femte tilstand hinsides *turyatilstanden.* Den kan kun nydes af *yogier,* som har transcenderet *turya.* Denne tilstand har intet særligt navn. Én, som har opnået denne tilstand, nyder den omstændighed, der i *Śrutien* beskrives som "Han er ikke født igen".

Yogien, som har opnået tilstanden hinsides turya, er kendt som en mahāyogin. Śivasūtra beskriver tilstanden, der kendetegner en sådan mand: "Hele Hans liv er tilbedelse, alle Hans samtaler er japa, og hvad Han end giver er viden om Brahman." Ifølge Yogasūtra dvæler Hans sjæl i en ikkedifferentieret tilstand (nirvikalpa); al sandhed er kendt af Ham." I Śrutien står der: "Alle Hans ord bliver mantraer, fordi Hans sind er rent." Ifølge Yogavāsiṣṭha: "Sådanne store sjæle skal man altid nærme sig, for selv når de ikke giver belæringer, er deres samtaler belæringer." Hver eneste bevægelse er en tilbedende handling, selv hans pludren er japa." (Saundarya Laharī vers

27). Og Vārttika forklarer: "Således er yogien, som uophørligt dvæler i Sin Egen Ātman, og som altid er lig Śiva, kaldt en mahāyogin. Han giver viden om Selvet til sine disciple." Fordi Devī ikke er adskilt fra sådanne yogier, hverken den enkelte eller samlingen af dem, kaldes Hun "Den, som transcenderer alle tilstande." I Varivasyārahasya kaldes tilstanden "Turyātīta" ("hinsides turya").

Varadārāja, den store mester i Tantra, siger: "Den søgende, som ofte dvæler i den fjerde tilstand, opnår tilstanden hinsides denne og bliver lig med Śiva, som er Sjælen i universet, og som er ren lyksalighed."

Forståelsen af tilstanden hinsides turya er en antagelse, som er uafhængig, og som er original for Tantra. En tydelig forskel mellem Advaita (nondualitet antagelsen) og Tantra er, at mens alt andet end Brahman er usandt i Advaita, er der intet usandt i Tantra. Implikationen af Tantraforståelsen er, at knuden i hver tilstand ikke brydes og holder op med at eksistere, men at den blot løsnes og forsvinder. I Śrīcakra siges det: "Vedaernes ṛṣis og de store Tantramestre bekræfter, at den delvise sandhed ikke behøver at blive forkastet for at opnå den fulde sandhed. Der er ingen mening i at opnå Gud ved at miste verden. Hele sandheden skal realiseres. De delvise sandheder skal også ses i realiseringens perspektiv. Parāśakti (Brahman) i den midterste bindu ophæver ikke de andre guddomme i Śrīcakra. "At der foreskrives forskellige regler for tilbedelse af disse guddomme er et bevis på denne ikke-negation.

I mantraerne 256-263 er jīvaens fem tilstande blevet beskrevet. Nu vil de følgende mantraer frem til 274 handle om tilstande, der hører til Īśvara.

264. सृष्टि कर्त्री

Sṛṣṭi kartrī

Hun, som er Skaberen.

Der menes her skaberen af hele universet. Skabelsen, vedligeholdelsen og ødelæggelsen af universet udføres af Brahmā, Viṣṇu og Śiva, som repræsenterer de tre guṇaer. Śaṅkarācārya forklarer, at Treenigheden får kraften til at udføre deres opgaver fra Devīs beslutning (Saundarya Laharī vers 24): "Oh Devī, Brahmā skaber verden, Viṣṇu beskytter den, og Rudra ødelægger den. Īśvara smelter de tre sammen i Sin egen krop og fjerner dem af syne. Sadāśiva skaber dem alle igen, hvis Du blot med den mindste bevægelse af et øjenbryn beordrer det."

Skabelsen udføres af Īśvara, når guṇaen rājas er stigende.

265. ब्रह्म रूपा

Brahma rūpā

Hun, som er i Brahmās form.

Hun som for at skabe har antaget form som Brahmā, hvis natur er overvejende *rājas*. I sidste *mantra* blev det nævnt, at det var Devī, som giver ordrer selv til Brahmā. I dette *mantra* står der klart og tydeligt, at Brahmā er ingen anden end Devī.

266. गोप्त्री

Goptrī

Hun, som beskytter.

Dette *mantra* betyder, at Devī også er Viṣṇu, i hvem de *sāttviske* kvaliteter er fremherskende. Vedligeholdelsen er Īśvaras opgave, når *sattva* dominerer.

Goptrī er også én, som skjuler sig. Devī er *Mahāmāyā,* som skjuler universets virkelige essens og skaber illusionen om myriader af former og navne.

267. गोविन्द रूपिणी

Govinda rūpiṇī

Hun, som har antaget Govindas (Viṣṇus) form for at opretholde universet.

Ordet *go* har mange betydninger: ko (dyr), jord, ord, intelligens, stråle. "Ko" betyder den *samsārabundne jīva.* En sådan *jīva* og jorden, ordene, intellektet, lysets stråler er alle Hendes manifestationer. I betydningen "jord" kan Hun beskrives som én, der beskytter den (*vindana*). Der er en berømt historie i *Purāṇaerne*, som beskriver, hvordan *asuraen* Hiranyākṣa stjal jorden, og hvordan Viṣṇu hentede den tilbage i Sin inkarnation som Varāha (Orne-Vildsvin). Devī er beskytter af jorden (Govinda).

"Govinda" er også Bṛhaspati, *devaernes* Guru. Så tillægges Devī rollen som Guru for alle *devaerne.*

268. संहारिणी

Samhāriṇī

Hun, som er universets tilintetgører.

Īśvara er formen, hvor den *tāmasiske* egenskab er fremherskende, og som er ansvarlig for ødelæggelsen af universet.

Dette *mantra* er også blevet skrevet som "*Samdhāriṇī*" (bærer), men i denne sammenhæng er *Samhāriṇi* mere passende.

269. रुद्र रूपा

Rudra rūpā

Hun, som har antaget Rudras (Śivas) form for at opløse universet.

Rudra er Īśvaras form, når den *tāmasiske* egenskab er fremherskende. Rudra betyder: "En som græder". "Han græd, derfor er han kendt som Rudra, den grædende."(*Taittiriya Samhita*).

Den overstrømmende regn, som kommer ved universets opløsning, er tårestrømmen fra Śivas soløje (Śivas tre øjne er solen, månen og ilden).

Rudra er også én, som bortdriver (*dra*) smerte og sorg (*ru*). Menneskelivet er underkastet periodevis smerte og sorg. Som blomsten springer ud, når solen stiger op, som havet bliver oprørt, når månen stiger op, som blade falder, blomster springer ud og frugter bliver modne på hver sin årstid, vil planeternes bevægelser også skabe forskellige årstidsforandringer i menneskelivet. Men Devī har kraften til at bortdrive virkningerne og beskytte Sine hengivne. I denne forstand er Devī *Rudrarūpiṇī.*

Navnene fra *Sṛṣṭikartrī* til *Rudrarūpā* (mantraerne 264-269) er beskrevet på følgende måde i *Devī Bhāgavata:*

"Hun skaber universet efter Sin vilje. Hun beskytter det. Ved opløsningens tid og slutningen af epoken, ødelægger Hun det. Devī, som forårsager illusionen i universet, handler på alle tre måder. Brahmā, Viṣṇu og Śiva udfører deres opgaver, som er skabelse, vedligeholdelse og opløsning, på grund af Hendes velsignelse. Hun har bundet hele universet med "jeg og mine" bindinger. De *yogier,* som er frigjorte fra bindinger og ønsker Befrielse, tilbeder kun Hende, som er Śiva og Herskerinde i Universet."

270. तिरोधान करी

Tirodhāna karī

Hun, som får alle ting til at forsvinde.

Tirodhāna er den fuldstændige ødelæggelse af alt, selv af *tanmātras* (de mindste partikler), som bliver til *prakṛti* (natur) som i slukningen af lys, der forårsager fuldstændigt mørke.

Bhāskararāya fortæller, at dette aspekt af Devī, hvori den rene koncentrerede *sattva* er fremherskende, kaldes for Īsvarī.

Śaktien, der kaldes *Tiraskāriṇī* (en, som får ting til at forsvinde) er en form for Devī. I Tripurāsiddhānta står der: "Åh klarøjede ene, fordi du forårsager forsvindingen af alt andet end Dine hengivne, kaldes Du *Tiraskāriṇī."*

Hun, som har kraften, der er kendt som *tiraskāriṇīvidya.* Den gør det muligt, at man bliver usynlig for andre, mens man er i stand til at se alt klart. Ingen er skjult for Devī, men ingen ser hendes sande form. Således er navnet *tiraskāriṇī* meget passende for Hende. I *Mahābhārata* siges det, at kongen Nala var i stand til at gå ind i Damayantis værelse uden at blive set på grund af, at denne *tiraskāriṇī* kraft var blevet givet til ham af Indra.

271. ईश्वरी

Īśvarī

Hun, som beskytter og hersker overalt.

Den højeste individualitet (*parāhantā)* er Īśvaras kvalitet. Herskerskab, gøren, uafhængighed, at være bevidst om sig selv - alt dette er baseret på denne egenskab. Īśvara og Īsvarī er de samme, og alle disse beskrivelser bruges om Devī.

Jīva er bevidsthed, der er betinget af sind eller ego. Īśvara er bevidsthed, der er betinget af universet. Dette *mantra* indebærer, at Devī er bevidsthed, som er betinget af universet.

272. सदा शिवा

Sadā śivā

Hun, der som Sadāśiva altid skænker lykke og gunst.

Sadāśiva er Herren Śiva i hvem superlativet, ren *sattva* kvalitet, er fremherskende. Devī er ikke adskilt fra Ham.

273. अनुग्रहदा

Anugrahadā

Hun, som uddeler velsignelser.

Anugraha er processen, hvori der efter en fuldstændig ødelæggelse begyndes en frisk skabelse - det oprindelige atom manifesterer sig.

Tirodhāna og *anugraha* er også hver især tolket som binding og Befrielse. I denne forstand er Īśvara, som er fuldt manifesteret udadtil, den, som forårsager binding, og Sadāśiva, som er manifesteret indadtil forårsager Befrielse. Īśvara skaber ego og oplevelsen af ejerskab i *jīvaen,* men i sin uendelige medfølelse giver Sadāśiva dem Befrielse. Īśvara er den, som skaber opmærksomhed på verden og manifesterer det indre selv i den ydre verden. Sadāśiva er den, som opløser denne oplevelse af den ydre verden, vender den til indre opmærksomhed og giver Befrielse.

274. पञ्च कृत्य परायणा

Pañca kṛtya parāyaṇā

Hun, som er hengiven over for de fem funktioner (nævnt i mantraerne ovenfor).

De fem funktioner er skabelsen, vedligeholdelsen, opløsningen, tilintetgørelsen (*tirodhāna)* og forårsagelse af genopdukken (*anugraha*) af universet. Bøger som *Mṛgendrasamhita* og *Pratyabhijňahṛdāya* gennemgår de fem funktioner i detaljer. Ifølge *Brahmasūtra* har Īśvara de tre funktioner, som er skabelse, opretholdelse og ødelæggelse. Men i *Śaivadvaita* er de fem ovennævnte funktioner beskrevet. Parāśakti, som er identisk med den højeste Śiva, udfører skabelsen som Brahmā, vedligeholdelsen som Viṣṇu og ødelæggelsen som Rudra, som Īśvara opløsningen og som Sadāśiva velsignelsen af genskabelsen. I *Vaiṣṇava* traditionen er disse funktioner udført af de følgende manifestationer: Vāsudeva, Saṅkarṣana, Aniruddha, Pradyumma og Nārāyana.

275. भानु मण्डल मध्यस्था

Bhānu maṇḍala madhyasthā

Hun, som har bolig midt i solens runde skive.

Ved tusmørke skal man meditere på Devī siddende midt i solens runde skive. I *Kūrma Purāṇa* står der: "Jeg bøjer mig for Maheśvara, som har bolig i solens runde skive, som er *Vedaernes* essens, objektet for al viden, som fylder universet med sin glans, og som er årsag til de tre verdener."

Bhānumaṇḍala, solens skive, er lotusblomsten i *anāhata-cakraet* i hjertet. Devī har bolig her.

276. भैरवी

Bhairavī

Hun, som er hustru til Bhairava (Śiva).

Bhairava er Śiva, som er i færd med at danse i lyksalighed på gravstederne.

Ifølge Dhaumya, er en pige på tolv år kendt som *bhiru.* Devī i en sådan piges form kaldes Bhairavi.

Bhairavi er navnet på et *mantra,* (som opnås ved at fjerne den midterste stavelse "ra" fra *tripuracakreśvarīmantraet*). Devī findes i form af dette *mantra.*

277. भगमालिनी

Bhagamālinī

Hun, som bærer en krans gjort af de seks fortrin.

Bhaga betyder de seks lykkebringende egenskaber: gunst, herskerskab, retfærdighed, berømmelse, mod, uanfægtethed og viden. Listen er forskellig i forskellige kilder. For eksempel findes der en anden liste, som fremhæver herskerskab, retfærdighed, berømmelse, fremgang, viden og visdom som de seks egenskaber. Som Acārya siger: "Den logiske videnskab er ikke overbevisende. Der er forskelle mellem *Vedaerne*. Der findes ikke én enkelt vismand, som har autoriteten. *Dharmaens* essens er skjult dybt inde i hjertet. Store sjæle finder den gode vej derinde."

I ordbøgerne ser man flere forskellige betydninger af ordet *bhaga:* herskerskab, berømmelse, retfærdighed, opnåelse af ønsker, visdom, storhed, ydmyghed, anstrengelse, livmoderen, verdslige anliggender, fred. Alle disse rummes i Devī som blomster i en krans.

Hvor *liṅgaer* (mandlige symboler) indsættes, lovpriser de Śiva, og hvor *yonier* (kvindelige symboler) indsættes, lovpriser de Devī. *Liṅgaer* som tilbedelse af Śiva findes sædvanligvis som en kombination af disse to. Alle ord med hankøn skal anses som lovprisning af Śiva, og alle ord med hunkøn lovpriser Devī.

Bhaga betyder "ord". Således er *Bhagamāla* en krans af ord, en guirlande af lovsange. Således er Devī den, der tilbedes med en krans af lovprisninger.

278. पद्मासना
Padmāsanā

Hun, som har sæde i lotusblomsten.

Det betyder også én, som findes i form af *Brahman.* Her skal *padma* (lotusblomst) forstås symbolsk. Lotusblomstens blade er *prakṛti* (natur), plantefibrene er betingelserne tid og sted, stilken er viden, og støvdrageren er *vāsana.* Devī har gjort en lotusblomst til Sit sæde.

Devī er *Padmāsana*, én som sidder i en lotusblomst, og også én, som de hengivne mediterer på som siddende i lotusstillingen. I *Tāntrisk* forstand er *padma bindu, vyūha* eller *nidhi.* Devī er den, som sidder i hvilken som helst af disse.

En anden definition er: "Hun, som fordeler fremgang og rigdom blandt Sine hengivne (*Padma,* Lakṣmi, rigdommens gudinde og *san* at fordele)." Åh godgørende Moder, hvem der end modtager Din nåde nyder den højeste lyksalighed. Han får en smuk kone, et hus udsmykket med guld og anden luksus. Men når han ikke behager Dig, mister han alle sine ejendomme, hans kone forlader ham, og han bliver yderst ulykkelig" (Bhāskararāya).

Eller *Padmāsana* kan være dræberen ("as,"at dræbe) af dæmonen Padmāsura ifølge Bhāskararāya.

279. भगवती

Bhagavatī

Hun, som beskytter dem, der tilbeder Hende.

Ifølge *Devī Bhāgavata* er *Bhagavatī* den, som kender alle skabningers oprindelse og opløsning, deres kommen og gåen, deres viden og uvidenhed. I *Śaktirahasya* står der: "Ordet *bhaga* kommer fra roden *bhaj*, at tilbede og *avati,* at beskytte. Devī kaldes *Bhagavatī,* fordi Hun er tilbedt af alle *devaer,* og Hun velsigner dem. "

280. पद्म नाभ सहोदरी

Padma nābha sahodarī

Hun, som er Viṣṇus søster.

Historien om Māyādevī, som blev født af Yaśoda for at beskytte Kṛṣṇa, der blev født af Devaki, er velkendt i *Purāṇaerne.* Ved at tage *Kṛṣṇas* sted reddede Hun ham fra at blive dræbt af Kamsa. Da Hun slap fri fra Kamsas greb, rejste Hun op i himlen og forsvandt.

Den følgende beskrivelse finder vi i *Kūrma Purāṇa* og i *Ratnatraya Pariksa* af Appayya Dīkṣitar: Den ene *Brahman* delte sig og fik to adskilte former: én som egenskaber (*dharma*) og en anden som den, der besidder egenskaberne (*dharmi).* *Dharma* blev videre inddelt i mandlige og kvindelige former. Den mandlige form, Viṣṇu, er den materielle årsag til universet.

Den kvindelige form blev hustru til Parāmasiva. Kort sagt er Śiva, Viṣṇu og Devī tilsammen *Brahman.*

Lydene *ma, ha* og *ra* i dette *mantra* er *biījākṣaras* (rodstavelser) i den første del (*vāgbhava kūṭa*) af *mantraet* med femten stavelser (*pandacasi*). *Bijākṣaras* er som elektrisk strøm. Den samme strøm flyder gennem forskellige kanaler og skaber lyd og lys og kan også blive beskytter og ødelægger. På samme vis kan *bijākṣaras* udtrykke forskellige kræfter, når de følger den tilbedendes vilje. Det nærværende *mantra,* som indeholder *bijākṣaras* af *vāgbhava kuṭa mantraet* peger på, at Devī er legemliggørelsen af *mantraet* (se *mantra* 85)

281. उन्मेष निमिषोत्पन्न विपन्न भुवनावलिः

Unmeṣa nimiṣotpanna vipanna bhuvanāvaliḥ

Hun, som får rækker af verdener til at opstå og forsvinde ved at åbne og lukke Sine øjne.

Når Devī åbner Sine øjne skabes universet; når Hun lukker Sine øjne ødelægges det. Med Sin vilje skaber og ødelægger Hun universet blot ved at blinke med øjnene. Det er en *līlā,* en leg for Hende, ingen anstrengelse er involveret.

Som der står i *Ājñāvatārā:* "Ved Hendes (mindste) ønske opstår og forsvinder hele universet. "Kālīdasa priser Hende også således: "Før Du tænker på skabelse, findes hele dette univers, som rummer den seende, det sete og processen at se inde i Dig; og når Du åbner Dine øjne vil universet med Din vilje fremstå, og når Du lukker Dine øjne, forsvinder det."

Śrī Śankara introducerer den samme tanke i *Saundarya Laharī* (vers 55): "Oh Datter af Bjergenes Konge, de vise siger, at når Du blinker med øjnene, vil kosmos fødes og forgå. Jeg tror, at Du nu forbliver vågen uden at lukke Dine øjne for at beskytte denne verden, som blev skabt, da Du åbnede Dine øjne."

282. सहस्र शीर्ष वदना

Sahasra śīrṣa vadanā

Hun, som har tusinde hoveder og ansigter.

I *Puruṣa Sūkta* står der: "Den kosmiske mand (*puruṣa*) har tusinde hoveder, tusinde øjne og tusinde fødder." *Gitāen* (XIII – 13) beskriver det Højeste: "Han eksisterer i verden og indhyller alt med hænder og fødder overalt, med øjne, hoveder og munde overalt, med ører overalt." *Devī Bhāgavata* beskriver Devīs kosmiske form: "Devī stråler med tusinde øjne, tusinde hænder, tusinde hoveder og tusinde fødder."

Ordet "tusinde" bruges for at henvise til "utallige". Devīs krop er universet. Alt i universet er et ben eller en del af Hendes krop.

Ṛṣis forestillede sig, at Ādiśesha (Ananta), den tusindhovede slange, understøttede jorden. Ananta er symbol på kraften i utallige ansigter – en tiltrækkende kraft. Det er denne kraft, som får himmellegemerne til at dreje i deres baner uden at støde sammen. Denne sammenhæng symboliseres i billedet af Ananta, slangen, som understøtter jorden med sit hættebeklædte hoved. Selv i de *Vediske* tider kendte man i Indien til tiltrækningens kraft. Det finder vi bevis for i senere skrifter som *Āryabhaṭīya.* Varāhamihira illustrerer jorden som udstrakt i et rum, der er formet af stjernerne på samme måde som en jernkugle ville være udstrakt i centrum af et rum, der var lavet af magneter. Således havde de set, at solsystemets stabilitet var baseret på kraften i gensidig tiltrækning.

283. सहस्राक्षी

Sahasrākṣī

Hun, som har tusinde øjne.

Alt, der skinner i universet, er et af Devīs øjne. Således findes der utallige øjne. På samme måde er det med reference til deres skinnende egenskaber, at solen, månen og ilden kaldes Devīs øjne, og således er Hun også kaldet *Trinayanā* (Hun, som har tre øjne).

284. सहस्र पाद्
Sahasra pād

Hun, som har tusinde fødder.

Alt, der bevæger sig, er en af Hendes fødder.

Ifølge *Tantra* indeholder *mantraerne* 281-285 de midterste og sidste *kūṭaer* i *Pañcadaśi.* Disse *mantraer* betyder således, at Devī findes i de to *kūṭaers* form.

285. आब्रह्म कीट जननी
Ābrahma kīṭa jananī

Hun, som er Moder til alt fra Brahmā til det laveste insekt.

286. वर्णाश्रम विधायिनी
Varṇāśrama vidhāyinī

Hun, som har etableret indddelingen i en social orden.

Varṇas er opdelinger af samfundet: brāhmaṇas, ksatriyas, vaiśyas og śūdras.

I *Brahmāṇas* er de *sāttviske* kvaliteter dominerende. De er prisværdige menneskelige kvaliteter som sandfærdighed, ikke at stjæle, ikke at tilegne sig eller acceptere rigdom og at engagere sig i studiet af skrifterne. De lever ud fra styrken i deres intellekt. De er lærere eller præster.

Mennesker, hvor *rājasiske* kvaliteter dominerer over de *sāttviske* kvaliteter, er *kṣatiyas* – krigere. Sandhed, *dharma*, vrede over uretfærdighed – er deres kvaliteter. De fører an i kamp. Magt er vigtigt for dem, fordi de er herskere og krigere. Det er deres intellekt, der har kontrol over deres styrke.

Mennesker, hvor *rājasiske* kvaliteter dominerer over de *tāmasiske* kvaliteter, er *vaiśyas.* De er dygtige, driftige entrepenører. De arbejder inden for handel og industri, og det er velkendt, at de til tider snyder lidt for at fremme deres forehavender. De anser maven og hjertet som vigtige.

Mennesker, hvor *tamas* dominerer, er *śūdras.* De er mindre intelligente, møder mange vanskeligheder og er vant til dårlige kår. De har ikke nogen særlig tilknytning til sandhed eller *dharma.* De er tilfredse med at udføre simpelt arbejde.

Hvis *Vīrat Puruṣa* anses som samfundet, er de fire typer individer afbilledet som hans hoved, hænder, kroppens torso inklusive bryst, mave og lænd og hans fødder. Inddelingen af de fire grupper er alene baseret på *guṇaerne.*

Fire stadier *(āśramas)* foreskrives i livet: *brahmacārya, grahastha, vānaprastha* og *sannyāsa.* Bag denne orden findes en forestilling om livets fuldstændighed.

Som teenager vil en *brahmacāri* kun fokusere på sine studier. Hvis han begynder at blive optaget af sansernes nydelse og blive oprevet, vil han uden at vide det ødelægge sit liv. Han glemmer livets mening og mål. Hans fremtid vil ikke blive tilfredsstillende og baseret på høje idealer.

Fører man som ung et familieliv, som ikke er kontrolleret, vil det forårsage tidlig aldring og endda en tidlig død. Hvis man omvendt lever de unge år ud fra visdom, vil man kunne bære familielivets byrder og tilbringe sit liv med at støtte sine børn og berige dem og andre mennesker. Det er *vānaprastha.* Man får medlidenhed med ældre mænd, som dag og nat kæmper for at erhverve flere penge og mere status. Digteren må have tænkt på sådanne mænd, da han formulerede sin poesi: "Ak, du stakkels sorte bi, ikke kun fløj du lige ind i flammen, du slukkede også lampen!"

Amma synger: "Åh sind, husk altid denne højeste sandhed: Der findes ingen, som er din egen!" *Sannyāsa* er en livsførelse, som udspringer af bevidstheden om denne sandhed.

Inddelingen af livet i forskellige stadier havde en praktisk værdi for samfundet. Af den grund er disse anbefalinger og påbud kendt som *Sanātama Dharma,* livets evige og sande moral, etik og levevis.

287. निजाज्ञा रूप निगमा

Nijājñā rūpa nigamā

Hun, hvis ordrer tager Vedaernes form.

Nigamas er *Vedaer* og de *Tantraer,* som er i overensstemmelse med *Vedaerne.*

I *Kūrma Purāṇa* siger Devī: "Ved skabelsens begyndelse manifesterede den højeste og oprindelige Śakti sig på Min ordre som *Vedaerne: Ṛg, Yajus* og *Sāma."*

Det er alment kendt, at de otteogtyve *Tantraer*, som følger *Vedaerne,* kom som ord fra Śivas mund, og at de var i overensstemmelse med Devīs befalinger. Ifølge Bhāskararāyas forklaring kom fem af disse *Tantraer,* begyndende med *Kāmika* fra Śivas ansigt, der er kendt som *Sadyojāta*. Fem af disse begyndende med *Dīpta* kom fra *Vāmadevas* ansigt. Fem af disse begyndende med *Vijayā* udsprang fra *Aghoras* ansigt. Fem af disse begyndende med *Vairocana* udsprang fra *Taparuṣas* ansigt, og otte af disse begyndende med *Prodgītā* udsprang fra Śivas *Īśāna* ansigt. Disse otteogtyve *Tantraer* udgør det, der er kendt som den opadstigende strøm. Der findes også *Tantraer* som *Kāpāla* og *Bhairava,* der i modsætning til *Vedaerne* opstod fra Śivas lavere kraft.

288. पुण्यापुण्य फल प्रदा
Puṇyāpuṇya phala pradā

Hun, som tildeler frugterne af både gode og onde handlinger.

Frugten af *puṇya* (gode handlinger) er glæde. Resultatet af *apuṇya* (onde handlinger) er sorg.

Karma er en basal faktor i de filosofiske systemer i Indien. Ingen er frigjorte fra virkninger af *karma.* Den eneste vej til at blive fuldstændig fri er ved at opgive ønsket om frugten af ens handlinger. Det er budskabet i *Gitāen.* I kommentarerne til *Brahmāsūtraerne* forklarer Śankara adskillige gange, at ritualer som *yāgaer* ikke er en vej til Befrielse, fordi der bag dem findes et ønske om himmel eller belønning.

Det er meget sjældent, at der er nogen i samfundet, som ønsker Befrielse (*mokṣa*). De fleste mennesker søger ivrigt materielle ting. Mange kalder i deres anstrengelser for at opnå disse ønsker på Devīs hjælp, men alligevel er alle nødt til at bære frugten af deres *karma.*

"Herren sørger for, at de, som er opslugt af verdslig *karma,* får frugterne på en måde, som strikt følger reglerne. Den sande hengivne slipper lettere. En *brāhmaṇas* hustru er ledsaget af et barn, når hun går hen til templet. Når hun følger en andens barn til templet, lader hun barnet gå hele vejen. Men når hun får selskab af sit eget barn, vil hun det meste af vejen bære det i armene og lege med det; hun får kun barnet til selv at gå, når andre kigger! En *kami* – én som er opslugt af verdslige handlinger – er slave af disse handlinger. En hengiven er kun slave af *karma* i verdens øjne; i virkeligheden er han Herrens elskede barn." (Ottur Unni Nambudiripad)

Når en mor straffer et barn, der har gjort noget galt, er det ikke for at skade barnet, men for at gavne barnet. "Når nogen snubler og falder, mens de går, kan det være jordens ujævnheder, der forårsager faldet. Men det er også jorden, som tager imod dem, når de falder. På samme måde er Devī det eneste tilflugtssted for den, som gør noget forkert over for Hende!" Det er i denne forstand, at Devī kaldes for den, som "tildeler frugterne af både gode og onde handlinger." Vi må få indsigt i, at selv de bitre livserfaringer strømmer fra Hendes medfølelse.

Amma siger: "Når der er nogen, der træder på en torn, bliver de oprevede. Men der kan være en grøft lige om hjørnet, og tornen holdt ham fra at falde ned i grøften og brække begge ben. Fordi han fik tornen i foden, trådte han mere varsomt, og af den grund faldt han ikke i grøften. En hengiven skal se ulykkelige erfaringer i dette lys."

289. श्रुति सीमन्त सिन्दूरी कृत पादाब्ज धूलिका
Śruti sīmanta sindūrī kṛta pādābja dhūlikā

Hun, hvis fødders støv danner cinnoberrøde mærker i hårets skildning hos Śruti devatāerne (Vedaerne personificerede som gudinder).

Det hellige støv fra Devīs lotusfødder pryder Vedaernes pande. Hvordan kan det være? Forklaringen er, at Devī er oprindelsen til *Vedaerne. Vedaerne* lægger sig ærbødigt foran Devī, som er deres Moder. Herved kommer der støv fra Hendes hellige lotusfødder på disse lykkebringende gudinders hår. På den måde bliver de endnu mere hellige.

Bhāskararāya fortolker dette *mantra* på følgende måde: *Vedaerne* er ikke i stand til at beskrive Devīs sande form ordentligt. I *Śivastava* står der: "Åh Parāmeśvara, skrifterne som indeholder al viden, og som Du holder meget af, formår ikke at beskrive Dig tiltrækkeligt og bliver stille som kvinder, der er forlegne. Hvis selv de kun kan beskrive Dig ved at sige: "Ikke det, ikke det," hvordan kan en simpel dødelig som jeg gøre det ordentligt? "

Bhāskararāya citerer *Rudrayāmala:* "Det sted, der nås ved *Vedaerne,* nås også ved *Tantraerne.* Således er både *brāhmaṇas, kṣatriyas, vaisyas og śudras* egnede til at tilbede det." Det gør det klart, at alle fire *varṇas* formår at tilbede Hende gennem *Tantra.*

290. सकलागम संदोह शुक्ति सम्पुट मौक्तिका

Sakalāgama sandoha śukti sampuṭa mauktikā

Hun, som er perlen, der er gemt i den skal, der består af alle skrifterne.

Hvis skrifterne samlet udgør en skal, er Devī perlen indeni. Fra skallens størrelse kan man måske gætte, hvilken størrelse perlen har, men man kan ikke kende dens kvalitet eller storhed. På samme måde får man gennem *Vedaerne* kun en omtrentlig forståelse af Devīs form, men man kan ikke trænge helt ind i Hendes sande natur. Som der står i *Kaṭha Upaniṣad* (I-ii-23): "Denne *Ātman* kan ikke opnås ved studier af *Vedaer,* ej heller ved intelligens, eller ved at høre en masse." Hvordan opnås den så? "Hvem end udvælges af *Ātman,* for ham alene afsløres den sande natur." Dette udsagn fra *Upaniṣad* afslører den virkelige betydning af dette *mantra.* Som Amma siger: "At søge efter Sandheden udenfor er ligesom at søge at tømme oceanet for vand for at fange fisk. Man skal søge dybt indeni. Kun sådan kan Sandheden afsløres."

Måden *Vedaerne* beskriver den endegyldige sandhed kan minde om *"arundhati nyaya." Arundhati* er en lille stjerne, som kun kan udpeges ved hjælp af større stjerner, som findes i nærheden. På samme måde kan *Vedaerne* kun give nogle indikationer på den endegyldige sandheds natur. *Vedaerne* er som Devīs smykker, de er ikke Hendes sande form.

291. पुरुषार्थ प्रदा

Puruṣārtha pradā

Hun, som skænker de (firefoldige) objekter i menneskelivet.

Disse objekter er *dharma* (moral), *artha* (rigdom), *kāma* (ønsker) og *mokṣa* (Befrielse).

I *Brahmāṇḍa Purāṇa* står der: "De, som tilbeder den Højeste Śakti, er, uanset om de følger eller ikke følger reglerne, ikke længere i *samsāra*. De er uden tvivl befriede sjæle" At tilbede Hendes fødder er vejen til frigørelse fra *samsāra* og til fremgang og fred i dette verdslige liv.

Dette *mantra* har en anden betydning i *Tantraen. Puruṣa* er Śiva, og *artha* er Befrielse. Devī er den, der skænker Befrielsen, selv til Śiva. *Saundarya Laharī* begynder med at konstatere, at Śiva kun kan bevæge sig takket være sin association til Śakti: "Når Śiva forenes med Dig, Åh Śakti, er Han i stand til at engagere Sig i Sine kosmiske opgaver. Ellers kan Han end ikke røre sig!" Således er Devī den, som befrier Śiva fra en nærmest livløs tilstand.

292. पूर्णा

Pūrṇā

Hun, som altid er hel, uden vækst eller forfald.

Som der står i *Śruti: "Pūrṇamadaḥ pūrṇamidam purṇāt pūrṇamudacyate; pūrnasya pūrṇamadāya pūrṇamevāvaśiṣyate."* (Om, Det er helheden, dette er helheden, gennem helheden bliver helheden manifesteret. Fjerner man helheden fra helheden, forbliver helheden)

I naturen bliver helheden og fuldstændigheden i den guddommelige kraft tydelig for os. Et barn, der fødes af sin mor, er i sig selv en helhed. Spiren, der springer ud af frøet, vokser sig større og udtrykker den fylde, der findes i frøet, og den aflægger utallige nye frø. Kalven vokser og bliver hel som koen, og alligevel gør det ikke den anden mindre hel.

Hvis det er betingelserne i den fysiske verden, hvad kan vi da sige om Parāśakti, som hersker over universet? Årsagen er hel, og universet, virkningen, der er affødt af årsagen, er også hel. Ifølge vismændene findes der her ingen forskel mellem årsag og virkning.

Pūrṇa er guddommen i den femte, tiende og femtende dag i månens halve måned. Guddommen i den fjortende nat af månens halve måned er også *Purna.* Alle disse guddomme er Devīs former.

*Pūrṇa*er navnet på en flod, som også er en anden form for Devī.

293. भोगिनी

Bhoginī

Hun, som er den, der nyder.

Devī er én som nyder alt, der kan nydes gennem alle livets former.

Hun er også *bhoginī* i den forstand, at hun fortærer (*bhuj*) alt i universet.

Bhoga betyder også hætten på slangens hoved. I denne forstand er Hun den, som har taget form som en slangepige.

294. भुवनेश्वरी

Bhuvaneśvarī

Hun, som er universets herskerinde.

Devī er beskytteren af alle fjorten verdener (*bhuvana*). *Bhuvana* er også vand. Således er Devī beskytteren af landet og oceanerne.

I *mantraśāstra* er Bhuvaneśvarī én, som findes i form af *bīja* (frøet), *hrīm.* Dette *bīja* indeholder alle verdener. Devī er også Bhuvaneśvarī, fordi Hun er tilbedt i alle verdener.

Tripurāsiddhānta gennemgår, hvorledes Devī skænkede Sin velsignelse til en guru, der var kendt som Bhuvanānandantha, og at Hun derfor kaldes *Bhuvaneśvarī.*

295. अम्बिका

Ambikā

Hun, som er universets moder.

Ambikā er Sarasvatī, jorden og legemliggørelsen af *Śaktierne icchā, jñāna* og *kriyā,* viljekraften, viden og handling (se *mantra* 658).

Ambikā betyder også nat eller søvn. *Māyā* (illusion) har her også synonymerne *rātri* (nat) og *nidra* (søvn). I *Gitāen* (II-69) står der: "I det, der er nat for alle væsener, holder mennesket med selvkontrol sig vågen; hvor alle væsener er vågne, er der nat for den vise, som ser." Det er klart, at natten er mørket, som skabes af *Māyā,* og at mennesket med selvkontrol er vågen, mens andre er omgivet af uvidenhedens mørke. Således er søvn og nat symboler på *Māyās* natur. *Ambikā* er således legemliggørelsen af *Māyā.* "Natten er den store Devī, og dagen er Herren Śiva," lyder det ifølge *Śāstraerne.*

296. अनादि निधना

Anādi nidhanā

Hun, som hverken har begyndelse eller ende.

Nidhana betyder død. Ifølge *Vararuci* systemet, (der repræsenterer tal ved bogstaver), står *ādi* for tallet firs. *Mantraet* betyder således, at Devī frelser én fra firs årsager til død. Mennesket er dødeligt, og det tilbeder Devī for at blive udødeligt.

Blandt de firs former for død, er der otteogtyve, som kaldes *vadha,* (drab) og resten kaldes *pāśa* (binding, reb). Således står der i *Viṣṇu Purāṇa*: "Egoisme og selvbedrag er *vadhas* natur og findes i otteogtyve typer." Ifølge *Liṅga Purāṇa*: "De tooghalvtres *pāśaer* opstår fra *avidyā,* uvidenhedens knude." Devī beskytter sine hengivne fra begge typer skade. Det eneste tilflugtsted, som frygtløse tilbedende kan finde, når de bor i en skov med grusomme dyr, er deres urokkelige tro på den guddommelige vilje.

297. हरि ब्रह्मेन्द्र सेविता

Hari brahmendra sevitā

Hun, som er ledsaget af Brahmā, Viṣṇu og Indra.

Śrīcakra er afbildet som en by. Mellem den fjortende og den femtende af byens mure bor Indra og de andre verdeners beskyttere. Mellem den femtende og sekstende mur findes Viṣṇus hjemsted. Mellem den sekstende og syttende mur bor Brahmā. Hver af dem tilbeder Devī fra sit sted.

Ud over disse guddomme findes der også Varuna, Yama, Vāyu, Agni og Kubera, som tilbeder Devī. I stedet for at tilbede alle disse, som selv er under Devīs kontrol, anbefales den direkte tilbedelse af Devī.

298. नारायणी

Nārāyaṇī

Hun, som er Nārāyanas kvindelige modstykke.

Nāra er vand, og *ayana* er hjemsted. *Nārāyana* er én, hvis hjemsted er vandet.

Nārāyanī betyder også Viṣṇus søster (se *mantra* 280). Devī anses også for at være identisk med Lakṣmi, Sarasvari og Pārvatī alt afhængig af sammenhængen.

Nāra er også viden om Selvet. *Nārāyanī* er således hjemsted for viden om Selvet – Hun, som er grundfæstet i viden om Selvet. Her findes der ingen adskillelse mellem støtten (*ādhāra*) og den støttede (*ādheya)* – de er begge to Devī. *Nārāyanī* befinder sig i *nara* og skaber både mænd (*nāra*) og kvinder. Hun er også Devī i Viṣṇus søsters form (Nārāyana).

299. नाद् रूपा

Nāda rūpā

Hun, som er i lydens form.

Ifølge Tantraśāstra findes der otte punkter (varṇas) over bindu i bījastavelser som hrīm. De er: ardhacandra, rodhinī, nāda, nādānta, śakti, vyāpikā, samānā og unmanī.

Śrī Nārāyana Guru begynder på denne måde Sit *Kalikanātaka:* "Ærbødige hilsner til Dig, som er essensen af *nādabindu,* som ikke har nogen ende, og hvis hellige fødder tilbedes af Nārada og andre vismænd!"

Den første bevægelse i universet opstod som lyd eller *prāṇava,* stavelsen OM. Devī er sandelig legemliggørelsen af OM.

"Hendes tilbedende skal meditere på Devī siddende på *nāda,* der stråler som tusind sole, ligner lotusblomstens stilk, er omgivet af utallige byer og befinder sig over *rodhinī,* "lyder det ifølge *Mahāsvacchanda Tantra.*

300. नाम रूप विवर्जिता

Nāma rūpa vivarjitā

Hun, som hverken har navn eller form.

Universet har fem aspekter: eksistens (*sat*), viden (*cit*), lyksalighed *(ānanda),* navn (*nāma*) og form (*rūpa*). Af disse er de første tre (*sat-cit-ānanda) Brahman,* og de andre to er den fysiske verden.

Det er tilsyneladende modsætningsfuldt at beskrive Devī som uden form efter at have kaldt Hende *Nādarūpa,* én som findes i lydens form. Der er i virkeligheden ikke nogen modsætning. Navn og form er uundgåeligt for alt, hvad der opfattes af vores sanser. Alle ting, der ses i universet, har navne og former, eftersom de er eksplicitte manifestationer af *Brahman.* Men essensen i denne Højeste Eksistens er uden navn og form. Når den manifesteres *(vyākṛta),* findes Devī i lydens form *(Nādarūpa),* og når den ikke er manifesteret *(avyākṛta),* er Hun uden form og navn.

Som *Bhāskararāya* gør opmærksom på: "Hvad der end er tilbage, når navn og form er elimineret, det er viden, og det er *Brahman.* "

Hvilket navn vi end bruger, eller hvilken form vi end beskriver, så vil vi ikke fuldstændigt kunne afsløre Devīs navn eller form. Der bliver refereret til den Ultimative Virkelighed som det, der ikke kan afsløres i ord *(vācām agocaram).*

Med mantra 300 er solens fjerde *kāla*, som kaldes *marichi*, fuldendt.

301. ह्रींकारी

Hrīmkārī

Hun, som findes i form af stavelsen Hrīm.

Hrīm er den *bijākṣara,* (rodstavelse), der er kendt som *bhuvaneśvarī.* Ifølge *Tantra* betyder lydene "h", "r" og "i" sammen med "m" skabelse, vedligeholdelse og ødelæggelse. Således er *hrīm* det *mantra,* som repræsenterer kraften i Devī, som er personificeringen af de tre funktioner: skabelse, vedligeholdelse og ødelæggelse.

I en anden fortolkning er *hrīm* "skam". Devī er den, som tilfører skamfølelse ved syndige handlinger. Skamfølelsen får mennesker til at afstå fra at gøre den slags handlinger. Hvis denne følelse forsvinder, vil man ikke tøve med at udføre de mest forkastelige handlinger. Fordi Devī frelser os fra denne skæbne, er Hun *hrīmkārī.*

302. ह्रीमती

Hrīmatī

Hun, som er begavet med beskedenhed.

Betydningen er, at Devī ikke fremstår let tilgængelig foran Sine hengivne. Beskedenhed er et tegn på ædelhed: Det pryder den kvindelige natur. Beskedenhed er et beskyttelseslag, som naturen har givet kvinder. Devī er begavet med den.

303. हृद्या

Hṛdyā

Hun, som forbliver i hjertet.

Devī slår sig fredsommeligt ned i Sine hengivnes hjerter. Hun har intet særligt tilhørssted. Hun opholder sig i Sine hengivnes hjerter. Der hersker ingen tvivl om, at Devī både opholder sig i venners og fjenders hjerter. Hun skinner selv i fjendernes hjerter, selvom det er i form af fjendskab. Fjendens hengivenhed kaldes *virodhabhakti* (hengivenhed gennem fjendskab).

Hun er også dejlig og én, der giver noget dejligt til alle.

304. हेयोपादेय वर्जिता

Heyopādeya varjitā

Hun, som intet har at afvise eller acceptere.

Intet er foreskrevet eller forbudt for Hende; intet skal accepteres eller afvises.

Skrifternes formaninger og forbud gælder ikke for dem, der kender sandheden. Fordi alt i universet er en leg for den Ultimative Sandhed, hvad kan man da forbyde den, der er realiseret? Hvad skal accepteres? Devī befinder sig altid i en sådan tilstand.

305. राज राजार्चिता
Rāja rājārcitā

Hun, som tilbedes af kongernes konge.

Kongernes konge refererer til Manu eller Kubera. Manu var den første konge i menneskehedens historie, som besad skelneevnens kraft. Devī er blevet tilbedt lige siden mennesket blev et tænkende væsen.

Ifølge *Purāṇaerne* er Kubera rigdommens Mester. Når man får mere rigdom, ses der en stigende tilbøjelighed til at fjerne sig fra Gud. Kun de, som har opnået fortjenester gennem gode handlinger, kan nærme sig Gud, selvom den verdslige rigdom øges.

306. राज्ञी
Rājñī

Hun, som er Śivas dronning. Han, som er Herren over alle konger.

Hun er dronningen, fordi verdens suverænitet hviler i Hende. I dette navn afsløres Devīs unikhed, kraft til at herske, suverænitet og universelle ærværdighed.

307. रम्या
Ramyā

Hun, som skænker fryd, og som er herlig.

Devīs nærvær i hjertet fylder de hengivne med glæde og energi.

Hendes skønhed er fra top til tå helt usammenlignelig og stråler med alle Hendes smykker.

308. राजीव लोचना
Rājīva locanā

Hun, hvis øjne er som lotus, hjort og fisk.

Rājīva betyder lotus, dyr og fisk. Således er Hendes øjne lange og åbne som lotusblade, skælvende som dyrets og glødende som fiskens.

Hun er i stand til at give Befrielse til Sine hengivne gennem Sit blik, ligesom en fisk udklækker sine æg ved at kigge på dem.

Når de hengivne ser Devīs form med de fængslende øjne, smelter deres hjerter.

309. रञ्जनी
Rañjanī

Hun, som fryder sindet.

Hun, som skaber en fornemmelse af enhed ved at samle alle Sine hengivnes hjerter i et fællesskab. Alle spørgsmål om social status og position forsvinder i hengivenheden. Kun hengivenhed formår at forene menneskers hjerter på denne måde.

Rañjanī betyder også at farve. Bhāskararāya siger, at Devī er *Rañjanī,* fordi Hun farver den rene Parāmasiva ved Sit nærvær, lige som en rød (hibiscus) blomst farver en klar krystal.

310. रमणी
Ramaṇī

Hun, som giver glæde.

Hun fik Śivas hjerte til at smelte. Han var den, som havde afskåret sig fra alle bindinger og var blevet grundfæstet i *yoga.* På samme måde fryder Hun alle Sine hengivnes hjerter og fortjener at blive lovprist som *Ramaṇī* af alle.

311. रस्या
Rasyā

Hun, som skal nydes, Hun, som nyder.

I *Śruti* står der: "Han alene er essensen." Denne essens er *Brahmans* lyksalighed. Devī fryder sig uophørligt i denne lyksalighed. Samtidig skaber Hun nydelse i Sine hengivne.

312. रणत् किङ्किणि मेखला
Raṇat kiṅkiṇi mekhalā

Hun, som bærer et bælte med ringlende klokker.

Devī bærer Sit bælte over klædningen. I det påkaldende vers bliver Devī beskrevet som "prydet med alle smykkerne (*sarvālankārayauktā*)."

313. रमा
Ramā

Hun, som er blevet Lakṣmi og Sarasvatī.

Devī er både Sarasvatī, som elsker viden, og Lakṣmi, som elsker at danse.

314. राकेन्दु वदना
Rākendu vadanā

Hun, hvis ansigt er yndigt som fuldmånen.

315. रति रूपा
Rati rūpā

Hun, som har taget form som Rati, Kāmas hustru.

Hun, som har antaget en form, der er ren glæde, og som giver denne høje lyksalighed til alle.

I *Gitā* (VII.11) står der: "Blandt de stærke er Jeg styrken uden lidenskab og tilknytning. I alle væsener er Jeg *kāma* (ønsker), som ikke er i modsætning til *dharma,* Oh Arjuna!"

316. रति प्रिया

Rati priyā

Hun, som holder af Rati, Hun, som Rati tjener.

Śiva blev vred på Kāma over, at han forhindrede Ham i at udføre tapas, og derfor brændte Han ham med ilden fra Sit tredje øje. Den efterladte Rati var ramt af sorg, og hun klagede og græd, mens hun kaldte på Devī. Devī følte kærlighed for Rati, og med Hendes velsignelse fik Rati Kāma tilbage. Således blev Devī elsket af Rati, og Rati elsket af Hende.

Rati er den ægteskabelige glæde, og den er nødvendig for, at universet kan overleve. Af denne grund er Devī venligt indstillet over for Rati.

317. रक्षा करी

Rakṣā karī

Hun, som er beskytteren.

Devī er Sine hengivnes beskytter.

Rakṣa betyder "hellig aske,"og således er Hun også ødelæggeren og den, der tilintetgør verden og gør den til aske. Hun bliver beskytteren ved at fjerne alle synder og vanskeligheder hos Sine hengivne gennem Sine velsignelser.

Herren Śiva smykker Sig med hellig aske. Således betyder *Rakṣākari* også Śivas hustru.

318. राक्षसघ्नी

Rākṣasaghnī

Hun, som udrydder hele racen af dæmoner.

Der findes to tilbøjeligheder i mennesker, den ene fører mennesket mod det guddommelige, og den anden fører mennesket mod det dæmoniske. I *Gitā* (IX.12) bliver de to typer forklaret. Den dæmoniske type har kendetegnene: "Forfængelige håb, forfængelige handlinger, forfængelig viden, manglende skelneevne, og delagtighed i den bedrageriske natur, der kendetegner *rākṣasas* og *āsuras*. De er stolte over deres forfængelige evner og hjerteløse. I disse individer er kvaliteten *tamas* fremherskende, og de fornægter Gud.

Modsat har den guddommelige type disse kendetegn: "Har udelukkende delagtighed i *devaernes* natur ved at tilbede Mig, uden at deres sind er rettet mod noget andet og ved at kende Mig, som den uforgængelige kilde til alle væsener." Mennesker af den guddommelige type vil hele tiden være beskæftiget med gode handlinger.

Naturen indeholder begge typer. De *rākṣasiske vāsanaer* bliver ødelagt af Devīs kraft.

319. रामा

Rāmā

Hun, som giver fryd.

Devī er én, der fryder *yogier.*

Rāma er også et fast tilnavn for Lakṣmi.

Rāma betyder "kvinde."Ifølge *Liṅga Purāṇa* hedder det: "Hvad der end har en feminin natur er Devī, og hvad der end har en maskulin natur er Parāmasiva." *Brahmavaivarta Purāṇa* giver det samme budskab: "Hvad end der i de tre verdener fremstår i kvindelig form - alt det, oh Devī, er Din form." Og i *Parāsarasmṛti* står der: "Når kvinder gøres tilfredse, er guderne tilfredse. Når kvinder er vrede, er guderne vrede. Når kvinder er tilfredse, trives familien. Når de ikke bliver æret, går familien i opløsning. "

320. रमण लम्पटा

Ramaṇa lampaṭā

Hun, som er hengiven over for Sit hjertets Herre, Śiva.

Betydningen er, at Devī giver og opretholder enhver kvindes kærlighed og hengivenhed for sin mand.

321. काम्या

Kāmyā

Hun, som skal begæres med længsel.

Af de, som søger Befrielse, skal Devī ønskes mere end nogen anden form for guddom.

Kāmya er også guddommen for den tolvte nat i den mørke månes halvmåned. Devī findes i den form.

322. काम कला रूपा

Kāma kalā rūpā

Hun, som er i Kāmakālas form.

I *Tantra er der tre* binduer: De repræsenterer *Īśvara*, verden og *jīva.*

I vores fysiske verden vil der være to tilbage, hvis vi fjerner en af disse tre. Men ifølge spirituel videnskab vil der kun være én tilbage, hvis vi fjerner en af de tre. Vi har objektet, et spejl, som reflekterer objektet, og reflektionene – objektet er *Īśvara,* spejlet er *jīva*, og refleksionen er verden. Hvis vi fjerner spejlet, vil refeksionen også forsvinde, og kun objektet forbliver.

Objektet er *"kāmabindu,"* og refleksionen er *"kālabindu."* Spejlet er *jīva.* Vi kender *jīva* som *antaḥkaraṇa* – egoet. Således tænker vi om *jīva* som et "Jeg."

De forskellige *binduer* er kendt som *vāgbhavakūṭa, madhyakūṭa* og *śaktikūṭa* (se *mantraer 85-87). Vāgbhavakūṭa* skal ses som *kāmabindu* og *śaktikūṭa* som *kalābindu.*

Kāmabindu er foreningen af Śiva og Śakti. *Kalābindu* er dens manifesterede form. *Kāma* er usynlig, og *kāla* er synlig. *Mantraet "Kāmakalārūpā"* indeholder begge disse.

Det fysiske univers overlever på grund af styrken i *Kāma.* Tiltrækningen mellem maskulint og feminint rummes i *Kāmakāla.* Ifølge dette *mantra* repræsenterer Devī dette aspekt. *Kāmakāla* er kærlighedens kunst. *Kāma* (ønsker, begær) er en af de fire *puruṣārthas,* formål med livet (se *mantra* 291). Ægteskabet er fuldendelsen af begær. Livet i ægteskabet har også navnet "husligt offer"(gṛhamedha). Ægteskabet er et *yajña* (offer), og det er ikke kun, fordi det udføres med *agni* (ilden) som vidne. Kernen i *yajña* er opofrelse. Ægteskabet findes for at praktisere opofrelse og uselviskhed og ikke kun for at tilfredsstille fysisk begær. Det er her, vi finder den virkelige betydning af udsagnet: "Devī er legemliggørelsen af *Kāmakāla."* Man er mentalt set nødt til at udvikle sig til et niveau, hvor man indser, at *kāma* ikke kun er fysisk begær. Med digternes ord: "Kærlighed er ikke bundet til kroppen."

323. कदम्ब कुसुम प्रिया

Kadamba kusuma priyā

Hun, som holder særligt af kadambablomster.

324. कल्याणी

Kalyāṇī

Hun, som skænker gunst.

Kalyāni betyder også: "Hun, som ytrer lykkebringende ord."

325. जगतीकन्दा

Jagatīkandā

Hun, som er roden til hele verden.

Kanda er rod, frø og sky. Devī er roden i den forstand, at Hun er årsag til universets fødsel. Hun er en sky, som gavner verden. Ved at sørge for regelmæssig regn er Hun også den, der sikrer mad og overlevelse. *Śruti* minder os om: "Fra regnen opstår maden."

Her kan "sky" måske også referere til den sky, som kommer ved slutningen af en epoke (*kalpa*). Med andre ord er Devī den, der forårsager *pralaya,* oversvømmelse ved afslutningen af en tidsalder. Hun er hovedårsag til, at universet findes. Hun er næring for dets fortsatte eksistens, og Hun er oversvømmelsen, der opløser det.

326. करुणा रस सागरा

Karuṇā rasa sāgarā

Hun, som er medfølelsens ocean.

I meditationsverset (*dhyāna śloka*) kaldes Hun "*Karuṇātaraṅgitākṣī",* som er én hvis øjne afspejler et hav af medfølelse. Hun er en uudtømmelig kilde til medfølelse, der aldrig tørrer ud. I *Purāṇaerne* findes mange historier, hvor Hun i tale og handling udviser stor godhed over for de hjælpeløse. Hun udviser altid sympati, når Hendes hengivne befinder sig i svære situationer, og med stor godhed viser Hun dem vejen til Befrielse.

Amma siger ofte: "I gamle dage plejede guruerne at initiere diciplene med et *mantra* og samtidig rådede de dem til at chante *Lalitā Sahasranāma* hver dag, fordi den medfølende Devī altid vil være opmærksom på Sine hengivnes velfærd."

Kṛṣṇa vil lade Sine hengivne synke ned i sorgernes og forhindringernes dybe vand, hvor de vil gispe efter luft. Han vil dog sørge for, at de ikke bukker under. Men Devī, som altid er medfølende, vil straks komme den Hengivne til undsætning, når der er vanskeligheder. Derfor kaldes Hun "et ocean af medfølelse".

327. कलावती

Kalāvatī

Hun, som er legemliggørelsen af alle kunstformer.

Alle de fireogtres kunstformer er lemmer på Devīs krop.

Kalā betyder også en del af månen, som er halv. Devī bærer en halvmåne, som pryder Hende.

328. कलालापा

Kalālāpā

Hun, som taler melodiøst og sødt.

Devī formår at omdanne sød tale til forskellige kunstformer.

Hun er også Kalālapa, fordi Hendes hengivne synger søde lovsange, som priser Hende.

Ka er *Brahman, lala* er spyt, og *āpa* er én, som opnås. Således er Hun ifølge Bhāskararāya den, som gør Sine hengivne i stand til at nå *Brahman* lige så naturligt, som spyt flyder i munden.

329. कान्ता

Kāntā

Hun, som er smuk.

Hun er meget tiltrækkende for de Hengivne.

Ka er *Brahman, anta* er endelig. Således betyder dette *mantra*, at Devī helt afgjort er den udelte *Brahman.*

Devī findes i form af *Kāntā,* den daglige guddom, som hersker over den ellevte nat i den mørke månes halvmåned.

330. कादम्बरी प्रिया

Kādambarī priyā

Hun, som holder af mjød.

Det, der beskrives her, er ikke sædvanlig opløftethed, men *Brahmans* lyksalighed. Devī er én, som konstant er fordybet i lyksalighed. *Kādambari* er også navnet på en drik, som er lavet af kadambablomster. Devī holder af denne drik.

Kādambari er navnet på Sarasvatī, som Devī holder af.

331. वरदा

Varadā

Hun, som gavmildt skænker velsignelser.

Hun, som skænker velsignelser til Brahmā, Viṣṇu og alle Sine hengivne. *Vara* betyder også eksalteret, højest. Hun giver alt, der er bedst, til Sine hengivne. Det bedste er *mokṣa* (Befrielse). Devī giver den højeste velsignelse, som er Befrielse. Bhāskararāya forklarer i *Saubhāgyabhāskara,* (idet *Devī Bhāgavata* bliver citeret), at fra roden vṛ (at vælge) kommer ordet *varadā* (giveren af det, der vælges). Fordi Devī opfylder alle *devaernes* ønsker, når de søger Hendes velsignelser, bliver Hun hyldet som *Varadā,* giveren af det valgte.

I *Saundarya Laharī* (vers 4) siger Śankara: "Åh Devī, hvor de andre guddomme bruger hænderne til at beskytte deres hengivne fra frygt og opfylde deres ønsker, er Du den eneste, som ikke gør det. Når alt kommer til alt, er kun Dine fødder i stand til at beskytte os fra frygt og give os mere, end vi ønsker."

Det siges, at tilbedelse af Devī på *navami* (den niende dag i månekalenderens halvmåned) er særligt gavnlig. Det er ikke sådan, at tilbedelse af Hende på andre dage er uden værdi, men en *pūja* på *navami* er særligt givende. "Denne Devī skal altid tilbedes med stor koncentration på *navami.* Hun vil uden tvivl være den, der skænker alle verdeners velsignelser," siges det.

332. वाम नयना

Vāma nayanā

Hun, som har smukke øjne.

Vāma betyder "smuk", og *nayana* betyder "øje," det som fører an og "giver bevis". *Mantraet* betyder også: "Hun som giver tydelige beviser." *Vāma* betyder også venstre side. Der findes en "venstresidet vej" (*vāmācāra)* for tilbedelse af Devī. Hun fører Sine hengivne ind på denne vej. Hun er også "øjet" hos en *vāmācārin,* den hengivne som følger denne tilbedelsesvej, og den, som fører dem på den rette vej.

Vāma har også betydningen "frugten af forsømmelser" eller "frugten af *karma*". Forsømmelse fører til syndige handlinger. (Her menes der forsømmelse af godhed og sandhed). Devī er også den, som fører os til den uundgåelige frugt. Hun er både roden til det gode og det onde. *Vāsanaer* påvirker mennesker til at gøre det gode og det onde. *Vāsanaer* er samtidig forbundet til ens *karma.* Spørgsmålet "Hvad kommer først *vāsana* eller *karma?"* er det samme som "Hvad kommer først, træet eller frøet?" Det fører til en endeløs række af spørgsmål, som ikke kan besvares fuldt ud, en uklar tilstand kendt som "*anāvastha*" (ikke afgjort) inden for filosofien.

333. वारुणी मद विह्वला

Vāruṇī mada vihvalā

Hun, som er beruset af vāruṇī.

Vāruṇī kan være berusende likør, druesaft eller *soma* (en nektarfyldt drik). Det er også lyksaligheden ved *Brahman.* Hun, som findes i denne berusede tilstand. Devī nyder den berusende lyksalighed ved det højeste og glemmer alt, der sker i universet.

Saften, som udskilles fra dadler, kaldes *vāruṇī*, fordi Varuṇa holdt af den.

En alternativ tolkning kan findes ved at opdele navnet som *vāruṇīmat + avihvalā*. *Vāruṇīmat* er én, som hører til Varunaområdet, én som lever i oceanet, som i dette tilfælde er Ananta. *Avihvala* er én, som ikke bliver urolig. Ligesom den store slange Ananta understøtter verden uden anstrengelse, støtter og hersker Devī ubesværet og uden bekymringer i hele universet. I *Viṣṇu Purāṇa* står der: "Ādiśeṣa (Ananta) tilbeder Devī med sin store krop." Bhāskararāya bemærker, at Ananta understøtter universet uden at blive træt og udmattet, fordi han modtager Devīs nåde.

En anden fortolkning er, at det er én, som har besejret *vāruṇīnādī* og er blevet ubekymret. Ifølge *yogaśāstra* er *vāruṇīnādī* en *nādī* (nerve), som findes over, under og overalt. Vāyu er dens guddom.

334. विश्वाधिका

Viśvādhikā

Hun, som transcenderer universet.

Én, som er hinsides de seksogtredive *tattvas* fra jorden til Śiva. "At transcendere universet" refererer ikke til udstrækningen i denne sammenhæng. Der bliver refereret til den kraft, som understøtter utallige solsystemer. I dette tilfælde er det, der understøttes, indeholdt i understøttelsen. Devī transcenderer universet i den forstand, at Hun eksisterede før universet blev til.

335. वेदवेद्या

Vedavedyā

Hun, som er kendt gennem Vedaerne.

I *mantra* 57 beskrives Devī som boende i et *cintāmaṇi* (ønskeopfyldende) slot. Der findes fire døre ind til slottet. Det er de fire *Vedaer.* Det siges, at Devī kan ses gennem disse døre.

Der findes fire *Vedaer (Mahābhārata* er kendt som den femte *Veda*). Ifølge *Śruti* hører den østlige fjerdedel til *Ṛgveda*, den sydlige til *Yajurveda*, den nordlige til *Sāmaveda* og den vestlige til *Artharvaveda (Taittiriya Brahmāna). Vedaernes* herskende guddomme er: *Śuddhavidya* og tjenere, *Saundaryavidyā* og tjenere, *Turiyāmba* og tjenere og *Lopāmudrā* og tjenere for henholdsvis *Ṛg, Yajus, Sāma* og *Atharva Vedaerne.*

336. विन्ध्याचल निवासिनी

Vindhyācala nivāsinī

Hun, som har bopæl i Vindhyabjergene.

Devī Mahātmāyā fortæller om perioden Vaivasvata Manu, hvor Devī inkarnerede som "Nanda" og sejrede over *asuraerne* Śumbha og Niśumbha i Vindhyabjergene. Efter dette bosatte Hun Sig efter de hengivnes ønske på dette bjerg.

337. विधात्री

Vidhātrī

Hun, som skaber og opretholder universet.

Hun er en meget særlig Moder, fordi Hun ikke er som almindelige mødre. Hun lader sin overstrømmende moderlige kærlighed og medfølelse oversvømme de hengivne.

Amma siger: "Børn, den mor som fødte jer, kan tage vare på jer i dette liv. Selv det er sjældent i disse tider. Men det er Ammas mål at føre jer hen til nydelsen af lyksalighed i alle jeres liv!"

Det betyder også hustru til Vidhāta (Brahmā).

Dhātri er også stikkelsbær. Devī holder særligt meget af disse bær.

338. वेद् जननी

Veda jananī

Hun, som er Vedaernes Moder.

I *Śruti* står der, at *Vedaerne* er Brahmans åndedrag: "*Ṛgveda* og *Yajurveda* er åndedraget, som gik ind og ud af dette store væsen."

Ifølge *Devī Purāṇa:* "*Vedaernes* vokaler og konsonanter opstod fra *Kuṇḍalinī*, som har en trekantet form, og derfor huskes Hun som Moder til *Vedaerne.*"

339. विष्णु माया

Viṣṇu māyā

Hun, som er Viṣṇus illusoriske kraft.

Viṣṇu betyder: "Én, som skjuler universet". I *Gitā* (Vii.1 4) siger Herren Kṛṣṇa: "Denne Guddommelige Illusion, som er Min, er i sandelighed gjort af *guṇaer.* Den er vanskelig at overvinde. De, som ikke søger tilflugt i andet end Mig, kan krydse illusionen." Og i *Kālīka Purāṇa* står der: "*Viṣṇumāyā* er det, som får alt til at manifestere sig og forsvinde igen ifølge *sattva, rājas* og *tamas guṇaerne.*"

Māyā er det, som ikke er, hvad det synes at være. Det skal ikke anses for at være det, som ikke eksisterer.

Viṣṇumāyā kan fortolkes som én, som udsætter selv *Viṣṇu* for Sit *Māyā.*

340. विलासिनी

Vilāsinī

Hun, som er legende.

Vilāsa er kraften til projektion, som hører under *Māyā.* Det er denne kraft i Devī, som skjuler den virkelige Sandhed og narrer sindet ved projektionen af det synlige univers med navne og former. Bhāskararāya siger: "*Vilāsa* er Hendes kraft til projektion."

Vilāsinī er Hende, som bor i *vila,* som er *Brahmārandhra* i den tusindbladede lotus. Skjult i *Brahmārandhra* smelter Devī sammen med Sadāśiva og indgår i leg. *Brahmārandhra* er det område i kronen, hvor *suṣumnā* slutter. En *yogins* sjæl forlader kroppen ved at bryde gennem den. Devī holder til her, hvor Hun er ledsaget af skarer af *Rudras.*

341. क्षेत्र स्वरूपा

Kṣetra svarūpā

Hun, hvis krop er materien.

De seksogtredive "kategorier" (*tattvas)* fra jorden til Śiva udgør Hendes krop.

Liṅga Purāṇa anser Śiva for at være vidende om materien (*kṣetrajña)* og Devī som *kṣetra* (materie).

342. क्षेत्रेशी

Kṣetreśī

Hun, som er hustru til Śiva, Kṣetreśā (Herre over materien, over alle væseners krop).

Eller Hun som Selv er hersker over materien og alle væseners krop.

Acārya Śankara siger i sin *Daśasloki,* lovsang med ti vers: "Jeg er hverken jord eller vand, ej heller ild, ej heller luft, ej heller æter, ej heller sanseorganerne, ej heller samlingen af disse. For de er alle forbigående, og deres natur varierer, mens Selvet er det, hvis eksistens er bevist ved den unikke oplevelse af dyb søvn. Jeg er den Ene, lykkebringende og rene, som alene forbliver."

343. क्षेत्र क्षेत्रज्ञ पालिनी

Kṣetra kṣetrajña pālinī

Hun, som er beskytter og kender af materien og derfor kroppens og sjælens beskytter.

Dette navn skal forstås i sammenhæng med de to tidligere navne.

I *Viṣṇustuti* findes udsagnet: "Denne krop er kendt i verden som "feltet" (*kṣetra*)."

I *Gitā* (XIII-1) siger Herren Kṛṣṇa: "Denne krop, Åh søn af Kunti, kaldes feltet (*kṣetra*) og den, der har erkendt den, kaldes for én, der har erkendt feltet, (*kṣetrajna*) af dem, der kender dem."

I *Liṅga Purāṇa* står der: "De vise kalder de fireogtyve *tattvaer* ved navnet *kṣetra* og *Puruṣa* (der nyder *kṣetra*) ved navnet *kṣetrajna.*" Ifølge *Sānkhya* systemet findes der i alt femogtyve grundkategorier (*tattvas*). Fireogtyve *tattvas* er kendt som *kṣetra,* og *Puruṣa* er den femogtyvende, *kṣetrajna.* Man refererer til tilhængere af *Sānkhya* systemet som "vidende om femogtyve kategorier".

I *Vāyu Purāṇa* findes det følgende citat: "Det umanifesterede (*avyaktā*) er kendt som *kṣetra* og *Brahman* som *kṣetrajna.*" Og i *Brahmā Purāṇa* står der: "*Kṣetraer* er kroppene, og sjælen er forenet med dem. Den der nyder ifølge sin fornøjelse er *kṣetrajna.*"

Endelig står der også i *Manu Smṛti*: "Han, som får den legemliggjorte sjæl til at handle, er *kṣetrajna,* den, som udfører handlingerne, er *bhūtātman* (selvet i elementernes form) og den, som gennem kroppen oplever glæde og smerte, er *jīva.*"

Det er på grund af kroppen, at vi kender til "jeg" og "min". Men kun meget få ved, at Sandheden ikke er kroppen, men den sjæl, der bebor kroppen. Devī giver beskyttelse til både *kṣetra* og *kṣetrajna,* (krop og sjæl) længe før *jīva* har erkendt dette princip.

344. क्षय वृद्धि विनिर्मुक्ता

Kṣaya vṛddhi vinirmuktā

Hun, som er fri for vækst og forfald.

Alle ting i universet er underlagt seks former for forandring: fødsel, eksistens, vækst, transformation, forfald og død. Devī er ikke berørt af disse seks. Det forklares detaljeret i *Gitā* (II:23-24): "Ham, som ikke rammes af våben, Ham, som ilden ikke brænder, og Ham vandet ikke gør våd. Ham vinden ikke tørrer. Han kan ikke rammes, brændes, gøres våd eller gøres tør. Han varer evigt, gennemtrænger alt og er evig".

Devī, som er *Parāmātman*, er evig, og af den grund vokser Hun ikke og går ikke i forfald. *Bṛhadāraṇyaka Upaniṣad* (IV.4.22) forklarer, at den, der kender *Brahman,* besidder en sådan storhed. Han bliver ikke styrket eller svækket af handling. Han vokser ikke ved gode handlinger og svækkes ikke ved dårlige handlinger.

345. क्षेत्र पाल समर्चिता

Kṣetra pāla samarcitā

Hun, som tilbedes af Kṣetrapala.

Devaerne blev ængstelige, da Devīs vrede ikke faldt til ro efter dæmonen Dāruka blev dræbt. De søgte at finde en måde, hvorpå de kunne berolige Hende. Śiva tog form som en baby, og mens Han lagde sig foran Devī, begyndte Han at græde højlydt. Da Hun så babyen, tog Hun den i sine arme og ammede den, og det dyssede Hendes vrede ned. Babyen drak Hendes vrede sammen med mælken. Śiva i denne babys form er kendt som Kṣetrapāla. *Mantraet* betyder, at Devī bliver tilbedt af denne Kṣetrapāla.

Kṣetra er kroppen, som forklaret ovenfor, og Kṣetrapāla er kroppens beskytter, den *samsāra*-bundne *jīva. Jīva* er den tilbedende, og Devī er tilbedt af ham.

Kṣetra betyder: "Stedet for rituelle ofringer" som *yāgas* og også et tempel. Devī tilbedes af de, der passer *(pāla)* disse.

346. विजया

Vijayā

Hun, som er evigt sejrende.

Også én med særlig viden.

Devī fik navnet *Vijayā* efter drabet af *asuraen* Padma.

Ifølge Viśvakarma, videnskaben om arkitektur, er *Vijayā* navnet på en lykkebringende bygning.

Vijayā er også navnet på en guddom i Kashmir, som er et af de otteogtres hellige steder.

Vijayā er også navnet på en lykkebringende time. På den tiende dag (*daśami*) af den klare halvmåned i måneden *Asvīna* (september-oktober) findes en time, hvor stjernene dukker op, som er kendt som *Vijayā* timen (*Vijayādaśami*). Denne time falder mellem kl. syv og ni om aftenen. Det er en lykkebringende time, som egner sig til at begynde alle slags forehavender. Devī er *Vijayā*, eftersom Hun er tilbedt i denne lykkebringende time i *Vijayādaśami.*

347. विमला

Vimalā

Hun, som er uden spor af urenhed.

Vimalā er et helligt hus. Viśvakarma har ifølge *Purāṇaerne* bygget ti slags hellige huse: *Dhanya, Dhruva, Jaya, Manorama, Nanda, Nidhana, Sumukhya, Vijayā, Vimalā* og *Vipula.*

Ifølge *Padma Purāṇa* er *Vimalā* guddommen på det hellige sted, Puruṣottama.

348. वन्द्या

Vandyā

Hun, som er henrivende, værd at tilbede.

Devī er alles tilbedelse værdig. I *Saundarya Laharī* er det fremhævet ved beskrivelsen: "Oh Devī, Du er tilbedt af Viṣṇu, Śiva, Brahmā og andre.

349. वन्दारु जन वत्सला

Vandāru jana vatsalā

Hun, som er fyldt med moderlig kærlighed til dem, som tilbeder Hende.

350. वाग् वादिनी

Vāg vādinī

Hun, som taler.

Hun, som giver Sine hengivne evnen til at sige de passende ord ved en hvilken som helst lejlighed.

Hvilken interesse modtager en lærd, som ikke har flair for at tale? Talens gave er en velsignelse, ligesom det er en velsignelse at være lærd. Den opnås ved Devīs nåde.

Det er blevet nævnt, at alle vokaler og konsonanter opstod fra Devī. Det nærværende *mantra* fortæller, at Hun også er den, som får ordene, der består af disse lyde, til at forme sig på vores læber på en passende måde.

I *Laghustava* prises Devī på følgende måde: "Eftersom Du alene er oprindelsen til alle ord, er Du kendt i verden som *Vāgvādinī.*"

Vāgvādinī er også navnet på en guddom, som er ingen anden end Devī.

351. वाम केशी

Vāma keśī

Hun, som har smukt hår.

Vāmakeśa er menneskets Herre, eller Śiva (*Vāmaka:* mand, *isa:* herre).

Vāmakeśi er Śivas hustru.

Vāmakeśa er også en af otteogtyve *Tantraer.*

Vāmakeśi er navnet på Jaṭa guddommen, et af de otteogtres hellige steder.

352. वह्नि मण्डल वासिनी

Vahni maṇḍala vāsinī

Hun, hvis bolig findes i ildens runde kugle.

Vahni betyder ild. *Vahnimaṇḍala,* ildens kugle, siges at være i *mulādhārā* eller i *parāmākāśa,* den Højeste Æter.

Traditionelt skelnes der mellem tre former for ild: Ilden, der brænder ved ligbålet, ilden, der brænder på offerstedet, og ilden, der brænder i hjemmet.

Vahnimaṇḍala er fortolket som tre kugler (ifølge Bhāskararāya). Således betyder *mantraet* "Hun som bor i de tre *maṇḍalaer* (runde kugler)," som er solen, månen og ilden. Det er blevet nævnt, at Devī hersker over disse tre "runde kugler" i *Śrīcakra: agnimaṇḍala* (ildens runde kugle) i *svādhiṣṭhāna, sūryamaṇḍala* (solens runde kugle) i *anāhata* og *candramaṇḍala* (månens runde kugle) i *sahasrāra* (se *mantraerne* 99, 240). Således er Devī til stede i alle slags ild, både de indre og de ydre former for ild.

353. भक्तिमत् कल्प लतिका

Bhaktimat kalpa latikā

Hun, som er kalpaslyngplanten for Sine hengivne.

Kalpatræet og *Kāmadhenu,* den hellige ko, siges at have kraften til at opfylde alle ønsker. Som *kalpatræet* kan denne slyngplante efterkomme alle de hengivnes ønsker.

Bhaktimat kalpa refererer også til hengivne, som ikke er fuldkomne. Devī giver Sine ufuldkomne hengivne en chance for at blomstre og klatre opad (som en slyngplante) og blive fuldkomne.

Śaktirahasya gør det klart, at tilbedelse af Devī, som ikke er fuldkommen eller endog med ufuldkommen hengivenhed med tidens gang fører til fuldkommen hengivenhed.

Kalpa betyder også moskus og jasmin. Devī skænker en rigelighed af dufte til Sine hengivne.

354. पशुपाश विमोचिनी
Paśupāśa vimocinī

Hun, som forløser de uvidende fra bundethed.

Paśu betyder "dyr." Det, som ser (*paśyati*), er *paśu.* Den *jīva,* der er bundet af *samsāra,* er ikke meget bedre end et dyr. Devī befrier ved at fjerne *karmaens* binding (*pāśa*).

Paśu betyder bogstaveligt talt et dyr, som ikke er frit. Betydningen er, at alle levende ting har en iboende binding, og at de er som tamme dyr, der holdes af Īśvara. I *Liṅga Purāṇa* står der, at fra *Brahmā* til træet er alle ting underkastet *Māyā,* og de er *paśus* for Herren Śiva, fordi de har en dyrisk natur.

Ifølge *Bṛhadāraṇyaka Upaniṣad* (1.4.10) er *paśu* den, som stadig fastholder en oplevelse af adskilthed (dualitet): "Han, som tilbeder Gud og tænker: "Han er forskellig fra mig, og Jeg er forskellig fra ham," ved ikke. Han er som et dyr (*paśu*)."

Mennesket, *manuṣya,* er én, som tænker; og det er værd at huske, at der er lang vej før *paśu* bliver menneske.

Pāśa betyder reb; det som binder. Med Eruttacchans ord fra *Bhāgavata Kirtana:*

"Bindinger er menneskets karma

For at blive fri, må de brydes
Ved at spise karmaens frugt;
Hør op med at skabe bindinger!

Pāśa er tørstens og sultens bånd (*pa* og *āśa).* Devī befrier én fra dette bånd. Den, der er opslugt i tilbedelse af Hende, kender ikke længere til sult og tørst. "*Paśuer* er de, som har ønsker om at spise og drikke. De taler ikke om *Brahman.* Ifølge *Śruti* er de ikke opmærksomme på denne verden eller den næste, nutiden eller fremtiden."

Pāśa er uvidenhedens bånd, og *paśu* er den, hvis frihed er gået tabt på grund af binding. I spiritualitetens sprog er såvel *Māyā* som de tre *guṇaer* og karma alle sammen former for bindinger. Betegnelsen *pāśa* konnoterer alt, som opstår ud af disse.

Der findes fem slags lidelser, som påvirker den bundne *jīva.* Disse er også *pāśaer.* Gennem yogaens kraft frisætter Devī mennesket fra disse bindinger. Ifølge *yogaśāstra* er de fem lidelser uvidenhed, egoisme, begær, vrede og intens tilknytning. Uvidenhed (*avidyā)* er manglende kendskab og manglende evne til at skelne mellem selv og ikke-selv. Egoisme (*asmita*) er misforståelsen, hvor kroppen ses som selvet. Begær (*rāga*) er tiltrækning, der opstår fra ønsket om det behagelige. Vrede (*dveṣa*) er modviljen mod alt, som står i vejen for, at man kan nyde det behagelige. Intens tilknytning (*abhiniveśa*) er at klamre sig til sanseobjekter, selvom man ved, at de skader ens velfærd.

Svarende til disse lidelser, der nævnes i *yogaśāstra,* finder man denne liste i *Purāṇaerne*: mørke (*tamas*), forvirring (*moha*), stor vildfarelse (*mahāmoha),* vrede eller mørke (*tāmisra)* og sjælens dybe mørke (*andhatāmisra*). I *Liṅga Purāṇa* gøres det klart, at disse lidelser er de samme som dem, der blev nævnt ovenfor.

Ordet *pāśa* betyder også tallet tooghalvtres. Det siges, at der findes tooghalvtres slags *pāśa* eller bånd. I *Śivarahasya* står der, at Devī redder Sine hengivne fra fem lidelser og tooghalvtres *pāśaer.*

Ifølge *Śaiva* skrifterne findes der tre typer bindinger: *anupāśa, bhedapāśa* og *karmapāśa.*

Anupāśa er misforståelsen, der går ud på, at det udelelige og ubegrænsede selv på en eller anden måde er begrænset. Det er også kendt som "*aṇava*-urenhed" eller *aṇava mala* (*mala* er noget, der ikke er iboende.) *Bhedapāśa* er at se Selvet som havende mange forskellige former. Selvet er et og unikt. Ifølge *Śaivafilosofien* er *Māyā* den grundlæggende årsag til, at man ser mange forskellige former. Derfor er bindingen også kendt som "*māyā*-urenhed"eller *māyāmala* (*Māyā* anses for at være den sjette *tattva*. De andre fem er *Parāśiva, Sadāśiva , Īśvara, Rudra* og *Brahmā*). *Karmapāśa,* den tredje type binding, er resultatet af handlinger, som får *jīva* til at antage en krop. Det er også kendt som "*karma*-urenhed"eller *karmamala.* Handlinger, som er godkendt af skrifterne, fører til højere fødsler, mens de forbudte fører til lavere fødsler.

De, som kun er bundet af *anupāśa,* er kendt som *vijñānakevalas.* De, som er bundet af *anu-* og *karmapāśas,* er kendt som *pralayākalas,* og de, som er bundet af alle tre, er kendt som *sakālas.* Den, som befrier sig selv fra alle tre former for bindinger, bliver til Śiva Selv – alvidende og almægtig.

Devī er ikke forskellig fra Śiva, som befrier *jīva* fra alle tre former for binding. Derfor er Hun kendt ved navnet "Befrier fra binding."

Dette *mantra* kan også fortolkes således: "Hun som giver befrielse fra *samsāra* til dem, der ønsker at opnå *Paśupa* eller Śiva, beskytteren af *paśuer."Paśupa* kan også betyde Viṣṇu.

Igen siges bindinger (*pāśaer*) at referere til seksten former for uvidenhed og syv former for sorg. Devī er den, som befrier fra alle disse.

Pāśa betyder også "terning." Bhāskarācārya ser den følgende betydning i dette *mantra*: "Mens Hun spiller terning med Śiva, besejrer Hun ham ved at kaste terningen på bordet.

Vi har allerede nævnt, at *jīva* i *samsāra* er *paśu.* Der findes tre slags *jīvaer:* verdslige, *yogier* og vidende (*tattvajñas).* I de verdslige vokser bindingerne og bliver større og stærkere. I *yogier* forvandles de til aske. I de vidende forbliver bindingerne i dvale uden at vågne. Devī befrier dem alle fra deres bindinger ud fra, hvad de har fortjent.

355. संहृताशेष पाषण्डा

Samhṛtāśeṣa pāṣaṇḍā

Hun, som ødelægger alle kættere.

De, som taler og handler imod *dharma,* repræsenterer kættere. Til tider forener de sig og danner deres egen religion. Devī er den, som ødelægger dem alle. En anden for for dette *mantra* er "Samhṛtāśeṣapākhanḍā." *Pākhanḍa* er én, som anfægter betydningen af *Vedaerne.*

356. सदाचार प्रवर्तिका

Sadācāra pravartikā

Hun, som er fordybet i (og inspirerer andre til at følge) den rette opførsel.

Devī handler i fuldstændig overensstemmelse med værdier som sandhed, retfærdighed, kærlighed og *ahimsa* (ikke-voldelighed). På samme måde sikrer hun en tilsvarende opførsel blandt andre. Hun inspirerer mennesker til at følge forskrifterne i *Vedaernes karmakāṇda* og *jñānakāṇda* (de sektioner af *Vedaerne,* som handler om henholdvis ritualer og sand spirituel viden).

I *Kūrma Purāṇa* erklærer Devī Selv: "Åh konge, på min befaling blev de atten *Purāṇaer* skabt af Vyāsa og de supplerende *Purāṇaer* (*upapurāṇaer)* af hans disciple for at skabe *dharma* (retfærdighed). I hver alder (*yuga)* udfører Vyāsa, som kender *dharmaens* essens, denne opgave. *Dharma*principperne er udlagt i de fire *Vedaer*, i de fire supplerende *Vedaer,* (*upavedaer*), i de seks uddybende værker til *Vedaerne* (*vedāngas*), i det filosofiske system *mīmānsa,* i *nyāga* (logik), i *dharmaśāstra* (jura) og i *Purāṇaerne*, som alt i alt udgør 18 forskellige kilder til viden. Denne *dharma,* som blev grundlagt af Brahmā, Manu, Vyāsa og andre på Min befaling, vil vare ved, indtil universet bliver opløst." De fire supplerende *Vedaer* eller *upavedaer* er: *āyurveda* eller lægevidenskab, *dhanurveda* eller militærvidenskab, *gandharvaveda* eller musik og *sthāpatyaveda,* som står for arkitektur. De seks uddybende værker til *Vedaerne* eller *vedāngaerne* er *śikṣā* (fonetik og viden om udtale), *kalpa* (viden om ritualer og ceremonier), *vyakarana* (grammatik), *nirukta* (de *Vediske* ords etymologi), *chandas* (intonation) og *jyotiṣa* (astronomi).

357. ताप त्रयाग्नि सन्तप्त समाह्लादन चन्द्रिका

Tāpa trayāgni santapta samāhlādana candrikā

Hun, som er måneskinnet, der glæder dem, som er blevet forbrændt af den tredobbelte lidelses ild.

De tre former for lidelse er *ādhyātmika* (fra ens egen krop), *ādhibhautika* (fra elementerne) og *ādhidaivika* (fra guddommelige kræfter).

Sorger, som opstår fra den enkeltes krop og sind, hører til i den første kategori. Elementerne – ild, vand, vind, jord – er årsag til lidelser i den anden kategori. Uventede katastrofer, som er afstedkommet af guddommelig vilje hører til den tredje kategori.

Lidelse bliver sædvanligvis sammenlignet med ild. *Tāpa* kan i dette *mantra* også forstås som hede. Devī er glædens måneskin, som afkøler ilden fra alle slags lidelser.

358. तरुणी

Taruṇī

Hun, som er evigt ung.

Alder berører ikke Hende, som er hinsides tid. Hun er immun over for forandringer. Hvordan kan tiden forandre Hende, når Hun er den, der kontrollerer tiden?

359. तापसाराध्या

Tāpasārādhyā

Hun, som tilbedes af asketer.

Hun tilbedes ikke kun af store vismænd, men også af Śiva, som er den største asket af dem alle.

Dette *mantra* kan også tolkes således: "Hun, som man skal meditere på, så længe elendigheden i *samsāra* varer ved." (*Tāpa* er *samsāras* elendighed. *Sāra* er essensen, i dette tilfælde *jīva: a,* "til slutningen" og *dhya* "som skal mediteres på".)

360. तनु मध्या

Tanu madhyā

Hun, som har en slank talje.

En slank talje anses for at være tegn på kvindelig skønhed. Devī er legemliggørelsen af skønhed. Al skønhed, som kan ses i verden, er kun en fraktion af den skønhed, som Hun besidder. Hvad mere kan man sige, om Hendes umådelige skønhed?

Devī er også tidens natur. Tiden består af fortid, nutid og fremtid. Fortiden og fremtiden strækker sig uendeligt, men nuet er kun et flygtigt øjeblik. Devī er én, som kun har en meget tynd midte – nutiden. Nutiden fylder så lidt, at man end ikke er sikker på, om den eksisterer (se *mantra* 847).

Tanumadhyā er guddommen, som bliver tilbedt i Kāñcīområdet. Det er også navnet på et træ.

361. तमोपहा
Tamopahā

Hun, som fjerner uvidenhed affødt af tamas.

Devī er den, som fjerner uvidenhed. Uvidenhed er illusion, *Māyā.* Devī fjerner den hengivnes illusioner.

Tamas er den grundlæggende årsag til al ulykke. *Bhagavad Gitā* gennemgår flere steder den uvidenhed, sløvhed og bedøvelse, som opstår fra *tamas.*

Tamas er mørke. Devī er den oprindelige sol, som gennemtrænger mørket, når den står op.

362. चित्
Cit

Hun, hvis form er ren intelligens.

Bhāskararāya siger, at *cit* er legenliggørelsen af visdom modsat uvidenhed (*avidyā*). *Cit* står for *icchā* og *jñāna,* som er viljekraften og videnskraften. Det er den uafhængige kraft i viden (*jñānaśakti*), som forårsager skabelsen af universet. Handlekraften (*kriyāśakti*) opstår kun, når viljekraften (*icchāśakti*) og kraften i viden eksisterer. Der må være opmærksomhed på noget. Der må være vilje eller ønske, og kun herefter følger handlingen. Således er de tre kræfter komplementære (se *mantra* 658).

363. तत् पद लक्ष्यार्था
Tat pada lakshyārthā

Hun, som er legemliggørelsen af Sandhed, (som er indikeret af ordet "Tat").

Tat tvam asi – Det du er. *Tat* er *Brahman. Brahman* er beskrevet som betinget eller ubetinget (*sakāla* og *niṣkala).* Ordene *saguṇa* og *nirguṇa* viser også hen til denne skelnen. Ønske og viden om skabelse af universet opstår i den betingede (*sakāla*) *Brahman:* "Han ønskede at blive til mange. Den ubetingede (*niṣkala.*) *Brahman* er hinsides kræfterne i vilje, viden og handling.

Den bogstavelige betydning af *tat* er den betingede *Brahman.* Men den indikerer ifølge Bhāskararāya indirekte (*lakṣya*) den ubetingede *Brahman.* Således viser *tat* hen til den absolutte *Brahman,* hvis form vi ikke kan forestille os. Igen fremkaldes et billede på Devīs formløse og umanifesterede natur.

364. चिद् एक रस रूपिणी

Cid eka rasa rūpiṇī

Hun, hvis natur er ren intelligens. Hun, som er grunden til viden.

Cit, ren intelligens, er en egenskab ved den ubetingede *Brahman.*

Betinget og ubetinget (*saguṇa* og *nirguṇa*) *Brahman* er ikke virkeligt forskellige. På grund af betingning omtales de som forskellige. Essensielt set er de det samme, og Devī er den ene essens, som *mantraet* fremhæver.

365. स्वात्मानन्दलवी भूत ब्रह्माद्यानन्द सन्ततिः

Svātmānandalavī bhūta brahmādyānanda santatiḥ

Hun, som gør Brahmās og andres lyksalighed ubetydelig sammenlignet med Hendes egen lyksalighed.

Den samlede lyksalighed, som findes i alle fra levende væsener til Herren Brahmā, blegner i forhold til Devīs lyksalighed. "Hvad nytter det at opnå selv Indras tilstand. Den er så tom," synger Eruttachan.

Hvis ikke den spirituelle lyksalighed, den solide udødelige lyksalighed i enhed med Selvet var det højeste, ville modige *yogier* så have fortsat med at søge efter den og forsage alle glæderne i den fysiske verden? Selv et øjeblik af den lyksalighed gør livet udødeligt og uvurderligt. Devī er en ren manifestation af den *amritānandam* – udødelig lyksalighed.

366. परा
Parā

Hun, som er det højeste. Hun, som transcenderer alt.

Parā er manifestationen af *Brahman*-som-lyd (*Śabdabrahman)* i den individuelle krop (*piṇḍāṇḍa*). De fire former for *Brahman*-som-lyd, *parā, paśyanti, madhyamā* og *vaikharī* er beskrevet i dette og de næste adskillige *mantraer.*

Under *pralaya,* opløsningens tid, smelter universet sammen med *Brahman,* og *jīvaerne* uden opmærksomhed og handling, er indeholdt i det. Tilstanden, hvor *Brahman* bliver bundet af *Māyā* i form af umodne handlinger kaldes *ghanībhūta,* den Stivnede tilstand (en tilstand, hvor det ikke er klart, hvornår og hvordan skabelsen vil begynde). Tilstanden, hvor handlinger begynder at modnes, og skabelsen er nært forestående, er kendt som *vicikīrṣā* (længsel efter handling). Tilstanden, hvor handlinger modnes i udfoldelsen af *Māyā,* er skabelsens begyndelse og også kendt som *avyaktā* (endnu ikke manifestereret). Denne tilstand er udrustet med de tre *guṇaer.* Da det er universets udspring, kaldes det *kāraṇabindu* (det Kausale Punkt). I *Prapañcasāra Tantra* står der, at den stivnede *Brahman* (*ghanībhūta*) blev det kausale punkt på grund af længsel efter handling.

Fra *kāraṇabindu* (Kausale Punkt) formes der følgende ved begyndelsen af skabelsen: *kāryabindu* (Effektens Punkt), som er *parā* eller højest, *nāda* eller lyd, som er subtil og *bīja,* som er grov. Blandt disse er *parā* intelligens (*cit), nāda* ("subtil") en kombination af intelligens og ikke-intelligens (*cit-acit)* og *bīja* ("grov") er ren ikke-intelligens.

Når parällelle forandringer finder sted i individet, *jīva* (*piṇḍāṇḍa*), som korresponderer med den ovennævnte proces i det kosmiske væsen (*brahmāṇda),* formes der tanker og handlinger.

I individet er *Śakti*, svarende til *kāraṇabindu, Kuṇḍalinī,* som befinder sig i *mulādhārā.* Når den altgennemtrængende, umanifesterede *Brahman*-som-lyd først kommer til syne ubevægeligt i *mulādhārā* er den kendt som *parā.* Når denne lyd rejser sig og går op til *maṇipūraka cakra* i navlen (ifølge nogle kilder op til *svādhiṣṭhāna)* og forstærkes, kaldes den *paśyanti. Paśyanti* er kendt som *sāmānyaspanda* eller "enkel bevægelse." Når den vokser og rejser sig op til *anāhatacakra* (i hjerteområdet) og smelter sammen med *buddhi* (intellekt), er den kendt som *madhyamā. Madhyamā* er udstyret med *veśeṣaspanda* eller "særlig bevægelse" og svarer til det subtile *nādastadie* i den kosmiske skabelse, der blev nævnt ovenfor. Når lyden rejser sig og går længere op til halsen (*viśuddhicakra),* udvikler den sig i munden og bliver til at høre. Lyden på dette grovere plan er kendt som *vaikarī.* Den er udstyret med *spaṣṭaspanda* eller "manifesteret bevægelse" og svarer til *bīja* eller det grovere stadie i en kosmisk skabelse.

I vores normale daglige liv kender vi kun *vaikarī,* men det er velkendt, at de tre andre tilstande *parā, paśyanti* og *madhyamā* erfares af *yogier.* Den slags konklusioner er vanskelige at bevise med intellektet. Kun et guddommeligt inspireret intellekt kan opfatte det. Det virkelige bevis er vidnesbyrdet fra de, der har erfaret det. Alle seende har erfaret disse stadier af lyd, og der har været overensstemmelse mellem dem, når de har fremlagt deres erfaringer.

Saubhāgyabhāskara bringer denne diskussion videre. Her citerer *Bhāskararāya* fra *Nityā Tantra:* "Lyden fødes i *mulādhārā* som *parā.* Den samme lyd rejser sig og manifesterer sig i *svādhiṣṭhāna* som *paśyanti.* Herfra rejser den sig langsomt til *anāhata* og forstærkes, når den forenes med *buddhi*, hvor den er kendt som *madhyamā.* Når den igen rejser sig og vækkes af *prāṇa* (vitale åndedrag), kendt som *vikhara,* bliver den til lyden, kendt som *vaikharī,* som besidder hørbare stavelser."

Ordet *parā* betyder almindeligvis det højeste. *Tripurāsiddhānta* fortolker *parā* på følgende måder: Devī er *parā*, fordi Hun var glad for guruen kendt som Paramānandanātha, fordi Hun er fejret i værket kendt som *Parānanda*, og fordi Hun er den højeste kilde til nåde.

367. प्रत्यक् चिती रूपा

Pratyak citī rūpā

Hun, hvis natur er den umanifesterede bevidsthed eller umanifesterede Brahman.

En bevidsthed, som betragter sig selv ved at vende sig i modsat retning end sædvanligt er *pratyakciti.* Med andre ord er det den indadskuende *Ātman.* Alle sanserne har en iboende tilbøjelighed til at være rettede udad, og det afholder dem fra at opnå det indre Selv. Den søgende starter sin søgen efter Selvet ved at vende de udadvendte sanser i den modsatte retning – indad. Når de fem fugle, som er sansernes higen efter navne og former, skydes, kan den indre Viden manifestere Sig Selv. Således er *pratyakciti* den umanifesterede *Brahman*, som begynder at skinne, når sanserne bliver rettet indad. Devīs natur består af denne *Brahman.*

368. पश्यन्ती

Paśyantī

Hun, som er paśyanti, det andet niveau af lyd efter parā i svādhiṣṭhāna (som forklaret ovenfor).

Devī er tidligere beskrevet som *nādarupa* (gjort af lyd; se *mantra* 299). Fordi Devī ser alt i Sig Selv, er Hun *paśyanti,* (én som ser). Fordi Hun hæver sig over *karmaens* vej og lyser i vidensvejen, har Hun også opnået navnet *Uttīrṇā* (én, som har hævet sig).

369. पर देवता

Para devatā

Hun, som er den højeste guddom, Parāśakti.

370. मध्यमा

Madhyamā

Hun, som forbliver i midten.

Hun befinder sig mellem to former for lyd, *paśyanti* og *vaikharī.*

371. वैखरी रूपा

Vaikharī rūpā

Hun, som har form som vaikharī.

Vaikharī er den manifesterede lyd, som findes i den form, vi kan høre.

Vai er sikkerhed, *kha* er ørets fordybning, og *ra*: at gå ind i. Således er *vaikharī* den lyd, som går ind i øret. Her tænkes der på *tārākamantraet,* som siges ind i øret i dødsøjeblikket for at hjælpe *jīvaen* til en opadstigende overgang. Det er kendt som *vaikhara.* I *yogaśāstra* findes der en *prāṇa* (vitalt åndedrag), der er kendt som *vaikhara.* Det er gennem denne *prāṇa,* at *yogier* realiserer Devī.

372. भक्त मानस हंसिका

Bhakta mānasa hamsikā

Hun, som er svanen i Sine hengivnes sind.

I *Purāṇaerne* hyldes Mānasasøen som svanernes opholdsted. Som svanerne leger i Mānasasøen, leger Devī spontant og uforstyrret i de hengivnes hjerter. Amma siger ofte: "Moder har ikke Sit eget sted. Hendes børns hjerter er det opholdssted, som Hun holder mest af."

373. कामेश्वर प्राण नाडी
Kāmeśvara prāṇa nāḍī

Hun, som er Kameśvara, Hendes ægtemands, selve liv.

I *Saundarya Laharī* (vers 22) forklarer Śrī Śankara: "Selv *devaerne,* som har indtaget nektaren, der fjerner alderdom og død, vil forgå i den store opløsning (*pralaya*). Men Śiva, som har indtaget den bitreste og mest farlige gift, kan modstå døden selv på dette tidspunkt. Årsagen, åh Moder, er kraften i Dine ørenringe!" I stråleglansen fra disse smykker forsvinder giftens mørke, og giften holder op med at være dødelig. Sådan bliver Devī Śivas vitale nerve (*prāṇa nādī*). I reglen bærer enker ikke sådanne smykker.

374. कृतज्ञा
Kṛtajñā

Hun, som kender alle vores handlinger, som de former sig.

Også Hun, som belønner Sine hengivnes tilbedelser og ofringer ved at give viden, *jňāna.*

Kṛta kan også betyde *Kṛta Yuga,* den første af de fire tidsaldre. Det var den tidsalder, hvor *dharma* (retfærdighed) var fuldkommen. I *Tretā Yuga* forfaldt *dharma* til tre fjerdedele, mens *adharma* (uretfærdighed) optog den sidste del. I *Dvāparā Yuga* er der balance mellem *dharma* og *adharma,* hvor hver fylder halvdelen, og i *Kālī Yuga* fylder *adharma* tre fjerdedele, mens *dharma* kun fylder en fjerdedel. *Kṛtajňa* betyder, at Devī har viden om *Kṛta Yugas dharma* og med tiden implementerer den igen.

Devī er vidne til hver en handling. Amma siger: "Søn, når en torn prikker i foden, vil det gøre ondt med det samme. Du oplever smerten, fordi der kommer en besked om prikket op til hjernen. På samme måde kender Herren i dit hjerte hver eneste af dine gode og dårlige handlinger, som de udfolder sig her og nu. Det er ikke blind tro. Det er den sandhed, som er nedfældet i skrifterne."

Det siges: "Solen, månen, tiden, Yama (Dødens Herre) og de fem elementer er de ni vidner til hver handling." Tid og Yama er en og samme, selvom der her bliver refereret til dem som adskilte. Igen "Solen, månen, luften, ilden, himlen, jorden, vandet, hjertet, Yama, dagen, natten, tusmørket og *dharma* er vidne til alle menneskets handlinger." Alle disse er Devīs *vibhūtis* eller herligheder, og gennem dem er Hun vidne til alt.

I terningespillet findes der fire kast, som kaldes *kṛta, treta, dvāparā* og *kali*, som henholdsvis har værdierne fire, tre, to og en. Den som kaster et *kṛta,* der har den største værdi, vinder spillet. Når Devī spiller terning med Sadāśiva, kaster Hun altid *kṛta* og vinder. Hun er så sikker på at slå *kṛta* i terningespillet, at Hun kaldes *kṛtajňa* – vidende om *kṛta.*

375. काम पूजिता

Kāmā pūjitā

Hun, som er tilbedt af Kāma.

Kāma fødes af sindet. Han er *Ananga* – én uden en krop, én uden en bestemt form. Hans bue er fyldt med blomster (gjort af sukkerrør i blomst), buestrengen er en række bier, de fem pile er de fem blomster: lotus, aśoka, mango, jasmin og blålotus. Hans delegerede er *vasanta,* forårssæsonen. Hans stridsvogn er vinden fra Malayabjerget (til forskel fra andre stridsvogne, som har brug for veje, kan denne køre overalt). Således udstyret kan Kāma uden krop besejre og underlægge sig hele verden på grund af nåden i Devīs blik! (*Saundarya Laharī,* vers 6).

Hun er også tilbedt som Kāmarupa (se *mantra* 379).

376. शृङ्गार रस सम्पूर्णा

Śṛṅgāra rasa sampūrṇā

Hun, som er fyldt af Kærlighedens essens.

Śṛṅgāra, følelsen af kærlighed, den erotiske følelse, er kongen over de ni følelser i poesi og kunst. Den er grundlaget for hjerternes forening. Den gør alle menneskelige relationer søde og fyldt af følelser, ikke kun relationen mellem elskende par. Devī er inkarnationen af denne kærlighedsfølelse. Hun er kort sagt en kærlighedstråd, som binder alle skabninger sammen.

Ordet *Śṛṅgārarasasampūrṇa* kan deles i *śṛṅgā* (horn, sædvanligvis to) + *ara* (blade) + *rasa* (smag, sædvanligvis seks) + *sampūrṇa*(fuldkommen). Således betyder *Śṛṅgārarasa* to gange seks eller tolv blade – den tolvbladede lotus, som er i *anāhatacakra.* I sin fulde form bebor Devī dette center. *Anāhata* er lotusblomsten i hjertet. "Arjuna, Herren bor i alle skabningers hjerter" siger Kṛṣṇa i *Gitāen.*

En anden fortolkning er den følgende: *Śṛṅgā* betyder tinde, hoved (den højeste ting). *Ārana* er at dække. *Sa* betyder med. *Sampūrṇā* betyder fuldkommen. Således er Devī én, som bor i hele verden, sammen med *avidyā* (uvidenhed), det dækkende lag, som skjuler den højeste sandhed, *Brahman.* Ledsaget af *mukhyāvidya* opholder Hun sig overalt. Dette *mantra* indebærer, at Hun både er den betingede og den ubetingede *Brahman.*

Der findes fire steder på jorden, der er kendt som *Śaktipīṭhas* (centre for Śakti). De repræsenterer fire *cakraer* i kroppen: *mūlādhārā, anāhata, viśuddhi* og *ājñā.* Af disse *pīṭhaer* svarer *Pūrṇagiripīṭha* til *anāhata,* som er repræsenteret i dette *mantra.* I denne tolkning repræsenterer det tidligere *mantra* *Kāmagritipīṭha* (som svarer til *mūlādhārā).*

377. जया

Jayā

Hun, som altid og overalt er sejrende.

Jayā er den guddom, som tilbedes på Vārāhabjerget. Devī findes i form af den guddom. *Jayā* er også en af de otte *yoginīs.*

378. जालन्धर स्थिता

Jālandhara sthitā

Hun, som opholder sig i Jālandhara pīṭha.

Ifølge *yogaśāstra* findes *Jālandhara viśuddhicakraet* i halsområdet. Devī er her manifesteret som *Brahman*-som-lyd. Ifølge *Padma Purāṇa* kaldes Devī i *Jālandhara* også for Viṣṇumukhī.

379. ओड्याण पीठ निलया

Oḍyāṇa pīṭha nilayā

Hun, hvis opholdssted er det center, der kendes som Oḍyāṇa.

Devī opholder sig i Kāmarupa som Santadevī, i Pūrṇagiri som Vāmadevī, i Jālandhara som Jyeṣṭhadevī og i Oḍyāṇa som RaudriDevī.

Oḍyāṇa er et andet ord for *ājňācakra,* som er det øverste af de seks *cakraer.* Devī opholder sig her mellem øjenbrynene, hvor man sætter et mærke med sandeltræspomade.

380. बिन्दु मण्डल वासिनी

Bindu maṇḍala vāsinī

Hun, som opholder sig i bindumaṇḍala.

Bindumaṇḍala er center for *Śrīcakra,* hvor *bindu* kaldes *sarvānandacakra.*

Bindu betyder også "hvid i farven." *Bindumaṇḍala* henviser til det hvide center, *Brahmarandhra,* på toppen af kronen. Devī er den, der opholder sig her.

Devīs opholdsted i *bindumaṇḍala* beskriver Śrī Śankara i *Saundarya Laharī* (vers 9): "I den tusindbladede lotus, leger Du." *Bindu* refererer også til *kāraṇa, kārya* og *nāda bījas.* Devī er den, som opholder sig i disse *bindus.*

381. रहो याग क्रमाराध्या

Raho yāga kramārādhyā

Hun, som i hemmelighed tilbedes ved offerritualer.

Rahoyāga kan fortolkes som det hemmelige møde mellem Śiva og Śakti i *sahasrāra,* og *krama* er "træde ind i". *Mantraet* betyder, at Devī skal tilbedes i de *sādhanastadier*, som gør det muligt at gå ind i den lyksalige forening mellem Śiva og Śakti i *Sahasrāra.*

Acārya Śankara beskriver det i *Saundarya Laharī* (vers 9): "Åh Devī, efter Du er gået igennem *mulādhārā*, som indeholder *bhūtattva* (jord), *maṇipūraka* ved navlen, som indeholder *jalatattva* (vand), *svādhiṣṭhāna* i genitalieområdet, som indeholder *agnitattva* (ild), *anāhata* i hjerteområdet, som indeholder *vāyutattva* (luft), *viśuddhicakra* i halsen, som indeholder *ākāśatattva* (æter), *ājňācakra* mellem øjenbrynene, som indeholder *manastattva* (sind) og således gennembryder *kūlavejen*, der indeholder de seks *cakraer,* leger Du i hemmelig tilbagetrækning med Din mand i den tusindbladede lotus."

Her kan bemærkes en afvigelse fra normalen. Acārya nævner først *svādhiṣṭhāna* efter passagen gennem *maṇīpūra*, som befinder sig højere oppe i *Kuṇḍalinīvejen.* Store vismænd tager ikke fejl på disse områder. Śankara følger her skabelsesakten, som er velkendt i *Upaniṣads,* som bevæger sig fra det grove plan til det subtile plan i følgende orden: jord, vand, ild, luft, æter og sind. Det er årsagen til, at han begyndende med *mulādhārā*, som er sæde for jorden, herefter nævner *maṇipūraka,* som er sæde for vandet, før han fortsætter til *svādhiṣṭhāna,* som er sædet for ild.

Offerilden er her bevidsthedens ild – *cidagni* (som nævnt i *mantra* 4). Dette hemmelige offer bringes i bevidsthedens ild med støtte fra *Kuṇḍalinī Śakti.* Således er Devī én, som skal tilbedes i hemmelighed og ifølge riterne ved at ofre alle gode og dårlige handlinger i bevidsthedens ild.

382. रहस् तर्पण तर्पिता

Rahas tarpaṇa tarpitā

Hun, som skal stilles tilfreds ved de hemmelige tilbedelse rītualer.

Betydningen af *tarpaṇa* er her ofringen af alt fra jordprincippet til Śiva princippet i bevidsthedens ild. Dette offer kan kun læres fra Guruen. Når ordene i et *mantra* kan have mange forskellige betydninger, som ofte afhænger af udtalen, er det farligt at praktisere *Tāntriske* ritualer, hvis man alene tager udgangspunkt i viden fra bøgerne.

383. सद्यः प्रसादिनी

Sadyaḥ prasādinī

Hun, som skænker Sin nåde med det samme.

En mor holder ikke sin kærlighed og velsignelse fra sit barn i lang tid. Når hun bliver vred, er selv den vrede som et lynglimt før medfølelsens regn. Det kan være, at barnet ikke forstår, og derfor bliver en mor hurtigt god igen.

384. विश्व साक्षिणी

Viśva sākṣiṇī

Hun, som er vidne til hele universet.

Devī, som hverken har begyndelse eller slutning, er hele universets øje. Således er Hun vidne til alt.

385. साक्षि वर्जिता
Sākṣi varjitā

Hun, som ikke har noget andet vidne.

Der må være nogen, som er forskellig fra Hende, for at der kan være et vidne til Hende. *Brahman* er Én, ikke opdelt og med intet, der adskilt fra Det Selv. Hvem kan være vidne til Én, som er den *Brahman?*

386. षडङ्ग देवता युक्ता
Ṣaḍaṅga devatā yuktā

Hun, som er ledsaget af guddommene fra de seks dele.

De seks *aṅgaer* er hjerte, hoved, hår, øjne, rustning og våben. *Ṣaḍaṅgadevata* er Śiva, som hersker over seks *aṅgaer,* og Devī er én, som er forenet (*yukta)* med Ham. Ifølge *Devī Bhāgavata Purāṇa* er Śivas *aṅgaer*: alvidenhed, tilfredshed, viden om Selvet, uafhængighed, uforgængelig kraft og uendelighed eller evighed.

Ṣaḍaṅga kan også referere til de seks *vedāngaer,* tilstødende skrifter til *Vedaerne,* videnskaben om ritualer, grammatik, intonation, fonetik, etymologi og astronomi. Devī er ledsaget af guddommene, som beskytter disse områder.

387. षाड्गुण्य परि पूरिता
Ṣāḍguṇya pari pūritā

Hun, som er fuldt udstyret med de seks gode kvaliteter.

Listerne over kvaliteter er forskellige afhængigt af konteksten. I styring af et land er de seks kvaliteter at slutte fred, føre krig, den sejrende march, være i lejr, opdele fjendens styrker og flygte.

Inden for filosofien er de seks kvaliteter ofte benævnt som fremgang, mod, uanfægtethed, berømmelse, rigdom og visdom. Devī besidder alle disse fuldt og helt.

388. नित्य क्लिन्ना

Nitya klinnā

Hun, som er evigt medfølende.

Klinna er én, som smelter. Devī er indbegrebet af medfølelse.

Nityāklinna er guddommen for den tredje dag i den lyse halvmåned. Ifølge *Garuḍa Purāṇa* er Hun *Tripurasundarī* og den, som skænker held og Befrielse.

389. निरुपमा

Nirupamā

Hun, som er usammenlignelig.

Eftersom der ikke findes noget i verden, som er forskelligt fra Hende, er Devī unik og uden lige. I skrifterne finder man vendingerne: "Der findes intet lig dette," og "Kun én, uden en anden," som afslører hendes status som mageløs.

390. निर्वाण सुख दायिनी

Nirvāṇa sukha dāyinī

Hun, som skænker Oplysningens lyksalighed.

Ni betyder uden, og *vāṇa (bāna)* betyder pil eller krop. Kroppen er den pil, som er blevet sendt af sted af *karmaens* frugt. Den er årsagen til ulykke. Sanserne søger objekter, der bringer behag og nydelse. Sindet vækker *saṅkalpa* og *vikalpa* og styrker ønsker og begær, og i bestræbelserne på at opfylde dem, møder man utallige lidelser. I den dybe søvn, hvor der ikke findes nogen oplevelse af kroppen, kan *jīva* nyde den iboende lyksalighed. Således er *nirvāṇa* den lyksalighed, som ikke er forstyrret af kropsfornemmelse. Devī skænker den lyksalighed.

Denne lyksalighed nydes af *jīvanmuktas* (de, som opnår Befrielse fra *samsāras* sorger, mens de stadig er i live). Den gives ikke kun efter døden. Det er en erfaring, som også kan opnås i dette liv. Således gik det til, at kongen *Janaka* blev kaldt *Videha* (én uden krop).

I *Kūrma Purāṇa* fortæller Devī Himavat, Bjergenes Konge: "Benægtes Jeg, kan den rene og fredfyldte *nirvāṇa tilstand* ikke opnås. Tilbed derfor Mig og se Mig som én eller som mange eller på begge måder og nå den højeste tilstand."

391. नित्या षोडशिका रूपा

Nityā ṣoḍaśikā rūpā

Hun, som findes i form af de seksten daglige guddomme.

Der findes de følgende femten daglige guddomme: Kameśvarī, Bhagamālinī, Nityaklinnā, Bherundā, Vahnivāśinī, Mahāvajreśvarī, Śivadūti, Tvaritā, Kulasundarī, Nityā, Nīlapatākinī, Vijayā, Sarvamaṇgalā, Jvālāmālinī og Citrā. Tripūrasundarī hersker over dem alle og er den styrende kraft i hele universet.

Ṣoḍaśikā er den herskende guddom over *mantraet* med seksten stavelser (*ṣoḍaśī*). *Śaktirahasya* siger, at blot ved at sige dette mantra én gang behager man Devī mere end ved rækker af *ṣoḍaśayāgas* (seksten ofre) eller hesteofre. Betydningen af *Nityāṣoḍaśikā* kan forstås som "én, som dagligt (*nityā*) tilbedes ved brug af *ṣoḍaśīmantraet*."

En anden fortolkning er: "Hun som er glad for daglig tilbedelse i hjemmet (*ṣoḍaśikā*)."

392. **श्रीकण्ठार्ध शरीरिणी**
Śrīkaṇṭhārdha śarīriṇī

Hun, som besidder halvdelen af Śrīkaṇṭhas (Śivas) krop. Hun, som har form som ardhanārīśvara (halvt kvindelig, halvt mandlig Gud).

I denne sammenhæng betyder Śrī gift. I stedet for Sin hals har Śiva nedfrosset gift.

Śiva og Śakti er Én, men i forbindelse med forskellige opgaver, tænker man på dem som forskellige. Når opgaverne er løst, forenes de igen. Denne forståelse er kendt som *ardhanārīśvara.* Halvdelen af Devīs krop er mørk som Śrīkaṇṭha (gift). Ifølge *Vāyu Purāṇa* er Devī afbildet som Gaurī (hvid) i Sin højre halvdel og Kālī (mørk) i Sin venstre halvdel.

Når man følger *Śaivatraditionen*, mens man udfører *nyāsa* (meditation på bestemte guddomme i forskellige dele af kroppen), forestiller man sig halvdelen af kroppen som fyldt med Śakti og den anden halvdel fyldt med Śiva.

Ifølge *Mantrakośā* er *Śrīkaṇṭha* et synonym for stavelsen *a.* Her følger en citat fra Bhāskararāya: "A er al tale, og den antager forskellige former i kombination med forskellige konsonanter." Lyden A er den "første ytring" (oprindelige stavelse) og siges at være *parā.* Alle vokaler og konsonanter, der opstår som lyd, der kan høres (eller *vaikharī,* se *mantra 366-371*) er transformationer af A.

Der står i *Sūta Samhita:* "*Parāśakti,* Devī, er legemliggjort bevidsthed og opstår som tale, kendt som *parā.* Jeg tilbeder hele tiden hengivent Hende, som er halvdelen af Śivas krop."

Her er det værd at huske Kālīdasas ord fra *Raghuvamśa*: "Jeg bøjer mig for Pārvatī og Parāmesvara, universets forældre, der er sammenføjede som talen og betydningen, for at blive god til at forstå talen og betydningen."

393. प्रभावती
Prabhāvatī

Hun, som er strålende.

Hun, som besidder de otte *aiśvaryaer* eller *siddhier*, som kaldes strålende. Det gøres klart i et af de meditationsvers, der påkalder Devī ("...*Animādibhirāvṛtām maheśīm..") "*Jeg forestiller mig Din form, der er omgivet af *animās* gyldne stråler og andre *siddhier.* "

I *Saundarya Laharī* (vers 30) siger Śrī Śankara: "Du tjenes af de gyldne strålende, de otte *siddhi* guddomme, der udspringer af Din egen krop. Enhver hengiven, som tilbeder Dig i denne form med overbevisningen: "Du er mit eget Selv," skænkes gaver, som til sammenligning gør det, Herren Śiva skænker, værdiløst. Den store *pralaya* (opløsnings) ild bliver en flamme, der tilbeder ham (*nīrājana*)."

394. प्रभा रूपा
Prabhā rūpā

Hun, som er stråleglans.

Det foregående *mantra* fortæller, at Devī er ledsaget af otte *aiśvaryas,* og at de er Selve Devī. Der findes intet skel mellem egenskaberne og den, som har dem.

395. प्रसिद्धा
Prasiddhā

Hun, som fejres.

Hun er den, som af Sine hengivne fejres som "Du alene er Jeg." Der findes ingen, som ikke er opmærksom på "Jeg".

Eruttacchan pointerer, at der kan være to slags oplevelser af "Jeg".

"Oh Herre, Nārāyana, som er Selve Bevidsthed-Lyksalighed, Gopiernes elskede, lad der ikke være nogen fornemmelse af "jeg" i mig; og hvis den findes, lad den være, at 'Jeg' er alt.

Når den første betydning af 'jeg' (egoisme) forsvinder, ser man alting som sig selv. Subjektet i denne oplevelse af 'Jeg' i alle er Selve Devī. Fordi oplevelsen er universel, er Hun *prasiddha,* berømt og fejret.

396. परमेश्वरी

Parameśvarī

Hun, som er den højeste hersker.

Parāma er den mest eksalterede, den højeste beskytter. Devī er den mest eksalterede beskytter af alle.

En, som beskytter, kaldes *īśvara* eller *īśvarī.* Den, som føler: "Der er ingen til at beskytte mig," er *nirīśvara,* én uden Gud. Den, som finder lindring i troen på: "Der findes én, som beskytter mig," er én, som har en Gud.

I *Devī Bhāgavata* står der: "Jeg tilbeder Hende, som er Selvet i alle, Hun, som er den Første, Hun som er Viden!"

397. मूल प्रकृति

Mūla prakṛti

Hun, som er den første årsag til hele universet.

Hun er det oprindelige princip bag hele universet. *Brahman* er hinsides regler for årsag og virkning. *Mūla* er rod, og *prakṛti* er den essentielle årsag til skabelsen. I *prakṛti* refererer *pra* til de tre *guṇaer*: *sattva, rājas* og *tamas.* Således er skabelsen, naturen, udrustet med de tre kvaliteter. *Pra* betyder også "præ- eller før." Således er *prakṛti* det, som eksisterede før skabelsen.

Pañcarātra Āgama fortæller: "Devī Sarasvatī er universets Moder, *Vedaernes* Moder, og har ingen anden årsag. Derfor er Hun kaldet den Primære Årsag." Ifølge *Devī Bhāgavata* er

Durgā, Lakṣmi, Sarasvatī, Sāvitrī og Rādhā alle den oprindelige årsags former.

Śrīvidyāmantraet kaldes *Mūlaprakṛti. Mūlaprakṛti,* den oprindelige årsag, siges også at findes i form af *prakāśa,* som står for stavelsen A, og *vimarśa,* som står for stavelsen *Ha.* Således står de to stavelser for hele universet. Derfor er Devī, den Oprindelige Årsag, skaberen af hele universet, som alfabetets bogstaver repræsenterer.

Det siges, at skabelsen udgøres af seks former: *Tāmasa* (uvidenhed), *mahat* (universelt sind), *ahaṅkāra* (egoisme), de fem subtile elementer, de elleve sanser og guddomme, der starter med *Dik* (guddomme, der hersker over forskellige kvarterer). Fordi Devī er årsagen til alle disse, kaldes Hun for den Oprindelige Årsag.

Ifølge Bhāskararāya står de første to bogstaver i *mūlaprakṛti, ma* og *la,* respektivt for tallene fem og tre. De repræsenterer de fem elementer og *avyaktā, mahat* og *ahaṅkāra.* Devī er oprindelsen til alle otte, og således er Hun den Oprindelige Årsag.

Prakṛti er årsag, og *vikṛti* er virkning eller produkt. Bomuld er *prakṛti,* og tråd er *vikṛti,* eller tråd er *prakṛti,* og klædning er *vikṛti.* Virkningen af en ting bliver årsag til en anden ting.

I *Taittiriya Upaniṣad* (II.I) står der, at blandt de fem store elementer er vandet *prakṛti* (årsag) til jord, luft til ild, og æter til luft. *Brahman* er *prakṛti* til æter.

I *Sānkhya* filosofi er *mūlaprakṛti* et af de to basale principper, som selv ikke har nogen årsag: *Puruṣa* og *Prakṛti.* Alt andet, vi kan se, er et resultat af transformationer *(vikṛti)* af den oprindelige årsag *(prakṛti).* De følgende treogtyve enheder er *vikṛtis,* der opstår fra den oprindelige årsag: universelt sind, egoisme, individuelt sind, de fem *tanmātraer* (lyd, berøring, form, smag og lugt), de fem elementer (jord, vand, ild, luft og æter), de fem sanseorganer og de fem handleorganer.

Sānkhyasystemet accepterer *Prakṛti* og *Īśvara* (*Puruṣa*) som sandhed. For én, der følger *Advaita,* den nonduale filosofi, er disse to de samme.

Svāmi Vivekānanda har sagt, at *Advaitatårnet* er bygget på *Sānkhya*, men at kronestykket er rent *Advaita.* Han har også sagt, at alle verdens filosofier på den ene eller den anden måde er relateret til Kapila, grundlæggeren af *Sānkhya* filosofi.

Mūlaprakṛti siges at være *Kuṇḍalinī,* som af *suṣumnā* er viklet ind i form af de otte *vikṛtis* (*Mṛgendrasamhita).*

"I begyndelsen var der kun det Højeste Selv, *Parāmātman,* som er viden-lyksalighed. Tidens essens lå i dvale heri og manifesterede sig senere som synlige ting. Da ønsket om skabelse opstod i den højeste *Ātman,* udviklede denne kraft sig. Herfra opstod *prakṛti* eller *Māyā*, som er udrustet med de tre *guṇaer.* Da *Parāmātman* gik ind i den forskelsløse *prakṛti* i form som *Kṣetrajña* (vidende om feltet), opstod *mahat* princippet. Fra *mahat* opstod der tre typer egoisme: *Sāttvisk, rājasisk* og *tāmasisk* (også kendt som henholdsvis *vaikārika, taijasa* og *bhūtadi*). Fra den *sāttviske* egoisme opstod sindet, fra den *rājasiske* egoisme opstod sanserne, og fra den *tāmasiske* egoisme opstod de fem store elementer." (*Bhāgavata Purāṇa).*

Skabelsesprocessen beskrives forskelligt i forskellige kilder.

398. अव्यक्ता

Avyaktā

Hun, som er det umanifesterede.

I Sānkhyafilosofi er *prakṛti* kendt som *pradhāna.* Det er tilstanden, hvor de tre kvaliteter *tattva, rājas* og *tamas* ikke er tydeligt forskellige. *Pradhāna* er den umanifesterede (*avyaktā*) tilstand. I *Vedāntisk* terminologi bliver den udelte (*niskāla*) *Brahman,* som har intention om skabelse, dækket af *Māyā* og forvandlet til *Sakāla Brahman* – den ene med dele. *Avyaktā* er denne *Māyās* første bevægelse (Se også kommentarerne til *parā* i *mantra* 366). Devī er denne umanifesterede tilstand, for der findes intet i universet, som ikke er Hendes form.

Avyaktā refererer til den umanifesterede *Brahman.* "Han kan ikke indfanges af øjet, ej heller af talen, ej heller af sanserne, ej heller af bodsøvelser, ej eller gennem gode handlinger."(*Muṇḍaka Upaniṣad,* III.I.8).

I *Liṅga Purāṇa* er *avyaktā* inkluderet i de navne, der betegner Viṣṇu, som altid er i stand til at skabe: *pradhāna, avyaya, yoni, avyaktā* og *prakṛti.*

399. व्यक्ताव्यक्त स्वरूपिणी

Vyaktāvyakta svarūpiṇī

Hun, som findes i de manifesterede og umanifesterede former.

Universet med former er Devīs manifesterede tilstand, mens den iboende vitale essens er Hendes umanifesterede tilstand. Træet er i den manifesterede tilstand (*vyakta*), mens frøets skabende kraft er den umanifesterede tilstand (*avyaktā*).

Hvad der end opfanges af sanserne er Hendes manifesterede form, og dog tillader *Māyā* os ikke at opfatte den rigtigt. Når nogen rører kroppen og siger "jeg", rører han ikke ved det virkelige "Jeg". Den virkelige enhed er den umanifesterede tilstand.

Śrī Śankara husker sin Guru i begyndelsen af *Vivekacūdāmaṇi:* "Hilsner til Śrī Satguru Govinda, hvis natur er fuldstændig lyksalighed, hvis essens kun kan opfattes gennem essensen af *Vedānta,* og som er hinsides de normale kanaler for at opfatte ting." Guruen, som både er manifesteret og umanifesteret (*vyaktāvyakta)* huskes her.

Vyakta er forgængelig og *avyaktā* er uforgængelig, (*Matsya Purāṇa*). Den første er virkningen, og den sidste er årsagen. Devī er således både årsag og virkning. Eller *vyakta* er individuel, og *avyaktā* er kollektiv, en samling, (*Narahimsa Purāṇa*). Devī findes både i individuelle og samlede former. *Vyakta* består af treoghalvfjerds kategorier af ting (*tattvaer,*) og *avyaktā* er den Højeste *Prakṛti* eller Natur. (*Brahma Purāṇa*). Således findes Devī både i *tattva* og *Prakṛti* formen.

Der findes tre slags Śiva *liṅgaer: vyakta, avyaktā* og *vyaktāvyakta*. Tilbedelse af *vyaktaliṅga* (*svayambhu* eller selveksisterende *liṅga*) er rettet mod frelse, tilbedelse af *avyaktā liṅga* (banaliṅga) er rettet mod verdslig fremgang og *vyaktāvyakta liṅga* (*śailaliṅga* – gjort af sten) mod både verdslig glæde og frelse. Devī er nærværende i dem alle tre i de tilstande, der svarer til dem.

Ved *vyakta* kan vi forstå, at Hun er manifesteret for Sine tilbedende, og ved *avyaktā* forstås, at Hun er én, som aldrig afslører Sig Selv for de, som er bundet af *samsāra.*

Vyakta betyder også *parāhanta,* som er den samme som Tripūrasundarī.

I en anden fortolkning siges det, at Hun bliver manifesteret (*vyakta*) i dem, hvis handlinger (*karma*) er modnede, og at hun ikke er manifesteret (*avyaktā*) i dem, hvis handlinger ikke er modne, dem som stadig er bundet af *Māyā.* Begge er Devīs forskellige former. Hun er manifesteret i dem, som er rene, og hvis synder er vasket væk, og Hun er ikke manifesteret i dem, som stadig er bundet af deres handlinger og urenheder.

400. व्यापिनी

Vyāpinī

Hun, som er altgennemtrængende.

Amma synger:

"Du er Skabelsen, du er Skaberen,
Du er Essensen, Du er hele Sandheden
Du er Herskeren over Kosmos,
Du er begyndelsen og slutningen
Du er sandheden i det mindste atom

Du er de Fem Elementer."

Devī, som fylder hele kosmos, og som er altings årsag og virkning, er *viāpinī.*

Dette navn afslutter solens femte *kāla*, der er kendt som *jvālinī.*

401. विविधाकारा
Vividhākārā

Hun, som har en mangfoldighed af former.

Der findes to slags skabelse: *vaikṛta* og *kaumāra. Vaikṛta* skabninger er planter, dyr, spøgelser og ånder (Livskraften (*prāṇa)* i planter bevæger sig opad, sidelæns i dyrene og nedad i spøgelserne). *Kaumāra* skabninger er mennesker, *gandharvaer* og *devaer.* Devī står for skabelsen af alle disse former, og således er Hun *vividhākārā*, Én som har mangfoldige former.

402. विद्याविद्या स्वरूपिणी
Vidyāvidyā svarūpiṇī

Hun, som findes i form af både viden og uvidenhed.

Erkendelsen: "Jeg er Selvet," er viden (*vidyā*). Erkendelsen: "Jeg er kroppen," er uvidenhed (*avidyā*). Erkendelsen af enhed er *vidyā,* og erkendelsen af pluralitet er *avidyā.* Indstillingen: "Herren får mig til at gøre alt," er *vidyā;* og indstillingen: "Jeg gør alt," er *avidyā.* Indstillingen: "Jeg er hverken den handlende eller den oplevende, men ren bevidsthed," er *vidyā;* indstillingen: "Jeg er den, der handler og erfarer," er *avidyā.*

Ifølge *Liṅga Purāṇa* har Śiva tre former: *bhrānti* (forvirring), *vidyā* og *parā.* Viden om mange former, pluralitet, er *bhrānti*; viden om *Ātman* er *vidyā;* og viden om *Brahman* uden nogen tvetydighed er *parā* (højeste).

Den, der skelner mellem viden og uvidenhed, får del i udødelighedens nektar - og det er selvfølgelig Devī, som initierer det. Den, som dykker ned i uvidenhedens flod, går gennem tusinder cyklusser af "gentagne fødsler, gentagne dødsøjeblikke og gentagne gange i livmoderen." Det skyldes kraften i Devīs *Māyā.*

Devī i *vidyāformen* befrier Sine hengivne. Hun er Selv den, der i form af *avidyā* binder de verdslige skabninger sammen i *samsāra.*

403. महा कामेश नयन कुमुदाह्लाद कौमुदी
Mahā kāmeśa nayana kumudāhlāda kaumudī

Hun, som er måneskinnet, der glæder åkanderne, som er Mahākāmeśas øjne.

Kumuda er åkanden, og *kaumudi* er måneskin. *Kaumudi* er fuldmånen i måneden *Kārtika* (oktober-november). Det siges, at lotusblomster springer ud, når solen står op, og at åkander springer ud, når månen står op. På samme vis vil Devīs *darśan* glæde og åbne øjnene i *Śiva,* Selvet.

Kumuda er også meningsløs og underlegen (*ku*) verdslig glæde (*muda*); *nayana* er én, som leder, *āhlāda* er den højeste lyksalighed og frelse, og *kaumudi* er lys. Således betyder *mantraet:* "Hun, som er lyset, der fører til Śiva, den ultimative lyksalighed, ved at føre os væk fra ubetydelige verdslige glæder."

404. भक्त हार्द तमो भेद भानुमद् भानु सन्ततिः
Bhakta hārda tamo bheda bhānumad bhānu santatiḥ

Hun, som er solstrålen, der fjerner mørket fra Sine hengivnes hjerter.

Hjertets mørke er onde tanker, onde følelser og uvidenhed. Devī skinner med klarheden i millioner af sole og fjerner mørket, når det opstår i de hengivnes hjerter.

405. शिव दूती
Śiva dūtī

Hun, for hvem Śiva er budbringer.

Det kan også betyde: ”Hun, som er Śivas budbringer”.

En historie fra *Devī Māhātmya* danner basis for dette navn. Der var to dæmoner, Śumbha og Niśumbha. Før Hun dræbte dem, sendte Devī Śiva hen til dem med dette budskab: ”Enten skal I give den himmelske verden til Indra og de andre *devaer* og vende tilbage til underverdenen, eller også skal I forberede jeg på kamp og berede jer på at dø.” Således blev Śiva Hendes budbringer.

406. शिवाराध्या
Śivārādhyā

Hun, som tilbedes af Śiva.

Śiva siges at have gjort bodsøvelser ved at bruge *mantraet,* der er kendt som *”Śivadūti”*. Det nævnes i *Brahmāṇḍa Purāṇa:* ”Den, som selv Śiva tilbeder, og ved hvem han gennem meditationens kraft (ved brug af *Śivaduti mantra)* blev en halvt-kvindelig og halvt-mandlig gud (*ardharnārīśvara*).” Den Devī er *Śivārādhyā.*

407. शिव मूर्तिः
Śiva mūrtiḥ

Hun, hvis form er selve Śiva.

Śivas og Śaktis former er uadskillelige og ikke adskilt fra hinanden. I *Śruti* findes følgende citat fra Bhāskararāya: ”En

Rudra skjuler sig i alle skabninger. Han er udrustet med *Māyā*. Han er med dele og uden dele. Han er Devī og ikke adskilt fra Hende. Ved at vide det, opnår man udødelighed."

"Śiva" betyder *mokṣa* (Befrielse). I den forstand er Devīs natur Befrielse. Hun er også kendt som legemliggørelsen af det lykkebringende og gunstige.

408. शिवङ्करी
Śivaṅkarī

Hun, som skænker fremgang (gunst og glæde). Hun, som forvandler Sin hengivne til Śiva.

Hvor talrige er ikke sjæle som Vyāsa, Jābāli, Śabari, Kanakadaśa og Kannappa, som gennem *karma, bhakti* og *jñāna* blev store sjæle, der tilbedes af de vise!

"Ved fødslen fødes man som en *śūdra*, men ved sine handlinger bliver man født som *brāhmaṇa*."

Hvor mange små liv, findes der ikke, som er blevet fyldt af Śiva, fyldt af lykkebringende kvaliteter gennem Devīs nåde! Også i denne forstand er Devī *Śivankari*.

409. शिव प्रिया
Śiva priyā

Hun, som er Śivas elskede.

Hun, som Śiva har kær. Kan også betyde Hun, som har gjort alt, der er *śivam* eller lykkebringende, til Sit kæreste.

410. शिवपरा
Śivaparā

Hun, som kun er Śiva hengiven.

En, som er hinsides selv Śiva. Śiva afhænger af Śakti. Det er det, Śaṅkarācārya viser i det første vers i *Saundarya Laharī:* "Når

Śiva forenes med Dig, Åh Śakti, er Han i stand til at fuldføre Sine kosmiske opgaver; ellers kan Han end ikke bevæge sig!" Det er i den forstand, at Devī transcenderer Śiva.

411. शिष्टेष्टा
Śiṣṭeṣṭā

Hun, som er elsket af de retfærdige. Hun, som er de hengivnes udvalgte guddom. Også Hun, som elsker retfærdige mennesker.

Śiṣṭam kan betyde: "foreskrevne ceremonier og tilbedelsesritualer." *Śiṣṭas* er dem, som tilbeder på denne måde uden ønske om frugterne af tilbedelsen. De holder af Devī.

Ifølge *Vasiṣṭha Sūtra: "Śiṣṭas er* dem, som formår at kontrollere sanser og handlinger, som har lært om *Vedaerne* ifølge traditionerne, som henter inspiration fra dem, og som tilbeder *Brahman.*"

412. शिष्ट पूजिता
Śiṣṭa pūjitā

Hun, som altid tilbedes af de retfærdige.

Retfærdige tanker og en *sāttvisk* indstilling kommer fra de *vāsanaer,* man har med sig ved fødslen. Der findes også nogle mennesker, som bliver retfærdige som følge af en pludselig transformation i deres liv. I disse tilfælde er det *samskāra* fra tidligere liv, som må udløse forandringen. Som der står i *Gitā* (VII.3): "Blandt tusinder mennesker, er der kun én, som stræber efter at opnå Selvet, og blandt de, der stræber, vil der måske kun være én, som erkender Mig og Min essens." *Śiṣṭas* er de, som på denne vis følger den spirituelle vej. Devī bliver uden ophør tilbedt af dem.

413. अप्रमेया
Aprameyā
Hun, som sanserne ikke kan måle.

Stavelsen *a* står for Brahma, Viṣṇu og de andre guder, og *prameyā* er "at blive kendt". Derfor skal Hun kun kendes af Dem.

Ap + *rameya* er én, som opholder sig i vand, Hun som opholder sig i hellige floder som Gangā. De hellige floder påkaldes for at velsigne vand eller inden brug i *pūjaer*: "Åh Gangā, Yamunā, Godāvarī, Sarasvatī, Narmadā, Sindhu, Kāverī, vis godhed og velsign dette vand med dit nærvær."

414. स्वप्रकाशा
Svaprakāśā
Hun, som er selvlysende.

"Han skinner, og alt skinner efter Ham. Ved Hans lys, skinner alle disse" (*Kaṭha Upaniṣad* II.2.15). Devī er selve den *Brahman.*

Ved at inddele dette navn som *su* (kilde) + *ap* (vand) + *ra* (ild) + *kasa* (én, som skinner), kan man forstå betydning som: "Hun som skinner godt i vand og ild". Bemærk, at vand og ild er livets primære kræfter.

415. मनो वाचाम् अगोचरा
Mano vācām agocarā
Hun, som er uden for sindets og talens rækkevidde.

Sind og tale er to af vejene til viden. Pålidelig viden uden for øjne og ørers rækkevidde opnås gennem ordene fra de troværdige. Den anden vej til viden er gennem sindet. Ny viden opstår, når sindet analyserer det, der høres eller læses. Men alligevel er Devī hinsides disse måder at opnå viden. Som der står i

Taittiriya Upaniṣad (II.9.I): "Derfra hvor tale og sind vender sig væk uden at have opnået det." Det er *Brahman,* virkeligheden bag alt. Det er Devīs umanifesterede form.

Sind og tale er oplyst af Devī, de kan ikke oplyse Hende. Elektricitet får lampen til at skinne; lampen kan ikke få elektriciteten til at skinne.

Sind og tale er bevægelser i *cit,* bevidstheden. De må vige for at opnå viden om Devī.

En anden fortolkning af dette *mantra* er: "Hun, som ikke kan erkendes af de, hvis sind og ord er urene." I *Śrutien* står der: "Det skal erkendes af sindet alene." (*Kaṭha Upaniṣad* II.4.I I) Ifølge Śaṅkarācāryas kommentarer til *Brahma Sūtra* er det erkendt af dem, hvis sind er rent, men ikke muligt at erkende for dem, hvis sind er urent.

416. चित् शक्तिः

Cit śaktiḥ

Hun, som er bevidsthedens kraft.

Cit er viden, bevidsthed. Det er kraften, som findes i alle skabninger. Dets natur er at vide og at nyde lyksalighed. Det er kraften, som fjerner *avidyā*, uvidenhed.

"Både viden og uvidenhed er skjult i den uforgængelige *Brahman.* Viden er uforgængelig, og uvidenhed er forgængelig, men fuldstændig forskellig fra de to er *Brahman*, som hersker over dem begge" (*Śvetāśvatārā Upaniṣad* V.1)

417. चेतना रूपा

Cetanā rūpā

Hun, som er ren Bevidsthed.

Hun som er Viden om Selvet. Kraften i Herrens Bevidsthed kaldes *caitanya, (Śārīrakācārya).*

Devī Bhāgavata priser Devī i form af *Kūtatraya Gayatrī*. Dette *mantra* er også kendt som Tredelte *Gayatrī* (*Tripāda Gayatrī*). "Vi hilser Bevidstheden i alt, som er den originale Viden; må den inspirere vores intelligens!" Ifølge *Devī Bhāgavata* er Devī kraften, som skænker bevidsthed til alt og giver Sine hengivne kraften til at overvinde sanserne.

I sin *Vidyāratna* forklarer Śrī Śankarāranya, at Devīs *vimarśa* form er *cetana*. I Śakti doktrinens sprog refererer det til den Selv-manifeste Virkelighed, som overvåger eller erfarer Sig Selv (se *mantra* 548).

418. जड शक्तिः

Jaḍa śaktiḥ

Hun, som er Māyā, der har omdannet sig selv til skabelsens kraft.

"Alt er *Brahman*" ifølge *Śruti*. Moderne videnskab er i overensstemmelse med den gamle tanke, som blev fremført af *ṛṣis*. Energi kan ikke skabes eller ødelægges. Den kan kun transformeres fra én form til en anden.

"Levende væseners energier er ikke lette for intellektet at fatte. *Brahmans* energier er hundrede gange mere vanskelige at begribe. De er indeholdt i *Brahman* på samme måde, som ilden indeholder varme. *Brahman* er den instrumentelle årsag til skabelsen af universet. De kreative kræfter er på den anden side de materielle årsager. De afhænger af *Brahman*, som er den instrumentelle årsag." (*Viṣṇu Purāṇa*).

419. जडात्मिका

Jadātmikā

Hun, som er i den livløse verdens form.

Devī er *Māyā*, som manifesterer sig i form af den livløse verden.

420. गायत्री

Gāyatrī

Hun, som er Gayatrīmantraet.

Gayatrī er et vers, der består af fireogtyve stavelser. "Blandt vers er jeg *Gayatrī*", siger Herren Kṛṣṇa i *Gitāen* (X.35). Den *Gayatrī* er Devī.

Gayatrī er det, som beskytter (*tra*) den, der synger (*ga*). Devīs hellige navne er lig *Gayatrī mantraet.* I *Padma Purāṇa* siger Gayatrī Devī Selv: "Efter morgenens bad, skal man gentage Mig, *Vedaernes Moder.* Jeg befinder Mig i dele på otte stavelser, men alligevel fylder Jeg hele universet."

Gayatrīmantraet anses for at være det højeste *mantra.* Som kilde til alle *Vedaer* og som frøet til alle fire *Vedaer* – fejres *Gayatrī* som Moder til Vedaer og som Herren Brahmas hustru.

Om bhur bhūva svāḥ
Tat savitur vareṇyam
Bhargo devasya dhīmahi
Dhiyo yo nah pracodayāt

Gayatrī er Brahmās hustru. Der findes en fortælling i *Padma Purāṇa:* En gang udførte Brahmā et offer i Puṣkara. Han kaldte på sin kone Sāvitrī, som på det tidspunkt talte med Lakṣmi Devī, og bad hende om at komme hen og sætte sig sammen med Ham ved alteret. Sāvitrī, som var fordybet i sin samtale, bekræftede, at hun ville komme og sætte sig ned sammen med ham, men hun kom ikke. Brahmā blev meget forurettet og giftede sig ifølge *gāndharva* riter med en pige, som var kohyrde og hed *Gayatrī.* Hun blev præsenteret for ham af Indra, og han fik Gayatrī til at sidde sammen med sig ved alteret.

I *Vasiṣṭha Ramāyāna* bliver der refereret til Devī som Gayatrī, fordi "Hun er i sangens form".

421. व्याहृतिः

Vyāhṛtiḥ

Hun, hvis natur er ytring. Hun, som hersker over talens kraft.

Vyāhṛtis ("ytringer") er: *bhuh, bhuvah, svah, mahāh, janah, tapah* og *satyam.* Da disse bruges til at påkalde Devī, kaldes Hun for *Vyāhṛtiḥ. Vyāhṛti* er navnet på et *mantra.* Fordi Devī bliver påkaldt ved ytring af dette *mantra*, er Hun ifølge *Vāyu Purāṇa* kendt som *Vyāhṛtiḥ.*

Disse *vyāhṛtis* repræsenterer de grove og subtile niveauer af bevidsthedens sfære. *Bhuh* er det groveste, og *satyam* er det mest subtile. (Disse stavelser bruges i påkaldelsen i *Gaytrimantraet).*

422. सन्ध्या

Sandhyā

Hun, som findes i tusmørkets form.

Sandhyā er det, som føjer dag og nat sammen. Her siges Devī at være det. Hun er også *Yugasandhyā,* den som føjer to *yugas* (tidsaldre) sammen.

Ifølge *Mahābhārata* er *sandhyā* den *cit* (bevidsthed), som findes i solen. Brahma, Viṣṇu, Indra og alle andre skabninger er stråler fra den *sandhyā.*

Ifølge Mādhavācārya er Devī kendt som *Sandhyā,* fordi Hun er tilbedt af de tre *sandhyās* (slags tusmørke).

Kālīka Purāṇa beskriver historien om *Sandhyā,* (som også betyder "meditation,") som den himmelske skønhed, som opstod i Brahmās tanker, da han sad og mediterede.

423. द्विज वृन्द निषेविता
Dvija vṛnda niṣevitā

Hun, som tilbedes af dem, der er født to gange.

Ved fødslen er alle mennesker *śūdraer. Karma* gør en *śūdra* til en *dvīja,* én der er født to gange, som for det meste bliver fortolket som en *brāhmaṇa.* Den store vismand Vyāsa er et bevis på, at det i Indien har været handlinger, som afgjorde en persons kaste (*varṇa*). Devī er den, der tilbedes af dem, som bliver født to gange gennem deres handlinger.

Dvīja betyder tænder. Devīs tænder blev i *mantra* 25 sammenlignet med toogtredivede former for tilbedelse begyndende med *Śuddhavidyā* eller *Śrīvidyā.* Det nærværende *mantra* kan tolkes som Hende, der bliver tilbedt på disse måder.

Devī er Sandhyā og ifølge *Renuka Purāṇa:* "Denne *Sandhyā* skal tilbedes hele tiden af de, der er født to gange, *devaer* (guder) og *mahātmaer* (store sjæle), mens de sidder, går, spiser og sover."

De tre navne *vyāhṛtiḥ, sandhyā* og *dvijavṛndaniṣevitā* svarer til de tre tilstande vågenhed, drøm og dyb søvn. *Vyāhṛtiḥ* svarer til talen og symboliserer den vågne tilstand. *Sandhyā* befinder sig mellem de to andre og svarer til drømmetilstanden. *Dvīja* (født to gange) betyder også fugle og henviser til *jīvaer.* Ligesom fugle til sidst bliver trætte af at flyve gennem luften og lander i deres rede, vil *jīvaer,* efter at de har været vågne og drømt, til sidst smelte sammen med *Brahman* i en tilstand af dyb søvn. I *Bṛhadāraṇyaka Upaniṣad* (IV.3.19) står der: "Ligesom en høg eller falk, som har fløjet i lang tid, bliver udmattet og kommer hen til sin rede, på samme måde vil denne person skynde sig at søge den tilstand, hvor han falder i søvn og ikke ønsker noget og ikke ser nogen drøm." I *Chāndogya Upaniṣad* (VI. 8.I.) står der: "Når et menneske siges at sove, så er han, kære dreng, blevet forenet med *Brahman.*"

424. तत्त्वासना

Tattvāsanā

Hun, som har tattvas som Sit sæde (āsana). Hun, som forbliver i tattva.

Tattvam er sandheden i alt (*tat+tvam*: Det er dig). Devī findes i alt som den indre Sandhed. *Sānkhyas* kaldes for "Vidende om de femogtyve *tattvas."* Devī er den indre kraft i alle disse *tattvaer.*

Tattva betyder også "et kosmisk element." Hun dvæler i alle elementer fra jorden til Śiva. (Det antages, at der findes seksogtredive *tattvas,* hvor den sidste er Śiva, som ikke er adskilt fra Devī.)

Āsana betyder: "En, som forkaster". I denne forstand er Devī den, som forkaster alle fireogtyve *tattvaer* i *Sānkhya* eller de femogtredive kosmiske elementer. Der er kun én Sandhed tilbage, og det er Devī. Det minder om ordene "*Neti, neti,*" (Ikke det, ej heller det), som bruges til at beskrive den Højeste Sandhed.

Gayatrī, *Vedaernes* Moder, manifesterer sig på tre niveauer – *vyāhṛtiḥ* på det grove niveau, *sandhyā* på det subtile niveau og *tattvāsana* på det kausale niveau. Alle disse er Devīs skabelser. Hun dvæler i dem alle. De er trin, som fører til Hende.

425. तत्

Tat

Hun, som menes med 'Det', den Højeste Sandhed, Brahman.

Når viden om *Brahman* opstår i intellektet, er *Tat* (Det) ordet, som bruges for denne *Brahman* (se *mantra* 363).

Tat er et stedord – et ord, som bruges til at referere til noget, som allerede er påpeget. Alle kendte ting er inkluderet i *Tat,* fordi Devī, den Højeste Bevidsthed, findes bag alt.

I *Sahasranāmaens nāmāvali* form, hvor Devī påkaldes navn efter navn, bliver dette *mantra* til *Om Tasmai Namah. Tasmai* er datidsformen af stedordet *Tat.*

426. त्वं

Tvam

Hun, som refereres til som 'Du'.

En *jīva* kan skelnes fra den anden ud fra forskel i betingning. Myrens krop er meget forskellig fra myreslugerens krop. Men sjælen er én og samme sjæl. Her er betingningen kroppen. I det nærværende *mantra,* refererer *Tvam* (Du) til den ubetingede *Ātman.* Den *Ātman* er Devī.

Dette og det foregående *mantra* afslører enheden mellem den individuelle sjæl (*jīvātman*) og den Højeste *Brahman* (*Parāmātman*), som også er udlagt i denne *mahāvākya* (store budskab fra *Upaniṣad*): *"Tat tvam asi,"* der betyder "Du er Det".

I *Vedānta* findes der fire af disse *mahāvākyaer:*

Prajñānam brahma: Bevidsthed er Brahman
Tat tvam asi: Du er Det.
Ayam ātma brahma:Dette Selv (ātman) er Brahman
Aham bramāsmi: Jeg er Brahman.

Hvert af disse store budskaber kommer fra en forskellig *Upaniṣad*, som hver er forbundet med en af de fire *Vedaer.* Således har hver *Veda* givet afsæt til en *mahāvākya.*

"Prajñānam Brahma" er indeholdt i *Aitreya Upaniṣad* i *Ṛgveda.* "*Tat tvam asi*" kommer fra *Chāndogya Upaniṣad* i *Sāmaveda.* "*Ayam ātma brahma*" er fra *Māṇḍukya Upaniṣad* i *Atharvaveda* og *"Aham brahmasmi"* finder sted i *Yajurvedas Bṛhadāraṇyaka Upaniṣad.*

Af de fire er *"Prajñānam Brahma"* kendt som "definitionens *Vākya* (budskab eller eklæring)." *"Tat tvam asi"* er "belæringens *Vākya.*" *"Ayam ātma brahma"* er "kontemplationens

Vākya," og endelig er "*Aham bramāsmi*" "erfaringens *Vākya.*" At høre, kontemplere og blive overbevist gennem erfaring – disse dele definerer storheden i *Vedāntisk* filosofi.

Kroppen giver illusionen om forskelle. Sjælen er ét med enheden i *Brahman.*

Der var en gang en hengiven, som spurgte Amma: "Hvis sjælen i os alle er den samme, hvorfår får alle så ikke den samme oplevelse, når der er én person, som realiserer sandheden?" Amma svarede: "Søn, når du tænder for hovedafbryderen i huset, kan elektriciteten komme ind i alle husets rum – stuen, køkkenet, soveværelserne. Men hvis man skal have lys i hvert enkelt rum, er man nødt til at trykke på lyskontakten. Sindet er lyskontakten. Først når hvert enkelt menneske trykker på kontakten i sindet, er det muligt at afsløre lyset indeni." Navnene *Tat* og *Tvam* henviser til dette lys. Devī er dette lys.

Tat (Det) kan anses for at være *Nirguṇa Brahman* (*Brahman* uden egenskaber) og *Tvam* (Du) som *Saguṇa Brahman* (*Brahman* med egenskaber).

I *nāmāvali* bliver *mantraet* til *Om Tubhyam Namah. Tubhyam* er datidsformen af stedordet *Tvam.*

427. अयी

Ayī

Åh Moder!

"*Ayi!*" *tiltaler Moderen som den "elskede ene". "Mantraet* viser enhed i hjertet mellem den tilbedende og Devī, som er genstand for tilbedelsen. Denne form for tiltale er ikke kun respektfuld, men også fyldt af den dybeste følelse af kærlighed.

I *Tattvanārāyanīya* bliver det klart, at de tre ord *Tat, Tvam* og *Ayi* udgør følgende *mahāvākya: "Tat tvam asi"* (se det foregående *mantra*). Forståelse af denne betydning vil ikke opstå alene ved at studere skrifterne. Den opstår direkte som en erfaring, når man er inspireret af en hengiven indstilling.

428. पञ्च कोशान्तर स्थिता
Pañca kośāntara sthitā

Hun, som opholder sig i de fem lag.

I *Tantraśāstra* er de fem lag ifølge *Jñānarnava parāmjyoti, parā, niskālaśāmbhavī, ajapā* og *matṛka.* Inderst i midten af disse lag er lyksalighedens *cakra (sarvānandamayi cakra)* i form af *binduet.* Her opholder Devī *Śrīvidyā* sig. I hvert af disse lag findes en Devī med samme navn, som det lag, der tilbedes.

I en anden fortolkning repræsenterer de fem lag de fem niveauer i *samādhi: sāmya, laya, vināśa, atyantabhāva* og *aikya.* I *sāmya* består forskellen mellem *jīva* og *Parāmātman.* I *laya* begynder denne forskel at forsvinde, men oplevelsen af en identitet er ikke helt fuldkommen. I *vīnasa* forsvinder enhver skelnen. I det næste stadie bliver oplevelsen af identitet stærkere, og i *aikya* opnås en fuldkommen enhed mellem *jīva* og *Parāmātman.*

I *Vedānta* er de fem lag (*kośāer*) følgende: *annamāyā, prāṇamāyā, manomāyā, vijñānamāyā* og *ānandamāyā kośāer* (laget for mad, laget for åndedræt, det mentale lag, det intellektuelle lag og lyksalighedens lag). Inde i det allerinderste lag skinner Devī som Ren bevidsthed.

Kośā- systemet er et af de mest vidtløftige analytiske koncepter, som vores vise er nået frem til. De, som søger viden, er forundrede over denne præstation.

I *Brahma Gitā* siges det, at *Brahman,* som er essensen af eksistens, visdom og enhed fylder *ānandamayi kośā* (lyksalighedens lag) som støtte og vidne til alt. Det er den evige essens i alt.

Krodhabhaṭṭāraka fortæller: "Åh Moder, han alene kender *Brahman,* som også kender Dig, som stråler med blændende lys i de fem lag *anna, prāṇa, manas, buddhi* og *ānanda,* som beskrives i *Mahopaniṣad*".

I Śrī Śankaras kommentar til *Brahma Sūtraerne* diskuteres det antikke syn og Śankaras eget syn på disse *kośāer*. *Taittiriya Upaniṣad (Brahmānanda Valli)* gennemgår også de fem *kośāer* mere detaljeret.

429. निःसीम महिमा
Niḥsīma mahimā
Hun, hvis storhed er ubegrænset.

Alt i universet, som ikke er *Brahman,* har kun begrænsede egenskaber. Kun *Brahmans* pragt er ubegrænset. Devī med ubegrænset pragt er denne *Brahman.*

430. नित्य यौवना
Nitya yauvanā
Hun, som er evigt ungdommelig.

Devī kan ikke undergå forandring, fordi Hun selv er skaber af tid. Tiden skaber ikke Hende. Alle skabninger gennemgår stadier af vækst og forfald, som forårsages af tiden. Devī er ikke påvirket af dem og forbliver evigt ungdommelig.

431. मद् शालिनी
Mada śālinī
Hun, som stråler i en tilstand af beruselse eller rus.

Her er årsagen til beruselsen nydelse af lyksaligheden i *Brahman.* Devī findes i den tilstand af beruselse. Ansigt og øjne bliver rødlige i rusen. Det er indforstået, at Hendes ansigsts skønhed bliver endnu mere fuldendt gennem denne lyksalighed.

Bhāskararāya beskriver *mada* som den tilstand af lyksalighed, der er uplettet af verdslige ting. Det er naturen i *Brahmans* lyksalighed, og Devī stråler i denne tilstand.

432. मद घूर्णित रक्ताक्षी
Mada ghūrṇita raktākṣī

Hun, hvis øjne er rødlige, rullende i ekstase og indadskuende.

Hendes halvt lukkede øjne er tegn på denne tilstand af stor lyksalighed. Det er indforstået, at Hun nyder en hemmelig indre lyksalighed. Budskabet i disse øjne er den store glæde, som Devī føler, når Hun ser Sin hengivne gøre fremskridt på den spirituelle vej og slippe verdslige bindinger.

433. मद पाटल गण्ड भूः
Mada pāṭala gaṇḍa bhūḥ

Hun, hvis kinder er rosenrøde af henrykkelse.

Den Guddommelige Moders kinder bliver rosenrøde i den brusende kærlighed, Hun føler, når Hun ser Sine hengivne udvikle sig spirituelt. Denne rosenrøde nuance kan måske blive endnu skønnere, fordi Hendes elskede, Kameśvara, hele tiden er i nærheden.

Mada betyder også moskus. Pāṭala er navnet på en bestemt blomst. I sit værk, *Śakuntala,* beskriver Kālidāsa duften af *pāṭalablomster* i skovens brise. *Mantraet* betyder så, at Devīs kinder dufter af moskus og af *pāṭalablomsterne,* som pryder Hendes ører.

434. चन्दन द्रव दिग्धाङ्गी
Candana drava digdhāṅgī

Hun, hvis krop er smurt med sandeltræspomade.

Sandeltræspomade bruges til at give skønhed og kølighed til kroppen. Under *pūja* er der tradition for at bade billedet af Devī i mælk, ghee, sandeltræspomade og rosenvand. Amma har inkluderet denne *abhiṣeka* (badeceremoni) som del af den *mānasapūja* (mental tilbedelse), Hun har anbefalet.

435. चाम्पेय कुसुम प्रिया

Cāmpeya kusuma priyā

Hun, som har forkærlighed for campakablomster.

Campakablomster har en særlig egenskab. Det siges at en bi, der suger blomstens nektar, dør med det samme. *Campakablomster* bliver derfor ikke gjort urene af kontakten til bier. Devī er derfor særligt knyttet til dem.

Verdslige glæder er som gift. Selv forholdet til kone og børn, som føles sødt i begyndelsen, føles som gift, når frigjortheden fra verdslige bindinger vokser.

Yogiens synspunkt er beskrevet i *Gitā* (XVIII.37): "Det som i begyndelsen er som gift, men til slut er som nektar, er den glæde, som er *sāttvisk* og affødt af sindets renhed."

Lyksaligheden i det sind, som har frigjort sig fra sanseobjekter, er her beskrevet som nektar. Den glæde, som sindet og kroppen opnår gennem sanserne, er forgængelig, dødelig og flygtig. *Campakablomsterne* symboliserer dem, som dvæler i Selvet og ikke rører verdslige glæder.

436. कुशला

Kuśalā

Hun, som er dygtig.

Ordet *kuśalā* henviser til den discipel, som skærer *kuśagræsset*, som han har opdaget og før solopgang bringer det til sin gurus *pūja.* Det er et tillægsord, som bruges til at beskrive den, der tænker langt og planlægger langsigtet. *Kuśalā* er den feminine form. På samme måde er Devī meget dygtig til at frelse Sine hengivne fra fare.

Kuśa betyder også vand, og *lā* er hun, som accepterer. Devī er den, som er opsat på at acceptere det vand, som ofres i bøn af Hendes hengivne. Hun er også den, som accepterer, hvad der end bliver ofret af Hendes hengivne, selvom det kun er vand.

Bhāskararāya fortolker dette *mantra* som: ”Hun, som får månen til at blegne i sit ansigts strålende skønhed (*ku:*underlegen, *śala:* måne).”

437. कोमलाकारा

Komalākārā

Hun, som er yndig i sin form.

Hendes yndighed er et udtryk for kvaliteter som ydmyghed og god opførsel, som Hun besidder i overflod. Hun, som har tiltrækkende bevægelser og udtryk.

438. कुरुकुल्ला

Kurukullā

Hun, som er Śaktien Kurukullā.

Denne Śakti bor i *”Vimarśa”* strømmen i *Śrīcakra,* som er beskrevet som eksisterende i væggene i *cit* og *ahaṅkāra.* Vandet er her det samme som den nektar, der flyder gennem *suṣumnā* (se *mantra 99*). *Kurukullā* siges at styre bådene i denne nektarstrøm. *Tantrarāja* (kapitel 22) beskriver denne guddom.

Lalitāstavaratna priser *Kurukullā* på følgende måde: ”Jeg mediterer altid på Devī, *Kurukulla,* som bor i *kuruvindarubinen,* hvis talje er bøjet af vægten af Hendes bryster, som gør bjerge til skamme, og hvis krop er smurt med rød pomade.”

439. कुलेश्वरी

Kuleśvarī

Hun, som hersker over Kula

Her refererer *Kula* til triaden (*tripūti)* af den, der har erkendt (subjekt), det, der erkendes (objekt), og erkendelse (relationen mellem subjekt og objekt).

Husk den sandhed, som findes i *Upaniṣaderne:* "Lyset, som er bevidstheden, der skinner, når *tripūti*, der har fyldt de tre verdener til bristepunktet, omsider brister, er ikke synligt for en falsk *yogin."* Devī kontrollerer denne triade.

Kuleśvarī kan betyde *Kuṇḍalinī Śakti.*

Kuleśvarī er også Śiva og *Kuleśvarī* Hans kone.

En anden fortolkning fremhæver, at *Kuleśvarī* er lederen eller den herskende guddom i *mulādhārā cakra. Kula* refererer til *mulādhārā,* fordi jordelementet (*ku*) er indeholdt eller opløst (*la*) i det *cakra.*

440. कुल कुण्डालया

Kula kuṇḍālayā

Hun, som forbliver i Kulakuṇḍa

Kulakuṇḍa er *bindu* i centrum af hinden i *mulādhārā* (lotus). Devī opholder sig her.

Kuṇḍalinī sover i denne *bindu* (se *mantra* 99). Śrī Śankara beskriver Hende i *Saundarya Laharī* (vers 10): "Åh Moder, efter at have badet i universet og den tilbedendes *nāḍīer* (nerver) i nektaren, som flyder fra midten af Dine fødder, vender Du tilbage fra *sahasrāra,* som findes i form af den strålende månes skive, til Dit opholdssted i *mulādhārā*, og der sover Du i hinden i det ganske lille hul i form af en slange, der er rullet sammen tre og en halv gange."

441. कौल मार्ग तत्पर सेविता

Kaula mārga tatpara sevitā

Hun, som tilbedes af de hengivne i Kaulatraditionen.

Kaula er det, som hører til *Kula,* som allerede er blevet defineret på forskellige måder.

Hvis *Kula* betyder familie, viser *mantraet*, at Devī er den, som tilbedes af de, som følger familiens traditioner.

Der findes tre traditionelle måder at tilbede Devī på: *samāyā, miśra* og *kaula. Samāyāvejen* er fremlagt i *Vedaerne* og i Vasiṣṭhas og andres *āgamaer. Miśravejen* er beskrevet i de otte *Tantraer* og i værker som *Candrakāla.* Denne vej kombinerer reglerne i *samāyāvejen* med reglerne fra nogle af de andre veje. *Kaulavejen* er forskellig fra de to andre og er beskrevet i en samling af fireogtres bøger om *Tantra.*

442. कुमार गणनाथाम्बा

Kumāra gaṇanāthāmbā

Hun, som er Moderen til Kumāra (Subrahmania) og Gananātha (Ganesh).

Ahaṅkāra (egoisme) opstår fra foreningen af *Ādipuruṣa* (det oprindelige menneske) og *Śakti.* Kumāra er guddom for det. *Kumarāgana* står for alle de kvaliteter, der udspringer af egoisme. Devī er den, der binder alle kvaliteterne og hersker over dem. Af den grund kaldes Hun *Kumarāgaṇānthāmbā.* Ordet *Kumāra* er synonym for egoisme, og *ambā* står for én, der blokerer dens kræfter. Således er den betydning, der gives til *mantraet,* at Devī er den, som blokerer egoismens vej i den søgende og åbner vejen mod Befrielse.

Ku er også dårlig, *marāgana* er samlingen af passioner, og *ambā* er én, som begrænser. Devī begrænser de kræfter, som inspirerer til underlegne passioner, der er rettet mod at tilfredsstille sanserne. De næste syv navne beskriver Devīs karakter.

443. तुष्टिः
Tuṣṭiḥ

Hun, som er evigt tilfreds.

Hvert væsen har tre tilstande – at eksistere, at skinne og at være i tilstanden af glæde (*asti, bhāti* og *priya)*. Devī dvæler i tilstanden af glæde.

I *Mārkaṇḍeya Purāṇa* prises Hun på den følgende måde: " Tilbedelse igen og igen af Devī, som opholder sig i alle skabningers tilfredshed."

I *Devī Bhāgavata* står der: "Moder er til stede i alle væsener i form af forståelse, berømmelse, fasthed, fremgang, kraft, tro, viden og hukommelse."

Tuṣṭiḥ er en af de Seksten Mødre (*ṣoḍaśamātās*). Her prises Devī i denne form. Ifølge *Padma Purāṇa* er *Tuṣṭiḥ* guddom for Vastreśvara Tirtha.

444. पुष्टिः
Puṣṭiḥ

Hun, som er næringens kraft.

Næringens kraft, som kommer fra Devī, er ansvarlig for væksten i hvert menneske, som fødes. Kan nogen læge garantere overlevelsen af fosteret i livmoderen? Hvis han kunne, ville der ikke findes nogen former for fosterdød. Det er Devīs vilje, der handler som kilden til næring for alle væsener.

Puṣṭiḥ er navnet for guddommen i Devadāruvana, der kan ses som en anden form for Devī.

445. मतिः
Matiḥ

Hun, som manifesterer sig som intelligens.

Hvordan manifesterer intelligens sig? Gennem handlinger. Det er vedslig intelligens. Spirituel intelligens er redskab for Selvrealisering. Begge typer intelligens er manifestationer af Devī.

Matiḥ betyder også "måling". I denne betydning er Devī målestok for *Vedaerne.* "Vi tilbeder Devī, som kender (måler) *Vedaerne,* som skænker gunst, som giver lyksalighed, som er den højeste, som tilbedes af Viṣṇu og andre, som er kendt som *mati* (intelligens), der opstår som følge af erfaring," står der i *Sūta Samhita.*

446. धृतिः

Dhṛtiḥ

Hun, som er sjælsstyrke.

Sjælskraften, som ses i alle væsener, opstår fra Devīs kraft. *Dhṛtiḥ* er også en af de Seksten Mødre. Devī findes i den form.

Dhṛtiḥ er også en guddom, der bliver tilbedt i Piṇḍāraka templet.

447. शान्तिः

Śāntiḥ

Hun, som er selve roen.

Śanti er ro i sindet ved glæde og sorg, ved fremgang og tab, ved sejr og ved nederlag.

Ifølge *Śaivāgama* er *Śānti* en *kāla* (del) af *Vāyu.* "Den *kāla,* som fjerner de tre slags urenheder, *aṇava, māyā* og *karma,* kaldes *śānti."* Den viser vej for de, som kæmper med *Māyās* illusion og med handlinger, der står i modsætning til egen *karma* ved at forlade sin *dharma* og søge at påtage sig en andens (se *mantra* 354). At fjerne sig fra sin egen *dharma* vil ikke bringe fremgang, det medfører tab af *śānti* (fred). En hjørnesten i opbygningen af et retskaffent liv findes i den følgende sætning, der står i *Gitā* (III.35): "Det er bedre at dø, mens man følger sin egen *dharma* (pligt); at følge en andens *dharma* skaber frygt".

Ifølge *Brahmaparāśarasmṛti* er området, som befinder sig femten fingerbredder under næsetippen det mest lykkebringende centrum for livskraften; det kaldes *śānti*. Det er Devīs sæde.

448. स्वस्ति मति

Svasti mati

Hun, som er den Højeste Sandhed.

Stavelserne *su+asi* betyder glorværdige sandhed. Den glorværdige sandhed er *Brahman*. Devī er denne ultimative sandhed. "Denne *Brahman* er i sandhed Sandheden," står der i *Bṛhadāraṇyaka Upaniṣad*.

"Svasti betyder selve udødeligheden." (Yāska) *Svasti* betyder: "Lykkebringende, velsignelse, *puṇya* (fortjeneste) og fastholdelse af *dharma."* Devī besidder alle disse. Derfor er Hun *Svastimatī*, én som besidder *svasti*.

449. कान्तिः

Kāntiḥ

Hun, som er stråleglans.

Med Sin egen stråleglans får Devī alt andet til at skinne. Når man først har set *Kāntiḥ*, vækkes længslen efter at se mere og mere. Kan man få nok af Devīs *darśan*? Længslen efter den er evigt stigende.

Kāntiḥ betyder også *icchāśakti* (viljekraft). Devī har en ubetvingelig Viljekraft.

Inden for litteraturen er *Kāntiḥ* et tegn på udmærkelse. Denne betydning gælder også for Devī, som er sæde for al udmærkelse. Navnene fra 443-449 indikerer, at alle store kvaliteter i mennesker er Devīs velsignelser.

450. कान्तिः
Kāntiḥ
Hun, som giver fryd.

Nandinī er den hellige ko i vismanden Vasiṣṭhas asram, og den giver den vise det, der skal bruges til at bringe offergaver og indbyggerne det, de har brug for til dem selv og de besøgende. *Nandinī* er en af Devīs former.

Nandinī er også et navn for Gangā, den hellige flod. Gangā giver også glæde. Den vasker synder væk og giver ny energi til krop og sjæl. Devī er en form for Gangā.

Nandinī er også Nandas datter, Viṣṇumāyā.

451. विघ्न नाशिनी
Vighna nāśinī
Hun, som nedbryder alle forhindringer.

Devī er den, som fjerner alle forhindringer, som opstår på både den spirituelle og materielle vej i livet.

452. तेजोवती
Tejovatī
Hun, som er strålende.

Devī er Selv strålende og understøtter alt, der er strålende.

Det bliver forklaret i *Kaṭha Upaniṣad* (II.ii. 1 5): "Solen skinner ikke der, ej heller gør månen, ej heller skinner lynet og langt mindre denne ild. Når Han skinner, skinner alt efter Ham; ved Hans lys skinner alle disse." Navnet *Tejovatī* betyder, at Devī ikke er nogen anden end den *Brahman.*

Tejas betyder også dygtighed. Devī har en dygtighed, som opstår gennem de otte egenskaber, der markerer udmærkelse (*aiśvaryas*).

453. त्रि नयना

Tri nayanā

Hun, som har solen, månen og ilden som Sine tre øjne.

Nayana betyder også én, der leder. Hun er én, der leder til virkelig viden gennem tre (*tri*) veje. De tre veje er ifølge *Manusmṛti* erkendelse, fortolkning og ord (skrifterne).

Alternativt er Hun én, som fører os til Sandheden gennem de tre veje, som består af at høre, kontemplere og være i dyb meditation.

De tre dele kan også være syd, nord og *Brahmans* vej. Hun fører *jīvaerne* på disse veje ud fra, hvad hver af dem fortjener. Derfor er Hun *Trinayanā.*

454. लोलाक्षी काम रूपिणी

Lolākṣī kāma rūpiṇī

Hun, som findes i form af kvinders kærlighed.

Devī er både smuk (*lolākṣī*) og legemliggørelsen af kærlighed eller begær (*kāmarūpiṇī).* Hendes skønhed er så stor, at Hun er indbegrebet af smukke kvinders begær. Hun skinner som kærlighed i kvinder, eller Hun har den skønneste form blandt alle smukke kvinder.

Ifølge *Saubhāgyabhāskara* står *Kāmarūpiṇī* for *Yogeśvari*, guddommen for begær (*icchāśakti*). I *Varāha Purāṇa* er otte kræfter og deres guddomme beskrevet. De er: begær (*Yogeśvarī*), vrede (*Maheśvarī*), grådighed (*Vaiṣṇavī*), passion (*Brahmāṇī*), forvildelse eller vildfarelse (*Kalyāṇī*), misundelse (*Indrajā*) æreskrænkelse (Yamadaṇḍadharā) og foragt (*Vārāhi*).

455. मालिनी

Mālinī

Hun, som er iklædt kranse.

Én, som holder af at have en krans på, der er lavet af alfabets enoghalvtreds bogstaver.

Som beskrevet i meditationsverset (*dhyānaśloka*) er Devī strålende iført en krans af røde blomster.

Devī er ledsaget af *Mālini*, som ifølge *Vāmana Purāṇa* er en af Pārvatīs ledsagere, da Hun bliver gift. *Mālini* er Gangā, som er iklædt en krans af bølger. Devī er også *Mālini*, når Hun er ledsaget af denne Gangā.

Mālini er navnet på et vers i *Sanskṛt* poesi. Ifølge Dhaumya er *mālini* også en pige på syv år. Tilbedelse af små piger under Devī *pūja* er baseret på denne tradition.

456. हंसिनी

Hamsinī

Hun, som ikke er adskilt fra Hamsaer (yogierne, som har opnået store spirituelle højder).

Hun har svanens særlige egenskaber. Det siges, at en svane er i stand til at adskille mælken fra en blanding af mælk og vand. Devī sammenlignes med en svane og kaldes *Hamsinī*, fordi Hun med klarhed formår at adskille det gode fra det onde.

Ajapamantraet kaldes for *Hamsinī.* Devī findes i form af dette *mantra.*

457. माता

Mātā

Hun, som er universets Moder.

Også, Hun som er *Matṛka. Martṛkas* er alfabetets bogstaver. "Den Højeste Gudinde kaldes for *Matṛka,* fordi Hun er moder til alle *mantraer.*" (*Skanda Purāṇa*).

Hun er *pra(mātā)* eller én, som ved. Det er det første medlem af triaden, som består af den vidende, det, der vides og viden (*pramātā, prameya* og *pramāna*). Således kan navnet *Mātā* forstås som Hun, der ved alt.

Mātā er guddommen for den tiende dag i halvmåneden. Hun er en anden form for Devī. *Mātā* er også guddommen for *Kāyāvarohanatemplet.*

Lakṣmibījamantraet kaldes også *Mātā.* Det menes, at Devī findes i dette *mantras* form. *Śrī, Mī, Rāma, Kamalā* og *Mātā* betyder alle Lakṣmi.

458. मलयाचल वासिनी

Malayācala vāsinī

Hun, som bor i Malayabjerget.

Hun er også kendt som *Malayālayā*, som har den samme betydning. Dette bjerg er kendt for sandeltræ, som er berømmet for sin kølighed og hellighed.

459. सुमुखी

Sumukhī

Hun, som har et smukt ansigt.

Devī skinner med et ansigt, som aldrig mister sin glans. Skønheden i Hendes ansigt er forstærket af sand visdom. I *Śruti* står der: "Den, som kender Det, Hans ansigt skinner." *Chāndogya Upaniṣad* (IV.14.2) refererer også til skønheden i denne visdom: "Kære barn, dit ansigt skinner som den, der er vidende om *Brahman.*"

Sumukhī er navnet på en *nityāguddom*, som bliver tilbedt som en del af tilbedelsen af *ṣodaśīmantraet.* Den guddom er Devī.

Sumukhī er også en *rāga* i musikken, der anses for at være en manifestation af Devī.

460. नलिनी
Nalinī

Hun, hvis krop er blød og smuk som lotusblade.

Devīs hænder, fødder, øjne og ansigt kan sammenlignes med lotusblomstens skønhed.

Nalinī er et andet navn for *Gangā.*

Kong Nala, en hengiven af Devī, blev ét med Hende; derfor kaldes Hun ifølge *Saubhāgyabhāskara* for *Nalinī.*

461. सुभ्रुः
Subhruḥ

Hun, som har smukke øjenbryn.

Ājñācakra har en lotusblomst med to blade. Her symboliserer øjenbrynene dette *cakra.*

462. शोभना
Śobhanā

Hun, som altid er skinnende.

En, som med Sin egen skinnende natur får alt andet til at skinne.

463. सुरनायिका
Suranāyikā

Hun, som er gudernes leder.

Da Hun er leder af guderne, hvem er da ikke under Hendes kontrol?

Devaer er de, der lyser op med en speciel viden. Devī er leder af dem, der er udrustede på denne måde.

464. कालकण्ठी

Kālakaṇṭhī

Hun, som er hustru til Śiva.

Da mælkehavet blev kværnet for nektar, var gift det første, som viste sig. Ingen vovede at modtage giften, da den ville brænde hele verden ned, hvis den blev tabt på jorden. *Devaer* og *asuraer* var lige forfærdede og bange for den. Herren Śiva modtog giften uden tøven og slugte den. Ved dette syn gik der panik i Devī Pārvatī, som holdt om Hans hals og standsede giften fra at løbe ned. Giften satte sig fast i Śivas hals, og han blev derfor kendt som *Kālakaṇṭha* (Śiva med den mørke hals). *Nīlakaṇṭha* (Śiva med den blå hals) eller *Śrīkantha* (Śiva med den forgiftede hals).

Kālakaṇṭhi betyder også Hun, som har en sød hals (stemme). Devīs stemme er guddommeligt sød (se *mantra* 27).

Ifølge *Devī Purāṇa* er Kālanjara et af de otteogtres hellige steder i Indien. Guddommen, som findes der, er *Kālakaṇṭhi.*

I *Liṅga Purāṇa* står der, at Devī tog form som *Kālī, Kapardini* og *Kālakaṇṭhi* for at dræbe dæmonen Dāruka.

465. कान्ति मती

Kānti matī

Hun, som er strålende.

Navnet *Kānti* er allerede blevet beskrevet (se *mantra* 449). Det er de samme betydninger, som gælder her.

466. क्षोभिणी

Kṣobhiṇī

Hun, som skaber omvæltning i sindet.

Den omvæltning, Hun skaber, er en kreativ længsel. *Sānkhya-synet* på dette er, at *Puruṣa* (den kosmiske mand) er iboende inaktiv. Devī (*prakṛti* eller Natur) opildner Ham til at handle og skabe universet.

I *Varāha Purāṇa* findes der en historie. Vaiṣṇavī, Viṣṇus hustru, tog til Mandārabjerget for at udføre offerritualer. Efter at Hun i lang tid havde lavet bodsøvelser, blev Hendes sind oprørt af begær, og derudfra opstod der utallige unge kvinder med stor skønhed. Siden da har navnet *Kṣobhiṇī* været ensbetydende med Devī.

467. सूक्ष्म रूपिणी

Sūkṣma rūpiṇī

Hun, hvis form er for subtil til, at sanserne kan opfatte den.

Der findes tre slags former – grov, subtil og mest subtile (*parā*). I *mantraet* beskrives Devī med en subtil form. "Mere subtilt end det mest subtile, større end det største," (*Kaṭha Upaniṣad* I.ii.20) og "mere subtilt end det mest subtile," (*Kaivalya Upaniṣad* 16) er måderne, det Højeste beskrives på.

Ordet *sūkṣma* betyder også *homa* (offerritual). Der findes tolv slags, og blandt disse er det daglige offer, som udføres i ilden i *mulādhārā cakra* det største. Denne tilbedelse er *mānasa pūja*, som udføres stilfærdigt i sindet.

Mantraet minder os om, at Devīs virkelige form ikke findes på de grovere planer, men er mere subtil end det mest subtile, som er den udelte *Brahman.*

468. वज्रेश्वरी
Vajreśvarī

Hun, som er Vajreśvarī, den sjette daglige guddom.

Śrīcakra har tolv vægge, som er opført af diamanter. I centrum af den elvte, findes der en flod, som kaldes Vajramayi og *Vajreśvarī* er denne flods guddom. Hun er en del af Devī. Derfor kaldes Devī *Vajreśvarī.*

Devī gav Indra *vajra* (lynkilen) våbenet, som er beskrevet i *Brahmāṇḍa Purāṇa.* Således er Hun kendt som Vajras gudinde (*Vajreśvarī*). Indra gjorde bodsøvelser i vandet, og Devī, som opstod fra vandet, gav ham Vajravåbenet og forsvandt. Med stor tilfredshed vendte Indra tilbage til himlen.

I *Lalitāstavaratna* beskrives Hun således: "I den evigtstrømmende Vajraflod med de smukke bredder, hvor de yndige svaner leger mellem bølgerne, skinner *Vajreśvarī* prydet med diamantsmykker, og Hun tjenes af Indra, som fik *vajravåbenet.* "

Vajreśvarī er også navnet på gudinden i *Jālandhara Pīṭha.*

469. वाम देवी
Vāma devī

Hun, som er hustru til Vāmadeva (Śiva).

Vāma er "venstre side" og Vāmadeva er Śiva, halvt-kvindelig-halvt-mandlig guddom, hvis venstre side er Devī. I *Śiva Purāṇa* står der: "Śivas smukke ansigt, som vender mod nord er rødt som cinober og kaldes *Vāma.*" Det er *Vāmavyūha,* en af Śivas fem former *(vyūhas).*

Vāma betyder også "god" og "frugten af *karma*". Devī er den herskende guddom over alt, der er godt og over alle handlingens frugter.

Vāma er også smuk. Devī er sæde for al skønhed. Sandhed, gunst og skønhed, (*Satyam, Śivam, sundaram*) er Devīs egenskaber.

Vāmācara er den venstrehåndede vej i tilbedelsen af Devī, og *Vāmadevī* er den herskende gudinde. Ifølge *Devī Purāṇa* er "*Vāma* den modsatte eller omvendte vej. Devī giver lyksalighed gennem denne vej, og derfor huskes Hun som *Vāmadevī.*" (Se *mantra* 332).

470. वयोवस्था विवर्जिता

Vayovasthā vivarjitā

Hun, som er undtaget fra forandringer, der skyldes alder (tid).

Devī er hinsides forandringer som fødsel, aldring og død.

471. सिद्धेश्वरी

Siddheśvarī

Hun, som er gudinden, der tilbedes af spirituelle mestre.

Devī er den, der skænker alle *siddhier*, og derfor er dette navn meget passende for Hende.

Siddheśvarī er navnet på en berømt guddom i Kāśi (Varanāsi).

472. सिद्ध विद्या

Siddha vidyā

Hun, som findes i form af Siddhavidyā, mantraet med femten stavelser.

Fordi *pañcadaśimantraet* er evigt og universelt, er det ikke nødvendigt at følge reglerne for forberedelse, tid og sted, som foreskrives for andre *mantraer.*

473. सिद्ध माता

Siddha mātā

Hun, som er Siddhaernes moder.

Siddhaer er dem, der har givet afkald på alle verdslige tilknytninger. Devī er mor for dem alle. Hun står for at tage vare på dem og beskytter dem ligesom en mor. De søger altid hen til Hende, når de har brug for noget. Hun hører dem, når de kalder på Hende, og giver dem alt det, de har brug for.

Devī er mor til alle, som ønsker Befrielse. Hun ønsker, at deres anstrengelser vil lykkes for dem.

474. यशस्विनी

Yaśasvinī

Hun, hvis berømmelse er uden lige.

Devīs berømmelse er uden lige på grund af Hendes utallige pragtfulde *līlāer* (lege). Hendes kærlighed, medfølelse og kraft til at beskytte bringer Hende stor berømmelse.

475. विशुद्धि चक्र निलया

Viśuddhi cakra nilayā

Hun, som holder til i Viśuddhicakraet.

Viśuddhi, som befinder sig i halsen, er det femte af de seks *ādhāracakraer* (se kommentarer til *mantra* 99). *Ḍākinī* Devī hersker der.

I toogtres navne, som starter med dette, bliver de herskende guddomme for de seks *ādhāracakraer* og *sahasrāra* beskrevet som forskellige former for Devī. Disse guddomme er *Ḍākinī, Rākiṇī, Lākinī, Kākinī, Sākinī, Hākinī* og *Yākinī.*

Man mediterer på Hende på denne måde: "I halsens fordybning i centrum af *Viśuddhi*, i den sekstenbladede lotus tilbeder jeg *Ḍākinī*, rosenrød, treøjet og med køllen, sværdet, treforken og en stor stav i Sine hænde. Hun, hvis ansigt er frygtindgydende for levende mennesker, som altid er glad for *pāyasa* (sød budding tilberedt med mælk), som hersker over følesansens organ, og som er omgivet af *Āmṛta* og andre guddomme og tilbedt af krigere."

Disse egenskaber bliver mere detaljeret beskrevet i de næste ni *mantraer*.

476. आरक्त वर्णा
Ārakta varṇā

Hun, som har en svagt rød (rosa) hudfarve.

Ḍākinī Devīs hudfarve er let og lysende rød som farven på *pāṭalablomsten* (trompetblomsten).

477. त्रि लोचना
Tri locanā

Hun, som har tre øjne.

Solen, månen og ilden er Hendes øjne, og det er fortiden, nutiden og fremtiden også.

478. खट्वाङ्गादि प्रहरणा
Khaṭvāṅgādi praharaṇā

Hun, som er bevæbnet med en kølle og andre våben.

Khaṭvāngā er en kølle med en hovedskal i enden. Det er *Śivas* våben. De andre våben er et sværd, en trefork og en stav. Ud fra beskrivelsen i meditationsverset (se *mantra* 475), skal man forstå *Ḍākinī* som firearmet og holdende om køllen og andre våben.

479. वदनैक समन्विता

Vadanaika samanvitā

Hun, som kun ejer ét ansigt.

Ḍākinī Devī, som opholder sig i halsen, har kun ét ansigt. Skrifterne foreskriver stilhed, når man spiser. Årsagen er, at Devī i *Viśuddhicakraet* kun har ét ansigt.

480. पायसान्न प्रिया

Pāyasānna priyā

Hun, som har forkærlighed for søde ris.

481. त्वक्स्था

Tvaksthā

Hun, som er guddom for huden (følesansens organ).

482. पशु लोक भयङ्करी

Paśu loka bhayaṅkarī

Hun, som frygtes af dødelige væsener, der er bundet til verdslig eksistens.

"I nydelsen findes frygten for sygdom, i familien findes frygten for forfald, i rigdom findes frygten for kongen, i det gode helbred findes en frygt for unge kvinder, i viden findes frygten for uenighed, i godhed findes frygten for onde mennesker, i kroppen findes frygten for døden. Der er ingen tvivl om, at alle disse ting på jorden forårsager frygt. Lidenskabsløshed er den eneste frihed fra frygt, det eneste tilflugtssted."

Når man er bundet af *samsāra*, vil alt være årsag til frygt. Lidenskabsløshed er det eneste sted, hvor man kan søge tilflugt fra sin frygt.

Paśu er én, som ikke har erkendt enheden mellem *jīva* og det Højeste. En, som ser (forskelle) – *paśyati* – er en *paśu.*

483. अमृतादि महाशक्ति संवृता
Amṛtādi mahāśakti samvṛtā

Hun, som er omgivet af Amṛta og andre śakti guddomme.

Lotusblomsten i *viśuddhicakraet* har seksten blade, som hver bebos af en *Śakti.* De seksten er *Amṛta, Ākarṣini, Indrānī, Īśānī, Umā, Ūrdhvakeśī, Rudrā, Rikarā, Likarā, Lukarā, Ekapādā, Aiśvaryātmikā, Omkārā, Auṣadhī, Ambikā* og *Akṣarā.*

De seksten *śaktier* repræsenterer de indre kræfter som intelligens, ego og kraften til tiltrækning, som er baseret på ydre organer. *Ḍākinī* er omgivet af alle disse.

484. डाकिन् ईश्वरी
Ḍākin īsvarī

Hun, som er Ḍākinī-guddommen, der er beskrevet i de ni foregående navne.

485. अनाहताब्ज निलया
Anāhatābja nilayā

Hun, som opholder sig i anāhatalotusblomsten i hjertet.

Mantraerne 485-494 beskriver *Rākiṇī* Devī. *Anāhata* er lotusblomsten med tolv blade. *Rākiṇī* bor i centrum af dem. Man mediterer på Hende på følgende måde: "Vi mediterer på *Rākiṇī,* som skænker ønsker, som bor i hjertets tolvbladede lotus, som har to ansigter med fremspringende stødtænder, og hvis farve er sort. Hun, som holder en skive, en trefork, en hovedskal og en tromme i Sine hænder. Hun, som er treøjet, som hersker over blodet, som tjenes af *Kālaratri* og andre ledsagere, som holder af olieret mad, og som tilbedes af de modige."

486. श्यामाभा
Śyāmābhā

Hun, hvis hudfarve er sort.

En pige, der er seksten år gammel, er kendt som Syama. Devī er en evigt ung pige på seksten år.

487. वदन द्वया
Vadana dvayā

Hun, som har to ansigter.

Alt eksisterer som modsætningspar – glæde og sorg, varme og kulde, fremgang og tab.

488. दंष्ट्रोज्ज्वला
Damṣṭrojjvalā

Hun, som har skinnende stødtænder.

489. अक्ष मालादि धरा
Akṣa mālādi dharā

Hun, som er iført kranse af rudrākṣakerner og andre ting.

Saubhāgyabhāskara fortolker det på en anden måde: *Akṣa* betyder "hjulet på en vogn". *Akṣamāla* er noget, som ligner (la) et hjul eller en skive (ma). Således bærer Devī en diskos og andre våben (treforken osv.) som beskrives i *mantra* 485.

490. रुधिर संस्थिता
Rudhira samsthitā

Hun, som hersker over blodet i de levende kroppe.

491. काल रात्र्यादि शक्त्यौघवृता
Kāla rātryādi śaktyaughavṛtā

Hun, som er omgivet af Kālarātri og andre śaktier.

Hjertecakraet har tolv blade, og der findes en *śakti* i hver af dem. Bag hinden i centrum findes *Rākiṇī* Devī.

492. स्निग्धौदन प्रिया
Snigdhaudana priyā

Hun, som holder af offergaver med ghee (klargjort smør), olie og andre fedtstoffer.

493. महा वीरेन्द्र वरदा
Mahā vīrendra varadā

Hun, som giver velsignelser til store krigere.

Indra er én, som kender *Brahman* direkte. "Han opfattede; derfor er han kendt som Indra," fortælles det i *Śruti. Mahāvīrendraer* er de, som uophørligt nyder *Brahmans* nektar.

Mahāvīra er det kar, hvor ofrene til guderne bliver placeret under offerceremonien. Indra og andre guder deltager i disse offerritualer.

Hun, som skænker velsignelser til Mahāvīra (Prahlāda), Indra og andre. I *Devī Bhāgavata* nævnes det, at Indra lavede bodsøvelser og behagede Devī.

De store *yogier*, som har opnået *turīyas* fjerde tilstand, kaldes *mahāvīraer.* De er store krigere, som har kæmpet og sejret over de mægtige fjender som begær, vrede og grådighed. Devī er den, som skænker velsignelser til disse krigere.

Hvorfor har den slags *yogier*, som har opnået *turīya,* brug for velsignelser? De har også en tilstand, som er kendt som *vyuddhānadaśa*, hvor de kan tage lederskab i verdslige affærer. De opnår denne styrke fra de velsignelser, som skænkes af *Rākiṇī* Devī.

494. राकिण्यम्बा स्वरूपिणी

Rākiṇyambā svarūpiṇī

Hun, som er i Rākiṇī-guddommens form, der er beskrevet i de ni foregående navne.

495. मणिपूराब्ज निलया

Maṇipūrābja nilayā

Hun, som opholder sig i den tibladede lotusblomst i Maṇipūrākacakraet.

Dette er opholdsstedet for *Lākinī Yoginī.* Man mediterer på Hende på følgende måde: "Lad os meditere på *Lākinī* i navlens lotusblomst, med tre ansigter, med stødtænder, med blod i rødlig farve, som i Sine hænder holder om et spyd (eller sværd, *Śakti),* lynkilen, køllen og *abhaya* (et magisk våben), den mest frygtelige. Hun, som ledsages af *Ḍāmarī* og andre *Śaktier*, som indgyder frygt i de uvidende, som hersker over kødet i alle væsener, som holder af sød mad og af gode handlinger over for alle." I hver af de ti blade i *maṇipūraka* lotus, bor *Ḍāmarī* og andre *Śaktier. Lākinī* holder til i centrum bag hinden.

496. वदन त्रय संयुता

Vadana traya samyutā

Hun, som har tre ansigter.

497. वज्रादिकायुधोपेता
Vajrādikāyudhopetā
Hun, som holder vajraen (lynkilen) og andre våben

Disse våben er *vajra,* kastespyddet, køllen og *abhaya* (en *mudrā,* som skænker frygtløshed).

498. डामर्यादिभिर् आवृता
Ḍāmaryādibhir āvṛtā
Hun, som er omgivet af Ḍāmarī og andre ledsagende guder.

Som det blev nævnt ovenfor, har *Lākinī* ti ledsagende guddomme – ti blade i lotusblomsten og ti ledsagere. Disse ledsagere bliver gennemgået i *Pūjapaddhati.*

499. डामर्यादिभिर् आवृता
Ḍāmaryādibhir āvṛtā
Hun, hvis hudfarve er rød.

500. मांस निष्ठा
Māmsa niṣṭhā
Hun, som hersker over kødet i levende væsener.

Således slutter de hundrede navne i *rucikalā,* som er solens sjette *kalā.*

501. गुडान्न प्रीत मानसा
Guḍānna prīta mānasā
Hun, som holder af søde ris, der er tilberedt med råsukker.

502. समस्त भक्त सुखदा
Samasta bhakta sukhadā

Hun, som giver glæder til alle Sine hengivne.

Den glæde, der beskrives her, er glæden i dette liv og hinsides dette. Der er ingen tvivl om, at tilbedelse af den Guddommelige Moder giver hurtige resultater. Hun er mere medfølende og generøs end nogen anden guddom.

503. लाकिन्यम्बास्वरूपिणी
Lākinyambāsvarūpiṇī

Hun, som er i Lākinī Yoginīs form, der er beskrevet i de otte foregående navne.

504. स्वाधिष्ठानाम्बुज गता
Svādhiṣṭhānāmbuja gatā

Hun, som opholder sig i den seksbladede lotus i Svādhiṣṭhāna, Kākinī Yoginī.

Nu beskrives *Kākinī.* At meditere på hende sker på denne måde: "Vi mediterer på *Kākinī*, som opholder sig i den seksbladede *svādhiṣṭhāna* lotusblomst, med fire ansigter og tre øjne, som i Sine hænder holder treforken, rebet, hoveskallen og *abhayavåbenet*, som er evigt stolt, som hersker over levende væseners lymfer (fedt), som ledsages af Bandinī og andre, hvis hudfarve er gul, som holder af honning og mad, der er blandet med yoghurt, og som er giver af ønsker.

I meditationsverset står der bogstaveligt talt "med *Veda*-ansigter", som betyder, at Hendes fire ansigter er *Vedaerne.*

505. चतुर् वक्त्र मनोहरा
Catur vaktra manoharā

Hun, som har fire smukke ansigter.

Der findes fire *Vedaer.* De er *Kākinīs* ansigter, som det står i meditationsverset ovenfor.

506. शुलाद्यायुध सम्पन्ना
Śulādyāyudha sampannā

Hun, som ejer treforken og andre våben. Hendes våben er treforken, rebløkken (rebet), hovedskallen og abhaya.

507. पीत वर्णा
Pīta varṇā

Hun, som har en gul farve.

508. अति गर्विता
Ati garvitā

Hun, som er meget stolt (af Sine våben og Sin fængslende skønhed).

509. मेदो निष्ठा
Medo niṣṭhā

Hun, som opholder sig i levende væseners fedt.

510. मधु प्रीता
Madhu prītā

Hun, som holder af honning og offergaver, der er tilberedt med honning.

511. बन्धिन्यादि समन्विता
Bandhinyādi samanvitā

Hun, som er ledsaget af Bandinī og andre Śaktier.

Kākinī opholder sig i den inderste del af den seksbladede lotusblomst, som er omgivet af de seks Śaktier (fra Bandinī til Lamboṣṭhī), én i hvert af de syv blade.

512. दध्यन्नासक्त हृदया
Dadhyannāsakta hṛdayā

Hun, som har forkærlighed for offergaver tilberedt med youghurt.

513. काकिनी रूप धारिणी
Kākinī rūpa dhāriṇī

Hun, som er i Kākinī Yoginīs form, der er beskrevet i de ti foregående navne.

514. मूलाधाराम्बुजारूढा
Mūlādhārāmbujārūḍhā

Hun, som opholder sig i lotusblomsten i Mulādhārā.

Nu bliver *Sākinī Yoginī* beskrevet. Lotusblomsten i *mulādhārā* har fire blade, hvor de fire *amrta Śaktis* befinder sig. Omgivet af disse befinder *Sākinī* sig i den inderste midte. Man mediterer på Hende på følgende måde: ”Vi mediterer på *Sākinī*, som opholder sig i den firebladede *mulādhārālotus*, som har fem ansigter og tre øjne, som er røgfarvet, og som hersker over levende skabningers knogler. Hun, som bærer pigstaven, lotusblomsten, bogen og *jñānamudrā* (håndtegnet for viden) i Sine hænder, og som ledsages af den venlige og milde Varadā og andre guddomme, og som holder af at spise *mudgabønner* og er beruset af mjød.”

515. पञ्च वक्त्रा
Pañca vaktrā

Hun, som har fem ansigter.

Fire af de fem ansigter er vendt i de fire retninger, og den femte er vendt opad.

516. अस्थि संस्थिता
Asthi samsthitā

Hun, som opholder sig i knoglerne.

Hun er guddommen, der hersker over skelettet i de levende væsener.

517. अङ्कुशादि प्रहरणा
Aṅkuśādi praharaṇā

Hun, som holder pigstaven og andre våben.

Hun som har en pigstav, en *mudrā* (håndstilling), som er tegn på viden, og desuden en bog i Sine hænder, som det bliver beskrevet i meditationsverset ovenfor.

518. वरदादि निषेविता
Varadādi niṣevitā

Hun, som er ledsaget af Varadā og andre śaktier.

Sākinī opholder sig i den inderste midte (*karnika*) af den firebladede lotusblomst og er omgivet af Varadā, Sarasvatī og andre guddomme.

519. मुद्गौदनासक्त चित्ता
Mudgaudanāsakta cittā

Hun, som har forkærlighed for offergaver, der er tilberedt med mungbønner.

520. साकिन्यम्बा स्वरूपिणी
Sākinyambā svarūpiṇī

Hun, som findes i Sākinī Yoginīs form (beskrevet i de seks foregående navne).

521. आज्ञा चक्राब्ज निलया
Ājñā cakrābja nilayā

Hun, som opholder sig i den tobladede lotus i ājňācakraet.

Nu kommer beskrivelsen af *Hākinī Yoginī,* som man mediterer på gennem den følgende måde: "Vi mediterer på *Hākinī Yoginī*, der opholder sig mellem øjenbrynene i den tobladede *bindulotus*, med hvid farve, som holder *jňānamudrā,* trommen, lotusblomsten, *mālāen* (halskæden) af *rudrākṣakerner* og hovedskallen, og som har seks ansigter og tre øjne. Hun, som ledsages af Hamsavatī og andre *Śaktier*, som holder af mad, der er krydret med gurkemeje, og som skænker goder til alle andre."

522. शुक्ल वर्णा
Śukla varṇā

Hun, som er hvid.

Ājñācakraet er sæde for *candramaṇḍala,* månens runde skive, og dertil er hvidheden knyttet.

523. षडानना
Ṣaḍānanā

Hun, som har seks ansigter.

Ājñācakraet er intellektets sfære. Husk, at der findes seks *śāstraer* (grene af viden).

524. मज्जा संस्था
Majjā samsthā

Hun, som er den herskende guddom i knoglernes marv.

525. हंसवती मुख्य शक्ति समन्विता
Hamsavatī mukhya śakti samanvitā

Hun, som er ledsaget af Śaktierne Hamsavatī og Kṣamāvatī (i lotusblomstens to blade).

526. हरिद्रान्नैक रसिका
Haridrānnaika rasikā

Hun, som holder af mad, der er krydret med gurkemeje.

I mange berømte templer serveres *prasādam* i form af ris blandet med gurkemeje.

527. हाकिनी रूप धारिणी

Hākinī rūpa dhāriṇī

Hun, som er i Hākinī Devīs form (beskrevet i de seks foregående navne).

528. सहस्र दल पद्मस्था

Sahasra dala padmasthā

Hun, som opholder sig i den tusindbladede lotus-blomst.

Yākinī Yoginī, som er beskrevet herefter, opholder sig i den inderste midte af den tusindbladede lotusblomst i *Brahmarandhra* over *ājňācakraet.* Meditationen på Hende er den følgende: "Vi mediterer på *Yākinī* Devī, som opholder sig i månen i den inderste midte af den tusindbladede lotusblomst i *Brahmarandhra*, som hersker over sæden, som er bevæbnet med alle slags våben, som er vendt i alle retninger. Hun, som er ledsaget af en skare af *Śaktier* med alle slags bogstaver fra *A* til *Kṣa,* skinnende i alle farver, som holder af alle slags mad, og som har hengivenhed for den Højeste Śiva."

529. सर्व वर्णोपशोभिता

Sarva varṇopaśobhitā

Hun, som stråler i mange farver.

Lyserød, mørkerød, sort og gul er hovedfarverne (*varṇaer*) her.

Varṇa betyder også "alfabetets bogstaver." Der bliver nogle gange refereret til bogstaverne fra A til Kṣa (i sanskṛtalfabetet) som guddommene fra *Amrtaśakti* til *Kṣamśakti.* Alternativt taler man om *śaktier* fra *Amrtaśakti* til *Hamsavatī.* Her bliver der refereret til bogstaverne fra *A* til *Ha.* I hvert tilfælde siges det, at hvert bogstav repræsenterer en særskilt *śakti* - guddom.

Hvis man lægger antallet af blade i lotusblomsterne fra *mulādhārā* til *ājñācakra* sammen giver det halvtreds, hvor hvert enkelt bærer en *śakti.* Når man inkluderer både de opadgående og nedadgående retninger gennem *cakraerne,* vil man nå til en samlet sum på hundrede *śaktier.* I det nærværende *mantra* står ordet *upa* for ti. Når hvert af de hundrede *śaktier* af bogstaver bliver ganget med ti blade, får man tusind. Det er betydningen af de tusind lotusblomsterblade. *Yākinī Devī* oplyser alle de ettusind blade med mange strålende farver.

530. सर्वायुध धरा

Sarvāyudha dharā

Hun, som holder af alle kendte våben.

Yākinī Devī bliver beskrevet som den, der holder utallige våben i Sine utallige hænder.

531. शुक्ल संस्थिता

Śukla samsthitā

Hun, som opholder sig i sæden.

Af de syv *dhātuer* (essentielle ingredienser i kroppen) anses sæden for at være den vigtigste. Det antages, at den er relateret til hjernen. Det er af den grund yderst vigtigt at bevare den. At ødsle den bort vil være skadeligt selv for en hengiven, som er gift, og de dårlige virkninger vil påvirke hjernen.

Śukla er også navnet på en meditation, der er kendt som *tārakabrahma dhyāna.* Der er en forståelse af Devī, som den der befinder sig i *Tārakabrahmaformen.*

532. सर्वतोमुखी

Sarvatomukhī

Hun, som har ansigter vendt i alle retninger.

533. सर्वौदन प्रीत चित्ता
Sarvaudana prīta cittā

Hun, som behages ved al mad, der ofres til Hende.

534. याकिन्यम्बा स्वरूपिणी
Yākinyambā svarūpiṇī

Hun, som er i Yākinī Yoginīs (beskrevet i de seks foregående mantraer).

Efter at have beskrevet de forskellige *Yoginīs,* genoptager vi beskrivelsen af Devīs egenskaber.

535. स्वाहा
Svāhā

Hun, som er genstand for påkaldelsen 'svāhā' i slutningen af mantraer, der chantes, mens der ofres gaver til ilden i yāgaceremonier.

Svāhā betyder "det som er nyttigt for at påkalde den udvalgte guddom." *Svāhā* er hustru til Śiva i Hans manifestation som Agni (ild). I *Liṅga Purāṇa* står der: "*Svāhā* er ildens essens, og Śiva holder af den, som påkalder dette navn." Traditionelt chantes der "Om" i begyndelsen og "*Svāhā*" i slutningen af *mantraer,* når man laver ofringer.

Svāhā (*sva+aha*) betyder også ens egen tale. Dens feminine form, *svāhā,* er det nærværende *mantra.* Den tilbedendes ord og Devīs ord bliver ét.

Eller *svāhā* (*su+aha*) er god ytring, gode ord, visdomsord.

Bhāskararāya fortolker også dette navn som "Hun, som kender Sig Selv godt". Det er viden om *Brahman.* Devī er én, der besidder viden om *Brahman,* og én, som skænker den viden.

536. स्वधा
Svadhā

Hun, som er genstand for påkaldelsen 'svadhā' i slutningen af mantraer, der chantes, mens der ofres til forfædrene.

I slutningen af *mantraer,* der bliver chantet, når der ofres til forfædrene bruges ordet "*svadhā,*" ligesom "*svāhā*" bruges i slutningen af *mantraer* ved ofringer til *devaer.*

Svadhā kan også tolkes som "Hun, som bærer (nærer, beskytter) alle væsener inklusive Viṣṇu" (*su,* godt + a, Viṣṇu + *dha,* nærer).

I *Devī Mahatmāyā* står der: "Åh Devī, ved at gentage Dit navn, behages alle guderne, for Du er både *svāhā* og *svadhā.*"

Svāhā, svadhā, ṣrauṣaṭ, vauṣat og *vaṣaṭ* er alle dele af *mantraer,* som bruges til at påkalde forskellige guddomme, når man ofrer til dem.

537. अमतिः
Amatiḥ

Hun, som er i uvidenhedens eller ukendskabets form.

Amati eller *Avidyā* er guddommen, der hersker over handlinger, der følger følelserne uden at bruge skelneevnen.

Som *Kaṭha Upaniṣad* (I.ii.2) forklarer, vil det uintelligente menneske ønske at samle på ting, der tilfredsstiller sanserne. Derfor forkaster han den gode vej og vælger den vej, som er forbundet med at søge glæder. I samme *Upaniṣad* (II.iv.2) står der også: "Den uvidende (barnlige) søger ydre glæder og falder i dødens vidtstrakte snarer."

Det er *amati* (uvidenhed), som fører en *samsāri* ind på de fysiske glæders vej og ind i dødens snarer.

Amati er også fortolket som den første skabelse, som var uden intelligens.

Durgācārya anser dette *mantra* som *matiḥ* og tolker det som viden om Selvet.

538. मेधा

Medhā

Hun, som er i visdommens form (viden).

Hun er den anden skabelse, som er ledsaget af intelligens.

Da Sarasvatī er guddommen for intelligens, betyder dette *mantra:* "Hun, som findes i Sarasvatīs form." *Devī Māhātmya* priser Hende som "den Devī, som opholder sig i alle væsener i form af *medha* (intelligens).

Ifølge *Padma Purāṇa* er Hun Medhā, en guddom i Kaśmir.

539. श्रुतिः

Śrutiḥ

Hun, som er i Vedaernes form.

Śruti er det, som høres og skal læres ved at høre. *Śruti* er *Vedaerne. Śruti* er det, de vise modtog gennem høresansen under deres meditation.

De fire *Vedaer* er *Ṛg, Yajus, Sāma* og *Atharva.* Det siges, at de udspringer fra *Brahmans* udåndinger under vejrtrækningen. *Vedaer* er legemliggørelsen af viden. De er evige, og derfor det samme som *Brahman.* Devī, som selv er *Brahman*-som-viden *(jñānabrahman),* kaldes for *Śruti.*

"Śruti" er Mātā (Moder)" er en velkendt talemåde. Det siges, at inden for musikken er *śruti (toner)* mor og *laya* (tid) er far.

540. स्मृतिः

Smṛtiḥ

Hun, som er i Smṛtis form.

Smṛtis er værker, som er baseret på budskaberne i *Śruti (Vedaerne).*

Der findes mange værker, som er kendt som *Smṛtis – Manusmṛti, Barhaspatyasmṛti, Yajñavalkyasmṛti.* Når *Smṛti* og *Śruti* (*Vedaer*) har modsatrettede budskaber om et emne, er det *Śruti,* som har den endelige autoritet. *Smṛti* kan forandre sig med tiden.

Smṛti betyder også hukommelse. Fordi Devī er én, som vækker og oplyser hukommelse, kaldes Hun for *Smṛti* i dette *mantra.*

I *Devī Purāṇa* står der, at Devī er *Smṛti*, fordi Hun er den, som husker fortiden, nutiden og fremtiden.

541. अनुत्तमा

Anuttamā

Hun, som er den bedste; Hun, som ikke overgås af nogen anden.

Når vi priser nogen som uden lige i intellektuel og fysisk styrke, vil vi ikke sammenligne med *Brahma, Viṣṇu* eller *Śiva.* Det er hans *Śakti* (styrke), som vi priser som uforlignelig. Den *Śakti* er Devī.

542. पुण्य कीर्तिः

Puṇya kīrtiḥ

Hun, hvis berømmelse er hellig eller retfærdig.

Devīs pragt er sådan, at den gør enhver, som husker og spreder den, hellig. Det er saliggørende blot at høre om Hendes pragt. Som Śaṅkarācārya siger: ”Hvordan kan én, som ikke har samlet fortjeneste høre om, huske eller meditere på Hendes pragt?” (*Saundarya Laharī*, vers 1).

Mantraet betyder også: ”Hun, som prises af de dydige og retfærdige. ”

543. पुण्य लभ्या
Puṇya labhyā

Hun, som kun opnås af retfærdige sjæle.

Hvem der end tilbeder Devī for at opfylde et ønske, vil få sit ønske opfyldt, men vil ikke få den gave, som visionen af Hende er (*darśan*). Hendes *darśan* opnås kun af de, som praktiserer uselvisk *karmayoga* og af de, der er *jñānis* – vidende om Sandheden. "Devī, den lykkebringende Gudinde ses kun af de, som har dyder, de som kender sandheden om *Vedaerne,* og de, som udfører *tapas.* De, der er drevet af begær, vil ikke se Hende"

Men hvor få er ikke antallet af sådanne uselviske *karmayogins*? De er de modige, heltene. I dem kan denne verden forankres.

544. पुण्य श्रवण कीर्तना
Puṇya śravaṇa kīrtanā

Hun, som skænker dyder til enhver, som hører om Hende eller priser Hende.

Lad os i det mindste prise Hende, når onde tanker opstår i vores sind. Det giver dyder at befri sindet fra urene tanker. De urene tanker og handlinger er kendt som synd. "Igennem atten *Purāṇaer* sagde Vyāsa kun én ting: "At tjene andre er *puṇya*, at såre andre er *pāpa* (synd)."

De, som hører om og priser Devīs pragt, opnår dyder. I disse mennesker opstår der ingen tanker om at skade andre.

545. पुलोमजार्चिता
Pulomajārcitā

Hun, som tilbedes af Pulomaja, Indras hustru.

Pulomaja er Indrāṇī, Indras hustru.

Efter råd fra Bṛhaspati, *devaernes* Guru, tilbad Pulomaja Devī for på sin mands vegne at genvinde himlens rige fra *Nahuṣa*, som havde erobret det.

Nahuṣa er konge i solens slægt, som opnåede Indras status ved at udføre hudrede *yāgas* (ofringer). Men han følte, at hans status først ville være fuldkommen, når han også blev gift med Indrānī. Det blev Indrānī meget ked af. Hun tilbad Tripūrasundarī Devī for at blive i stand til at beholde Indra som sin mand. Gennem denne tilbedelse blev det klart for hende, hvordan ulykken kunne afværges.

Hun forlangte, at Nahuṣa skulle ankomme i en bærestol, der var båret af *ṛṣis,* før hun ville acceptere ham som sin nye mand. Nahuṣa, der var syg efter kærlighed, indvilligede i det. Han begyndte sin rejse hen til Indrānīs gemakker med stor pragt i en vogn, der blev båret af de store vismænd. Tilfældigvis kom vismanden Agastya, som ikke var så høj, til at vippe vognen til den ene side. Nahuṣa bankede på hans hoved og skyndte på ham: *Sarpa, sarpa"* (kom så, kom så!)!" I sin vrede over hans opførsel forbandede Agastya ham: "*Sarpo bhava",* som betyder "bliv til en slange!" Straks blev Nahuṣa til en stor slange, som gled ned på jorden. Ved at tilbede Devī, klarede Indrānī alle farer og fik sin mand tilbage.

546. बन्ध मोचनी

Bandha mocanī

Hun, som er fri fra bindinger; også Hun, som skænker frihed fra alle bindinger.

Devī giver befrielse fra alle slags bindinger. Dronningen Ekāvalī blev sat i fængsel af dæmonen Kālaketu. Hendes tjener tilbad Devī og behagede Hende, så Hun befriede dronningen fra fangenskabet. På samme måde blev Aniruddha, som var fængslet af kejseren Bāna i stand til at opnå frihed ved at tilbede Devī, og han giftede sig med Bānas datter Uṣā. Intet er umuligt, når Devīs nåde er til stede.

547. बर्बरालका

Barbarālakā

Hun, som har bølgende hårlokker.

Et fyldigt hår er tegn på Devīs skønhed. Navnet fremhæves også som "*Bandhurālaka*", der betyder: "én med smukt hår".

548. विमर्श रूपिणी

Vimarśa rūpiṇī

Hun, som er i Vimarśas form.

Prakāśa og *Vimarśa* er ord, som bruges i Śiva-Śaktidoktrinen, og som kan oversættes som lysende og refleksion. Śiva, *prakāśa* er ren Bevidsthed; den kreative kraft er latent heri. Śakti, *vimarśa,* er et lynglimt eller en vibration (*sphurana*) i den bevidsthed, som fører til cyklussen af skabelse, vedligholdelse og ødelæggelse. Skabelsesprocessen bliver således kontrolleret af Devī i Hendes form som *Vimarśa.*

Vimarśa og *prakāśa* kan tolkes som ord og betydning, som det tidligere er nævnt. Vimarśa kan også forstås som en størrelse og en form. Således manifesterer Devī sig som navne og former, som udgør hele universet.

549. विद्या

Vidyā

Hun, som findes i form af viden.

Devīs natur er viden (*vidyā*). Hun er allerede blevet beskrevet som guddommen for de fireogtres kunstformer og som den, der findes i form af *Śrutis* og *Smṛtis.* Det nærværende *mantra* refererer til viden om *Selvet.* Devī findes i denne videns form. *Vidyā* er den viden, som fører til Befrielse.

550. वियदादि जगत् प्रसूः
Viyadādi jagat prasūḥ

Hun, som er Moder til universet, som er sammensat af alle elementer, begyndende med æteren.

I *Śruti* står der: "Æteren opstod fra *Ātman.*" (*Taittiriya Upaniṣad* II.2).

551. सर्वव्याधि प्रशमनी
Sarvavyādhi praśamanī

Hun, som fjerner alle sygdomme og sorger.

Vyādhi betyder "ælde og sygdom." Devī fjerner alle fysiske og psykiske sygdomme. Hendes nåde er ikke kun i stand til at fjerne sygdomme, men selv døden.

552. सर्व मृत्यु निवारिणी
Sarva mṛtyu nivāriṇī

Hun, som beskytter Sine hengivne mod alle former for død.

Døden kan være en følge af alderdom eller ramme tidligt i livet. Devīs vilje er i stand til at udskyde begge typer dødsfald.

"Før mig fra død til udødelighed" er en kendt bøn. I *Śruti står der:* "Kun ved at kende Det transcenderer man døden; der findes ingen anden kendt vej." Dette viser, at Devīs nåde gør det muligt at overskride døden. "Han, som kender Ham, vil således skære dødens lænker over." (*Śvetāśvatārā Upaniṣad* IV, 1 5).

553. अग्र गण्या

Agra gaṇyā

Hun, som anses for at være den første.

Fordi Devī er kilden til universet, er Hun virkelig den første. Hun er *sat-cit-ānanda,* eksistens-bevidsthed-lyksalighed.

"Kære barn, alene denne *Sat* står i forgrunden," står der i *Śruti.*

554. अचिन्त्य रूपा

Acintya rūpā

Hun, hvis form er hinsides tankens rækkevidde.

Sindet består af tre *guṇaer* (kvaliteter). Alt, hvad der giver efter for sindet, har også de tre *guṇaers* natur. Devī transcenderer omvendt *guṇaerne.* Af denne grund bliver Hun beskrevet som "hinsides sindet og talens rækkevidde" (se *mantra* 415).

Gudsrealisering er ikke noget, sindet skaber. Det er hinsides alle sanser. Tanker opstår i et sind, som får næring fra sanserne. Devī er hinsides sådanne tanker.

555. कलि कल्मष नाशिनी

Kali kalmaṣa nāśinī

Hun, som udrydder synderne i Kālīs tidsalder.

"Ligesom solskin fjerner mørke, og vand slukker ild, vil chanting af Devīs navne udrydde de talrige synder i Kālī- tidsalderen," står der i *Kūrma Purāṇa. Brahmāṇḍa Purāṇa* fortæller: "At huske Parāśaktis fødder er den højeste form for uddrivelse af alle synder, som man vidende eller uvidende har begået."

556. कात्यायनी

Kātyāyanī

Hun, som er datter af vismanden kaldet Kata.

Kātyāyanī, hvis uforlignelige lysende krop kom fra udstrålingen (*tejas*) fra alle *devaer,* er kendt som Devī. I *Vāmana Purāṇa* står der: "Den lysende klarhed, som er den bedste og den største, blev kendt i verden som Kātyāyanī. Med dette navn stråler Hun og fejres over hele verden.

Bhāskararāya peger desuden på, at Kātyāyanī er guddommen i Oḍyāṇa templet.

557. कालहन्त्री

Kālahantrī

Hun, som er ødelæggeren af tid (død).

Devī er selvfølgelig hinsides tid. Hun er også den, der fjerner virkningerne af dårlige perioder i vores liv. I nærheden af Hende glemmes tiden.

558. कमलाक्ष निषेविता

Kamalākṣa niṣevitā

Hun, i hvem Viṣṇu søger tilflugt.

Ifølge *Padma Purāṇa* har Viṣṇu opnået Sin egen status ved altid at tilbede den safirfarvede Devī.

559. ताम्बूल पूरित मुखी

Tāmbūla pūrita mukhī

Hun, hvis mund er fyldt af betel, som Hun tygger.

Devī holder af at tygge duftende betelblade med limefrugt og nødder. Ved disse nydelsesfyldte lejligheder er Hun særligt generøs og behændig, mens Hun skænker Sin nåde.

At tygge betel fuldender Hendes ansigts naturlige skønhed. Man kan forestille sig en mor, som er færdig med Sine pligter i hjemmet, og som sætter sig for at slappe af, mens Hun tygger betel og kærligt betragter Sine børn.

560. दाडिमी कुसुम प्रभा

Dāḍimī kusuma prabhā

Hun, der lyser som en granatæbleblomst.

Granatæbleblomsten har en speciel rød farve, som er særlig smuk. Kort sagt er Devīs udstråling ekstraordinært attraktiv.

561. मृगाक्षी

Mṛgākṣī

Hun, hvis øjne er lange og smukke som et dådyrs.

562. मोहिनी

Mohinī

Hun, som er fortryllende.

Devī fortryller alle med Sin skønhed og får alle til at gøre, som Hun ønsker. I *Laghu Nāradīya Purāṇa* står der: "Åh skønne, hele verden er fortryllet af Dig, og Dit navn skal være den Fortryllende Ene."

Brahmāṇḍa Purāṇa beskriver, hvordan Brahmā sad og mediterede, da Śakti trådte frem foran ham i form af Prakṛti, som er i stand til at opfylde gudernes ønsker. Det er første gang Mohinī dukker op.

Den anden gang var da Mælkeoceanet blev kværnet. Viṣṇu mediterede på Mohinīs form og påtog sig Hendes form. Hun kom til syne foran guderne og dæmonerne, som kæmpede om den nektar, som strømmede fra oceanet, der blev kværnet. Da de så Hende, tænkte dæmonerne, at det var bedst at give Hende karret med nektar, fordi de tænkte, at Hun ville fordele nektaren retfærdigt til alle. Hun indvilligede på den betingelse, at de alle skulle have øjnene lukkede, mens Hun øste op, og at Hun ville gifte sig med den sidste, som åbnede øjnene. De accepterede enhver befaling fra Den Fortryllende Ene og alle satte sig ned med lukkede øjne.

Mohinī begyndte at servere ambrosia til guderne. Dæmonerne ventede og var bange for at åbne øjnene. Efter et stykke tid åbnede Rāhu sine øjne og opdagede, at Hun allerede havde serveret ambrosia til *devaerne.* Viṣṇu dræbte ham ved at skære hans hoved over og dele ham i to dele med Sin diskus *cakra.*

Mohinī er guddommen ved bredden af Pratarāfloden.

563. मुख्या

Mukhyā

Hun, som er den første.

Devī er den første, den første *Prāṇa* (Hiraṇyagarbha, et af navnene for Brahmā, som betyder "den gyldne livmoder" eller kreativ livskraft).

Devī er allerede blevet æret som Agraganyā, den første, som kan tælles. Hun er ikke kun det, men også den "den præeminente Ene." "Jeg er den førstfødte af de Sande." (*Taittiriya Upaniṣad* III.10.5).

564. मृडानी

Mṛḍānī

Hun, som er Mṛḍas (Śivas) hustru.

Mṛḍa er giver af glæde, Śiva. Devī er ikke kun Śivas kone. Hun er også giver af glæde til alle. Mṛḍa er det aspekt ved Śiva, som er overvejende *sāttvisk.*

565. मित्र रूपिणी

Mitra rūpiṇī

Hun, som er alles ven, universets ven.

Mitra er solen. Navnet antyder, at Devī besidder en million soles stråleglans. Hun skinner som tolv forskellige sole (*dvādaśāditya)* under de tolv måneder.

566. नित्य तृप्ता

Nitya tṛptā

Hun, som er evigt tilfreds.

Devī er tilfredsheden selv. Evig tilfredshed er kun til stede i *mokṣa,* Befrielse. Tilfredshed er den tilstand, hvor der ikke findes noget begær. Således er Devī selve Befrielsen. Vyāsa siger: "Fravær af begær er den ultimative lykke." Det er Befrielse. *Nityatṛpta* er én, som uophørligt befinder sig i den tilstand.

567. भक्तनिधिः

Bhaktanidhiḥ

Hun, som er de hengivnes skat.

En skat er noget, der opfylder vores ønsker, noget der opnås uventet og giver stor glæde. For den hengivne er Devīs *darśan* en skat.

En skat er noget, som afholder en fra at være fortabt. Devī er en sådan skat, som Hendes hengivne vogter omsorgsfuldt i deres hjerter.

568. नियन्त्री

Niyantrī

Hun, som styrer og guider alle væsener på den rette vej.

En hændelse i *Kena Upaniṣad* handler om, at den altfortærende Agni (Ild) var ude af stand til at fortære selv et græsstrå. Vāyu (luft), som kan trække alt op med rødderne, kunne end ikke bevæge et græsstrå det mindste stykke. Ildens kraft til at brænde og luftens kraft til bevægelse er *Brahmans Māyā.* Alt i universet bliver kontrolleret af den *Māyā.*

569. निखिलेश्वरी

Nikhileśvarī

Hun, som er altings hersker.

Herskeren over alting, både det levende og det livløse.

570. मैत्र्यादि वासना लभ्या

Maitryādi vāsanā labhyā

Hun, som kan opnås ved kærlighed og andre gode tilbøjeligheder.

Det siges, at der findes fire typer *vāsanaer* (tilbøjeligheder): *Maitri* (venskab), *karuṇā* (medfølelse), *mudita* (glæde og fryd) og *upekṣa* (ligegyldighed). De bliver forklaret i *Bhāgavata Purāṇa.* Man skal opbygge venskab med de glade, vise medfølelse over for de fortvivlede, glæde sig sammen med dem, der har dyder (finde glæde ved at være i forbindelse med dem) og udvise ligegyldighed over for dem, der er syndige. Når disse *vāsanaer* er rodfæstede i den hengivne, vil de let kunne opnå Devī og Hendes nåde. I *Patānjalī Yoga Sūtra* (I.33) står der også, at uforstyrret sindsro opstår ved at opbygge disse fire *vāsanaer.*

571. महा प्रलय साक्षिणी

Mahā pralaya sākṣiṇī

Hun, som er vidne til den Store Opløsning.

Ved den Store Opløsning forsvinder både Brahmā, Viṣṇu og Indra. Kun Devī forbliver et vidne. Det siges, at Śivas *tāṇḍavadans* skaber den Store Opløsning. Brahmā, Viṣṇu og andre hører op med at eksistere, og kun Devī, som er Rudras Śakti, forbliver et vidne til dansen (se *mantra* 232). Den slags fortællinger betyder, at kun Essensen i *Brahman* er uforgængelig, og at Devī er den Essens.

Det siges, at Śiva kun er i stand til at overleve Opløsningen, fordi han er gift med Devī. *Saubhāgyabhāskara* siger: "Åh Devī, kun Du forbliver sejrende, bærende på pigstaven, pilen med blomster og buen af sukkerrør, mens Du er vidne til Parābhairavas *tāṇḍavadans*."

572. पराशक्तिः

Parāśaktiḥ

Hun, som er den Oprindelige, Højeste Kraft.

Devī er den Højeste Kraft, som transcenderer og kontrollerer alt.

Kāmikāgama beskriver, at den tiende grundsubstans (*dhātu*) i kroppen er Parāśakti. Blandt *dhātuerne* er huden, blodet, kødet, fedtet og knoglerne afledt af Devī, mens marven, sæden, åndedrættet og vitaliteten er afledt af Śiva. Den tiende *dhātu* fuldender og vedligeholder de ni andre, og det er Parāśakti.

Hvorend der findes energi, er Devī til stede. De vise ser Hende som energien i alle substanser. (*Liṅga Purāṇa*).

Der findes et *mantra*, som er kendt som *parā*, som også kaldes *Parāśakti.* Devī findes i form af dette *mantra.*

573. परानिष्ठा

Parā niṣṭhā

Hun, som er det Højeste Mål, den højeste bolig.

Alle levende og livløse ting finder deres sidste hvilested i Devī.

Alle bevægelser har brug for et ubevægeligt underlag eller fundament. Alt fra græsstrået til planeterne bevæger sig, fordi de har en essens, som støtter dem. Denne støtte er Devī.

Parāniṣṭha er viden om den endegyldige afslutning på alle ønsker og handlinger. *Sūta Gitā* (V 50-54) beskriver denne viden. Den, som har opnået denne viden, er urokkeligt og fast grundfæstet i den nonduale erfaring. Det ultimative mål er *Parāniṣṭha.*

574. प्रज्ञान घन रूपिणी

Prajñāna ghana rūpiṇī

Hun, som er ren fortættet viden.

Et saltkorn smager ens både indeni og udenpå. På samme måde er Devī ren, udelt Bevidsthed med ingen forskel mellem inderside og yderside og uden spor af *avidyā* (uvidenhed). Således er *prajňānaghana* den solide Bevidsthed. Som gennemgået under mantra 426 er en af *Mahāvākyaerne* (de store budskaber), at "Bevidsthed er *Brahman.*"

575. माध्वी पानालसा

Mādhvī pānālasā

Hun, som er mat efter at have drukket vin. Hun, som ikke begærer noget.

Den *madhu* (vin), som nævnes her, er den overstrømmende nektar fra *candramaṇḍala* (månes skive) i *ājňācakra.* Devī er her beskrevet som udmattet efter at have drukket den.

576. मत्ता

Mattā

Hun, som er beruset.

Matta betyder også "egoisme" (oplevelsen af mit *mat+ta*). Devī er Śivas egobevidsthed (*parāhanta*), og derfor kaldes hun Mattā.

577. मातृका वर्ण रूपिणी

Mātṛkā varṇa rūpiṇī

Hun, som findes i form af alfabetets bogstaver.

Matṛkavarṇas betyder de (enoghalvtreds) bogstaver i Sanskritalfabetet. *Varṇa* betyder både bogstav og farve.

I *Sanatkumāra Samhita* tildeles bogstaverne farver. De seksten vokaler er røgfarvede, konsonanterne fra *ka* til *da* er røde, *dha* til *pha* er gule, *ba* til *ra* er violette, *la* til *sa* er gyldne, og *ha* og *Kṣa* har samme farve som lynet. Det siges, at bogstaverne opstår i det indre øje hos *yogier.* Betydningen er her, at de alle sammen er Devīs egne farver. Nogle siger, at alle bogstaver har en hvid farve.

I *Matṛkaviveka* siges det: "A er gudommelig, en form for *Brahman,* med rød farve og beskytter af alle bogstaverne."

Konsonanterne kan høres, når de bliver kombineret med vokaler. Vokaler er relateret til Śakti og konsonanter til Śiva. Således repræsenterer stavelserne foreningen af Śiva og Śakti. "Śiva er kun i stand til at udføre Sine kosmiske opgaver, når han er forenet med Śakti," står der i *Saundarya Laharī.*

Mantraet kan også fortolkes som: "Hun, som bærer en krans af bogstaver." En krans af *akṣa,* hvor *a* er det første og *Kṣa* er det sidste bogstav i sanskritalfabetet. En anden fortolkning er: "Hun som skabte alfabetets bogstaver."

I *Tantra* er *matṛkavarṇaer* de bogstaver, som tilhører *Śrīcakra.* Ifølge de vise er meditation på bogstaverne og *Śrīcakra* det samme. Den tekniske term for denne form for meditation er *Kailāsaprastāra.* Det er meditation på Devī i bogstavernes form.

I Tantra er *matṛkavarṇaer* de bogstaver, som hører til *Śrīcakra.* Ifølge vismændene er meditation på bogstaverne og *Śrīcakra* det samme. Det tekniske ord for denne slags meditation er *Kailāsaprastāra.* Det er meditation på Devī i bogstavernes form. I *Tantra* findes der tre slags meditation, som er kendt som *prastārāer.* For det første *Kailāsaprastāra* som lige er gennemgået. For det andet *Meruprastāra,* som er meditation på enheden mellem de seksten daglige guddomme og Devī. For det tredje *Bhuprastāra,* som er meditation på enheden mellem de otte *vāsini* guddomme og Devī.

I nogle af de kommenterende værker anses dette *mantra* for at bestå af to navne: *matṛka* og *varṇarūpiṇi. Matṛka* betyder "én, som skærer fysisk begær væk og skinner som lyset i viden (*mā:* det som skærer, *ṭr:* tṛṣna, stærkt begær og *kā:* Hun, som skinner)." *Varṇarūpiṇi* er "én, som findes i bogstavernes form, " som det er beskrevet ovenfor.

578. महा कैलास निलया
Mahā kailāsa nilayā

Hun, som opholder sig i det store Kailāsa.

Mahākailasa betyder "Śivas opholdssted hinsides Kailāsabjerget".

I *Brahmarandhra* refererer *Kailāsa* også til *sahasrāra.* Devī opholder sig der. *Tripurasara* beskriver *sahasrāra* på følgende måde: "Det er kendt som Kailāsa, sædet for Akula, hvor herrernes Herre, Śiva, opholder sig i *bindu."* De seks *cakraer* fra *mulādhārā* til *ājñā* kaldes *kula,* og *sahasrāra* over dem kaldes for *akula.*

Mahākailāsa er også *Kailāsaprastārāmeditationen,* som blev refereret ovenfor. Det specielle ved *Mahākailāsa* er, at Vāśini og de daglige guddomme ikke holder til der. De er begrænset til *Bhu-* og *Meruprastārās.* Det sidste giver større mening, når man husker, at *mulādhārā* er *bhu tattva* (*bhu:* jord), og at rygraden er kendt som *merudaṇḍa.*

579. मृणाल मृदु दोर लता
Mṛṇāla mṛdu dor latā

Hun, hvis arme er så kølige og bløde som lotusstilken.

Blødheden vidner om, at Devī er generøs, og at Hendes natur er lindrende og afkølende.

580. महनीया
Mahanīyā

Hun, som er beundringsværdig.

Mahilā er et andet ord, som betyder beundringsværdig. Traditionelt blev kvinder kaldt ved dette navn i Indien, og det vidner om den status, som kvinderne havde i tidligere tider. Det er som følge af denne tradition, at Devī gives en status som den "mest beundringsværdige."

581. दया मूर्तिः
Dayā mūrtiḥ

Hun, som er personliggørelsen af medfølelse.

For alle, som har nydt godt af Amma's kærlige medfølelse, er det passende ved navnet åbenlyst. Medfølelse er roden til alle gode egenskaber, og mangel på medfølelse er årsagen til alle onder.

582. महा साम्राज्य शालिनी
Mahā sāmrājya śālinī

Hun, som kontrollerer de tre verdeners store imperium.

Det "store emperium" betyder Mahākailāsa. Så betyder navnet: "Hun som leger i fuldstændig frihed i Mahākailāsa."

583. आत्म विद्या
Ātma vidyā

Hun, som er viden om selvet.

Én, som velsigner de hengivne med viden om Selvet.

Der findes et *mantra,* som er kendt som *"Ātmaṣṭākṣara mantra",* som også kaldes *Ātmavidyā.* Devī findes også i form af det mantra.

584. महा विद्या
Mahā vidyā

Hun, som er sædet for ophøjet viden, viden om Selvet.

Vanadurgamantraet er kendt som *Mahāvidyā.* Devī findes i form af dette *mantra.*

585. श्री विद्या
Śrī vidyā

Hun, som er hellig viden.

Pañcadaśimantraet er kendt som *Śrīvidyā.* I *Viṣṇu Purāṇa* står der, at al *vidyā* (viden) er en form for Devī: "Åh Devī, Du er videnskaben om offergaver, den hemmelige viden om Selvet, som giver Befrielse. Desuden er Du videnskaben om meditation, filosofierne, de tre *Vedaer,* videnskaben om handel og retfærdighed." Alle disse former for viden fører til *Śrīvidyā.*

586. काम सेविता

Kāma sevitā

Hun, som tilbedes af Kāmadeva.

Hun, som tilbedes for at opfylde ønsker, eller som tilbedes ifølge ønsker. I *Purāṇaerne* står der, at Kāma, kærlighedens gud, tilbad Devī med *Śrīvidyāmantraet.*

Kāma er Lakṣmis søn, som hyldes som *ananga,* én uden krop. Selvom han ikke har nogen arme, tilbeder han Devī med samlede håndflader; selvom han ikke har nogen hals, bærer han en diamanthalskæde, som er *Śrīvidyā*; selvom han ikke har nogen sanseorganer, glæder han sig over alle sanser. Devī tjenes af den Kāma.

Kāma, ønsker og begær, er søn af velstandens gudinde. Des større rigdom, der findes, des større er begæret. Frihed fra ønsker og begær er den virkelige Frihed, den virkelige mentale fred.

Kāma er også Mahākāmeśa, Herren Śiva. Devī tilbedes af ham.

587. श्री षोडशाक्षरी विद्या

Śrī ṣoḍaśākṣarī vidyā

Hun, som findes i mantraet med seksten stavelser.

Man får dette *mantra* ved at tilføje ordet *Śrī* til *pancadaśakṣari-mantraet* (med femten stavelser).

Mantraet bliver ikke kun kraftfuldt fra de stavelser, som er samlet i det. Den *sāttviske* renhed og oprigtighed i de mennesker, som giver det og bruger det, er meget vigtig. Derfor foreskriver man, at man kun skal initieres til et *mantra* af en mester, som har opnået *mantrasiddhi,* én som har realiseret *mantraernes* virkning gennem lang tids træning. Dette er en kendsgerning, som er hinsides de blotte logiske regler.

588. त्रिकूटा

Trikūṭā

Hun, som er i tre dele.

Pancadaśakṣarimantraet er delt i tre *kūṭaer* eller dele (se *mantraerne* 85-87).

Trikūṭa tolkes som repræsenterende mange forskellige triader, sådan som de tre dele af det femtenstavede *mantra*, treenigheden af Brahmā, Viṣṇu og Maheśvara; vågen, drøm og dyb søvn; himlen (*svarga*), jorden og nederverdenen (*pātāla*); *sattva, rājas* og *tamas; Ṛg, Yajur* og *Sāma Vedaerne.* Det er indikeret, at Devī findes i alle disse, og at hver af dem er Devī Selv.

589. काम कोटिका

Kāma koṭikā

Hun, af hvem Kāma (Śiva) er en del eller en tilnærmelsesvis form.

Koṭi betyder her "tilnærmelsesvis." Śivas natur omfatter kun en del af Devī. Som sagt tidligere er Śiva *ardhanārīśvara* (halvt-kvindelig, halvt-mandlig gud). Meningen med *mantraet* er at indikere Devīs umådelige storhed. En hvilken som helst *kāma,* hvad der end ønskes og begæres, er kun en lille del af Devī.

590. कटाक्ष किङ्करी भूत कमला कोटि सेविता

Kaṭākṣa kiṅkarī bhūta kamalā koṭi sevitā

Hun, som er ledsaget af millioner Lakṣmier, som underkaster sig Hendes mindste blikke.

Enhver, som har modtaget Devīs nådige blik, vil blive tjent af utallige gudinder for rigdom.

591. शिरःस्थिता
Śiraḥ sthitā

Hun, som har bolig i hovedet.

Bhāskararāya siger, at Hun opholder sig i *Brahmarandhra* (i hovedet) i form af Guruen.

592. चन्द्र निभा
Candra nibhā

Hun, som er strålende som månen.

Candramaṇḍala (månens skive) er lige under *Brahmarandhra.* Dette område repræsenterer en af de tre *kūṭaer* i *pañcadaśimantraet.* Månen siges på dette sted at have et mere strålende og pragtfuldt lys end mange millioner glimtende lyn. Devī er strålende som denne måne.

593. फालस्था
Phālasthā

Hun, som har bolig i panden (mellem øjenbrynene).

Området mellem øjenbrynene er *ājñācakra.* Det er Devīs opholdssted.

En anden tolkning er: "Hun, som opholder sig i panden i form af *bindu* i *bīja* stavelsen *Hrīm."*

594. इन्द्र धनुष् प्रभा
Indra dhanuṣ prabhā

Hun, som er strålende som regnbuen.

Bindu i stavelserne *Om* og *Hrīm* er kendt som *ardhamātra;* det skinner i panden i form af stråleglans. Over det findes halvmånen, som skinner med den blændende skønhed i *indradhanus* (Indras bue), en regnbue, som er sæde for Devī.

595. हृदयस्था

Hṛdayasthā

Hun, som har bolig i hjertet.

Hjertet er det sted, hvor *anāhatacakra* befinder sig. Devī opholder sig i *sūryamaṇḍala* (solens runde skive).

I *Kalpaśutra* er Devīs *parābīja* kaldet *Hrdāya* (hjerte). Den tilbedende, som kender *parābījaśakti* (det Højestes hjerte) får al glæde og fremgang.

Der findes en *Upaniṣad* ved navn *Parāmeśvarahṛdaya,* som også er kaldet *hṛdaya.* Fordi Devī er essensen af den *Upaniṣad,* er Hun kaldet *Hṛdayasthā.*

Frøet til alt findes i hjertet. Hjertet kaldes for *viśvabīja,* universets frø. Devī findes i form af dette universelle frø, og Hun opholder sig i alle skabningers hjerter. I *Gitā* (XVIII.61) står der: "Herren opholder sig i alle skabningers hjerter, Åh Arjuna!"

596. रवि प्रख्या

Ravi prakhyā

Hun, som skinner med solens specielle stråleglans.

Prakhyā betyder speciel stråleglans. Det betyder også "minder om", så Devī minder om solen i sin udstråling. Hun har også navnet: "En, som er lig med ti millioner gange af soles stråleglans."

597. त्रि कोणान्तर दीपिका

Tri koṇāntara dīpikā

Hun, som skinner som et lys inde i trekanten.

I *mulādhārā* findes der en trekant, og indeni den findes *agnimaṇḍala* (ildens skive). Det er her en af de tre *kūṭaer* i *pañcadaśimantraet* befinder sig. Ifølge *Tantrarāja* står der: "I alle skabninger findes der ild i *mulādhārā,* i hjertet findes solen, og i hovedet under *Brahmarandhra* findes månen. Således findes det oprindelige, evige *pañcadaśimantra* i tre dele, som repræsenterer disse tre placeringer."

I *Viṣṇu Purāṇa* står der, at der findes tre verdener og tre byer, som har form som trekanter. De tre verdener er himlen, jorden og underverdenen. De tre byer er Indra, Candra og Yama. Solen siges at stå op i byen Candra (måne) og gå ned i byen *Yama.* Devī skinner på samme tid i alle tre verdener og alle tre byer. Derfor findes dette navn.

Dīpikā refererer også til *agnimaṇḍala* (solens skive).

598. दाक्षायणी

Dākṣāyaṇī

Hun, som er Satīdevī, Dakṣa Prajāpatis datter.

I *Purāṇaerne* hyldes historien om Satī. I vrede over Sin fars fornærmelse af Śiva, brænder Satī Sin krop i *yogaens* ild under en ofring (*yāga*), som udføres af Dakṣa. Hun genfødes som Umā, Himavats datter, og bliver igen gift med Śiva.

Devī er også den, der glæder sig ved offergaverne, som gives under offerritualet, der er kendt som *Dākṣāyaṇa Yajña.* Dette offerritual består af gentagelser af *darśa* og *pūrṇamāsa yajñaer.*

Guddommene (for stjernerne) Aśvini og andre, kaldes Dakṣāyaṇis. De er Dakṣas døtre. Devī er "én som skinner i form af Aśvini og andre stjerner."

599. दैत्य हन्त्री

Daitya hantrī

Hun, som dræber dæmoner.

Devī er dræber af Bhaṇḍa og mange andre dæmoner (*daityas*).

600. दक्ष यज्ञ विनाशिनी

Dakṣa yajña vināśinī

Hun, som er ødelægger af Dakṣas offer.

Der er to Dakṣaer. Dakṣa Prajāpati, som var Satīs far, er den første (se *mantra* 598). Der var også en konge kaldet Dakṣa, som siges at være en anden inkarnation af Dakṣa Prajāpati under Cākṣuṣaalderen. De udførte begge berømte offerritualer. Begge offerritualer blev standset af Śiva, og i begge tilfælde var Devī årsagen til det.

Det var Śivas forbandelse, som forårsagede genfødslen af Dakṣa Prajāpati som Dakṣa, barnebarn til Prācīna Barhis og søn af Pracetas, under Caksusa Manu-alderen. Både *Brahmāṇḍa* og *Vāyu Purāṇaerne* beskriver det.

Med dette mantra slutter de hundrede navne i den syvende *kāla* kendt som *suṣumna*.

601. दरान्दोलित दीर्घाक्षी

Darāndolita dīrghākṣī

Hun, som har lange sitrende øjne.

Darāndolita betyder at "bevæge sig lidt", *dara* betyder lidt og *adolita* at svinge. Devī har sitrende øjne, og sitrende øjne anses for et tegn på skønhed. Det er kun naturligt, at Devī, som er indbegrebet af skønhed, har de mest fængslende øjne.

En anden fortolkning er: "Hun, som driver frygten væk" (*dara* betyder frygt, og *andolita* betyder her at drive væk).

Betydningen "En, hvis lange øjne bevæger sig og forårsager frygt" er også sigende. Det er naturligt, at Hendes øjne bevæger sig omkring og virker frygtindgydende, når Hun er ved at dræbe Dāruka eller Bhaṇḍāsura.

Således er Hendes øjne på samme tid både frygtindgydende og fængslende.

602. दर हासोज्ज्वलन् मुखी
Dara hāsojjvalan mukhī

Hun, hvis ansigt lyser i et strålende smil.

Her kan *dara* også forstås som "at fremkalde frygt". Når Hun står og brøler som en løvinde, der er klar til at dræbe Dāruka, er Hendes latter skræmmende. Det samme *mantra* beskriver på denne måde begge Devīs aspekter. Et aspekt, som skænker velsignelser, og et andet aspekt, som er rettet mod at ødelægge det onde.

603. गुरुमूर्तिः
Gurumūrtiḥ

Hun, som har påtaget sig en streng form, eller én, som har påtaget sig Guruens form.

Ligesom en krukke, et kar eller en kop alle er forskellige slags ler, skal *mantra*, guddom og guru alle forstås som forskellige former for samme Sandhed.

Gu: mørke, *ru:* det, som fjerner; *gurumūrtī* er legemliggørelsen af lyset, som fjerner mørket. Hvis *gu* betyder *Brahman,* og *ru* betyder viden, vil *mantraet* betyde: "Hun, som findes i form af den, der har viden om *Brahman.*"

Gurumūrti er fortolket i *Nityāhrdaya* som Devī, der kan tage en hvilken som helst form, Hun ønsker.

604. गुण निधिः
Guṇa nidhiḥ

Hun, som er skatkammer for alle gode kvaliteter.

Én, som har antaget forskellige former som følge af kombinationer af *guṇaerne: Sattva, rājas* og *tamas. Guṇa* betyder *vyūha,* (en samling, organisering af krop eller sanser) og *nidhi* svarer til tallet ni. Det siges, at Herren Śiva findes i form af de ni *vyūhaer.* De ni *vyūhaer* er: Tid, familie, viden, sind, *nāda, bindu, kalpa* og *jīva.* Således betyder *mantraet:* "Hun, som er skatkammer for de ni *vyūhaer.*"

Guṇa betyder også "reb". *Purāṇaerne* beskriver den følgende hændelse, som skete på den tid, hvor Herren Viṣṇu inkarnerede i form af en fisk. Før hele verden skulle ødelægges i den Store Opløsning, blev alle verdens gode frø og de syv store *ṛṣis* anbragt i en stor båd. Båden var fæstnet til hornet i den Store Fisk med et reb, som blev kaldt *Vaṭīrikā* (eller *rikāvaṭi* i *Matsya Purāṇa*). For at sikre at rebet ikke gik i stykker, indgød Devī Sin egen kraft i det. Fordi Hun gjorde rebet (*guṇa)* til bærer af Sin styrke (*nidhi*), kaldes Hun for *Guṇanidhi.*

605. गो माता
Go mātā

Hun, som blev Surabhī, koen der opfylder alle ønsker

Ordet *go* har mange betydninger. Nogle af betydningerne er: ord, intelligens, himlen, stjernestråler, lynglimt, måne, øje, hår, jord, retning, pil, vand, ild, ansigt, sandhed og vej. Devī er mor til alle disse, og Hun kaldes derfor *Gomātā.*

606. गुह जन्म भूः
Guha janma bhūḥ

Hun, som er moder til Guha (Subrahmanya).

Guha betyder også "tildækket eller tilsløret," og *janmabhū* er "fødested." Der findes en talemåde: "Essensen af *dharma* er skjult i *guha.*" Det kan fortolkes som: "Essensen af *dharma* er tilsløret." Det siges også, at "Sandhed forbliver bag mørket."

Jīvaerne er bundet af uvidenhed, og det er påpeget i ordet *guha,* som har den ovenstående betydning. Devī er deres mor. Når alt kommer til alt, opstår hele skabelsen fra denne Moder, ligesom gnister udspringer fra ild. Derfor kaldes Hun for *Guhajanmabhūḥ.*

607. देवेशी

Deveśī

Hun, som er gudernes beskytter.

608. दण्डनीतिस्था

Daṇḍanītisthā

Hun, som opretholder retfærdighedens regler uden at begå den mindste fejl.

Devī opholder sig i de systemer, der understøtter retfærdighed, lovgivning og de moralske koder, som sikrer et *dhārmisk* liv.

Nogle frø spirer hurtigt, andre først efter dage eller år. Der findes frø, som ligger i dvale under jorden i årevis. Det samme gælder for virkningerne af menneskets karma. Nogle handlinger bærer frugt med det samme, mens det for andre handlingers vedkommende varer årevis, måske endda mange liv. Naturen tillader ikke, at en eneste handling går til spilde. Hun sørger for, at hver handling er som et frø, der vil spire før eller senere.

De antikke vismænd kendte denne sandhed og inddelte menneskets handlinger i to klare grupper: De, som bringer fortjeneste, og de, som er syndige (*puṇya* og *pāpa*). Alle, der følger den forkerte vej, drives til det af selvisk begær, og de bebrejder Herren, når de lider under følgerne af deres onde handlinger. Gud har ingen særlig andel i det bortset fra at administrere koden for at tildele den straf, som er en naturlig følge af handlingen. Det er i den forstand, at Devī udbreder Retfærdighedens kodeks eller *Daṇḍanītisthā.*

609. दहराकाश रूपिणी
Daharākāśa rūpiṇī

Hun, som er det subtile selv i hjertet.

Dahara betyder lille, og *ākāśa* betyder subtilt rum, der refererer til *Brahman.*

Daharākāśa betyder hjertets lille rum – det subtile rum i hjertets lotusblomst. Devī findes i form at det subtile rum, som er *Brahman.*

I *Chāndogya Upaniṣad* (VIII.1.1.) står der: "Nu findes der i denne by, som tilhører *Brahman,* et slot, der er formet som en lille lotusblomst med en lille indre *ākāśa.* Det, som findes derinde, skal man søge og virkelig længes efter at forstå."

610. प्रतिपन् मुख्य राकान्त तिथि मण्डल पूजिता
Pratipan mukhya rākānta tithi maṇḍala pūjitā

Hun, som tilbedes dagligt med pratipad (halvmånens første dag) som begyndelse og fuldmåne som afslutning.

Hun, som tilbedes af hele gruppen af *nityā devataer* (daglige guddomme) begyndende med Kameśvarī ved *pratipad* og Citra ved *paurnami* (fuldmåne).

Ifølge *Varāha Purāṇa* er det følgende den samlede liste over *nityāguddommene* (som adskiller sig fra den liste, som står under *mantra* 73): Agni, Aśvinikumāras, Gaurī, Gaṇapati, Nāgaerne, Ṣanmukha, Sūrya, Mātṛaerne, Durgā, de kvarte, Kubera, Viṣṇu, Yama, Śiva og Candra. Devī tilbedes af alle disse.

611. कलात्मिका
Kalātmikā

Hun, som er i kalāernes form.

Kalā er fortolket på forskellige måder. Der finds ti *kalāer* (dele) af Agni (Ild), tolv af solen og seksten af månen. Der findes også fireogtres *kalāer* eller kunstformer. Devī er essensen af dem alle.

Herudover findes der fire *kalāer* i hver af de fire tilstande: Den vågne tilstand, drømmetilstanden, den dybe søvn og *turīya.* De er kendt som *kāmakalā.* De fire *kalāer* i den vågne tilstand er: at opstå, at forblive vågen, at være ved bevidsthed (*bodha*) og vedvarende mental handling. Drømmetilstandens fire *kalāer* er: begær, forvirring, ængstelse og dvælen ved sanseobjekter. De, som hører til den dybe søvntilstand, er: død, forglemmelse, manglende sensitivitet og søvn indhyllet i mørke. Endelig er de fire *kalāer*, som hører til *turīyatilstanden:* uanfægtethed, ønske om Befrielse, skelnen mellem det virkelige og det uvirkelige og *samādhi.* Fordi de alle er indeholdt i Devīs Śakti, kaldes Hun *Kalātmika.*

612. कलानाथा
Kalānāthā

Hun, som er herskerinden over alle kalāer.

Kalāer er blevet beskrevet tidligere.

Kalānatha er også månen. Den skal minde om månens skive i *Śrīcakra.* Devī hersker der som dronning.

613. काव्यालाप विनोदिनी
Kāvyālāpa vinodinī

Hun, som fryder sig ved at høre poesi.

Devī fryder sig ved at lytte til oplæsning af de prægtige *Purāṇaer* og de episke fortællinger som *Ramāyāna, Mahābhārata* og *Devī Māhātmya.*

614. सचामर रमा वाणी सव्य दक्षिण सेविता
Sacāmara ramā vāṇī savya dakṣiṇa sevitā

Hun, som er ledsaget af Lakṣmi på venstre side og Sarasvatī på højre side, begge med ceremonielle vifter.

615. आदिशक्तिः
Ādiśaktiḥ

Hun, som er den Oprindelige Kraft, Parāśakti, som er årsagen til universet.

Hele universet opstår fra Devī, eksisterer i Hende og opløses i Hende. Hun er årsag, og universet er virkningen; til sidst opløses virkningen i årsagen.

616. अमेया
Ameyā

Hun, som ikke kan måles på nogen måde.

Videnskaben har endnu ikke afgjort universets omfang. Hvordan kan vi da måle den Ene, som er årsag til alle kosmiske legemer? Derfor anses Hun for ikke at kunne måles på nogen måde. I *Liṅga Purāṇa* står der: "I alle otte verdener i *brahmāṇḍa* (kosmos) begyndende med himlen eller *pātāla* (de nedre områder), er alt, hvad der kan måles Umā Selv, og den, som kan måle, er Maheśvara."

617. आत्मा

Ātmā

Hun, som er Selvet i alt.

Selvet (Ātman) i hver *jīva (jīvātma) er det samme som Det Højeste Selv (Parāmātman).* Som Śaṅkarācārya klart beskriver: "*Jīva* er ikke adskilt fra *Brahman.*"

I *Liṅga Purāṇa* står der: "Ligesom gnisten findes i ilden, findes alle *jīvaer* i Śiva, som er det Højeste Selv. "Ifølge *Śiva Purāṇa* "kaldes Śivas højeste ottende krop *Ātman*. Den gennemtrænger alle de andre syv; således er Śiva universet." Og Vasiṣṭha fortæller: "Alle legemliggjorte sjæles krop er Devīs former, og alle de legemliggjorte kroppe er dele af Śiva."

Ordet *ātma* betyder også krop, sind, intelligens, natur og fasthed. Afhængigt af sammenhængen kan der refereres til Devī på alle disse måder.

618. परमा

Paramā

Hun, som er det højeste.

Paramā betyder én som måler (*ma*) det Højeste (*parā*). Den Højeste *Brahman* er uden begyndelse og udelt. Devī er kraften, som får den *Brahman* til at forekomme opdelt, og som lader sig føde i en myriade af former. Det, som deles op, kan måles. Således er Devī den, der måler det Højeste.

Parā er kendt som Śiva og *mā* som Lakṣmi. Devī er Śivas Lakṣmi eller Śivas pragt.

Devī er også den, som transcenderer de fire former for *Parābrahman: Puruṣa* (det Kosmiske Menneske), *avyaktā* (det ikke-manifesterede), *vyakta* (det manifesterede) og *kāla* (tiden).

619. पावनाकृतिः
Pāvanākṛtiḥ

Hun, hvis form er hellig.

Ārkrti betyder "form" og også "visdom eller viden." At se Devīs form og prise Hendes handlinger giver renhed i sindet og vækker *jñāna,* visdom.

Yajñavalkya Smṛti påpeger: "Bodsøvelser og viden er veje til at rense den legemliggjorte sjæl. Viden renser intellektet, og sjælen (*kṣetrājñā*) bliver renset af viden om Herren". Bodsøvelser og viden hjælper *bhūtātma* (den legemliggjorte sjæl) med at rense sindet og få kontrol over de sansebearbejdende organer, sindet og intellektet.

620. अनेक कोटि ब्रह्माण्ड जननी
Aneka koṭi brahmāṇḍa jananī

Hun, som er skaberen af mange millioner verdener.

Brahmāṇḍa betyder helt bogstaveligt *Brahman*-som-æg. Alt i universet er æggeformet – solen, månen og atomerne har alle næsten sfæriske former. Samlinger af atomer kan antage forskellige former, men på det mikrokosmiske niveau er alle æggeformede. De antikke vismænd siger, at der findes millioner af galakser. Vismændene har for tusinder år siden talt om månens og solens "baner" og om *brahmāṇḍaer.* Disse ord er eksempler på, hvor forudseende *ṛṣierne* har været i deres analytiske studier af universet. Devī er moder til utallige skarer af sådanne verdener.

Hun er også moder til *Vīraṭ, Svarāṭ* og *Samrāṭ. Vīrāṭ* er det kosmiske individ med de seksten ændringer eller *ṣoḍaśa vikāraer* (fem grove elementer, fem sanseorganer, fem handleorganer og sindet). *Svarāṭ* er kraften, som er stolt af sig selv som den kollektive subtile krop (*liṅga sarira)* i kosmos. *Samrāṭ* er årsagen til disse to. I *Śruti* slås det fast, at *Vīraṭ Purūṣa* normalt anses for at være *Brahmāṇḍa, Svarāṭ* for at være dets natur og *Samrāṭ* for at være begge.

Vīraṭ og *Svarāṭ Puruṣaer* hersker over utallige *brahmāṇḍaer. Samrāṭ Puruṣa* er en kombination af disse to, og Devī er moder til dem alle.

621. दिव्य विग्रहा

Divya vigrahā

Hun, som har en guddommelig krop.

Dette navn kan fortolkes på følgende måde: Hvis *vigraha* betyder "at kæmpe", og *divya* står for himlen, betyder *divyavigrahā* én, som kæmpede i himlen uden at røre jorden". I *Mārkaṇḍeya Purāṇa* er Devī beskrevet som Hende, der kæmper og ødelægger *asuraer* i himlen. Dæmonerne, som havde magiske kræfter, var eksperter i at føre krig i himlen. For at ødelægge dem kom Devī også til himlen og kæmpede med dem uden nogen støtte. Således blev Hun også på denne måde *Divyavigrahā.*

622. क्लीङ्कारी

Klīṅkārī

Hun, som er skaberen af stavelsen klīm.

Devī er også den, som har navnet *Klīm. Klīm* kaldes for Kāmabīja. Det er en *mantrastavelse*, som Devī har skabt.

Klīṅkāra er også Kāmeśvara. Devī er *Klīṅkārī*, Kāmeśvaras hustru.

623. केवला

Kevalā

Hun, som er det absolutte; da Hun er fuldendt, uafhængig og uden nogen egenskaber.

Kevalā er én, som ikke er berørt af forandringer, som opstår fra samme slags som Hende Selv, fra andre og fra Hende selv. Hun, som findes i form af den Absolutte Viden, viden om *Brahman.*

Ordet *klīm* i det foregående mantra kan deles op som ka + la + im. *Klīm* er kendt som Kāmabīja og *im* som Kāmakalā. Kāmabīja og Kāmakalā refererer til henholdsvis verdsligt liv og Befrielse (*mokṣa*). De første tre mål i livet – moral (*dharma*), rigdom (*artha*), og ønsker og begær (*kāma*) – opstår fra Kāmabīja, og Befrielse (*mokṣa*) opnås fra Kāmakalā. Kāmakalā er *turīyatilstanden.* Den tilstand er kendt som *Kevalā.*

624. गुह्या

Guhyā

Hun, som skal erfares i hemmelighed.

Guhyā er "en, som er skjult i en hule." Devī opnås gennem hemmelige former for tilbedelse inde i hjertets hule. "På hemmelig måde" indebærer tilbedelse, som sker alene, og med fuldstændig overgivelse.

625. कैवल्य पद् दायिनी

Kaivalya pada dāyinī

Hun, som skænker Befrielse.

Kaivalyapada er den femte tilstand – tilstanden hinsides *turīya.* Devī er én, som skænker den.

Kaivalya er hinsides de tilstande, som er beskrevet som *sālokya, sārūpya, sāmīpya* og *sāyūjya. Sālokya* (verdens enshed) er at opnå den samme verden som den guddom, der tilbedes. *Sārūpya* (formens enshed) er at meditere på guddommen som ikke adskilt fra en selv og at blive lig med guddommen og have de samme egenskaber. *Sāmīpya* (nærhed) er tilstanden, hvor den tilbedende er i stand til hele tiden at at være i nærheden af guddommen. Denne tilstand opnås gennem tilbedelse i streng afholdenhed, der følger reglerne. I *sāyūjya* (blive en) bliver den tilbedende ét med guddommen – al fornemmelse af adskilthed forsvinder. Det er realiseringen af *Īśvara* med egenskaber. Endelig er *kaivalya* den evige tilstand, der opnås gennem viden, hvor Selvet erkendes som Ren Opmærksomhed.

626. त्रिपुरा
Tripurā
Hun, som er ældre end de Tre.

Ifølge Bhāskararāya kaldes Devī *Tripurā,* fordi Hun er ældre end Treenigheden (Brahmā, Viṣṇu og Śiva). Ifølge Gauḍapāda er Hun *Tripurā,* fordi Hun er det ene *tattva* (Essentielle Princip, *Brahman*), der er opdelt i tre. Eruttacchan taler også om "Essensen af Omkāra, som deler sig i tre".

Tripurā refererer også til de tre nerver, *iḍā, pingalā* og *suṣumnā,* og til de tre former for *antaḥkaraṇa* (sind): *manas, citta* og *buddhi.* Devī er *Tripurā*, fordi Hun opholder sig i dem (*Tripurārṇava*) De tre kroppe, grov, subtil og kausal, kaldes også *Tripurā,* og Devī dvæler også i dem. Devī opholder sig i virkeligheden i alt, hvad der er trefoldigt: de tre guddomme (treenigheden), de tre *Vedaer*, de tre *agnis* (typer ild), tre energier (i *mantra, prabhu* og *utsāha*), de tre verdener, de tre byer (Indra, Yama og Candra) og de tre kroppe. Hun er *Tripurā* på alle disse måder. Også treenigheden af Fader, Søn og Helligånd kan høre ind under denne beskrivelse.

I *Laghustava* står der: "*Tripurā* er den Højeste Kraft."

627. त्रिजगद् वन्द्या
Trijagad vandyā
Hun, som tilbedes af beboerne i alle tre verdener.

Devī tilbedes selv af *asuraerne.*

628. त्रिमूर्तिः

Trimūrtiḥ

Hun, som er samlingen af Treenigheden (Brahmā, Viṣṇu og Śiva).

Devī tager form som Brahmā, Viṣṇu og Śiva, når det er påkrævet for at sikre skabelse, vedligeholdelse og ødelæggelse.

Mantraet betyder også: "Hun, som manifesterer sig i de tre farver rød, hvid og sort." I *Devī Bhāgavata* står der: "Śāmbhavī er hvid, Śrī Vidyā er rød, og Śyāma er sort; de tre *Śaktier* repræsenterer de tre *guṇaer*." Det er klart, at de tre slags Devī har antaget farverne på de tre slags *guṇaer, sattva, rājas* og *tamas*, og at de repræsenterer disse *guṇaer.*

En pige med tre farver, hvid, rød og sort, trådte frem foran Brahmā, Viṣnu og Śiva. De spurgte Hende: "Åh, Du, som smiler, hvem er Du?" "Kender I mig ikke?" Hun sagde: "Jeg er Jeres egen Śakti. Jeg blev født med denne smukke form takket være Jeres eget blik." De skænkede Hende velsignelser og sagde: "Del Din krop i tre." Som følge heraf tog pigen form som tre farver – hvid, rød og sort (*Varāha Purāṇa).*

I en anden situation siges det, at Parāśakti tog form som hvid, overvejende *sāttvisk,* bestående af Brahmās Śakti, som rød, overvejende *rājasisk,* bestående af Viṣṇus Śakti og som sort, overvejende *tāmasisk,* bestående af Śivas Śakti.

Trimūrtier bliver således beskrevet forskelligt som Brahmā, Viṣṇu og Śiva; Vāma, Jyeṣṭha og Raudri; Śāmbhavī, Śrī Vidyā og Śyāma og *Śaktierne* Icchā, Kriyā og Jñāna.

En pige på tre år er kendt som *Trimūrti* ifølge Dhaumyacārya.

629. त्रिदशेश्वरी

Tridaśeśvarī

Hun, som er gudernes hersker.

Tridaśaer er *devaer.* Der findes fire stadier i livet – barndom, teenagertiden, ungdom og alderdom. *Devaer* forbliver konstant i det tredje (*tri*) stadie (*daśa*). De er kendetegnet ved rigdom og viden. Devī er deres hersker (*Īśvarī*). I *Purāṇaerne* står der, at der findes treogtredive skarer af *devaer. Tridaśa* henviser også til treogtredive skarer.

Tridaśaer er også de tre tilstande den vågne tilstand, drømmetilstanden og søvn. Devī er hersker over dem, der befinder sig i disse tilstande, den *īśvarī,* som er vidne til de tre tilstande.

630. त्र्यक्षरी
Tryakṣarī

Hun, hvis form består af tre bogstaver eller stavelser.

Om består af tre bogstaver *a*, *u* og *m* og er således et *tryakṣarīmantra* (*mantra* med tre bogstaver). *Om* er Devīs natur.

Hun er *Tryakṣarī,* eftersom Hun (og Hendes *mantra, pañcadaśi*) har tre *kūṭaer*, hver med et rodbogstav (*bijākṣara*). De tre *kūṭaer* er *Vāgbhavakūṭa, Kāmarajakūṭa,* (eller Madhya) og *Śaktikūṭa.* "Vagīśvari, som er Jñānaśakti, der skænker befrielse, opholder sig i *Vāgbhavakūṭa;* Kamesi, som er Kriyāśakti, som opfylder ønsker, bebor *Kāmarājakūṭa;* Parāśakti, som er *icchāśakti,* som er i Śivas form, opholder sig i *Śaktikūṭa.* Således har Devī Mahātripurasundarī tre stavelser." (*Vāmakesvara Tantra*). Devī er virkelig sammenføjningen af *jñāna-, kriyā-* og *icchāśaktier* (se *mantra* 658).

Gauḍapādācārya fortæller, at *Śuddhavidyā-* og *Kumārimantraer* har tre bogstaver. *Śuddhavidyā* betyder *pañcadaśi,* som har tre bogstaver, fordi det har tre *bijākṣaraer,* som påpeget ovenfor.

I *Bṛhadāraṇyaka Upaniṣad* (V 3.1 og V.5.1.) står der: "Ordet *hṛdayam* (hjerte) har tre stavelser" og "ordet *satyam* (sandhed) har tre stavelser." Således findes Devī i form af hjertet i sandheden. I stedet for *satyam* bruges også ordet *sukṛtam* (god handling), (*su+kr+tam*, et andet ord med tre stavelser i stedet for *sa+t+yam*).

Bogstaver er delt i tre grupper, *yugākṣara, māsākṣara* og *nityākṣara* (bogstaver, der hører til alder, måned og dag). Devī hersker over disse og er derfor *Tryakṣarī.*

631. दिव्य गन्धाढ्या
Divya gandhāḍhyā

Hun, som er rigt velsignet med guddommelig duft.

Devī er altid omgivet af guddommelige væsener og guddommelige ting og er virkelig begavet med guddommelig duft. Devī er den mest eksalterede *(ādhya)* blandt de, der bærer guddommelig duft. Duft er i sandhed en af Hendes egenskaber. Jorden er duftende, og eftersom jordelementet (*bhū tattva*) er Selve Devī, hvem kan da have en mere guddommelig duft end Hende?

Det siges i *yogaśāstra*, at ifølge dem, som har opnået erfaringen, bliver åndedraget hos den, som når højden af Devī tilbedelse duftende. Hvis selv de, der tilbeder Hende, opnår det, hvad kan da siges om Devī?

Gandha betyder også *bandha* eller relation. Devī er én, som har relation til hele det levende og ikke-levende univers.

632. सिन्दूर तिलकाञ्चिता
Sindūra tilakāñcitā

Hun, som stråler med et cinnoberrødt mærke på sin pande; Hun, som er pyntet med en særlig cinnoberrød pomade.

Sindūratilakā betyder også en hunelefant og en kvinde, (hvis mand lever,) og *añcita* er "en, som er tilbedt." Således kan dette navn også betyde: "En, som er værdig til at modtage tilbedelse fra elefanter, kvinder og kvinder med gang, der er langsom og yndefuld som elefantens."

Purāṇaerne hylder historier om mange smukke kvinder som Rukminī, der tilbad Devī og gennem Hendes nåde opnåede deres ønskede ægtemænd.

633. उमा
Umā

Hun, som er Pārvatī Devī.

U er Śiva, og *Mā* er Lakṣmi. *Umā* er således kombinationen af Śiva og Lakṣmi. Glæde og fremgang kompletterer hinanden, og Devī er den, der skænker begge dele.

Desuden er *U* Śiva, og *mā* er én, som måler. Alt, der kan måles, har begrænsninger. Således er det Devī, som tildeler begrænsninger til selv Śiva. Brahmā, Viṣṇu og Śiva forsvinder, når den Store Opløsnings tid indfinder sig. Det er Śivas begrænsning. Hvad der end er begrænset, vil svinde hen.

Umā betyder rød, cinnoberrød, berømmelse og udstråling.

I *Kumārasambhava* fortæller Kālīdasa, at Mena, Himavats kone, fik talt sin datter Parvati fra at gøre bodsøvelser ved at sige "Umā (Åh, forsøg ikke at gøre bodsøvelser)!" og at Pārvatī fik navnet *Umā* af den grund.

Umā betyder også Indukalā, som ifølge *Tantra* skaber den vågne tilstand og drømmetilstanden. Den befinder sig i den inderste midte i hjertets lotusblomst.

Umā står også for en pige på seks år. Det er betydningen af *Kumāri Pūja.*

Ifølge *Śaivadoktrinen* er *Umā Icchāśakti* (viljekraft).

634. शैलेन्द्र तनया
Śailendra tanayā

Hun, som er datter af Himavat, bjergenes konge.

Hun, som fører til Indras højeste tilstand (betydningen ses, når navnet deles op som *śaila* + *indrata* + *naya*)

635. गौरी
Gaurī

Hun, som har et lyst udseende.

En, som har en gylden farve, kaldes *Gaurī.* Der står i *Devī Purāṇa*: "Fordi Devī, som brændte Sig Selv i *yogaens* ild, var genfødt som Himālayas datter med samme farve som konkylien, jasminblomsten og månen, er Hun kendt som *Gaurī.*"

Gaurī er guddommen i templet ved Kanyākubja. Ifølge andre referencer er Varuṇas kone kendt som *Gaurī* og ligeledes en pige, der er ti år gammel.

636. गन्धर्व सेविता
Gandharva sevitā

Hun, som tjenes af Gandharvaer (som Viśvāvasu).

Musikkens videnskab er kendt som *gandharvavidyā.* Devī er én, som tilbedes af store musikere, især under Navarātrifestivalen.

Gandharva betyder også hest (*aśva*). Således er Devī *aśvārūḍhā* (siddende på en hest) og ledsaget af en *Śakti*, der kaldes Aśvārūḍhā (se *mantra* 67). *Aśvārūḍhāmantraet* er velkendt i *Tantra.*

Gandharva har også konnotationer til solen. Devī tilbedes af solen.

637. विश्व गर्भा
Viśva garbhā

Hun, som rummer hele universet i Sin livmoder.

Her er betydningen, at hele universet opstod fra Hendes livmoder. Hun er universets Moder.

Hun er også den, som har skjult universets livmoder. Én, som ser universet, ser ikke Devī, og én, som får Hendes *darśan,* ser ikke længere universet. Det er forskellen mellem erfaringen af enhed med det Højeste og alle verdslige erfaringer.

638. स्वर्णगर्भा

Svarṇagarbhā

Hun, som er årsagen til universet.

Hun, som indeholder de hellige *mantrastavelser* (*su:* god, *arṇa*: bogstav, *garbhā*: gravid med). Ordet *garbhā* betyder også "skinnende". Således er fortolkningen: "Hun, som får *mantraer* til at opstå. "

639. अवरदा

Avaradā

Hun, som ødelægger dem, der ikke er hellige.

Dā kan både betyde give og skære. *Avara* betyder "et ugudeligt væsen med en dæmonisk natur." Navnet refererer til Devī som ødelægger af *asuraer* (dæmoner).

Ava betyder "at være skinnende," og *rada* betyder "tand. "Således betyder dette navn også "en, som har skinnende tænder."

Hun som skænker passende velsignelser til Sine hengivne (*a*: ens med; som passer til kvalifikationer; *varadā*: som skænker velsignelser).

640. वाग् अधीश्वरी

Vāg adhīśvarī

Hun, som styrer talen.

Devī er Sarasvatī, Talens Gudinde.

641. ध्यान गम्या

Dhyāna gamyā

Hun, som skal opnås gennem meditation.

Da Devī er hinsides sanserne, kan Hun ikke ses med ydre øjne. Hun kan kun erkendes gennem lang og regelmæssig meditation.

"Fordybet i meditation, så de *(ṛṣis*) det Guddommelige Selv skjult i dets egne *guṇaer." (Śvetāśvatārā Upaniṣad* I.3).

642. अपरि च्छेद्या

Apari cchedyā

Hun, hvis grænser ikke kan fastlægges.

Devī er ubegrænset. Kun skabte ting kan måles. Devī, som er hinsides tid og rum og årsag til hele skabelsen er ubegrænset og kan ikke måles.

643. ज्ञानदा

Jñānadā

Hun, som giver viden om Selvet.

Kun ved den nåde, som kommer fra Devī, der er Śakti, kan levende væsener opnå den Højeste Viden, som ødelægger *samsāras* sorger (*Skanda Purāṇa*).

I *Sūta Gitā* står der også, at kun gennem Devīs nåde, som kan behages ved hengivenhed, kan man opnå den endelige Befrielse, som er ubegrænset og findes i form af viden, sandhed og lyksalighed.

644. ज्ञान विग्रहा

Jñāna vigrahā

Hun, som er selve legemliggørelsen af Viden.

Hvis *vigraha* står for "Kendt gennem særlige veje," kan man få betydningen: "Hun, som er den viden, der opnås gennem særlige veje," hvilket vil sige gennem tilbedelse af Hende.

"Det Højeste Selv er kun viden. Viden er årsag til Befrielse og til binding. Alt i universet er viden. Der findes intet hinsides viden. Åh Maitreya, vid at *vidyā* og *avidyā* begge er viden." (*Viṣṇu Purāṇa*). Devī er også én, "som udvider viden."

645. सर्व वेदान्त संवेद्या

Sarva vedānta samvedyā

Hun, som er kendt af alle i Vedānta.

Samvedyā betyder: "Hun, som er velkendt". Devī er *Vedaernes* inderste essens. Hun er også den, som giver os den viden. Ifølge *Varāha Purāṇa* er Devī objektet for logik og *Vedānta.*

646. सत्यानन्द स्वरूपिणी

Satyānanda svarūpiṇī

Hun, hvis form er eksistens og lyksalighed.

Satya (eksistens, virkelighed) er det, som ikke forandrer sig med tiden.

Devī er solen (*yā*), som er livskraften (*sat: prāṇa*) i alle væsener.

Lyksalighed er *Brahmans* natur. "*Brahman* er viden og lyksalighed," ifølge Śruti. Således er Devī denne *Brahman.* Husk at i *Śruti* står der også: "*Brahman* er Eksistens, Viden og Uendelighed."

647. लोपामुद्रार्चिता

Lopāmudrārcitā

Hun, som tilbedes af Lopāmudrā, hustru til visman-den Agastya.

Pañcadaśimantraet kaldes også *Lopāmudrā.* Således er betydningen: "Hun, som tilbedes ved brug af *pañcadaśimantraet."*

Ordet *Lopāmudrā* kan fortolkes som "én, som standser trivielle glæder" (*lopa*: mindre, *mud*: glæde, *ra*: en, som blokerer). Verdslige glæder er virkelig trivielle. "Det er endog muligt at opnå Indras status, "siger Eruttacchan, "men til hvilken nytte? Det er så værdiløst." *Lopāmudrārcitā* betyder Devī, som tilbedes af *yogier*, som ønsker at opnå den uendelige lyksalighed uden lige, og som derfor opgiver alle verdslige glæder.

648. लीला क्लृप्त ब्रह्माण्ड मण्डला

Līlā kḷpta brahmāṇḍa maṇḍalā

Hun, som skaber og opretholder universet som en ren leg.

Hvor veldefineret og fast er den måde, Hun organiserer universet! Selv en maskine, som skabes af den største ekspert, slides op med tiden. Med hvilken præcision og variation har Hun ikke samlet denne kosmiske maskine, der består af solen, månen, millioner af stjerner, de tårnhøje bjerge og store oceaner, og den bliver ved med at fungere! Og det hele er en leg!

Det, som kan siges om skabelsen, angår i lige så høj grad vedligeholdelsen og opløsningen af denne maskine. Hun, som har samlet kosmos, kan også beskytte det og skille alting ad igen.

I *Devī Stava* står der: "Åh Moder, selv Śiva har ingen kraft til at skabe, beskytte og ødelægge Brahmā, Viṣṇu og de andre *devaer.* Men for Dig, som hersker i dette univers, er det kun en *līlā.*"

649. अदृश्या

Adṛśyā

Hun, som ikke kan opfattes af sanseorganerne.

Kun det, hvis natur indeholder de tre *guṇaer,* kan begribes af sanserne. Devī er hinsides *guṇaerne.* Derfor kan Hun ikke på nogen måde opfattes gennem sanserne. De kilder, som har autoritet på området, refererer ofte til Hende på denne måde: "Din form uden egenskaber er ikke set af øjnene," og "Den Śakti, som er hinsides *guṇaerne* er ikke let at opnå."

650. दृश्य रहिता

Dṛśya rahitā

Hun, som ikke har noget at se.

Man behøver kun at se de ting, som adskiller sig fra én selv. Der findes ikke noget som helst, som adskiller sig fra Devī, og således har Hun intet at se.

Dṛśya betyder "det synlige," ting i universet, som ikke er permanente. Devī er ikke disse ting. *Mantraet* indebærer, at Devī er Evig og Uforgængelig.

651. विज्ञात्री

Vijñātrī

Hun, som kender sandheden om det fysiske univers.

Jñāna og *vijñāna* bruges ofte synonymt om viden.

For eksempel siges det: "*Brahman* er *satyam, jñānam* og *anantam* (eksistens, viden og uendelighed)," og "*Brahman* er *vijñānam* og *ānandam* (viden og lyksalighed)." Men når der skelnes, anses al materiel viden som *vijñāna* og spirituel viden som *jñāna.* Det, som vides gennem studier, er *vijñāna* og den viden, som opstår gennem (spirituel) erfaring, er *jñāna. Vijñāna* bliver almindeligvis oversat som viden og *jñāna* som visdom.

Således er betydningen af dette *mantra:* "Hun, som ved alt, der er materielt eller fysisk." En anden betydning er: "Hun, som skal kendes gennem særlig erfaring." Vijñātrī betyder også: "Hun, som beskytter al viden."

652. वेद्य वर्जिता

Vedya varjitā

Hun, som ikke har behov for at vide mere.

Hun, som er alvidende. Der er intet materielt eller spirituelt, der er ukendt for Hende. Hun er hinsides alt det, som er kendt.

653. योगिनी

Yoginī

Hun, som konstant er forenet med Parāśiva; Hun, som besidder yogaens kraft.

"*Yoga* betyder begrænsning af mental aktivitet," ifølge Patānjalīs *Yoga Sūtra* (1.2). *Yoga* er at standse sindets aktivitet og lade det hvile i Ren Bevidsthed. *Yoga* er enheden af *jīva* og *Brahman.* Devī er konstant forenet med Śiva.

I *Gitā* står der: "Ligevægt er *yoga*" (II.48) og også "Vid at *yoga* er frihed fra tilknytning til smerte" (VI.23) Et andet vers i *Gitā* (II.50) indeholder belæringen om, at *Yoga* er dygtighed i handling. Dygtighed opstår ved at udføre handlinger uden at være stolt af handlingen og at udføre handlinger, som bærer frugt, uden at være optaget af frugten. Devī er én, som har den *yogaśakti.*

Der findes fire slags *yoga: mantra yoga, laya yoga, hatha yoga* og *rāja yoga.* Der findes tre slags *rāja yoga: sānkhya, tāraka* og *amanaska.*

Mantraśāstra beskriver også syv *yoginīer* begyndende med Ḍākinī (se *mantraerne* 475-534). Der findes utallige *yoginīer,* som det også fremgår af *mantraet Mahācatuḥṣaṣṭikoṭiyoginī-gaṇasevitā* (237). Devī er den største *yoginī* af dem alle, deres *Īśvarī.* Planeternes otte guddomme fra Maṅgala til Sankata kaldes også for *yoginīer.*

654. योगदा
Yogadā

Hun, som skænker yogaens kraft.

Devī er én, som skænker den *yoga,* som er foreningen af *jīvātman* med *Brahman.* Hun er den, som giver materiel nydelse som en form for Hendes velsignelse. *Śaktadoktrinen,* som der bliver refereret til her, slår fast, at den guddommelige nåde er essentiel for Selvrealisering.

655. योग्या
Yogyā

Hun, som fortjener alle slags yoga.

Dette og de to foregående *mantraer* afslører egenskaberne, der hører til overholdelse eller praksis (*cārya*), at give (*dāna*) og rigdom (*sampatti*). De tre *mantraer* relaterer Devī til at overholde, at give og at besidde *yoga.*

Under indflydelse af *Māyā,* (som består af de tre *guṇaer*), manifesterer den Højeste *Brahman* sig i tre former: den, der har erkendt (subjekt), det, der erkendes (objekt), og erkendelse (relationen mellem subjekt og objekt). Når *sattva* overstiger *rājas* og *tamas,* er det kendt som *śuddhasattva.* Den tilsvarende manifestation af den Højeste Sandhed er Īśvara og kaldes *Yogadā* (Skænker af *yoga*). Når *rājas* er dominerende og *sattva* og *tamas* svagere, manifesterer den samme Højeste Sandhed sig som *jīva* og kaldes for *Yoginī.* Ligeledes, når *tamas* er dominerende og *sattva* og *raja* er svagere, manifesterer den Højeste Sandhed sig som det ubevægelige univers og kaldes så for *Yogyā.*

At praktisere *yoga* (*yogācārya)* repræsenterer Yoginīs overvejende *rājasiske* natur – aktiviteten er tegn på *rājas.* At give eller skænke *yoga* (*yogadāna*) er overvejende *sāttvisk*: Det er relateret til *Yogadas* generøsitet. Besiddelsen af *yoga* (*yogasampatti*) af *Yogyā* repræsenterer Devīs *tāmasiske* aspekt. Rigdom af enhver slags er relateret til *tamas.*

656. योगानन्दा

Yogānandā

Hun, som er lyksaligheden, der opnås ved yoga, eller Hun, som nyder yogaens lyksalighed.

Det betyder også, Hun, som er i *Yoganidra*-tilstanden, *yogaens* søvn. Dyb søvn er en lyksalighedstilstand.

Yoga er foreningen af Śiva og Śakti. Nogle kommentatorer anser navnet som *ayogānanda* og fortolker det, som *ayoga + nanda. Ayoga* er én, som ikke har tilknytninger ("uden *yoga*") og *nanda* er én, som nyder lyksalighed. Således er Hun én, som opnår lyksalighed ved ikke at have tilknytninger. *Ayoga* (*ay+u+ga*) kan også betyde: "En, som opnår Śiva ved at tage lykkebringende skridt (*aya*: lykkebringende, *U*: Śiva og *ga*: én, som går). I denne fortolkning er *Nanda* Alakānanda, et andet navn for Gangā, som opnår Śiva.

Ifølge *Padma Purāṇa* er *Nanda* navnet på en hellig flod i nærheden af Puṣkarasøen, og blot det at huske dens navn vil være tilstrækkeligt til, at alle synder renses ud og fjernes.

Devī inkarnerede som Nanda for at dræbe Mahiṣāsura. Han lod sig føde igen i Vindhyabjergene, hvor han havde navnet Caitrāsura. Devī inkarnerede en gang til som Nanda og ødelagde ham (*Devī Purāṇa*).

Mahiṣa repræsenterer *ajñāna* (uvidenhed), og Mahiśāsuramardini står for Devī, som udrydder Mahiṣa, og er kraften i *jñāna.*

Nanda er guddommen for den første, sjette og ellevte dag i månekalenderen.

657. युगन्धरा
Yugandharā

Hun, som er Bærer af yugaerne.

Yuga betyder "alder eller epoke." (De fire *yugaer* er Kṛta, Treta, Dvāparā og Kālī, som er fire meget vidt udstrakte tidsaldre).

Devī har ansvaret for at styre de fire *yugaer;* derfor kaldes Hun også "Bærer af *Yugaer.*"

Yuga betyder også "åg eller et par". Præcis ligesom tyren bærer åget for at forberede marken til dyrkning, bærer Devī som *Māyā* på skabelsens byrde og kaldes derfor *Yugandharā.*

Devī er selv parret *(yuga),* der består af Śiva og Śakti. Alt, som findes i universet, er kendetegnet ved dualitet – varme og kulde, glæde og sorg, sejr og tab. Devī bærer disse modsætninger, og derfor er Hun *Yugandhara.* Hun er på én og samme tid universet, som er kendetegnet ved dualitet, og Parāśakti, som er hinsides enhver dualitet.

658. इच्छा शक्ति ज्ञान शक्ति क्रिया शक्ति स्वरूपिणी
Icchā śakti jñāna śakti kriyā śakti svarūpiṇī

Hun, som findes i form af kraften i vilje, viden og handling.

Den oprindelige årsag til universet er *Brahman.* Ved skabelsens begyndelse manifesterer *Brahmans* latente energi sig som *icchāśakti,* kraften i viljen eller ønsket (om at skabe). Så opstår *jñānaśakti,* kraften i viden, som beslutter, at skabelsen skal udfolde sig på en bestemt måde. Herefter opstår tilskyndelsen til handling, der manifesterer sig som *kriyāśakti,* skabelseskraften.

Ifølge *Sanketapaddhati* er kraften i viljen Devīs hoved, kraften i viden er midten af Devīs guddommelige krop, og den laveste del af Hendes krop fra taljen og ned til fødderne er kraften i handling.

Når ønsket om handling opstår, må det følges op med den rette viden, inden handlingen kan begynde. "Han ønskede at lade en mangfoldighed opstå." *Brahmans* ønske var: "Hvorfor ikke blive til mange?" Visdommen opstod for at opfylde ønsket, og universet begyndte at opstå. Hver eneste handling kræver vilje og den rette viden. Kun sådan sker de rette handlinger.

Treenigheden Brahmā, Viṣṇu og Maheśvara er et andet eksempel på det samme koncept. Bhāskararāya citerer meget passende følgende fra *Vāmakeśvara Tantra:* "Devī Tripura findes i tre former – Brahmā, Viṣṇu og Śiva. Hun er kraften i vilje, visdom og handling."

Det siges, at der findes fem slags *kriyāśakti,* kraften i handling (*Sūta Samhita*): bevægelse (*spanda*), modbevægelse (*pratispanda*), begyndelse (*ārambha*), gentagelse (*āvartarna)* og spredning (*pracāra).* En lignende inddeling findes også i *Tarkaśāstra,* logikkens videnskab. Der inddeles *karma* i stigende, faldende, bøjende, spredende og gående fremad mod målet.

Vi skal stræbe efter at holde vores ønsker, viden og handlinger fra at blive urene, fordi deres iboende natur er guddommelig. De er Devī selv.

659. सर्वाधारा

Sarvādhārā

Hun, som er altings støtte.

Det, som menes her, er ikke det sædvanlige koncept, når man tænker på at give støtte og blive understøttet. Når vi siger "penge i kassen" eller "bog på hylden, " giver kassen og hylden støtte. Det er ikke den slags støtte, der tænkes på her. Det er som at sige "slangen i rebet" eller "himlens blå." Vi kan ikke adskille slangen fra rebet eller det blå fra himlen. På samme måde kan vi ikke adskille Devī fra universet. Det er den form for tanke om, hvad støtte er, der menes her. Alt opholder sig i Devī, og intet er adskilt fra Hende.

660. सुप्रतिष्ठा

Supratiṣṭhā

Hun, som er solidt grundfæstet.

Devī er hinsides tid og derfor fast grundfæstet. Hvis vi vil kalde en sandhed eller filosofi for evig (*sanātana*), må den være urokkelig og fast gennem fortid, nutid og ind i fremtiden. Når vi kalder *Advaita* (nondual) filosofi og alle spirituelle doktriner, som roterer om dens akse, for evige, tænker vi, at den har den fasthed, som transcenderer alle tidsaldre.

Supratiṣṭha er navnet på et versmål (*chandas*) i poesien. Devī anses for at findes i form af dette vers.

661. सद् असद् रूप धारिणी

Sad asad rūpa dhāriṇī

Hun, som antager form af både væren og ikke væren (sat og asat).

Både den ubevægelige krop og livskraften er Devī. Som der står i *Śruti:* "Alt her er *Brahman.*"

Den, som ser slangen i rebet, ser ikke rebet. Han ser kun slangen. Den, som ser rebet, ser ikke slangen. Den, som så rebet i mørket og i vildfarelse fik øje på slangen, så faktisk slangen. Da lyset kom, indså han, at det kun var et reb og ikke en slange. Hvad er sandheden? Er det slangen i vildfarelsen eller rebet, som kom til syne, da illusionen blev fjernet? Ingen bliver alarmeret over at få øje på en slange, som med fuldstændig sikkerhed ikke eksisterer. For den, som er grebet af illusionen, eksisterer slangen; for den, som har fået fjernet illusionen, eksisterer rebet. Der findes kun én ting, men den kommer til syne på to måder. Det er på tilsvarende vis for den, som ser Sandheden. Dette univers er ren Essens, *Brahman,* men for den, som ikke har set Sandheden, er det stadig universet. Universet er *asat* (ikke-væren,) og *Brahman* er *sat.* Devī er begge to. Derfor kaldes Hun *Sadasadrūpadhāriṇī.*

Sat og *asad* kan også betyde gode og dårlige handlinger. Handlinger, som følger *Vedaerne* er gode handlinger, (*sat-karma*) og handlinger, som går imod *Vedaerne,* er dårlige handlinger, (*asatkrama).* Devī understøtter dem begge, og på den måde er Hun også *Sadasadrūpadhāriṇī.*

Devī findes i form af to typer viden, *sat* og *asat* – også kaldet for *savikalpa* og *nirvikalpa. Vikalpa* er "forestilling"; det er en ide, som ordet henviser til, men hvor der ikke findes nogen virkelighed, som svarer til ordet. Et klassisk eksempel er "harens horn/gevir". Alt, der er baseret på *vikalpa,* (*saivikalpa*) er *asat* (ikke-væren eller uvirkeligt) og alt, der er baseret på *vikalpa,* (*nirvikalpa*) er *sat* (væren). Den antikke visdom fortæller: "Alt, som opfattes med intellektet er *asat."*

662. अष्ट मूर्तिः

Aṣṭa mūrtiḥ

Hun, som har otte former.

Navnene på de otte former er forskellige i forskellige kilder. I *Matsya Purāṇa* står der: "Åh Sarasvatī med otte former, Lakṣmi, Intelligens, Jord, Næring, Gaurī, Tilfredhed, Udstråling og Mod, beskyt mig!"

I *yogaśāstra* beskrives Selvet med otte forskellige former, som afhænger af *guṇaerne:* Den legemliggjorte sjæl (*jīvātman*), det Indre Selv (*antarātman),* det højeste Selv (*Parāmātman),* det uplettede Selv (*nirmalātman*), det Rene Selv (*suddhātman*), det Vise Selv (*jñānātman),* det Store Selv (*mahātman*) og det usammensatte Selv. Devī er Selvet i disse otte former.

I *Śaktirahasya* er de fem grove elementer sammen med solen, månen og *jīvātman* de otte former for Devī. Himlen og den, der ofrer, står visse steder i stedet for *jīva.*

I *Gitā* (VII.4) siges det: "Jorden, vandet, ilden, luften, æteren (*ākāśa*), sindet, intellektet og egosansen (*ahaṅkāra*) er Min ottefoldige natur." Hvis vi antager, at sindet er månen, intellektet solen og egoet sansen for *jīvātman* eller den, der ofrer, er der ingen modsigelse.

663. अजा जैत्री

Ajā jaitrī

Hun, som besejrer uvidenhed.

Avidyā har ingen begyndelse, så det kaldes *ajā* (det, som ikke er født). "Det er et ufødt væsen af kvindekøn med røde, hvide og sorte farver, som skaber mange arvinger," ifølge *Śruti.* (*Svettasvatārā Upaniṣad IV.5).* De tre farver rød, hvid og sort repræsenterer de tre *guṇaer,* som er respektivt *rājas, sattva* og *tamas. Avidyā* er en blanding af de tre guṇaer og er *ajā.*

Det er meget vanskeligt at besejre *Māyā*, og dog sker det helt uden anstrengelse for den hengivne, som har opnået Devīs nåde. Det er essensen af dette *mantra.* Når vi siger, at Devī besejrer *Māyā,* betyder det også, at Hendes hengivne besejrer *Māyā*, i og med vi indser, at Hendes hengivne ikke er adskilte fra Hende.

664. लोक यात्रा विधायिनी

Loka yātrā vidhāyinī

Hun, som styrer verdenernes gang.

Hun er den, som styrer alle skabningers liv, eller som styrer verdenernes bevægelser, de kosmiske kroppe.

665. एकाकिनी
Ekākinī

Hun, som er den eneste ene.

Hun er den Eneste. Der findes ingen anden. Hun er nondualitet. Der findes ingen af Hendes slags eller af en anden slags, som følger efter Devī.

I *Devī Purāṇa* prises Hun på følgende måde: ”Kun Hun opsluger verdener, kun Hun etablerer dem, kun Hun skaber universet; derfor er Hun *Ekākinī.*”

666. भूम रूपा
Bhūma rūpā

Hun, som er den samlede sum af alle eksisterende ting.

Bhūma betyder ”mange” og også *Brahman*, som er En. Da dette navn kommer lige efter navnet *Ekākinī* (den eneste ene), kan dette navn også betyde ”mange”. *Devī Purāṇa* beskriver Hende på følgende måde: ”Selvom Hun kun er én, bliver Hun gennem betingninger fejret overalt som *Bhūma,* ”mange”. Som en krystal tager farve efter ting i nærheden, skinner Hun som *Bhūma* på grund af *guṇaerne.”*

Når vi ser *bhūma* som *Brahman,* betyder *mantraet*, at Devī er identisk med *Brahman.* Alt i universet er kun en illusorisk (*vivarta*) form for *Brahman.* Ligesom vandet kun er én, men fremtræder som bølge, skum og malstrøm, er *Brahman* én uden nogen anden, men fremtræder med mange navne og former i universet.

667. निर्द्वैता
Nirdvaitā

Hun, som er uden fornemmelse af dualitet.

Dem, som følger et dualistisk synspunkt, accepterer det ikke. Selv en nondualist (*advaitin*) accepterer det synspunkt, at alt findes som dualitet, indtil man opnår det Højeste. Når han kommer dertil, ser han ikke noget som forgængeligt eller endegyldigt. Som der står i *Chāndogya Upaniṣad* (VII.24.1): "Det er det Uendelige, hvori man ikke ser noget andet, ikke hører noget andet og ikke forstår noget andet. Men dette er det endelige, hvor man ser, hører og forstår noget andet. Alene det uendelige er udødeligt, det endelige er dødeligt."

668. द्वैत वर्जिता

Dvaita varjitā

Hun, som er hinsides dualitet.

Det er ikke passende at tolke dette *mantra* ud fra den bogstavelige betydning af *varjita,* som "én, der har skilt sig af med eller afvist dualitet," fordi det kunne se ud til at indebære, at der fra begyndelsen fandtes en form for dualitet i Hende, som Hun har forladt. Der var kun ren Eksistens fra begyndelsen. Det er ifølge *Śruti* én uden nogen anden.

Forestillingen om to (dualitet) opstår fra vildfarelse. Hvert atom i universet er essensen af *Brahman,* selve Devī. Betydningen af *Dvaitavarjitā* er, at Devī ikke er farvet af det mindste spor af dualitet.

669. अन्नदा

Annadā

Hun, som er giveren af mad til alle levende ting.

Anna betyder hovedsageligt det, som hjæper til at understøtte og nære livet i alle levende væsener. Det betyder også "alle levende og livløse ting."

I *Gitā* står der, at mad opstår fra skyerne, og at kroppen vokser gennem mad. Devī er én, som ikke kun giver mad, men velsigner alle levende væsener med alt det, der er nødvendigt for at opretholde livet.

I en meget berømt lovsang priser Śrī Śankara Devī som "Annapūrṇa" (fuldt udstyret med mad). Alligevel beder han i lovsangen om mere end bare mad. "Åh Devī, Śivas kæreste, Du er altid fuldkommen, giv mig som almisser visdom og lidenskabsløshed, Åh Pārvatī!" (*Annapūrṇā Stotram*).

670. वसुदा

Vasudā

Hun, som er giveren af rigdom.

Devī giver alle former for rigdom (*vasu*) – korn, penge og kostbare juveler.

Den, der bliver velsignet af Hende, vil aldrig mangle noget – penge, tøj eller andre basale fornødenheder. "Det uendelige, ufødte Selv er giver af mad og giver af rigdom." (*Brihadārnyaka Upaniṣad* IV.4.24).

671. वृद्धा

Vṛddhā

Hun, som er fra gammel tid.

Devī var den Første Årsag, og Hun var til stede selv før skabelsen.

Vṛddha betyder bogstavelig talt "avanceret eller forøget." Det kan være inden for fire forskellige områder: Man kan være avanceret inden for visdom (*jñānavṛddha),* avanceret inden for retfærdighed (*dharmavṛddha*), avanceret i alder (*vayovṛddha*) og avanceret i rigdom (*dhanavṛddha*). Alle fire beskrivelser passer til Devī, som det fremgår af kommentarerne til *mantraerne.*

672. ब्रह्मात्मैक्य स्वरूपिणी

Brahmātmaikya svarūpiṇī

Hun, hvis natur er foreningen af Brahman og Ātman.

Brahman er Śiva, og *Ātman* er *jīva*. *Svarūpa* betyder "at have form som *sva*," som er navnet på *hamsamantraet*. Devī findes i form af *hamsamantraet*, som fremkalder forening mellem *jīva* og *Śiva*, det Højeste.

673. बृहती

Bṛhatī

Hun, som er uendelig.

Bṛhat er *Brahman*. Devī er identisk med *Brahman*.

Bṛhatī er et versemål (*chandas*) i sanskritpoesi, som har seksogtredive stavelser. Således findes Devī i form af *chandas*. Også *tattvas* findes i et antal på seksogtredive.

674. ब्राह्मणी

Brāhmaṇī

Hun, som er overvejende sāttvisk.

Brāhmaṇa (feminin, *Brāhmaṇī*) er én, hvor de *sāttviske* kvaliteter er fremherskende. Devī er legemliggørelsen af visdom, hvor *sattva* er dominerende.

Brāhmaṇī er en lægeurt (også kaldet *Brāhmi*). Devī findes i form af denne medicin, som ifølge *Smṛti* "er guddommelig og selve bevidstheden."

Parāsara Smṛti beskrives af Śiva som Brāhmaṇa. *Brāhmaṇī* er Hans kone.

675. ब्राह्मी
Brāhmī

Hun, som hersker over tale.

Brāhmi og *Bhāratī* betyder "sprog." Også én, som hører til Brahmā.

676. ब्रह्मानन्दा
Brahmānandā

Hun, som er for evigt fordybet i Brahmans lyksalighed.

Lyksalighedens natur, som den beskrives i *Taittiriya Upaniṣad,* er blevet beskrevet (se *mantra* 252). Der blev opstillet en skala for lykke, som går fra et almindeligt menneske til den, som er grundfæstet i *Brahman.*

Brahmānandan er den lyksalighed, der opstår, når *jīva* vender tilbage til den Højeste Bevidsthed, som den oprindeligt blev adskilt fra. Ifølge det nærværende *mantra* er Devī den lyksalighed.

En anden inddeling af lyksalighed er: *viṣayānandam, vāsanānandam, nijānandam, mukhyānandam, ātmānandam, advaitānandam, jnānandam* og *brahmānandam.*

677. बलि प्रिया
Bali priyā

Hun, som holder særligt af hellige offergaver.

Mennesket må vise taknemmelighed til Naturen i den samme udstrækning, som Hun giver Sine rigelige gaver. For at tilbede de forskellige kræfter i naturen (*śaktier*) med *mantraer* og *pūjaer* foreskrev fortidens seende de forskellige *yajňas* (offerceremonier). Fordi alle *śaktier* er del af Devī, holder Hun meget af offergaver, som ærer dem – ligesom forældre glæder sig over den anerkendelse, deres børn modtager.

Bali betyder også Mahābali. Så er betydningen af *Balipriyā*: "Hun, som fryder sig ved Kongen Mahābalis hengivenhed."

Bali er også én, som har styrken (*balam*) til at overvinde uvidenhed. Den slags mennesker holder Devī særlig meget af.

678. भाषा रूपा

Bhāṣā rūpā

Hun, som findes i sprogets form.

Devī har form som det sprog, der tales i hvert område. Fordi Hun er Talens Gudinde, er alle sprog Hendes former. Alle sprog er Devīs sprog. Det svarer til, at den Almægtige hører os kalde, uanset hvilket sprog vi kalder på. Derfor er Hun *Bhāṣārūpā.*

679. बृहत् सेना

Bṛhat senā

Hun, som har en omfangsrig hær.

Hun har fireogtres *crores* af *yoginīs* (*śaktis*), som ledsager Hende. Desuden har hun elefantregimenter, heste og stridsvogne. Samlet udgør Hendes kræfter en kraftfuld og omfangsrig hær.

680. भावाभाव विवर्जिता

Bhāvābhāva vivarjitā

Hun, som er hinsides væren og ikke-væren.

Bhava er væren eller eksistens, og *abhāva* er ikke-væren eller ikke-eksistens. Selv før ting begyndte at eksistere, fandtes deres substrat. Når ting ophører med at eksisterer, vil substratet fortsat eksistere. Devī er alle tings substrat, og derfor er Hun hinsides eksistens og ikke-eksistens.

De seks forandringer, som sker under livsforløbet, kaldes *bhāvavikāras* eller modifikationer af eksistensen. De er fødsel, eksistens, vækst, forandring, forfald og død.

Der findes fire slags *abhāva,* ikke-eksistens: 1. Forudgående ikke-eksistens (*prāgbhāva*), som betyder noget, der ikke eksisterede tidligere. Før en skål blev lavet, eksisterede den ikke. 2. Ikke-eksistens på grund af ødelæggelse (*Pradhvamsābhāva*). Når skålen bliver knust, hører dens ikke-eksistens under denne kategori. Gensidig ikke-eksistens (*Anyonyābhāva*). Skålen eksisterer ikke som tøj, og tøjet eksisterer ikke som skål. 4. Ultimativ ikke-eksistens (*Atyantābhāva*). Tilstanden, hvor noget aldrig vil eksistere.

Ingen af disse former for eksistens og ikke-eksistens berører Devī, som er altings substrat.

681. सुखाराध्या
Sukhārādhyā

Hun, som er let at tilbede.

Det indebærer, at der ikke findes nogen regler, man skal følge, eller nogen forberedelse, som skal gøres, inden tilbedelsen af Devī.

Der findes former for tilbedelse, som indebærer, at man påfører kroppen smerte og prøvelser. Der findes ingen regel om, at tilbedelse af Devī skal indebære prøvelse af krop eller sind. Når blot det gøres med hengivenhed, er Hun tilfreds med enkel chanting af Hendes navne. Således skænker Hun Sine velsignelser som resultat af en tilbedelse, som er let at udføre.

Herren forsikrer os på følgende måde i *Gitā* (II.40): "Der er intet tab af anstrengelse her, der er ingen skade. Selv en lille smule af denne tilbedelse frigør os fra stor frygt." Man behøver ikke frygte fejl i fremgangsmåden og skadelige konsekvenser. Selv det første skridt, vi tager i denne retning, vil beskytte os fra frygten for *samsāra*. Tilbedelse af Devī giver os en optimisme, som vi kan have fuldstændig tillid til. Der er ingen grund til at bekymre sig om, at komplicerede procedurer er blevet overset. Ligesom Herren siger det i *Gitā,* vil Devī finde behag i enkle offergaver som "blade, blomster, frugter og vand." Den Guddommelige Moder er én, som tilgiver de fejl, som Hendes elskede børn begår, uden at vide det.

682. शुभ करी
Śubha karī

Hun, som gør godt.

Fordi Hun er Universets Moder, gør Hun noget godt selv for dem, som ikke tilbeder Hende helt perfekt. En mor vil kun ønske at gøre det, der er godt, for et barn, som har begået en fejl.

683. शोभना सुलभा गतिः
Śobhanā sulabhā gatiḥ

Hun, som opnås gennem en let og lysende vej.

Devī viser en lysende og let vej til frelse til dem, som tilbeder Hende (*Śobhana*: skinnende, frelse; *sulabha* let opnåelig; *gati*: vej eller frugt). Her er det værd at huske, at selv en simpel jæger som Kannappadāsa var i stand til at opnå udødelighed gennem oprigtig hengivenhed. Total overgivelse og kærlighed til den valgte guddom er de vigtigste faktorer.

"Det er kun Devī, som er alle levende væseners ultimative mål," står der i *Kūrma Purāṇa.*

Bhāskararāya påpeger, at dette navn nogle gange anses for at være tre adskilte navne: *śobhana, sulabha* og *gati.*

En alternativ fortolkning, (hvor *mantraet* antages at betyde *śobhana asulabhāgati,*) beskriver, at Devī *ikke* er let at opnå. Årsagen er, at den, der opnår Hendes tilstand, ikke vender tilbage – ikke er genfødt i *samsāra. Brahmā Purāṇa* beskriver:

"*Jīva* opnår kun frugten af *femtenstavelsesmantraet* i sit sidste åndedrag."

Mantraet kan også tolkes som et tegn på, at dem, som tilbeder Hende, bliver retfærdige, mens de lever. Devī er én, som gør det, der ligesom en menneskelig fødsel er svær at opnå (*asulabhāgati*), til noget glorværdigt. I *Devī Bhāgavata* står der: "Livet er forgæves for dem, der ikke hører *Devī Bhāgavata,* eller ikke tilbeder den Oprindelige Prakṛti."

684. राज राजेश्वरी

Rāja rājeśvarī

Hun, som er herskeren over konger og kejsere.

Devī er Īśvarī – Herskeren, den Kontrollerende Kraft – ikke kun over menneskelige væsener, men også over Brahmā, Viṣṇu, Śiva, Indra, de Syv Vise og andre væsener.

Rājeśvara er også Kubera, rigdommens Gud. Når vi siger, at Devī hersker selv over Kubera betyder det, at al rigdom i verden er resultatet af Hendes velsignelse og kontrolleret af Hende.

685. राज्य दायिनी

Rājya dāyinī

Hun, som giver magt.

Magt er ikke kun i denne verden, men også i andre verdener som Vaikuṇṭha, Kailāsa og Brahmāloka. Devīs vilje afgør, hvem der har magt over alle disse verdener.

De troende vil ikke stille spørgsmålstegn ved, at alle materielle og spirituelle riger kun kan opnås som et resultat af Hendes vilje og det, der behager Hende.

686. राज्य वल्लभा

Rājya vallabhā

Hun, som beskytter alle herredømmer.

Devī beskytter ikke kun alle herskere, men også deres herredømmer.

687. राजत्कृपा

Rājatkripā

Hun, som har en medfølelse, der fængsler alle.

Generelt er der en grænse for medfølelse, men Hendes er ubegrænset. Den strømmer til alle, både ven og fjende. Den når ud til nær og fjern. Det er *rājatkripā.* Pragten i Hendes medfølelse.

688. राज पीठ निवेशित निजाश्रिता

Rāja pīṭha niveśita nijāśritā

Hun, som indsætter dem, der søger tilflugt hos Hende, på kongelige troner.

Alle høje positioner er lige så meget et resultat af guddommelig nåde som af vores egen indsats. Vores egen indsats alene er ikke tilstrækkelig. Når vi på forskellige stadier i livet bliver standset og ikke gør fremskridt, er det ikke, fordi vi mangler ønsket, indsatsen eller evnerne til at komme videre. Først og fremmest handler det om den guddommelige nåde, som er den kontrollerende faktor, der er uundgåelig, hvis vi skal komme videre. Nåden skal også være på vores side.

689. राज्य लक्ष्मी

Rājya lakṣmī

Hun, som er indbegrebet af verdens fremgang.

Der findes et *mantra,* som kaldes *rājyalakṣmi*, som beskrives i *Tantrarāja.* Devī findes i form af dette *mantra.*

690. कोश नाथा
Kośa nāthā

Hun, som er skatkammerets herskerinde.

Det giver stof til eftertanke, at dette navn følger efter navnet *Rājyalakṣmī.* Et rigt udstyret skatkammer er essentielt for en nations sikkerhed. Der er to elementer, som kontrollerer en nations skæbne, og det er et rigt udstyret skatkammer og en stærk hær.

Hvis ordet *kośā* antages at betyde "ordbog," skal Devī fortås som hersker over alle ordenes verden.

Kroppens fem *kośā*ser er også relevante i denne sammenhæng. Devī er herskerinde over disse *kośāer* (se *mantra* 428).

691. चतुर् अङ्ग बलेश्वरी
Catur aṅga baleśvarī

Hun, som har kommando over fire slags hære.

Caturaṅga er de fire hære, der består af elefanter, stridsvogne, heste og mennesker. Devī har kommandoen over alle disse hære. Der findes mange velkendte historier, hvor Hun går i krig og styrer sådanne hære for at beskytte *devaer* og ødelægge *asuraer.*

Caturaṅgabālā betyder også fire *vyūhaer* eller samlinger. Ifølge *Purāṇaerne* har Vaiṣṇava er, Śaivaer og Saktaer alle deres egne særskilte *vyūhaer,* og Devī hersker over dem alle.

Caturaṅgabālā konnoterer også fire slags *Puruṣa: Puruṣa* (person) i kroppen, *Puruṣa i* Chandas (versmål), *Puruṣa* i *Vedaerne* og den Store *Puruṣa* (*Mahāpuruṣa*).

692. सामाज्य दायिनी

Sāmrājya dāyinī

Hun, som skænker imperiets herredømme.

Sāmrājya er et herredømme, som ejes af en *samrāt,* en Konge over konger eller en kejser. Titlen *samrāt* blev traditionelt givet til dem, der udførte Rājasūya Offeret. Devī er den, der generøst skænker den nåde, der kræves til dette formål.

693. सत्य सन्धा

Satya sandhā

Hun, som er sandheden hengiven (eller opretholder sandheden.)

Hun, som holder Sine løfter. Hun gav Sit ord på, at Hun ville inkarnere, hvornår det end var nødvendigt at ødelægge de onde og bevare de retfærdige. Da Hun meget nøje overholder dette løfte, kaldes Hun *Satyasandhā.* "Hvornår end verden er plaget på denne måde, vil jeg inkarnere og forårsage ødelæggelse af de onde." (*Devī Māhātmya,* kapitel XI).

694. सागर मेखला

Sāgara mekhalā

Hun, som er omgivet af oceanerne.

Hun er Moder Jord, som er omgivet af oceanerne. Jorden er tilbedt som Moder, "rig på vand, rig på frugter, afkølet af vinden fra bjergene og med frodig grøn vegetation," fordi Hun er et billede på den Guddommelige Moder. Den respekt, der gives til landet som et hjemstavnsland, udgår også herfra.

695. दीक्षिता

Dīkṣitā

Hun, som har afgivet et løfte.

Dīkṣa er at holde et løfte og have et mål i sinde. Der er mange slags *Dīkṣaer,* som f.eks. at leve i cølibat eller *sannyāsa.* Et eksempel på *dīkṣa* var Pāñchāli (Pāṇḍavas kone), som aflagde et løfte om, at hun ikke ville sætte sit hår op igen, før det var smurt med Duśśāsanas blod.

Dīkṣitā er én, som har afgivet *dīkṣa.* Devīs løfte er at ødelægge de onde og beskytte Sine hengivne.

Dīkṣitā er én, som giver, og som også svækker eller ødelægger. Her er det indforstået, at Devī er den, som giver Sine hengivne, hvad de ønsker inklusiv Befrielse, ved at svække eller ødelægge deres synder. I *Parānanda Tantra* står der, at Devī opnår det ved at initiere dem til Hendes *mantra* (*mantradīkṣa*).

En fornemmelse for ens mål – *lakṣyabodha* – er hjørnestenen for succes i livet. *Dīkṣa,* at holde sig til et løfte, er en måde at opnå dette mål.

696. दैत्य शमनी

Daitya śamanī

Hun, som ødelægger dæmoner, onde kræfter.

Fortællingerne om Devīs ødelæggelse af dæmoner (*daityas*) som Bhaṇḍa og Darruka er berømte.

697. सर्व लोक वशंकरी

Sarva loka vaśaṅkarī

Hun, som holder alle verdener under Sin kontrol.

Bhāgavata Purāṇa (II V. 42) indeholder to definitioner af verdener (*lokaer*). Fra fødder til talje er *bhūloka* (jorden, de første tre verdener), fra taljen til halsen er *bhūvarloka*, og fra halsen til kronen er *svarloka* (himlen, den højeste af de tre verdener.) Alle disse tre er indeholdt i os selv.

Et andet mere detaljeret billede indeholder fjorten verdener. Taljen er *bhuloka,* navlen, *bhūvarloka;* hjertet, *svarloka*; brystet, *maharloka*; halsen, *janaloka,* læberne udgør *tapaloka,* og kronen er *satyaloka.* Områderne under taljen: Hofterne udgør *atala,* lårene, *vitala,* knæene, *sutala,* forbenene, *talātala,* hælene, *mahātala,* det øverste af fødderne, *rasātala*, og fodsålerne, *patālata.* (*Bhāgavata Purāṇa* II V. 38-41).

Devī er én, som holder alle disse verdener under Sit herredømme.

698. सर्वार्थ दात्री

Sarvārtha dātrī

Hun, som opfylder alle ønsker.

Devī har evnen til at skænke alle ting, som man ønsker for at få et godt liv. Hun skænker livets fire mål ud fra den fortjeneste, man har opnået, og på det rette tidspunkt – *dharma* (dyd, en moralsk livsførelse), *artha* (rigdom), *kāma* (sansemæssigt begær) og *mokṣa* (Befrielse).

699. सावित्री

Sāvitrī

Hun, som er den kreative kraft i universet.

Devī er Sāvitrī, da Hun er mor til selv *savitā* (solen). "Solen kaldes *savitā*, fordi den skaber alle væsener," står der i *Viṣṇu Dharmottara.* Ifølge *Bhāradvāja Smṛti* er Devī hyldet som Sāvitrī, da Hun giver lys til solen og skaber universet.

Savitā er også synonym for Śiva. Devī er Hans kone og derfor Sāvitrī.

I *Devī Purāṇa* står der, at Hun er kendt som Sāvitrī, fordi Hun er naturligt ren.

Ifølge *Padma Purāṇa* er guddommen i templet ved Puṣkara tīrtha Sāvitrīdevī.

700. सत् चिद् आनन्द रूपिणी

Sat cid ānanda rūpiṇī

Hun, hvis natur er eksistens, bevidsthed og lyksalighed.

Den gruppe af hundrede navne, som udgør solens ottende kāla kaldet *bhogadā* (giver af al fremgang) ender her.

701. देश काला परिच्छिन्ना

Deśa kālā paricchinnā

Hun, som ikke er begrænset af tid og rum; Hun, som ikke måles af tid og rum.

Alt fra Herren Brahmā til det laveste insekt er begrænset, fordi det har en begyndelse, en slutning og en form. Det, som ikke eksisterer før begyndelsen eller efter slutningen, eksisterer heller ikke mellem dem (i nuet). Devī har ingen begyndelse eller ende, fordi Hun er *Brahman* – Hun er ubegrænset af rum og tid og er evig. "Da Han ikke er begrænset af tid eller rum, er Han den Originale Guru." (*Yoga Sūtra).*

"Han, som er altgennemtrængende som æter, og fra hvem, intet eksisterer adskilt, er ikke begrænset af rum, tid eller ting. " (*Saura Samhita)*

702. सर्वगा

Sarvagā

Hun, som gennemtrænger alle verdener og alle de levende og livløse ting; Hun, som er allestedsnærværende.

Śrutien beskriver følgende: "Til stede overalt som æteren (*ākāśa*) og evig."

I *Varāha Purāṇa* nævnes der en hændelse: En gang gjorde Devī i form af Kriyāśakti (handlingens kraft) bodsøvelser i Śvetabjergene. Herren Brahmā kom til syne og spurgte, hvilken velsignelse Hun ønskede. Hun svarede: "Åh Hellige Ene, jeg ønsker ikke at være begrænset til noget hjørne af verden; derfor beder jeg dig om at skænke mig allestedsnærværets velsignelse." Her kan der opstå en tvivl. Hvordan kan *Brahman*, som siges at være "evig, allestedsnærværende, konstant og ubevægelig" gøre bodsøvelser? Alt er Hendes *līlā* (sport eller leg). Den troendes credo er, at den formløse *Brahman* antager en menneskelig form for at guide verden ind på den rette vej.

Fra *Devī Purāṇa*: "Åh vise Ene, det er Devīs virkelige sandhed. Hun gennemtrænger *Vedaerne,* ofrene, himlen og alle de levende og ikke-levende ting. Hun er den, som bliver tilbedt, og som er ofret. Hun er mad og drikke. Devī er til stede overalt, i forskellige former og med forskellige navne, i træer, i luften, æteren, vandet og ilden. Derfor skal Hun tilbedes ifølge reglerne. Den, som kender Devīs essens, vil blive absorberet i Hende."

703. सर्व मोहिनी

Sarva mohinī

Hun, som vildleder alle.

Der er mange berømte fortællinger i *Purāṇaerne,* der viser, at selv vismænd som Nārada, der var godt grundfæstet i Selvet, fandt Māyās tiltrækning uimodståelig. Ikke kun almindelige mennesker, men også de mest vise, lever selv efter langvarig og hård praksis et liv, der er rodfæstet i pluraliteten i stedet for i enheden med Selvet. Fornemmelsen for pluralitet skabes af *Māyās* illusoriske kraft. *Kaṭha Upaniṣad* (II.iv.1) giver en forklaring: "Den selveksisterende Højeste har skabt alle sanser med udadrettede tilbøjeligheder; derfor lægger mennesket mærke til det ydre univers og ikke det indre Selv." Alle kigger udad, ingen ser det indre Selv.

At se udad fører til pluralitet, at se indad fører til enhed. Den naturlige tilbøjelighed er at se udad. Denne trang er også en nødvendig ingrediens i universets beskaffenhed. Det er årsagen til, at der i *Gitā* (VII.3) står: "Blandt tusinder mennesker, er der kun én, som stræber efter at opnå Selvet, og blandt de, der stræber, vil der måske kun være én, som erkender Mig og Min essens."

Man kan måske spørge, hvordan modsætninger som evig og flygtig, ubevægelig og levende kan opstå fra Devī. Svaret er, at Hun vildleder alle og skaber en fornemmelse af dualitet og skjuler enheden.

I virkeligheden er forskellen mellem *Brahman* og universet kun en illusion. Śiva siger i *Kūrma Purāṇa:* "Denne Parāśakti, som er identisk med *Brahman*, eksisterer i Mig. Hun, der som *Māyā* vildleder hele verden, er Mig kær." Et andet sted siger Devī til Himavat: "*Śāstraerne* som Kapāla, Bhairava, Sakāla og Gautama, som i modsætning til *Śruti* og *Smṛti* bekræfter dualitet, var alle skabt af Mig for at vildlede verden." I *Sūta Samhita* står der: "Vildledt af *Māyā* lider syndere under fødsler og død uden at kende Herren." Devī vildleder således de tre verdener. Der findes et *mantra* og et *yantra* ved navn "Trailokyamohana," (forvilder alle tre verdener). Navnet *SarvaMohinī* kan måske tolkes som Devī, der findes i form af dette *mantra* og *yantra.*

704. सरस्वती

Sarasvatī

Hun, som findes i form af viden.

I *Bharadvaja Smṛti* står der: "Hun som opholder sig i alle væseners tunge og guider deres tale, kaldes Sarasvatī af de store *ṛṣis."* Desuden: "Hun er Sarasvatī, da Hun er den, som viser vej for alle øjne." (*Vasiṣṭha Rāmāyāna*).

Saras er sø, og *vati* er én, som besidder. Søen er i denne sammenhæng *Brahmarandhra,* hvorfra nektar strømmer. Således er den hemmelige betydning af dette *mantra,* at Devī er ét med *Brahmarandhra,* hvorfra der kommer en nektarstrøm. *Vasiṣṭha Ramāyāna* siger også, at *Sarasvatī* er en strøm af viden eller indtryk, som opnås fra sanserne.

Ifølge Dhaumya er en pige, som er to år gammel, *Sarasvatī.*

705. शास्त्रमयी
Śāstramayī

Hun, som findes i form af skrifterne; Hun, hvis lemmer udgør skrifterne.

De fire *Vedaer* blev dannet af Hendes udadgående åndedrag, og de store *mantraer* af Hendes sans for ego. Poesien, dramaet og retorikken blev født af Hendes søde ord. Sarasvatī blev født ud af Hendes tunge. De seks *vedāngaer* (supplerende værker til *Vedaerne*) blev skabt fra Hendes kinder og *mīmāmsā* filosofi, *nyāga* (logik), *Purāṇaer* og *dharmaśāstra* (retfærdighedens kodeks) udgik fra det øverste af Hendes hals. Medicin og videnskaben om bueskydning opstod fra midten af Hendes hals. De fireogtres kunstformer opstod fra det nederste af Hendes hals. Kærlighedens videnskab blev til fra Hendes skuldre, og *Tantraerne* fra Hendes ben (*Brahmāṇḍa Purāṇa).*

Hvad *śāstraerne* beskriver, er den ultimative sandhed og ikke, hvad vores sanseerfaring eller fornuft fortæller. Selv i *Vedānta* er der enighed om dette synspunkt. Vi skal acceptere det, som *śāstraerne* fortæller, selv når vi oplever, at sanserne og fornuften tilsyneladende strider mod det. Vi ser mange eksempler på sansernes vildledende natur i den fysiske verden. Solen ser ud til at stå op i øst og gå ned i vest, men alligevel kan astronomien beskrive noget andet, der ligger bag.

706. गुहाम्बा
Guhāmbā

Hun, som er moder til Guha (Subrahmanya); Hun, som dvæler i hjertets hule.

Purāṇaerne hylder historien om fødslen af Subrahmanya som søn til Śiva og Śakti, der leder hæren af *devaer*, som dræber dæmonen Tāraka og befrier *devaerne* fra *asuraernes* svøb.

Brugen af ordet *guha* (hule, hulrum) for hjertet er velkendt i filosofien. Der findes i *Śruti* beskrivelser af "det, der går ind i hulen og opholder sig der" (*Kaṭha Upaniṣad.*) De refererer til *jīva* i hjertets hule og giver eksempler på det.

707. गुह्य रूपिणी
Guhya rūpiṇī

Hun, som har en hemmelig form.

Når Devī bliver beskrevet som Moder til Guha, kan det måske virke som om, vi accepterer ideer, der er rodfæstet i dualitet. Det nærværende navn hjælper med at klargøre, at selvom sådanne beskrivelser følger almindelig sund fornuft og en verdslig tilgang til ting, vil en analyse af sandheden ikke føre til dualitet. Ultimativt er det kun nondualitet, der overlever og varer ved. Det er det mest hemmelige og ikke let at opfatte. Det er årsagen til, at Devī beskrives som havende en hemmelig eller skjult form.

Sūta Samhita gør det klart: "Vi tilbeder Devī, som har påtaget sig Guruens form, som har form som hemmelig viden, som er elsket af Sine hemmelige hengivne, og som opholder sig på det hemmelige sted."

Devī, som opfattes med de ydre sanser, har form som det materielle univers; Hun, som kun er kendt af det indre øje, findes i form af visdom, *jňāna.* Devī er *Guhyarūpiṇī,* fordi

Hendes natur er visdom. Ifølge *Kūrma Purāṇa* gælder det, at "blandt alle *Upaniṣader,* er Devī *Guhyopaniṣad.*"

708. सर्वोपाधि विनिर्मुक्ता

Sarvopādhi vinirmuktā

Hun, som er fri for alle begrænsninger.

Upādhi er begrænsning eller betingning og betyder også støtte. Alt, hvad vi ser, har *upādhi.* I de fem store elementer og deres *upādhi*-system, som bliver gennemgået i *Vedānta,* kan *ākāśa* (æter) opfattres som lyd. *Ākāśa* er der, hvor lyden findes. Hænderne, som klapper til musikkens rytme, kan lave en lyd, fordi de omgiver en del af *ākāśa. Ākāśa* manifesterer sig kun gennem *upādhi* (betingning) af lyden. Solens stråler rammer ørkenen og skaber det illusoriske blændværk i luftspejlingen. Sollyset er *upādhi*, som skaber blændværket. På det stille vands overflade kommer der træer til syne, som er vendt på hovedet. Her er vandets overflade *upādhi.* Al viden er forbundet med en sådan begrænsning (*upādhi.*) Kun Devī er hinsides enhver *upādhi.*

Det er tydeligt, at begrænsninger eller kvalifikationer som Moder til Skanda, kone til Śiva eller datter af Himavat ikke er sandheden. Hendes sande identitet er det mest hemmelige, ikke duale aspekt, som findes hinsides alle disse. Man kan måske spørge om, hvordan vi kan insistere på, at nondualitet er den eneste virkelighed, når der findes skrifter, som anerkender dualitet, og andre, som kun anerkender nondualitet. Dualiteten er sandheden i den daglige eksistens, mens nondualitet er den ultimative sandhed. Alle forskelle, som ses i den duale verden, udspringer af en illusion. Alle skrifternes tekster forklarer direkte eller indirekte den Højeste *Brahmans* nonduale natur. Alle andre videnskaber handler om den praktiske dagligdags verden. Derfor er det tilstrækkeligt, at vi tilskriver de *mantraer,* som viser det duale aspekt, en betydning på den almindelige erfarings plan.

Dette *mantra* kan også betyde, at begrænsningerne, som sættes af logikken, ikke påvirker Devī. Hun er hinsides dem.

709. सदाशिव पतिव्रता

Sadāśiva pativratā

Hun, som er Sadāśivas hengivne hustru.

Devīs troskab til Herren Śiva er tidligere blevet fremhævet i *mantraet "Kāmeśājñātasubhāgyamārdavorudvayānvitā."* (*mantra* 39). Her bringes Hun fra Sit nonduale til Sit duale aspekt.

710. सम्प्रदायेश्वरी

Sampradāyeśvarī

Hun, som er beskytteren af hellige traditioner.

Sampradāya er det, som gives til disciplene på den rette måde, det vil sige den traditionelle visdom, der gives videre til disciplene gennem guruens ord. Devī er den herskende gudinde over denne visdom. Devī er også tilbedt ved at bruge *pañcadaśimantraet* efter de foreskrevne regler.

Selvom Devī er uden egenskaber og uden afhængighed, findes der traditionelt også et syn på Hende, hvor Hun har egenskaber og afhænger af noget. Hengivne påkalder Hende i billeder, *sālagrāma* (hellige sten) og tilbeder Hende gennem traditionelle *arcana* og bevægelser for at få både et verdsligt og spirituelt udbytte. Således kaldes Devī for de hellige traditionelle riters *Īśvarī.*

711. साधु

Sādhu

Hun, som besidder sindsligevægt.

Kombinationen af dette og de næste navne er *sādhvi.* Bhāskarācārya antager, at dette navn står for *sadhu* – et ord med neutralt køn – og det næste navn står for *i.* Dette *mantra* chantes som *Om sādhune namah.*

Sādhu er det, som besidder *samatva* (sindsligevægt). Som der står i *Gitā,* er sindsligevægt at være forankret i *yoga.* Ligesom varme hører til ild og kølighed til vand, hører sindsligevægt til Devī.

Bhāskarācārya tilskriver ordet "passende" til ordet *sādhu.* Det, som er passende, er *dharma.* Det, som er upassende, er *adharma.* Det passende aspekt er Devī, og det upassende er Hendes *Māyā.*

712. ई
Ī

Hun, som er symbolet I.

Dette repræsenterer Devī som *kāmakāla* (se *mantra* 322).

Stavelsen *A* er Viṣṇu, og *I* er Devī, som er Viṣṇus søster. *Brahman,* som er én, bliver todelt med skabelsen som formål og deles i kvalitet (*dharma*) og den ting, der kvalificeres (*dharmi*). *Dharmi* er Śiva. Hvad er *dharma?* Universet består af de samlede (*samaṣṭi*) og de individuelle (*vyaṣṭi*) former. *Dharma* er *parāhanta,* den Højestes egoisme i form af individet. Det inddeles videre i den maskuline og kvindelige form. Den feminine form bliver søster til Viṣṇu og hustru til Śiva. Hun er Kāmakāla. Den maskuline form, afbildet som Viṣṇu, hersker over universet.

Det er fra *I,* Kāmakāla, at skabelsen og *Māyās* binding opstår.

Vāmakesvara Tantra beskriver det således: "Hinsides vokaler og *visarga,* hinsides den bølgeagtige viden, som opstår fra *bindu,* når *I,* lysets virkelige natur forenes med vibrationernes strøm, opstår *Māyā.* "

Ifølge *Vāmakeśvara Tantra* er Kāmakalā tilstanden *turīya*. Kāmakāla beskrives som rød, som er farven på *guṇaen rājas*. Skabelsen har denne *guṇas* natur.

Dette navn chantes som ”*Om yai namaḥ.*”

713. गुरु मण्डल रूपिणी

Guru maṇḍala rūpiṇi

Hun, som legemliggør Sig Selv i Guruers rækkefølge.

Den rækkefølge af *Guruer,* der begynder med Paramaśiva og slutter med ens egen Guru, er *Gurumaṇḍala.* Den tradition er ikke adskilt fra Devī, den højeste *Brahman.*

”Guru er Brahmā, Guru er Viṣṇu, Guru er Śiva; Guru er den højeste *Brahman.* Ærbødige hilsner til denne hellige Guru!”

Indien har en anerkendt Guru-tradition. ”Jeg bøjer mig konstant for Nārāyana, Brahmā den lotusfødte, Vasiṣṭha, Śakti, hans søn Parāśara, Vyāsa, Śuka, Gauḍapāda, Govinda, hans discipel Śankara, Padmapāda, Hastāmalaka, Toṭaka og alle mine andre Guruer. ”Rækkefølgen af Guruer bliver hele tiden længere.

Det nærværende *mantra* kan tolkes som: ”Hun, som er hemmeligheden i Kāmakālas *Tantra,”* eftersom denne hemmelighed traditionelt bevares inden for rækkefølgen af Guruer. Da Guru ikke er adskilt fra Devī, er Guru-traditioner i deres helhed en form for Devī.

714. कुलोत्तीर्णा

Kulottīrṇā

Hun, som transcenderer sanserne.

Devī er én, som transcenderer (*uttīrṇā*) de indre og ydre sanser (*kulaer*). Hun er objekt for sanserne og kan kun opnås gennem meditation. Ligeledes er Hun hisides sanserne. Hun er ikke involveret i verdslige glæder og sorger.

Det er den forskel, som adskiller os fra Gud. Vi oplever glæde og sorg gennem sanserne. Herren er hinsides alle de sanser, der findes.

715. भगाराध्या

Bhagārādhyā

Hun, som tilbedes i solens skive.

Her refererer *bhaga*, solens skive, til *anāhatacakraet* i hjertet. *Bhaga* kan være solen, månen eller Herren Śiva. *Mantraet* betyder: "Devī er den, som tilbedes af dem alle."

Bhaga betyder også Kāmakāla. Se *mantraerne Bhagamālini* (277) og *Bhagavatī* (279) for andre henvisninger til ordet *bhaga.* Således er Devī én, som tilbedes af de seks *aiśvaryas* (egenskaber ved udmærkelse): Ifølge nogle henvisninger drejer det sig om gunst, herskerskab, retfærdighed, berømmelse, mod, uanfægtethed og visdom.

716. माया

Māyā

Hun, som er illusion.

Māyā er noget, der synes at være, hvad det ikke er. *Māyā* er ikke fraværet af noget, men den tilsyneladende tilstedeværelse af noget, der ikke er virkeligt. Det, som *Māyā* får til at opstå, er ikke en slange, der forveksles med et reb, og ikke eksisterer. Det er en slange, som ikke er rebet, eftersom man ikke bliver bange for en slange, som ikke er der, men for en slange, som ikke er rebet. Disse to negationer har en meget forskellig betydning. Verden er ikke noget, som ikke eksisterer. Den er blot ikke, hvad den synes at være. Der findes kun *Brahman.* Verden fremstår enten som *Brahman* eller universet. Vi skal ikke konkludere, at den ene ikke er i den anden; vi skal indse, at den ene ikke er noget forskelligt fra den anden.

I *Devī Purāṇa* står der: "Det kaldes *Māyā,* fordi det er et redskab med storslåede handlinger, der ligesom i drømme eller magi skaber resultater, man ikke kan forestille sig."

Jīva befinder sig i verden med sit sind (*antaḥkaraṇa)* som redskab (*upādhi*), mens Gud befinder sig her med *Māyā* som Sit redskab.

Māyā er en mærkelig kraft, som får det rene til at fremstå urent, og viden til at fremstå som uvidenhed. Det skjuler en tings virkelige natur og pådutter den noget, som den ikke er.

Det er *Māyās* kraft, som skaber årstiderne, får månen til at tiltage og aftage og tidevandet til at hæve og sænke sig. Denne kraft i *Māyā* er Devīs viljekraft. For skabelsen af verden er materie og energi ikke tilstrækkelig, der er også brug for vilje. De tre lyde *a, u* og *m,* som findes i den hellige stavelse *Aum* (Om) står for henholdsvis materie, energi og vilje. Der bliver også refereret til dem som *sattva, rājas* og *tamas* og som Brahmā, Viṣṇu og Śiva. Devī er den viljeskraft, som udløser skabelsen og forenigen mellem Śiva og Śakti.

717. मधुमती

Madhumatī

Hun, hvis natur er sød som honning.

Madhu betyder honning og berusende likør. Da Devī holder af begge, vil hengivne ofre begge dele til Hende under tilbedelse. Således kan dette *mantra* også betyde: "Hun, som i tilbedelse ofres *madhu.*"

Ifølge *yogaśāstra* findes der fire slags *yoginer.* Den fjerde slags er kendt som *atikrāntabhāvanaer,* de som har transcenderet *samādhitilstanden.* De er også gået hinsides de syv tilstande, hvor den sidste er kendt som *madhumatī.* I denne tilstand er ens viden fuldstændig. Denne viden giver frihed fra *samsāra.* Det er også kendt som *tārakajňāna* eller *samsāratārika* (*tāraka:* det, som hjælper til at krydse).

Der findes en hellig flod kendt som Madhumatī. Devī anses for at findes i form af denne flods hellige vand. Devī findes også i form af *madhuvidyāmantraet.*

718. महो

Mahī

Hun, som er jordens gudinde.

Devī er legemliggørelsen af tålmodighed ligesom Moder Jord. Ligesom jorden er Devī altings støtte, og derfor kaldes Hun for Gudinden Jord.

Mahī er navnet på en hellig flod, og Devī findes i form af dens vande. Hun blev givet navnet *Mahī,* fordi hendes hengivne tilbad Hende ved denne flods bredder.

719. गणाम्बा

Gaṇāmbā

Hun, som er moder til Śivas ledsagere.

Hun er moder til en skare af Śivas *gaṇaer* (ledsagere,) som Pramātma og andre.

Gaṇa refererer også til Gaṇeśa (lederen af *gaṇaerne*) og til Devī, hans Moder.

Gaṇa bruges også i betydningen gruppe af stjerner eller formation af hære. Dette *mantra* betyder, at Devī anses for at være Moder til alle disse.

720. गुह्यकाराध्या

Guhyakārādhyā

Hun, som tilbedes af guhyakaer.

Guhyakaer er forskellige slags *devaer* som *yakṣaer, kinnaraer, gandharvaer* og *kimpuruṣaer.*

Guhyaka refererer til det, som er mest hemmeligt. Så kan det antages, at Devī er tilbedt i stor hemmelighed hinsides ydre forstyrrelser og fristelsers rækkevidde, og således blev navnet brugt om Hende.

721. कोमलाङ्गी

Komalāṅgī

Hun, som har smukke lemmer.

Hele Devīs form er meget smuk.

722. गुरुप्रिया

Gurupriyā

Hun, som er Guruernes elskede.

Her er Guru Śiva, Verdens Guru. Devī er hans kone, og Hun er elsket af ham.

Mantraet betyder også: "Hun, som holder af Guruen." I dette tilfælde er Guruen Bṛhaspati, gudernes Guru. Devī er én, som holder af den Guru.

Som den hemmelige forskrift fortæller: "Guru er selve den Højeste *Brahman.*" Devī er den *Māyā*, som *Brahman* med form (eller *Brahman*-med-dele, *Sakālabrahman*) kom til at holde af, og hans hensigt var at frembringe skabelsen.

723. स्वतन्त्रा

Svatantrā

Hun, som er fri for alle begrænsninger.

Devī er uafhængig, fordi Hun ikke har brug for hjælp fra nogen under skabelsesprocessen. *Sva* betyder "Selv," og *Tantra* betyder "Hun, som afhænger." Således er Hun den, som afhænger af Selvet. Devī hører hjemme i foreningen med Śiva, som er Selvet.

Mantraet betyder også: "Hun som har Sine egne *Tantraer* (*sva*: egen)." Alle *Tantraer* som *Śaiva, Vaiṣṇava, Gāṇapatya* og *Śāktyea* hylder Devī. Således tilhører alle *Tantraer* Hende.

724. सर्व तन्त्रेशी

Sarva tantreśī

Hun, som er alle tantraers gudinde.

Der findes fireogtres *Tantraer,* som er de vigtiste. I dem alle er Devī genstand for tilbedelse.

725. दक्षिणा मूर्ति रूपिणी

Dakṣiṇā mūrti rūpiṇī

Hun, som findes i form af Dakṣiṇāmūrti (Śiva).

Śiva sad med ansigtet mod syd, mens han videregav den højeste viden til Brahmā, Viṣṇu og andre, og derfor fik Han navnet Dakṣiṇāmūrti (*dakṣiṇā*: syd). Han blev den oprindelige Guru, fordi Han belærte selv guderne. Dette *mantra* betyder, at Devī Selv har antaget form som Dakṣiṇāmūrti.

Śiva, som lavede bodsøvelser i Himalyabjergene efter tabet af Satī, er også kendt som Dakṣiṇāmūrti.

726. सनकादि समाराध्या

Sanakādi samārādhyā

Hun, som tilbedes af Sanaka og andre vismænd.

Sanaka og andre vismænd anses for at være guruer, som foreskrev ritualer til tilbedelse af Devī.

I *Brahmāṇḍa Purāṇa* står der: "Du er uden begyndelse, hel og findes i årsagens og virkningens form. Sanaka og andre *yogier* søger ikke efter nogen anden end Dig." Her betyder ordet søge at tilbede ifølge de foreskrevne ritualer.

727. शिव ज्ञान प्रदायिनी

Śiva jñāna pradāyinī

Hun, som skænker viden om Śiva.

Viden om Śiva kan også anses for den højeste viden om Selvet. Devī er én, som skænker den. *Vasiṣtha Ramāyāna* beskriver det således: ”Vind kan kendes gennem berøring og ild gennem varme; Śiva, som er ren Bevidsthed, er kun kendt gennem Śakti, som er den energi, der får Ham til at bevæge Sig. ”

Devī er omvendt én, hvis sandhed (*svarūpa*) gives videre af Śiva, som kender Hendes essens. I dette tilfælde oversættes *svarūpa* med ”sandheden om viden om Devī,” snarere end i den bogstavelige betydning af ”form”.

728. चित् कला

Cit kalā

Hun, som er bevidstheden i Brahman.

Kalā betyder del. Devī er den Bevidsthed, som er boende i *Brahman,* som er *Satcidānanda* eller Eksistens – Bevidsthed – Lyksalighed. Det menes ikke, at eksistens, bevidsthed og lyksalighed er tre adskilte dele af *Brahman*; kun at *cit* (bevidsthed)-aspektet er understreget i det nærværende *mantra.*

Herren Kṛṣṇa siger i *Gitā* (X.41): ”Hvad der end er storslået, fremgangsrigt eller stærkt, vid at det manifesterer en del af Min pragt.” Han refererer også til sjælen i alt som ”en stråle af Mig Selv, den evige *jīva,* i alle levende væseners verden.” (*Gitā,* XV.7).

Dette navn betyder, at Devī findes i Bevidstheden, som er til stede i alle væsener.

729. आनन्द कलिका
Ānanda kalikā

Hun, som er lyksalighedens knop.

Hendes nærvær er det, som alle væsener erfarer som lyksalighed. Hun giver Selv den velsignelse, der får lyksalighedens knop til at blomstre, og fører *jīva* ind i fuldkommen lyksalighed, der er hinsides alle sanser. Selvet er lyksalighed. Det er årsagen til, at det afspejler sig i sanserne, så vi kommer til at erfare lidt af det. Det er som mælk, der bliver blå, når vi drypper safirblå farve ned i den. Mælken er i virkeligheden ikke blå; men den safirblå farves tilstedeværelse giver den en blå farve. På samme måde er lyksalighed ikke noget iboende i sanserne eller i sindet, men alligevel kommer vi til at opleve noget af det, når Selvet, som er Lyksalighed, afspejler sig igennem dem.

Ordet *kalika* (knop) er meget betydningsfuldt. Nogle knopper falmer og dør, mens andre blomstrer og spreder duft. Vores hjerte tiltrækkes ikke af en knop, men af en blomst, der står i fuldt flor. Bier og mennesker vil automatisk tiltrækkes af dem. *Jīvaen*, som er bundet til *samsāra*, er som en knop, der falmer og dør. Den Ene, som kender Selvet, tiltrækker tusinder andre ligesom blomsten, der er fyldt med honning og duft.

730. प्रेम रूपा
Prema rūpā

Hun, som er ren kærlighed.

Tilbedelsen hos den, der ærer Devī, og Hendes medfølelse for ham, er begge former for den *prema* (kærlighed), der er Hendes essens.

Bhāskararāya beskriver det således: "Hun, som har taget form som fuldstændig kærlighed, hengivenhed og tilbedelse". Devī eksisterer som kærlighed i alle væsener. Gensidig tiltrækning er kærlighedens natur. Devī er kraften, som styrer denne tiltrækning. "Mange ærbødige Hilsener til den Devī, som opholder sig i alle væsener i form af Kærlighed." (*Devī Māhātmya*).

731. प्रियङ्करी
Priyaṅkarī

Hun, som skænker det, Hendes hengivne har kært.

Her betyder *priyam* (kær) "opfyldelse af ønsker." Den Guddommelige Moder opfylder de ønsker, der er retfærdige og gavnlige.

732. नाम पारायण प्रीता
Nāma pārāyaṇa prītā

Hun, som fryder sig ved gentagelsen af Sine navne.

"Navne" kan være navnene for hvilken som helst guddom. Hun holder af dem alle. Amma sagde en gang: "Gud vil svare på hvilket som helst guddommeligt navn, vi ytrer. At kalde på Devī, Kṛṣṇa eller Śiva giver samme resultat. Nogle børn henvender sig til deres mor som søster. Men barnets mor ved, at det kalder på hende." Ligesom vandet, der falder ned fra himlen, vil strømme hen mod oceanet, vil det at lægge sig tilbedende foran en hvilken som helst guddom føre til Keśava." Keśava er også Devī.

Alle bogstaverne i alfabetet fra *A* til *Kṣa* anses for at være Devīs navne. Ifølge *Laghustuti* (vers 12) findes der i alt 96.874 navne. I vers 18 nævnes et endnu større antal (195.840) som den totale sum. Alle disse *mantraer* opnås gennem forskellige kombinationer af de enoghalvtres bogstaver i *sanskṛt*-alfabetet. Bogstaverne er i denne sammenhæng kendt som *mātṛka*-bogstaver (se *mantra* 577). Da det er svært at gentage så stort et antal *mantraer*, er de tusind navne i stedet blevet foreskrevet - det vil sige *Lalitā Sahasranāma Stotra.* Således betyder det nærværende *mantra*: "En, som holder af at høre chanting af *Sahasranāmaen."* Andre lignende hymner som *Viṣṇu Sahasranāma* hører også til her.

Bhāskararāya tilslutter sig antallet 20.736 som det totale antal navne. Det præcise antal er ikke et emne, der skal debatteres. Det er resultatet af den direkte indsigt, som er opnået af forskellige seere. Det er tilstrækkeligt at anerkende, at der findes utallige hellige navne for Devī, som begynder med enkeltstavelsen *Om.* I indledeningen til *Sahasranāma* fortæller Devī: "Uanset om en hengiven tilbeder mig i *Śrīcakra* eller ikke, om han gentager *pañcadaśimantraet* eller ikke, eller om han blot chanter disse tusind navne regelmæssigt, vil han behage Mig."

Ramakṛṣṇa Parāmahamsa siger: "Ligesom klap med hænderne driver køerne væk, vil *japa* med hellige navne drive synderne væk." Der findes intet større *yajña* (offer) end *japa.* Chanting af hellige navne er den mest kraftfulde måde at forene alles hjerter og føre dem mod målet. Der findes intet upassende tidspunkt for *japa.* Eruttacchan, digter og helgen fra Kerala, slår fast: "Chanting af Herren Haris navne er ikke forbudt på noget tidspunkt eller for nogen – for en kvinde med menstruation, for en tigger, for en som brænder lig, for de faldne, eller for den *brāhmaṇa* som har udført ildofferet." Sådan er den universelle tilgængelighed i *nāma japa.* Det er let og enkelt, og dog giver det glæde, og endelig fører det til Befrielse. Hymner som *Sahasranāmaer* har overlevet som uvurderligt kostbare perler igennem tusinder år, hvor de har tiltrukket og givet tilflugt til millioner af hengivne.

Purāṇaen beskriver, at da Ajāmila under de smertefulde kvaler ved sit dødsleje kaldte på sin søn Nārāyana, bragte den enkle ytring af det guddommelige navn ham videre til Vaikuṇṭha, Herren Viṣṇus opholdssted. En ting skal særligt bemærkes: Hvis det guddommelige navn skal være på tungen i det sidste øjeblik, bliver det nødt til at være dybt rodfæstet i sindet. Ellers vil det ikke være muligt at huske det. Kun den bøn, som kommer fra dybet af hjertet vil være virkningsfuld.

Maria Magdalene blev renset, fordi hendes bøn var oprigtig og bevægende.

733. नन्दि विद्या
Nandi vidyā

Hun, som er Guddommen, der tilbedes ved Nandis mantra (vidyā).

Nandividyā er *mantraet*, der opnås af Nandikeśvara (en af Śivas vigtigste tjenere) gennem *upāsana* (tilbedelse). Devī findes i form af eller som essensen af dette *mantra.*

Nandi betyder også "Viṣṇu" og "Śiva." Således forstår vi, at *Vaiṣṇava* og *Śaiva vidyāer* også er Devī Selv.

734. नटेश्वरी
Natesvarī

Hun, som er hustru til Natesa (Śiva).

Natesa er Dansens Herre. Śivas dans er kendt som *tāṇḍava* og Devīs dans som *lāsya.*

735. मिथ्या जगद् अधिष्ठाना
Mithyā jagad adhiṣṭhānā

Hun, som er basis for det illusoriske univers.

Brahman er basis eller støtte for det illusoriske univers. Dette *mantra* betyder, at Devī er essensen af denne *Brahman.*

Mithya er det, som er illusorisk og ikke varer ved. Alt, der forandrer sig, er illusion. Sandhed er det, der er konstant. Der findes kun én sådan sandhed. Det er *Brahman.*

Indiens *ṛṣis* erkendte for tusinder år siden, at alt er *Brahman.* Universet manifesterer sig i essensen af den *Brahman.* Denne manifestation varer ved, indtil man realiserer *Brahman.* Indtil da er denne verden virkeligheden. Det kaldes den relative virkelighed. Så længe fornemmelsen af *samsāra* eksisterer, er verden virkelig. Kun for den, som har opnået den ultimative sandhed i realisering af Selvet, bliver verden en illusion. De, som ikke anerkender dette, men kæmper mod verden og kun tror, at den er en illusion, kæmper forgæves. Man er nødt til at indse, at det er en nytteløs kamp, som er dømt til at mislykkes.

736. मुक्तिदा
Muktidā

Hun, som giver Befrielse.

I *Kūrma Purāṇa* står der: "Enhver, der søger frelse, skal søge tilflugt hos Pārvatī Parameśvari, som er sjælen i alle væsener og Śivas essens." I *Brahmāṇḍa Purāṇa* står der også: "De, som tilbeder Parāśakti, om det er ifølge reglerne eller ikke, vikles ikke ind i *samsāra.* De bliver befriede; der hersker ingen tvivl om det."

Mukti er ikke kun Befrielse efter døden. Det kan erfares, mens man er i live. En, som byder livet velkommen, som det kommer, og bevæger sig fremad, som har overvundet begær og angst og har et sind, som ikke er knyttet til noget, og som ikke dvæler ved frugten af at udføre en handling, er en sjæl, der er befriet. I Indien findes der selv i dag mange af sådanne befriede mennesker. De er kendt som *jīvanmuktis* – befriede mens de er i live.

737. मुक्ति रूपिणी
Mukti rūpiṇī

Hun, som findes i Befrielsens form.

Mukti er lyksalighed. Således "Hun, som findes i form af lyksalighed." Det kan her virke som om, at ordene giver en form til det, som er formløst. I *Saurasamhita* (kapitel 14) er denne tilstand af frelse beskrevet: "Denne tilstand opnås ikke ved at fjerne uvidenhed eller opnå *turīya.*" Det er en lyksaligserfaring, der befinder sig hinsides det.

738. लास्यप्रिया

Lāsyapriyā

Hun, som holder af lasyadansen.

Śivas *tāṇḍava* og Devīs *lāsya* er ikke begrænset til poetiske ideer. Den moderne videnskab studerer detaljerne i energiens uophørlige dans i materiens molekyler. Som i et underværk får videnskaben øje på de antikke vismænds indsigter.

739. लय करी

Laya karī

Hun, som forårsager fordybelse.

Laya er en særlig sindstilstand. Det er sindets fordybelse eller opløsning i genstanden for meditation, hvor alle omgivende ting glemmes. En *laya* er lig med fem meditationer.

Når hjertets smelten opleves sammen med gensidig opløsning af musikkens tone og rytme, er det kendt som *laya.* "*Śruti* (tone) er moderen, og *laya* er faderen" er en velkendt talemåde inden for musikkens verden. Man tror, at *layatilstanden* i musikken opstår fra Devīs nåde. Det er bemærkelsesværdigt, at mange anerkendte musikere tilbeder Devī. Tilbedelse af *Brahman*-som-lyd er en vigtig del af *upāsana*, som stadig bliver praktiseret i Indien.

740. लज्जा

Lajjā

Hun, som eksisterer som beskedenhed i levende væsener.

I *Devī Māhātmya* står der: "Ærbødige Hilsner til den Devī, som findes i alle væsener i form af beskedenhed."

Undselighed er et ydre tegn på en nobel herkomst og beskedenhed. Det skal ikke anses for at være en svaghed, da det i virkeligheden pryder ens karakter.

Dette *mantra* fortæller, at den feminine form, som er Devīs grove krop, er legemliggørelsen af beskedenhed.

I *mantraśāstra* er *bijākṣara* rodstavelsen *"hrīm"* kendt som *lajjā*. Derfor indebærer det, at Devī findes i form af *"hrīm."*

741. रम्भादि वन्दिता

Rambhādi vanditā

Hun, som tilbedes af de himmelske ungmøer såsom Rambha.

Devī tilbedes af de himmelske ungmøer (*apsaras*) så som Rambhā, Urvaśī, Menakā og Tilottamā.

Skønhed anses for at være en gave, som opnås gennem guddommelig nåde. Rambhā og andre har deres plads i Indras hof, fordi de er førende eksempler på kvindelig skønhed.

742. भव दाव सुधा वृष्टिः

Bhava dāva sudhā vṛṣṭiḥ

Hun, som er den nektarfyldte regn over skovbranden i den verdslige eksistens.

Devī er i sandelighed den, der lader Sin nektar strømme til de hengivne, som svides af den intense ild i den verdslige eksistens.

Den ovenstående betydning opnås ved at opdele navnet som *bhava* (verdslig eksistens) + *dāva* (skovbrand) + *sudhā* (nektar) + *vṛṣṭi* (regn). En anden betydning opnås ved at opdele navnet som *Bhava* (Śiva) + *da* (*dāna,* at give) + *vasu* (rigdom) + *dhā* (vedligeholdelse) + *vṛṣṭi* (regn). Så bliver betydningen:

"Hun, som giver os Śiva, Selvets lyksalighed, og som også uden tilbageholdenhed skænker andre umådelige rigdomme."

Én, som længes efter Selvets lyksalighed, ønsker ikke verdslig rigdom, men alligevel får man begge i rigeligt mål, når Devīs nåde er til stede. Som der står i *Rudrayāmala*: "Hvor der end findes verdslig nydelse, er der ingen frelse; hvor der er frelse, findes der ingen verdslig nydelse. Men de, som har en høj grad af hengivenhed for Śrī Sundarī, vil modtage både frelse og glæde."

743. पापारण्य दवानला

Pāpāraṇya davānalā

Hun, som er den vilde ild, der tilintetgør syndens skov.

En skovbrand reducerer selv store træer til aske. På samme måde brænder Devīs nåde selv tunge synder til aske. Mennesket tøver kun med at begå den første synd. Når det først er begyndt, følger den ene synd efter den næste. Således vokser der en vild skov af synder op omkring os. Hvis man bare nævner den Guddommelige Moders navn en enkelt gang og gør det med tro og hengivenhed, er det tilstrækkeligt til at fjerne alle synder.

"At huske Parāśaktis fødder er den bedste måde at uddrive alle synder, der er begået med og uden viden om dem," står der i *Brahma Purāṇa.* I en anden sammenhæng står der i samme *Purāṇa:* "Åh Devendra, hør denne store hemmelighed, som ødelægger alle synder. Gentag *pañcadaśimantraet* hundredeotte gange stående i vandet efter badet. Ved at tilbede den Højeste Śakti på denne måde bliver man frigjort fra alle synder."

744. दौर्भाग्य तूल वातूला

Daurbhāgya tūla vātūlā

Hun, som er stormen, der driver uheldets bomuldstotter bort.

Vātūla er storm, og *tūla* er bomuld. En storm kan rykke selv store træer op, så bomuldstotter er slet ikke noget problem. På samme måde kan Devīs medfølelse gøre uheld lige så let som bomuldstotter og blæse dem væk.

Vātūla betyder også særlige uddrivende handlinger, som fjerner synd, og betyder, at den slags handlinger stammer fra Devī.

Her er det værd at huske Ammas ord: "Dybe bønner fra hjertet og forsonende handlinger, som udføres med hengivenhed, fjerner halvfems procent af sorgerne i ens *prārabda.*"

745. जरा ध्वान्त रवि प्रभा

Jarā dhvānta ravi prabhā

Hun, som er solskinnet, der fordriver alderdommens mørke.

Mørket, som omslutter alt, forsvinder fuldstændigt og en ny mængde energi følger i stedet, når sollyset dukker op. På samme måde vil al mental træthed og fysisk lidelse, der er forbundet med alderdom, forsvinde i mødet med strålerne fra Devīs medfølelse.

746. भाग्याब्धि चन्द्रिका

Bhāgyābdhi candrikā

Hun, som er fuldmånen over heldets ocean.

Ligesom fuldmånen får tidevandet til at stige i havet, afføder Devīs velsignelser bølger af held og lykke. Ulykke og lykke er livets normale omstændigheder. I visse faser er vi alle nødt til at modstå ulykke. For Devīs hengivne vil selv ulykke blive forvandlet til gode omstændigheder, fordi Hendes nåde har kraft til at udfordre selv skæbnen.

747. भक्त चित्त केकि घनाघना

Bhakta citta keki ghanāghanā

Hun, som er skyen, der glæder påfuglene, som er Hendes hengivnes hjerter.

Det siges, at skyer giver et sådant sug af glæde i påfuglens hjerte, at den begynder at danse. På samme måde vil de hengivne opleve lykkens højder i hjertet blot ved at tænke på den Guddommelige Moder. De begynder at synge og danse. At synge hymner, der priser Hende, er som torden for dem. Den ekstase, de opnår ved at huske Hende, er som lynglimt, og glædestårerne, der strømmer af hengivenhed, er som den kølende regn.

Ordet *ghanāghanā* betyder sky som ovenfor, eller *ghana* står for sky og *aghana* for varig, hvilket understreger betydningen og tilføjer, at Devī giver varig næring til de hengivne. Findes der en mere sødmefuld følelse end hengivenhed?

748. रोग पर्वत दम्भोलि

Roga parvata dambholi

Hun, som er tordenkilen, der knuser sygdommens bjerg.

Dambholi er Indras tordenkile (*vajra* våben). Herren Kṛṣṇa siger i *Gitā:* "Blandt våben er jeg *vajra.*" Hendes *darśan*, berøring og omfavnelse er de våben, som besejrer sygdom. Denne sandhed afsløres kun gennem erfaring.

Der findes her en henvisning til en gammel fortælling. Det siges, at for længe siden var bjergene i stand til at flyve, og at Indra skar deres vinger af med sit *vajra* våben og på den måde tvang dem til at stå stille. Således var det Indras tordenkilde, der beskyttede jorden fra de hærgende bjerges angreb. På samme måde kan et blik fra Devī ligesom en tordenkile fjerne alle angreb fra sygdomme.

749. मृत्यु दारु कुठारिका
Mṛtyu dāru kuṭhārikā

Hun, som er øksen, der fælder dødens træ.

Dāru betyder træ. Ifølge talsystemet betyder *daru* tallet 28. I en fortolkning siges dette tal at repræsentere en række forskellige bindinger (*pāśas*), som binder *jīvaen,* ligesom det er blevet forklaret ved *mantraet paśupāsavimocinī* (354). Devī er øksen, der hugger alle de bindinger over, som skaber frygt for døden.

Som tidligere forklaret er det ikke kun et poetisk billede. Guruens nåde har kraften til at udsætte en død, der indfinder sig i alderdommen, og dette er bevist gennem erfaring.

750. महेश्वरी
Maheśvarī

Hun, som er den højeste Gudinde.

Andre fortolkninger er følgende: *Maha* betyder festival, og Devī hersker over festivaler; Hun er Gudinde (Īśvarī) for store sjæle; hustru til Śiva (Maheśvara).

751. महा काली
Mahā kālī

Hun, som er den store Kālī.

Kālī er én, som har transcenderet tid (*kāla*) eller én, som kontrollerer tid. Devī er Mahākālī, Kālī, som besidder en overlegen dygtighed. Én, som ødelægger tiden, og løfter os til viden om Selvet, som er hinsides fortid, nutid og fremtid.

Mahākāla er Śiva, og Hans kone er Mahākālī. Der findes også en anden tro på, at Kālī blev født fra Śivas tredje øje.

Guddommen, som er indsat i Ujjain er Mahākālī. Dagens Kolkata (tidl. Calcutta) var oprindeligt Kālīghāṭṭa, berømt på grund af Kālī.

752. महा ग्रासा

Mahā grāsā

Hun, som fortærer alt stort, eller Hun, som er den store fortærer.

Devī er den, som fortærer alt, selv Brahmā, Viṣṇu og Śiva ved afslutningen af epoken. I *Kaṭha Upaniṣad* (I.ii.25) står der, at for *Brahman* er selv den altfortærende død kun en sideret.

753. महाशना

Mahāśanā

Hun, som spiser alt, der er stort.

Da alt i universet til sidst smelter sammen med Hende, er Hun den store fortærer. Hun opløser denne og den næste verden i Sig Selv.

I *Devī Māhātmya* bliver Devī skildret under kampen med Chaṇḍa og Muṇḍa, hvor Hun spiser hele *asuraernes* hær sammen med elefanter, stridsvogne og heste.

754. अपर्णा

Aparṇā

Hun, som ikke skylder nogen gæld.

Aparṇā: *apa+ṛṇa; ṛṇa* er en gæld. Devī er uden gæld. Ligesom lotusbladet ikke bliver vådt, når det dyppes i vand, er Devī ikke berørt af nogen. Hun fylder universet, men alligevel rører universet Hende ikke. Hun, som ikke har nogen tilknytninger, skylder ikke nogen noget. Det er indforstået, at Hun opfylder de hengivnes ønsker med det samme. Hun bærer ingen gæld.

Aparṇā betyder også "intet blad" (*a+parṇa*). Devī blev født som Himavats datter og udøvede meget hårde bodsøvelser, inden hun vandt Herren Śiva som Sin ægtemand. Intensiteten var så stor, at Hun end ikke spiste de blade, der faldt ned fra træerne. I *Kumārasambhava* (V.28) beskriver Kālīdasa Hendes *tapas:* "Kun at spise de blade, der falder ned fra træerne, er virkelig den strengeste form for bodsøvelse; Hun opgav endda dette. Derfor bruger de *Vise,* som kender de gamle historier, søde ord om Hende og kalder Hende for *Aparṇā.*"

Kālīka Purāṇa giver den samme forklaring: "Hun opgav selv træernes blade. Derfor kaldes Himavat *Aparṇā* af *deva-erne.*" *Brahmāṇḍa Purāṇa* beskriver det også.

Bhāskarācārya fortolker *aparṇā* som "én, der ikke har noget fald," og lader *parṇa* betyde "fald".

755. चण्डिका

Caṇḍikā

Hun, som er vred (på de onde).

Caṇḍi betyder vrede. Devī viser Sin vrede mod de onde kræfter. Hun blev berømt som *Caṇḍikā* på grund af Sin vrede mod dæmonerne Caṇḍa og Muṇḍa.

Én, som kun lader som om, hun er vred, er også *Caṇḍikā.* I Hendes tilfælde er vrede en handling. Hvordan kan Hun virkelig være vred? Kan Devī være i følelsernes vold? Men der findes tidspunkter, hvor Hun viser vrede for at virke overbevisende. Så bliver Hun *Caṇḍikā.*

En pige på syv år er også kendt som *Caṇḍikā.*

756. चण्ड मुण्डासुर निषूदिनी

Caṇḍa muṇḍāsura niṣūdinī

Hun, som dræbte Caṇḍa, Muṇḍa og andre asuraer.

I *Mārkaṇḍeya Purāṇa* står der: "Åh Devī, fordi Du blev fanget af Caṇḍa og Muṇḍa, vil Du blive kendt af verden som *Cāmuṇḍa.*"

Varāha Purāṇa fortæller en anden historie, hvor Devī dræbte dæmonen Ruru, og fordi Hun adskilte huden på kroppen (*carman*) og hans hoved (*muṇḍa*) med Sin trefork, kaldes Hun *Cāmuṇḍa.*

757. क्षराक्षरात्मिका

Kṣarākṣarātmikā

Hun som findes i både den forgængelige og den uforgængelige Ātmans form.

Den forgængelige (*Kṣara*) *ātman* er den *samsāra*-bundne *ātman,* som forveksler kroppen med Selvet. Den uforgængelige (*akṣara*) *Ātman* er det Evige Selv. Der findes mange steder i *Bhagavad Gitā* f.eks. (II,23), hvor Selvets uforgængelige natur, som er uden begyndelse, gøres tydeligt: "Ham, våben ikke kan ramme; Ham ild ikke kan brænde".

Kṣara betyder også "forskellige". Et sind, der løber i forskellige retninger, er virkelig forgængeligt.

Akṣara konnoterer også alfabetets bogstaver eller stavelser. Devī er således Én, som findes i form af bogstaver eller stavelser. Hun er kendt som værende med en og mange stavelser. Devī, som er skaberen, har én stavelse, og Devī, som vækker fornemmelsen af forskel, har mange stavelser.

Kṣara er *sat,* (væren) og *akṣara* er *asat,* (ikke-væren). Devī findes i begge former. Ligesom guld manifesterer sig som rent guld eller som forskellige udsmykninger, er Devī på samme tid *kūṭaṣṭha* (det Højeste) og *jīvaerne* med mange navne og former, ligesom det påpeges i den berømte passage i *Gitā* (XV.16): "Det forgængelige omfatter alle skabninger; det Højeste er uforgængeligt."

758. सर्व लोकेशी
Sarva lokeśī

Hun, som er herskeren over alle verdener.

759. विश्व धारिणी
Viśva dhāriṇī

Hun, som understøtter universet.

Det indebærer, at universet eksisterer indeni Devī.

760. त्रि वर्ग दात्री
Tri varga dātrī

Hun, som skænker livets tre mål.

De tre mål er retfærdighed (*dharma*), rigdom (*artha*) og objekter, der begæres og ønskes (*kāma*).

Triaden (*trivarga*) kan også være vilje-, viden- og handlekraften (se *mantra* 658). Devī skænker disse til Sine hengivne. Det er fra Hende, at man opnår materiel rigdom, som er solidt grundfæstet i retfærdighed, og en utrættelig hengivenhed i sine handlinger.

761. सुभगा
Subhagā

Hun, som er sædet for al fremgang.

Hun, som indeholder alle *bhagaer.*

Der er mange betydninger af ordet *bhaga* (se *mantraerne* 277, 279, 715). Devī er skatkammer for alle disse. Nogle af de andre betydninger er rigdom, ønsker, styrke, storhed, fortjeneste, sol, livmoder og Befrielse.

I betydningen livmoder ses børn som Hendes nådegave. *Subhagā* er også en smuk hustru, som vækker sin mands lidenskab. Den kvindelige (*Prakṛti*) vækker det uberørte mandlige (*Puruṣa*) ved sit nærvær og vender ham mod skabelsen. Uanset hvor i universet man end ser et dragende kvindeligt aspekt, er det Devīs nærvær som *Subhagā.*

Hvis vi antager, at *bhaga* betyder "solen," står der i *Śruti,* at solen er oplyst af en del af Devīs udstråling. Der refereres også til solen som Viṣṇu. I *Viṣṇu Purāṇa* står der, at *Ṛg, Yajus* og *Sāma Vedaer* er daggry, middag og skumring for solen. I denne fortolkning er solen treenigheden Brahmā, Viṣṇu og Śiva. Solens syv stråler er *devaerne* (guderne), *ṛṣis* (vismænd), *gandharvas* (himmelske musikere), *apsaras* (himmelske nymfer), *yakṣas* (dæmoner), *sādhyas* (himmelske væsener) og *rākṣasas* (andre dæmoner). Devī er *Subhagā,* som er den base, der understøtter alle disse ting.

Subhagā kan også referere til *aṣṭamangalya,* en samling af otte ting, som bruges ved lykkebringende lejligheder (eller til Devī Selv som sædet for alt lykkebringende). Listen med de otte ting varierer i forskellige kilder. En af listerne, som findes i *Padma Purāṇa* er sukkerør, *tāla* (palme)træ, *niṣpāva* (en slags bønne), *jīra* (spidskommen), koens mælk i alle former, *kusumbha,* blomster og salt. *Kusumbha* kan betyde *kausumbhablomsten*, guld, *kamaṇḍalu* (en asketikers vandkrukke) og safran. I en anden liste er følgende samling af ting angivet: Den lykkebringende *kuravalyd*, som kvinder laver ved bestemte lejligheder, et spejl, en lampe, en *pūrṇakumbha* (en dekoreret krukke fyldt med vand, som gives ved lykkebringende lejligheder), et stykke tøj, en krukke fyldt med korn, en gift kvinde og guld.

En pige, der er fem år gammel, kaldes *Subhagā.*

762. त्र्यम्बका

Tryambakā

Hun, som har tre øjne.

"Solen, månen og ilden er Devīs øjne, som derfor kaldes *Tryambakā.*"

Tryambakā betyder også "moderen til de tre." Parāśakti er moder til Brahmā, Viṣṇu og Śiva.

763. त्रिगुणात्मिका

Triguṇātmikā

Hun, som er essensen af de tre guṇaer.

Med de tre *guṇaer sattva, rājas* og *tamas* som basis, skildres Devī i tre former – *sattva* som Pārvatī, *rājas* som Durgā og *tamas* som Kālī. Denne enhed i forskellene er særligt bemærkelsesværdig.

I *Sānkhyafilosofien* kaldes kombinationen eller samlingen af de tre *guṇaer* for *prakṛti.* Ved synet af *Puruṣa,* oplives den ubevægelige *Prakṛti* og danner par med ham, og bliver på den måde årsag til nydelse og Befrielse. Ligesom lampen får ting i nærheden til at skinne, vil *Puruṣa,* som er besjælet med bevidsthed, vække den ubevægelige *Prakṛti.* Devī er både *Prakṛti* og *Puruṣa.*

764. स्वर्गापवर्गदा

Svargāpavargadā

Hun, som skænker himlen og Befrielsen.

Svarga (himlen) er et lykkeligt sted, et behageligt afslappende sted, som opnås ved fortjeneste. *Apavarga* er befrielse, som er evig. Devī giver både den midlertidige himmel og den evige Befrielse.

Den højeste tilstand, som kan opnås ved ofringer (*yāga*) og andre ritualer, er den midlertidige himmel. Nogle religioner anser himlen for at være den ultimative tilstand, man kan opnå. *Sanātana Dharma* (det system af evige grundantagelser, som hinduismen bygger på) ser kun himlen som et behageligt midlertidigt opholdssted. Selv himlen kan kun opnås ved at samle meget stor fortjeneste sammen. Som Kālidāsa får kongen Duṣyanta til at bemærke i *Śakuntala:* "Håbet vil virkelig søge højere op". Således vil sindet end ikke være tilfreds, når det har opnået himlen. Sindet er nødt til at blive opløst. Det kaldes *amanībhāva* (fravær af sind) – det er Befrielse. I *Gitā* (IX.21) står der: "Når de har nydt himlens rummelige verden, vender de tilbage til de dødeliges verden, efter at deres fortjenester er løbet ud, og de opnår *samsāratilstanden* (cyklussen af fødsel og død)." Cyclussen af fødsel og død tager ikke en ende for dem. Det endegyldige mål for en *jīva* er Befrielse, og Devī er den, som skænker den.

765. शुद्धा
Śuddhā

Hun, som er den reneste.

Hendes renhed er fravær af selv det mindste spor af *avidyā* (uvidenhed).

766. जपा पुष्प निभाकृतिः
Japā puṣpa nibhākṛtiḥ

Hun, hvis krop er som hibiscusblomsten.

Japablomsten er hibiscus eller Kinesisk rose. Devīs krop har samme røde farve som denne blomst. I meditationsversene beskrives Hun som "*sindūrāruṇa vigraha*" (med kroppen rød som safran).

Ifølge Bhāskarācārya kan dette navn ses som *Ajapūṣpa-nibhākṛtiḥ* og deles op i to navne, *ajapā* og *puṣpanibhākṛtiḥ. Ajapā* er et berømt *mantra.* Navnet betyder, at Devī findes i form af dette *mantra. Puṣpanibhākṛtiḥ* viser hen til, at Hendes krop er så blød som en blomst.

Puṣpa kan også fortolkes som *puṣpaka,* Kuberas fartøj, som kan bevæge sig, hvorhen det vil. Der findes ingen barrierer. Der findes heller ingen barrierer for Devī, som kan bevæge sig lige præcis, hvorhen Hun vil. Således har Devī en form, som kan bevæge sig lige hvorhen, det skal være, ligesom *puṣpaka.* Hendes form er virkelig mere subtil end det mest subtile og større end det største.

767. ओजोवती

Ojovatī

Hun, som er fuld af vitalitet.

Devī stråler som vitaliteten (*ojas*) i alle levende væsener. *Ojas* betyder lys, livsvitalitet, styrke, storhed og udstråling. Disse er alle aspekter af Devīs essens.

768. द्युति धरा

Dyuti dharā

Hun, som er fuld af lys og glans. Hun, som har en aura af lys.

Lyset, der skinner i alle væsener, er Devīs lys.

769. यज्ञरूपा

Yajñarūpā

Hun, som findes i offerets form.

I *Śruti* står der: "*Yajňa* er Viṣṇu." Således findes Devī i Viṣṇus form.

I *Harivamśa* og *Padma Purāṇa* bliver Viṣṇus form som offergave beskrevet. Hans fødder er *Vedaerne*. Hans hænder er det materiale, som ofringen består af. Hans tunge er ilden, og hans tænder er de pæle, som offerdyrene spændes fast til. Hans øjne er dagen og natten. Hans ørenringe er *Vedānta,* og Hans Mund er skeen, hvorfra ildofferet gives til ilden. Hans næse er *ghee* (det klargjorte, smeltede smør). Hans stemme er lyden af *Sāmaveda*. Hans hoved er den *brāhmaṇa,* som udfører offerritualet, og Hans hår er reglerne for offerritualet, (som er utallige). Hans negle er bodsøvelserne. Hans bevægelser er de gode handlinger. Hans knæ er dyrene, der ofres. Hans skabelsesorgan og *homa* og *dhātuer* (elementer) i Hans krop er frugterne. Hans hjerte er gaven, og Hans blod er *soma* (den nektarfyldte drik). Hans mentale hastighed er en hyldest til guderne og forfædrene. *Mantraerne* er riterne. Måden, Han går på, er de forskellige poetiske versemål. Hans sæde er *Guhyopaniṣad,* og Hans skygge er hustruen, som skal deltage i offerceremonien. Det er Viṣṇu i offerets form. Det nærværende mantra fortæller, at dette virkelig er Devīs form.

770. प्रिय व्रता

Priya vratā

Hun, som holder af løfter.

Bhāskarācārya citerer her *Bhaviṣyottara Purāṇa* som autoriteten. Alle løfter, som afgives til en gud eller gudinde, behager Śiva og Śakti, som er verdens skabere. Der skal ikke gøres nogen skelnen her, da hele verden består af Śiva og Śakti.

Mantraet betyder også den Ene, som er tilbedt af kongen ved navn Priyavrata.

771. दुराराध्या
Durārādhyā

Hun, som er vanskelig at tilbede.

Tilbedelse skal være konstant og holdbar. Det er den slags tilbedelse, der bærer frugt. Kun ubetinget og uselvisk hengivenhed vil vare ved. Det er svært for omskifteligt sindede at tilbede Devī. Når tilbedelse udspringer af fristelser, vil den være svingende og nytteløs.

772. दुराधर्षा
Durādharṣā

Hun, som er vanskelig at kontrollere.

I *Śruti* står der: "Selvet opnås ikke af de svage." Kun en *upāsak* med ekstraordinær mental styrke kan vinde Devī. Det kræver uophørlig tilbedelse hen over lang tid.

773. पाटली कुसुम प्रिया
Pāṭalī kusuma priyā

Hun, som holder af pataliblomster (den blege røde trompetblomst).

I *Padma Purāṇa* står der: "Śankara holder af *bilvatræet* og Pārvatī af *pāṭali.*"

774. महती
Mahatī

Hun, som er stor.

Devī overgår alt andet i størrelse, værdi og storhed. Hun besidder stor rigdom, mangesidet begavelse og har de højeste positioner.

Mahā betyder også "*pūja.*" "Devī er én, som er værd at tilbede." (Yāska).

Mahatī er én, som kan måle alt. "Den målestok, som alt måles ud fra," siger Śakapūni.

Mahatī er navnet på Nāradas *vīna.* Så betyder *mantraet:* "Én, som findes i form af *vīnaen.*"

775. मेरु निलया

Meru nilayā

Hun, som har bolig i Merubjerget.

Meru gives forskellige betydninger i *Tantraśāstra.* Rygraden kaldes *merudaṇḍa. Meruprastāra* er en af tre slags tilbedelse af *Śrīcakra.* De andre to er *Bhūprastāra* og *Kailāsaprastāra,* (som blev gennemgået ved *mantra* 577).

I *Jñānārṇava* er *meru* navnet på et mantra med ni stavelser. Devī er *mantraets* guddom. Derfor kaldes Hun *Merunilayā.* De ni *bīja*-stavelser i dette *mantra* indikerer jorden, månen, Śiva, *Māyā,* Śakti, Kṛṣṇadhvan, *madana,* halvmånen og *bindu.*

Vi kan finde en anden forklaring i *Tantrarāja* (kapitel 18). Det siges, at der findes seksten daglige guddomme og havene, som omgiver dem med *meru* i centrum, og Devī, der bor indeni. Fjorten verdener omgiver *meru* og deres herskende *devatas.* Over alle disse findes *Brahman* som *ākāśa* (*ākāśabrahman*). Det er en beskrivelse af *Śrīcakra* og den menneskelige krop.

Bhūprastāra med *Vāśini* og otte andre *yoginīs, Kailāsaprastāra* med *Matṛkākṣariguddomme* og *Meruprastāra* med de daglige (*nitya*) guddomme er alle måder at tilbede *Śrīcakra.* Da Devī har gjort *Meruprastāra* til Sit opholdssted, kaldes Hun for *Merunilayā.*

776. मन्दार कुसुम प्रिया

Mandāra kusuma priyā

Hun, som holder af mandārablomster.

Mandāra er et himmelsk ønskeopfyldende træ. Devī holder af træets blomster.

Der findes fem slags himmelske træer: *mandāra, pārijāta, santāna, kalpavṛkṣa* og *haricandana.*

Mandāra er også den hvide *arkablomst.*

777. वीराराध्या

Vīrārādhyā

Hun, som tilbedes af heroiske mennesker.

Vīras er ikke kun heroiske krigere, men også de, som har viden om Selvet, og som har overvundet begær, vrede og andre negative kvaliteter.

Vīra er én, der fjerner smerte. Devī tilbedes af *Mahātmaer*, som har til hensigt at hjælpe andre.

Én, som er modsætningen til dualitet, er også *vīra.* Devī er genstand for tilbedelse blandt *yogier*, som ikke har nogen oplevelse af dualitet.

Vīra kan også være Vīrabhadra. Devī tilbedes også af ham.

778. विराड्रूपा

Virāḍrūpā

Hun, hvis form er det Kosmiske Hele.

Kapitel 11 i *Bhagavad Gitā* (XI.10) beskriver *Brahmans* kosmiske form: "Med utallige munde, utallige øjne, med utallige storslåede fremtrædelser, utallige guddommelige smykker, utallige opløftede guddommelige våben, (sådan en form viste Han)." *Vīrat*-formen består af hele universet.

779. विरजाः
Virajāḥ

Hun, som er uden rājas.

Rājas betyder begær og vrede. På Arjunas spørgsmål: "Hvad drager mennesket hen imod at synde?" svarer Herren: "Det er begær, det er vrede, der er affødt af *rājas.*" (Gitā, II.37). Devī er hinsides disse.

Dette navn henviser også til den Devī, som er installeret i Vīrajatemplet. Hendes *darśan* siges at rense syv generationer.

Rājas betyder også lys, vand og verdener. Bevægelighed kendetegner dem alle tre. Med forstavelsen, (som betyder udmærket eller speciel), får vi *Vīraja*, som betyder: "Én, der besidder særlig udstråling, hellige vande og ophøjede verdener."

780. विश्वतो मुखी
Viśvato mukhī

Hun, som er vendt i alle retninger.

Det indebærer også, at Devī er én, som guider hvert eneste levende væsen på livets vej. Alt liv guides af Hende, eftersom Hun fylder hele universet i den kosmiske *vīrat*-form.

781. प्रत्यग् रूपा
Pratyag rūpā

Hun, som er det iboende Selv.

Pratyagātma er *jīvātman.*

Vi skal ikke søge Devī i det ydre, men indeni. Amma siger: "At søge efter Gud i det ydre er det samme som at tro, at man kan fange fisk i et udtørret hav. Vi skal søge Ham indeni. Vi skal være lige så desperate efter at se Ham, som mennesket under vandet er efter at få luft. Gud er noget, som eksisterer – Han vil blive fundet, men ikke uden indsats og anstrengelse."

Man kan søge og finde Devīs form ved at se indad. I *Śruti* står der: "Den Selveksisterende (*Brahman*) skabte sanserne med udadrettede tilbøjeligheder; derfor opfatter mennesket det ydre universers og ikke det indre Selv. Et vist menneske, hvis øjne er rettet væk fra sanseobjekter, og som længes efter udødelighed, vil se *Ātman* indeni."

782. पराकाशा

Parākāśā

Hun, som er den transcendentale æter, (der er den materielle årsag til de kosmiske og individuelle legemer).

Ākāśa (æter eller rum) er et tegn på *Brahman.* Devī er den højeste *Brahman.*

I *Chāndogya Upaniṣad* (I.9.I.) står der: "Han sagde *ākāśa* (er essensen). Alle disse væsener opstår kun fra *ākāśa."*

"Ākāśa er *Brahman* på grund af de karakteristiske kendetegn," står der i *Brahmā Sūtra* (I.1.22).

"Hun, som er kaldet *Ākāśa,* er oprindelsen til universet. Den altkontrollerende, begyndelsesløse kraft er også den Maheśvari," lyder det ifølge *Kūrma Purāṇa.*

Selvom vi taler om himlen (*ākāśa* i daglig tale) som mørk, klar eller rød, vil disse farver i virkeligheden ikke berøre himlen. På sammen måde vil tingenes egenskaber som form eller lugt ikke røre Devī, selvom de er fyldt af Hendes essens. Det væsentlige i dette *mantra* er, at Hun er uden egenskaber, uden verdens urenheder og er altgennemtrængende.

"Han er grundfæstet i *Parākāśa,"* står der i *Taittiriya Upaniṣad* (III.6.I). *Parākāśa* er stedet, hvor *Brahman* manifesterer sig. Det kan forstås som *ākāśa* (rummet) i hjertet, der også er kaldet *daharākāśa* (se *mantra* 609). Således refereres der nogle gange til *parākāśa* som *daharākāśa.*

I *Cidgaganacandrika* står der: "Der er ingen bevægelig sol eller måne i *ākāśa*. Der eksisterer kun det, der findes i hjertet, som er energien, der skaber bevægelse. Det er den højeste *ākāśa* – det er *parākāśa*."

I *Svacchandasamgraha* siges det: "Over panden findes et sted kaldet *dvādaśānta*. Ved siden af det, i nærheden af den øverste del af kraniet to fingerlængder længere inde end panden findes *parākāśa*."

Nogle siger, at *parākāśa* er rummet hinsides de syv have. Devī bor her. Formålet er at illustrere, hvor vanskeligt det er at nå Hende.

Navnet kan også deles som *parāka* (hård, arbejdsom) + *āśa* (retning, område). Devī er én, der opnås gennem en vanskelig vej. Eller hvis navnet deles som *para* (stor) + *aka* (synd) + *āśa* (én, der spiser), får man betydningen: "Hun som fortærer (fjerner) selv de mest alvorlige synder."

Ākāśa (rum) kan antage bestemte former, men Devī kan ikke knyttes til egenskaberne ved en bestemt form. Som der står i *Gitā* (IV.11): "Hvorledes mennesker end nærmer sig Mig, således vil jeg belønne dem."

783. प्राणदा

Prāṇadā

Hun, som er giveren af liv.

Hun, som kontrollerer de fem *prāṇaer* og de elleve organer, (hvor *da* gives betydningen: at kontrollere).

Prāṇa ("det vitale åndedrag") er *Brahman*. Devī er giver af viden om *Brahman*. *Kauṣītakī Upaniṣad* fortæller: "Jeg er *prāṇa*, Jeg er bevidsthed. Tilbed Mig som liv og udødelighed."

784. प्राण रूपिणी
Prāṇa rūpiṇī
Hun, som er af livets natur.

Som i det foregående *mantra,* står *prāṇa* for *Brahman. Rūpa,* (der bogstaveligt betyder form,) betyder ikke en bestemt form. Det antyder, at Devīs natur er *Brahman.*

I *Chāndogya Upaniṣad* (IV.10.4) står der: ”*Prāṇa* er *Brahman;* lyksalighed er *Brahman*; *ākāśa* er *Brahman.*” I *Manu Smṛti* (XII.123) siges det: ”Det er den samme *Brahman,* som nogle kalder ild, andre kalder Manu, Prajāpati, Indra, Prāṇa eller Maheśvari.”

I *Nityā Tantra* kaldes de seksten *Nityā* (daglige) guddomme for *Prāṇaer.* Det siges, at planeterne og stjernerne bevæger sig ifølge disse guddommes åndedrag (*prāṇa*). Devī skinner i centrum af disse guddomme; derfor er Hun *Prāṇarūpiṇī.*

785. मार्ताण्ड भैरवाराध्या
Mārtāṇḍa bhairavārādhyā
Hun, som er tilbedt af Mārtāṇḍabhairava.

Mārtāṇḍabhairava er en *deva*, som opholder sig mellem den toogtyvende og treogtyvende af væggene i *Śrīcakra. Lalita Stava Ratna* af Durvāsas (vers 100) beskriver ham som boende på dette sted: ”Dækket med en juvelkrone og legende med sin kone Chāya, som er energien, der giver lys til øjet.” Fordi kraften til at se opstår fra ham, er navnet Chāya (refleksion) passende for hans kone (I nogle tekster står der, at Mārtāṇḍabhairava befinder sig mellem toogtredivte og treogtredivte væg).

I *Tantracintāmaṇi* genfortælles det, hvordan Śiva inkarnerede som Mallāri eller Mārtāṇḍabhairava for at dræbe dæmonen Manimalla. Det nærværende *mantra* betyder i dette tilfælde, at Devī er tilbedt af Śiva i den form.

Devī er tilbedt af Mārtānda og Bhairava. Mārtānda er solen. Bhairava betyder *brahmacārin.* Der findes en gruppe Śakti-tilbedende, der er kendt som Bhairavaer, som mener, det er muligt at stige op til himlen med den menneskelige krop helt intakt. Det viser disse tilbedendes ekstreme viljeskraft.

De, der tilbeder solen, kaldes nogle gange for Bhairavaer. Devī er også genstand for deres tilbedelse.

786. मन्त्रिणी न्यस्त राज्य धूः

Mantriṇī nyasta rājya dhūḥ

Hun, som har betroet Sit kongelige ansvar til Sin mantrinī (minister).

Devī har betroet Sit ansvar for at regere til Sin minister, Śyāmala Devī.

Mantriṇi kan også betyde "i én, som har et *mantra.*" I den forstand er Devī én, som har betroet sit ansvar til den hengivne, som tilbeder Hende, og som bruger Hendes *mantra* med tro og hengivenhed. Her er det kongelige ansvar den hemmelighed ved *sādhana,* som bringer den tilbedende nærmere Devī.

Den kraft, som giver en *upāsak* ønsket om at forene sig med Devī, kaldes *mantriṇi.* Den kraft er ligevægt, som er en uundværlig egenskab, når man skal regere. Devī forbliver således fri for angst ved at betro Sine regeringspligter til Sine ministre – Sine hengivne – som har den tilstrækkelige ligevægt og sindsro.

787. त्रिपुरेशी

Tripureśī

Hun, som er Gudinde af Tripurā.

Tripura er *sarvāśaparipūraka cakra,* et af de ni *cakraer* i *Śrīcakra.* Devī er den herskende guddom i dette *cakra.*

De ni cakraer, som *Śrīcakra* indeholder, er: 1) *trailokya-mohana,* 2) *sarvāśaparipūraka,* 3) *sarvasamkśobhana,* 4) *sarvasaubhāgyadāyaka,* 5) *sarvārthasādhaka,* 6) *arvarakṣākara,* 7) *sarvarogahara,* 8) *sarvasiddhiprada* og 9) *sarvānandamaya.* Disse navne betyder respektivt: de tre verdeners betvinger, opfylder af alle ønsker, igangsætter af alt, giver af al fremgang, den, der skænker alle livets mål, giver af al beskyttelse, den, der fjerner alle sygdomme, giver af alle *siddhier* og fuldstændig lyksalig.

788. जयत् सेना

Jayat senā

Hun, hvis hær kun kender til sejr.

Devīs hær sejrede over Bhaṇḍāsura. Det er en hær, som aldrig har oplevet et nederlag.

Desuden var kongen *Jayatsena* en af Devīs hengivne. Da Hun ikke er adskilt fra Sine hengivne, kalder Devī sig selv for *Jayatsenā.*

789. निस्त्रैगुण्या

Nistraiguṇyā

Hun, som er blottet for de tre guṇaer.

Māyā består af tre *guṇaer.* Devī er hinsides *Māyā* og transcenderer således *guṇaerne.* Mennesket kan ikke transcendere *guṇaerne* så længe, det har kropsbevidsthed. Uden at transcendere *guṇaerne,* vil det ikke være i stand til at tilbede en kraft, der er *nirguṇa* eller fri for egenskaber. Det vil være muligt for en *yogni,* som er vokset og har sluppet fornemmelsen af identifikation med kroppen. Men hvis nogen, som er bundet af *samsāra,* erklærer, at han tilbeder en Gud uden form, er det som at erklære, at man svømmer i en sø uden vand.

Devī er beskrevet som hinsides *guṇaerne,* fordi Hun er ren, solid bevidstheds-lyksalighed.

790. परापरा
Parāparā

Hun, som både er parā og aparā.

Parā er overlegen, *aparā* er underlegen. *Parā* er stor, *aparā* er lille. *Parā* er sandhed, *aparā* er myte. Devī er begge disse modsætninger på samme tid. Mens Hun er *aparā* til en *samsari,* er Hun *parā* for en *yogi.*

Parā er fjern, *aparā* er nær. Devī er virkelig både fjern og nær på samme tid. Alle peger på hjertet og siger: ”jeg, jeg.” Bevidstheden, som er ”jeg” er meget nær. Men hvor langt væk er bevidstheden ikke, når den skal realiseres!

Parā er viden om Selvet (*jňāna*); *aparā* er viden om det fysiske univers (*vijňāna.*) (se *mantra* 651). Al viden er dog *Brahman*, og således er Devī både *jňāna* og *vijňāna.*

Der findes tre slags tilbedelse af Devī: *parā, aparā* og *parāparā.* Meditation, som er rodfæstet i non-dualitet, er *parāpūja.* Tilbedelse af *Śrīcakra* er *aparāpūja. Parāparāpūja* er tilbedelse af forskellige guddommelige former. *Yoginīhṛdaya* beskriver disse veje til tilbedelse.

Bevidstheden er også delt i to typer, *parā* og *aparā.* Bevidstheden i form af *parā, paśyanti* og *madhyama* er kendt som *parābodha,* og bevistheden i form af *vaikharī* er kendt som den vågne tilstand og drømmetilstanden, mens bevidstheden i dyb søvn er kendt som *aparābodha.*

Homa (offer til ilden) findes der også to slags af: *parā* og *aparā. Parāhoma* er det, som udføres med sindet i lyset fra *yogaens* kraft, uden ydre ild eller andre materialer til ofring. *Aparāhoma* foretages i det ydre med anvendelsen af en faktisk ild. Det findes i to typer, grov og subtil. Det første er rettet mod ilden i *mulādhārā,* og det andet mod ilden i *prāṇa.*

Devī findes i form af *parāparā*, et firestavelses *mantra*. Dette *mantra* chantes ofte sammen med *mantraer* med femten stavelser (*pancadaśakṣari*) og *mantraer* med seksten stavelser (*ṣoḍaśakṣari*).

791. सत्य ज्ञानानन्द रूपा

Satya jñānānanda rūpā

Hun, som er sandhed, viden og lyksalighed.

Brahman er "Sandhed, Viden og Uendelig Lyksalighed." Devī er den *Brahman*.

Dette *mantra er* tolket på følgende måde: *satī* + *ājñā* + *anānda* + *rūpa,* der betyder: "Hun som giver (*rūpa*) sorg eller smerte (*anānda*) til de, der er uvidende (*ājñā*) om sand visdom (*sati*)." Sati kunne også være Satīdevī, Dakṣas datter, som er en anden form for Devī. Så er det Hende alene, som giver smerte til de, som er uvidende om Hendes sande form. Det er tydeligt, at hvor *jñānier* finder visdom, finder de uvidende kun fysisk smerte i denne verden. *Gitā* (kapitel 18) gør det klart, at alle fysiske glæder, der i starten virker søde som nektar, ender med til sidst at være gift.

792. सामरस्य परायणा

Sāmarasya parāyaṇā

Hun, som befinder sig i en tilstand af stabil visdom.

Sāmarasa er tilstanden af ligevægt eller stabil visdom (*sthitaprājñā*), og *sāmarasya* hører til den betingelse. I denne tilstand mister sindet ikke balancen ved glæde eller smerte, fremgang eller tab, sejr eller nederlag. "Han, hvis sind ikke rystes af modgang, og som ved fremgang ikke opsøger glæder, som er fri fra tilknytning, frygt og vrede, kaldes for en vismand, der besidder stabil visdom." Denne tilstand af ligevægt er også en tilstand af Śivas og Śaktis identitet.

Devī er hengiven over for nydelsen ved at høre *Sāmavedaens* sange (*sāma* + *rasya* + *parāyana*).

793. कपर्दिनी

Kapardinī

Hun, som er Śivas hustru.

Kapardin er Śiva. Den som har *kaparda* eller filtret hår. Ordet *kaparda* gives i *Sūta Samhita* betydningerne ”moder” og ”at prise”. Således er *Kapardinī* Hende, som er Jordens Moder, eller Hende, som er genstand for lovprisning.

Kapardinī er guddommen, som er installeret i Chagalandatemplet, der ifølge *Devī Purāṇa* er et af de fireogtres hellige templer.

I *Viśvatīka* gives også betydningen af ”kokasse-kager” til ordet *kaparda,* og der nævnes følgende historie: Da Śiva tog form som Mailāra, inkarnerede Devī som Mahālasā, hans kone, som bar en krans af kokasse-kager. Således fik Devī navnet *Kapardinī.*

794. कला माला

Kalā mālā

Hun, som bærer alle fireogtres kunstformer som en krans.

Devī er den indre strålende glans i alle kunstformer. Bhāskararāya tillægger det også følgende betydning: ”Hun, som besidder (*lā*) skønheden (*kala*) i lynet (*ma*).2 For en *upāsak* er gaven ved Devīs *darśan* ofte forbundet med lynglimt.

795. काम दुक्

Kāma duk

Hun, som opfylder alle ønsker.

Devī opfylder alle Sine hengivnes ønsker gennem stømmen af Sin nådes mælk, præcis ligesom den himmelske ønskeopfyldende ko, Kāmadhenu.

796. काम रूपिणी

Kāma rūpiṇī

Hun, som har en ønskværdig form.

Hun, som har form som Kāmeśvara (Śiva) eller Kāma, kærlighedens gud.

Hun, som kan antage hvilken som helst form (*rūpa*) ved Sin vilje (*kāma*).

797. कला निधिः

Kalā nidhiḥ

Hun, som er alle kunstformers skatkammer.

Hvor talrige er ikke de kunstneriske rigdomme, som er skjult i Devī, ligsom rigdommen i en skat, der er gravet ned i jorden!

Kāla kan også betyde *prāṇa,* de vitale åndedrag. Devī er grundlaget for disse.

Eller *Kālanidhi* betyder månen. Månens skive er det sted, hvor Devī opholder sig. Til tider får individer navn efter det sted, de bor; Her gives Hun navn efter Sin bolig.

Kāla betyder "krop". Devī er skatten, som opretholder. *Kāla* betyder også strålende lys. Devī er hjemsted for strålende lys.

798. काव्य कला

Kāvya kalā

Hun, som er poesiens kunst.

Der findes to slags *kāvya* (poetisk arbejde) – det, der skal høres, og det, der skal ses. Et *kāvya* kan beskrives som et arbejde, som er egnet til at blive hørt eller set. Devī er legemliggørelsen af en sådan poesi. Når de mest anerkendte digtere som Kālīdasa har opnået deres status gennem Hendes nåde, hvordan kan der så herske tvivl om, at Hun er hjemstedet for den kunst?

Kāvya kan også betyde vismanden Śukrācārya, og *kāla* kan betyde *mṛtasanjīvaividyā,* kraften til at bringe døde tilbage i live, kraften til at besejre døden. Devī er legemliggørelsen af den bestemte kraft, som Śukrācārya mediterer på og praktiserer.

799. रसज्ञा

Rasajñā

Hun, som kender alle rasaer.

Rasa er en stemning eller følelse, som udtrykkes i poesi. Der findes ni *rasaer*: erotisk (*Śṛṅgāra*, kaldet *rasernes* konge), patetisk (*karuṇā*), heroisk (*vīrya*), komisk (*hāsya*), rasende (*raudra*), forfærdelig (*bhayānaka*), afskyelig eller modbydelig (*bībhatsa*), vidunderlig (*adbhuta*) og stilfærdig (*śānta*). Evnen til at udtrykke en hvilken som helst af disse på de passende tidspunkter er iboende i Devī.

"Han er selve *rasa,*" står der i *Śruti. Brahman* er *rasa,* selve kilden til lyksalighed. Devī, som ikke er adskilt fra *Brahman,* er således den, der har viden om *Brahmans* lyksalighed.

Rasa er at have smag for noget eller ønske noget. Hvert levende menneske har den største smag for selve livet – og Devī er i sandelighed basis for denne smag for livet.

Rasa er smagssansen. Der findes seks slags smag: sød, sur, salt, skarp, sammensnerpende og bitter.

800. रस शेवधिः

Rasa śevadhiḥ

Hun, som er rasas *skatkammer.*

Her skal *rasa* forstås som *Brahmans* lyksalighed. At realisere den lyksalighed er livets endelige mål. Devī er et reservoir for den lyksalighed. I *Brahmāṇḍa Purāṇa* står der: "*Rasa* er den højeste *Brahman, rasa* er den højeste vej, *rasa* er giver af klarhed til mennesket, *rasa* er frøet, siges det. Han er sandelig *rasa.* Når man har opnået *rasa,* bliver man lyksalig. Ifølge den autoritet, som skrifterne besidder, er *rasa* det vitale åndedrag."

I *Taittiriya Upaniṣad* (II,7) står der: "Han er selve *rasa* – kilden til lyksalighed. Når man har opnået denne kilde til lyksalighed, bliver man velsignet."

Således fuldender vi de hundrede navne i solens niende *kāla* kaldet *visvakāla.*

801. पुष्टा
Puṣṭā

Hun, som altid er fyldt af energi, næring.

Det er de hengivnes oprigtige tilbedelse, som nærer Devī. *Smṛti* er i overensstemmelse med udsagnet, hvor der står: "*Brahman* er næret af *brāhmaṇaer.*" *Śruti* gør det også klart: "Den langlivede Brahman gives et langt liv af *brāhmaṇaer.*" Disse udsagn viser, at *Brahman* bliver velernæret takket være dem, som har viden om *Brahman.* Det betyder ikke, at *Brahman* en gang var svag, og at vismændene nærede Den. Når der er flere *jñānier,* får tendenserne, der baserer sig på *Brahman,* et nyt liv, og de vokser. Det er betydningen af at nære *Brahman.*

Devī indeholder i Sig Selv alle seksogtredivede *tattvaer* (kategorier) og nyder hele tiden *Brahmans* nektar. Således er Hun *pusta*, fyldt af energi og velnæret.

802. पुरातना
Purātanā

Hun, som er fra gammel tid.

Da Devī var til stede ved skabelsens start, er Hun virkelig fra gammel tid. Eftersom hele universet opstod fra Hende, er det klart, at Hun findes forud for alt.

803. पूज्या
Pūjyā

Hun, som er alles tilbedelse værdig.

Hun gør alle til Sine tjenere. Devī har positionen som alles Guru. Derfor er hun på alle måder tilbedelse værdig.

804. पुष्करा
Puṣkarā

Hun, som er fuldendt; Hun, som giver næring til alle.

Puṣkarā har forskellige betydninger som lotusblomst, himmel og vand. Som himlen er Devī altgennemtrængelig, uplettet og formløs. Det er ikke kun vandets essens, som er indeholdt i Hende, men Hun er også den livskilde, som giver vandet kraft. Guddommen på det hellige sted *Puṣkarā Tirtha* er Puṣkarādevī.

805. पुष्करेक्षणा
Puṣkarekṣaṇā

Hun, hvis øjne er som lotusblade.

Der findes i *Padma Purāṇa* en fortælling om dette navn. Det siges at *puṣkarā* er navnet på planeternes stilling, når solen står i *Viśakha,* og månen er i *Kārttika.* Der findes en antagonisme mellem solen og månen. Devī bliver ved med at våge over dem uden at blinke, således at der ikke opstår konflikter, og derfor har Hun modtaget navnet *Puṣkarekṣaṇā.*

Padma Purāṇa beskriver et billede, hvor universet er en lotusblomst med opadvendte blade som repræsenterer barbarernes verden, og nedadvendte blade, som står for dæmonernes og slangernes verden. Jorden er afbildet som udgående fra centrum af lotusblomsten, og den er derfor kendt som *puṣkarā,* lotus. Dette *mantra, Puṣkarekṣaṇā,* beskriver den Devī, som varigt våger over beskyttelsen og trivslen af jorden i denne form.

Puṣkarā betyder også et *"baniantræ"*. I *Purāṇaerne* beskrives det, hvorledes Viṣṇu lå som spædbarn på et af træets blade ude på Puṣkarāøen under tiden for den Store Opløsning. Her bliver der refereret til Viṣṇu som Puṣkarā. Da Devī gav barnet sin moderlige omsorg, blev Hun *Puṣkarekṣaṇā* (én, som har sine øjne på Puṣkarā).

Som tidligere nævnt betyder *puṣkarā* også "vand." I dette tilfælde betyder *mantraet,* at Devī er én, som nærer og beskytter fire slags "vande" (*ap*), *devaer* (guder), mennesker, *manes* (forfædre) og dæmoner.

806. परम् ज्योतिः
Param jyotiḥ

Hun, som er det Højeste Lys.

Devī er virkelig "den, som får solen med sine tusind stråler til at fremstå mørk." Hendes stråleglans er som titusind opstående sole, der søger opad på samme tid. I *Bṛhadāraṇyaka Upaniṣad* (IV.4.16) står der: "På lysenes lys mediterer *devaer* for at opnå et langt liv."

I *Kaṭha Upaniṣad* (II.ii.1 5) står der: "Solen skinner ikke der, ej heller gør månen og stjernerne, ej heller skinner lynet og langt mindre denne ild. Når Han skinner, skinner alt efter Ham; ved Hans lys skinner alle disse."

Parāmjyoti er navnet på et ottestavelses *mantra* (beskrevet i *Dakṣiṇāmūrtisamhita*). Devī kan tænkes på i form af dette *mantra.*

807. परम् धाम

Param dhāma

Hun, som er den højeste bolig.

Devī indtager den højeste tilstand. I *Bhagavad Gitā* (XV.6) står der, at den, som opnår tilstanden ikke fødes igen: "Ej heller skinner solen der, ej heller månen, ej heller ilden; når de er kommet dertil, vender de ikke tilbage; det er min højeste bolig."

Śrutien beskriver tilstanden som "Viṣṇus højeste bolig." (*Kaṭha Upaniṣad* I.ii. 9). Det er klart, at Viṣṇu her står for *Brahman. Kūrma Purāṇa* beskriver også denne tilstand: "Min energi er Maheśvari, Gaurī, uplettet, rolig, Sandheden, viden, evig lyksalighed, den højeste bolig; sådan siger *Śruti."*

808. परमाणुः

Paramāṇuḥ

Hun, som er den mest subtile partikel.

Udtrykket fra *Śruti:* "mere subtil end det mest subtile" er meget velkendt. (*Kaṭha Upaniṣad,* I ii 20) Det betyder, at Devī kun kan opnås ved stor anstrengelse.

Āṇu betyder også "*mantra.*" Således er betydningen: "Hun som findes i form af det højeste *mantra.*"

809. परात् परा

Parāt parā

Hun, som er den højeste blandt de højeste.

Højere end Brahman, Viṣṇu og Maheśvara.

"*Para* refererer til en dag i Brahmās liv, og halvdelen af det er *parārdhā.* Dog, for den, som er mere subtil end det mest subtile og større end det største, findes der ingen dag eller nat og intet år," står der i *Kālīka Purāṇa.*

Dette og de foregående *mantraer* indikerer, at Devīs natur er mere subtil end det mest subtile og større end det største.

810. पाश हस्ता

Pāśa hastā

Hun, som i Sin hånd holder et reb, der er bundet i en løkke.

Rebet, der er bundet i en løkke, er våbenet i Devīs nederste venstre hånd. Det er beskrevet i *mantra* 7, *Rāgasvarūpapāśāḍhyā.*

Devī beskrives med fire, otte og tusind arme. Det henviser til de fire retninger, de otte retninger og hele verdenen, hvilket indebærer herskerskabet over alting.

811. पाश हन्त्री

Pāśa hantrī

Hun, som ødelægger bindinger.

Devī giver frisættelse fra alle *pāśaer* eller bindinger. Hun er den, som kapper tidens bånd over. Hun kapper også alle karmaens bånd over og eliminerer genfødsel. Hendes nåde ødelægger begærets bindinger og andre negative tilbøjeligheder.

812. पर मन्त्र विभेदिनी

Para mantra vibhedinī

Hun, som bryder fortryllelsen i fjendernes onde mantraer.

Devī beskytter Sine hengivne fra de negative virkninger af alle onde *mantraer* og ritualer, som bliver udført og rettet mod dem af fjender. *Para* betyder her "fjender."

Para kan også betyde konge. Hengivne kan blive skadet af herskernes kraft. Devī beskytter dem fra den skade.

Hun, som delte det højeste *mantra, pañcadaśimantraet.* Devī delte *mantraet* i tolv og gav hver del til de følgende tolv disciple: *Manu, Sūrya, Candra, Kubera, Lopāmudrā, Agastya, Manmatha, Agni, Nandikeśvara, Subrahmanya, Śiva* og *Durvāsas.*

813. मूर्ता
Mūrtā

Hun, som har former.

Her menes der hele universet i formen som *vivarta* - de mangfoldige former, som skabes af *Māyā.* Forestillingen om en guddommelig form indebærer dualitet. Devīs form findes i *ākāśa,* som opfattes gennem lyd, i luft, som opfattes gennem berøring, i ild, der opfattes gennem synet, i vand, der opfattes gennem smagen, og i jord, der opfattes gennem lugten. Det skal forstås ud fra udsagnet i *Śruti:* "Alt dette er virkelig *Brahman.*" Så betyder det, at det alt sammen er Devī Selv.

En gang spurgte en hengiven Amma: "Hvis Selvet er altgennemtrængende, skulle livskraften så ikke også være til stede i en død krop?" Amma svarede: "Bare fordi pæren går ud eller ventilatoren i loftet holder op med at fungere, tror vi ikke, at elektriciteten er gået ud. Når du tager en håndholdt vifte og lægger den fra dig, mærker du ikke længere luften, men luften holder ikke op med at eksisterere. Når en oppustet ballon brister, vil luften indeni den ikke holde op med at eksistere. På samme måde er Selvet overalt. Herren er ikke fraværende noget sted. Døden er bare ødelæggelsen af *upādhi,* redskabet; ikke et fravær af Selvet."

814. अमूर्ता
Amūrtā

Hun, som ikke har nogen bestemt form.

Hun, som er formløs. Der er faktisk ingen modsætning her. Én side er den tilsyneladende virkelighed; den anden side er den ultimative sandhed. Former er tilsyneladende; det formløse er den ultimative essens.

I *Gitā* (IX.11) siger Herren Krishna: "De forvildede iklædt en menneskelig krop foragter Mig og kender ikke Min højere natur, som er alle væseners Herre." Hans virkelige essens er årsag til hele universet, men den uvidende forveksler Ham med et almindeligt væsen i menneskelig form.

Brahman har to aspekter: *mūrta* (med form) og *amūrta* (formløs)." (*Bṛhadāraṇyaka Upaniṣad* II.iii.1) Formen er universet, og det formløse er Selvet. I *Viṣṇu Purāṇa* står der også: "Den *Brahman* har to former – *mūrta* og *amūrta,* forgængelig og uforgængelig. Begge findes i alle væsener. Det uforgængelige er den evige uforanderlige *Brahman* (*kūṭastha*), mens det forgængelige er hele universet."

Det, som opfattes med sanserne, findes på det grove plan eller med form, og det, som ikke er til at opfatte med sanserne, er subtilt eller formløst. Devī med form er universet, og Devī som formløs er *Brahman.*

815. अनित्य तृप्ता

Anitya tṛptā

Hun, som stiller sig tilfreds med vores forgængelige offergaver.

Devī finder glæde ved vores *pūjaer* og offerritualer, hvor vi bruger forgængelige gaver. Der findes et velkendt skriftsted i *Gitā* (IX.26): "Jeg vil acceptere hvem som helst, der i sin tilbedelse ofrer noget til Mig, et blad, en blomst eller lidt vand, og ofrer det med rent sind og tilbereder det med kærlighed." I tilbedelse er hengivenhed det vigtigste. Det er årsagen til, at Devī vil blive glad for et blad eller en blomst eller lidt vand.

En alternativ betydning er: Hun, som ikke er tilfreds med et fast ritual for *pūja.* Måderne, man tilbeder, forandrer sig med tid og sted. Disse forandringer holder Devī af.

Mantraet kan også tolkes som *aniti + atṛpta. Aniti* betyder ”*jīvaer*” (bogstaveligt talt *prāṇa* eller livets åndedrag) og *atṛpta* er: ”Én, som ikke er tilfreds”. Ifølge Bhāskarācārya er Hun én, som ikke kun er tilfreds med levende væsener. *Kaṭha Upaniṣad* (I.ii, 25) beskriver *Brahman* således: ”Den, for hvem *brāhmaṇaer* og *kṣatriyaer* kun er føde, og selv døden blot en sideret, hvordan kan man kende den *Ātman*?” Devī er altfortærende. At nøjes med at overgive sit åndedrag er ikke nok til at tilfredsstille Hende. Hvordan kan man uden den rette indre transformation kende det Højeste, hvor alle forskelle i klasse og status forsvinder, og hvor selv døden opsluges?

816. मुनि मानस हंसिका

Muni mānasa hamsikā

Hun, som er svanen i Mānasasøen i vismændenes sind.

Mānasasøen på Kailāsabjerget menes at være hjemsted for svaner. Dette sted spiller en vigtig rolle i de episke fortællinger, *Purāṇaerne,* og de indiske poetiske værker. Devī leger i vismændenes hjerte, ligesom svanerne leger i Mānasasøen.

Deler vi navnet op som *muni + māna + sahamsika,* får vi: Hun som danser med ankelringe i hyldest til vismændenes dedikerede livsstil. *Mana* er stolthed. *Sahamsika* er hun, som bærer de ankelringe eller *hamsakaer,* som sædvanligvis bruges ved dans.

817. सत्य व्रता

Satya vratā

Hun, som er fast forankret i sandheden.

Forankring i sandhed (*satyam*) betyder ord, der stemmer overens med tankerne, og handlinger, der stemmer overens med ord. *Satya* er *Brahman,* og *vrata* betyder kær. De, som er forankrede i *Brahman,* har Hun kær.

Saubhāgyabhāskara fortolker *satya* som: "Det, som hurtigt giver resultater." *Mantraet* betyder så: "En, som giver hurtigere resultater ved aflæggelse af løfter." I *Viṣṇu Bhāgavata* står der, at Gopierne, som tilbad Devī med et fast løfte om at opnå Krishna, fik deres løfte opfyldt hurtigt.

Satya betyder også "tilflugtssted." Devī er den, som holder Sit løfte om at give hvert eneste levende væsen et tilflugtssted. Śrī Rāma afgav løftet: "Hvem, der end søger tilflugt hos Mig, vil jeg give beskyttelse; det er Mit løfte."

Hvis *satya* gives betydningen kropslig sundhed, så betyder *mantraet:* "Hun, som er indstillet på at skænke et godt helbred." *Śiva Sūtra* fortæller: "Der skal aflægges løfte om omsorg for kroppen." Beskyttelse af denne krop, som er fyldt med nektaren fra hengivenhed til Śiva, skal virkelig behandles som et løfte. Bhattotpala siger: "Må denne krop, der er næret af nektar afledt fra Śakti, leve længe, sådan at den kan nyde hengivenheden til Dig!"

Devī hyldes også som *Satyavratā,* fordi Hun blev behaget af en *brāhmaṇa* ved navn Satyavrata og velsignede ham. Historien fortælles i *Devī Bhāgavata.* Satyavrata var uden uddannelse og meget enfoldig. På et tidspunkt blev han skræmt af en bjørn og løb væk fra den, mens han gentog "ai, ai," som var lyden, han hørte komme fra bjørnens mund. Da han gentog denne stavelse, som er et *mantra* for Devī, (selvom det sidste "m" ikke var med) blev han den viseste blandt de vise. Den evigt medfølende Devī glædede sig over ham og gjorde ham til poeternes konge.

818. सत्य रूपा

Satya rūpa

Hun, som er selve Sandheden.

Devī er den ultimative *Brahman,* som skinner som den Ultimative Sandhed i alle tider.

Devī er legemliggørelsen af sandhed (satya). Hvor der end findes sandhed, der findes Devī. "Sandhed og usandhed er modsætninger; sandheden er beskyttet af Śiva ledsaget af Umā; usandhed ødelægges af ham." (*Ṛgveda* 7.104.12).

819. सर्वान्तर्यामिनी

Sarvāntaryāminī

Hun, som dvæler indeni alt.

"Dette er jeres selv, som findes i alle og er udødeligt," står der i *Bṛhadāraṇyaka Upaniṣad* (III.7.3.). "Dette dvæler i alle og er oprindelsen til alt." (*Māṇḍukya Upaniṣad* 6). *Śruti* beskriver det også: "Den ene, som er født i form af alle *devatas,* sammen med alle elementer og med Prāṇa (Hiraṇyagarbha), og som går ind i hjertet, opholder sig der. Én som erkender den Aditi, (nyder af universet,) erkender virkelig *Brahman* (årsagen til alt). Dette er i sandhed det." (*Kaṭha Upaniṣad* II.1.7).

Smṛti beskriver også: "Da Hun altid kender begyndelsen og enden på alt, og da Hun har skabt væren og ikke-væren (*sat* og *asat*), er Hun kendt som *Śarva."*

Sarvāntaryāmini kan også fortolkes som "Hun, som styrer (*yāmini*) de indre sanser (*antah*) i alle væsener (*sarvā*).

Yāmini betyder også "nat." Således kan *mantraet* antages at betyde: "Hun, som er nat for den indre sans i alle væsener." Det er værd at huske vigtigtigheden af det følgende vers i *Gitā* (II.69): "Det, som er nat for alle væsener, heri forbliver den disciplinerede sjæl vågen; når alle væsener er vågne, er det nat for den vise, som ser." Når alle andre er tiltrukket af glimmeret i sanseobjekterne, er den vise optaget af at forstå Sandheden. Han er opmærksom på virkelighedens natur, mens den, der ikke har visdom, sover eller er ligeglad med den.

820. सती

Satī

Hun, som er virkeligheden, den Evige Væren.

Hun er også Dakṣa Prajāpatis datter, den hengivne hustru til Paramaśiva og legemliggørelsen af troskab. Hendes mand var glad for Hende, fordi Hun efterlevede betydningen (troskab) af navnet (Satī), som hun fik af sin far, og Han gav Hende halvdelen af Sin krop. Således blev Śiva Ardhanārīśvara. Pārvatī, Himavats datter, er en reinkarnation af Satī (se *mantraer* 598 og 600).

821. ब्रह्माणी

Brahmāṇī

Hun, som er den hale, der er Brahman, altings støtte.

Aṇi er hale. Det plejer at betyde bunden eller enden af rygsøjlen og dens fortsættelse. Den giver dyrene den støtte, som gør det muligt for dem at sidde ned. *Śruti* gennemgår *ānandamāyā kośā* (lyksalighedens lag), som bestående af fem dele, hvor den sidste er "halen." Denne hale understøtter universet, og den er *Brahman.* (*Taittiriya Upaniṣad* II.5) Devī er den *Brahman,* altings støtte.

Devī gav liv til Brahmā, Skaberen, og Hun er derfor kendt som *Brāhmaṇī*, hvilket er nævnt i *Devī Purāṇa.*

Hvis Sadāśiva anses for at være adskilt fra Brahmā, så er Devī *Brāhmaṇī,* Brahmās hustru.

822. ब्रह्मन्

Brahman

Hun, som er Brahman.

I *Śruti* står der: "*Brahman* er Sandhed, Viden og Uendelighed." Sandheden er den Rene Eksistens, som er uforanderlig og ikke røres af tiden. Virkelig viden er den, som forbliver uændret gennem de tre inddelinger af tiden – fortid, nutid og fremtid. Den Ultimative Virkelighed har ingen begyndelse eller slutning, den er ikke skabt og har ingen dele. Den *Brahman* kan ikke diskuteres. Eksistensen kan ikke fastslås af regler for logiske slutninger. Det eneste bevis er den direkte Realisering. Brahmans essens må erfares ligesom sødmen i honning og blomstens duft. Devī er den Ultimative Væren. I *Viṣṇu Purāṇa* står der: "Den viden, som kaldes *Brahman,* tilintetgør dualitet, er hinsides ord og alene erkendt af Selvet,"

823. जननी

Jananī

Hun, som er Moderen.

Devī er moder til alt – fra Brahmā til det laveste insekt, Universets Moder.

824. बहु रूपा

Bahu rūpā

Hun, som har en mangfoldighed af former.

Devī har mangfoldige former, fra atomet til det højeste bjerg, fra sankthansormen til solen. I *Devī Bhāgavata* står der: "Eftersom Hun er den Højeste Virkelighed, er Hun formløs; fordi Hendes natur er aktivitet, har Hun også mangfoldige former." På samme måde står der i *Devī Purāṇa:* "Fordi Hun er alt bevægeligt og ubevægeligt, har Hun mangfoldige former."

Dette navn fortolkes også som: "En, som bliver til en, to, seksten og toogtredive." En er *Brahman*. To betyder *Puruṣa* og *Prakṛti*. Seksten står for vokaler og toogtredive for konsonanter; alle disse er selvsagt essentielle for verdens gang. Tallet seksten kan her også stå for de seksten daglige guddomme.

I *Varāha Purāṇa* står der: "Raudri, den *tāmasiske* Śakti, er kendt som Cāmuṇḍa. Der findes ni *crorer* af forskellige *Cāmuṇḍaer*. Den *rājasiske* Śakti, Vaiṣṇavi, som repræsenterer universet, findes i atten *crore*-former. Den *sāttviske* Śakti, Brahmā, har et uendeligt antal former. Alle disse *Śaktier* er Śivas skabninger; Han er herren over dem alle. Śiva glæder sig ved alle, som tilbeder disse Śaktier, og disse Śaktier glæder sig over Ham. Det kan der ikke herske tvivl om."

Devī hyldes som mangeformet, fordi Hun kom til syne i forskellige former foran Rudras elleve former og formåede at behage hver af dem. *Devī Bhagavatī Purāṇa* fejrer Devī, som har mange navne og former som "Lakṣmi, der gennem manifestation af tale lyser som en danser."

Bhāskarācārya citerer også *Varāha Purāṇa* for at forklare betydningen af dette *mantra*: "Universet ses som mangfoldigt, og Hun er overalt. Således er Śiva på grund af Hendes mangfoldige former kendt som *Bahurūpā*."

825. बुधार्चिता
Budhārcitā

Hun, som er tilbedt af de vise.

Ikke kun de vise, men også andre slags mennesker med dyder tilbeder Hende, hvilket beskrives i *Gitā* (VII.16): "Fire slags mennesker med dyder tilbeder mig, Åh Arjuna – den fortvivlede, den, der søger erkendelse, den, der søger rigdom, og den, der er *jñāni* (vismand)."

Et almindeligt lag glas vil ikke vise ansigtets spejlbillede; det skal have en belægning på den ene side for at blive til et spejl. Selv om man fødes som menneske, vil det på samme måde ikke betyde, at ens tanker vil rette sig mod Gud. Man har brug for *samskāra,* som er opnået i tidligere liv. Kun et sådant menneske kan stå nær ilden og afværge kulden. Andre vil være på afstand og lide i kulden.

826. प्रसवित्री
Prasavitrī

Hun, som er Universets Moder.

Den, der føder kosmos. Bhāskararāya citerer *Devī Purāṇa* for at underbygge det: "Denne Śakti, hvorfra alle ting udspringer, fra Brahmā til det livløse, den Devī, hvorfra hele universet fra *mahat* og nedefter er født, vi bøjer os for den Moder til alt. Eftersom Hun har født alle levende væsener, er Hun kendt som Savitā."

827. प्रचण्डा
Pracaṇḍā

Hun, som er fyldt af respektindgydende vrede.

Pracaṇḍā er den Devī, som skal til at dræbe Bhaṇḍāsura og hans ledsagere.

En, som har ærefrygtindgydende ledsagere, er også *Pracaṇḍā.* Luft, vand og ild er de rasende ledsagere. Devīs vrede er manifesteret gennem vreden i naturens kræfter.

Taittiriya Upaniṣad (II.8.1) fortæller om *Brahman:* "Af frygt for Ham blæser vinden. Af frygt for Ham står solen op. Igen af frygt for Ham udfører Indra, ilden og Døden deres respektive pligter."

Kāmandaka spørger: "Hvordan kan nogen, som ikke har vrede, og som ingen frygter, gennemtvinge retfærdighed?"

Pracaṇḍā er én, som holder særligt af *chaṇḍablomster* (*śankhablomsten*). Det er værd at bemærke, at denne blomst er et helbredende middel mod gift.

828. आज्ञा
Ājñā

Hun, som Selv er det hellige bud.

Vedaerne er Hendes bud. Således er *Vedaerne* Hendes natur. *Vedaerne* har det samme bud som Guruen: "Tal sandt; gå *dharmaens* vej!" Her findes der ingen undtagelse. Dette bud står fast.

Ligesom en ven giver *Purāṇaerne* og de episke fortællinger os det samme budskab. Gennem Hariṣcandras og Yudhiṣṭhiras fortællinger minder digtene og historierne om de samme bud, og de vækker os ligesom en elsket ville gøre det.

Bhāskarācārya underbygger dette *mantra* gennem *Liṅga Purāṇa,* hvor Śiva siger: "Hun er hverken *prakṛti* (årsag, Natur), ej heller *jīva,* ej heller *vikṛti* (virkning). Hun er det evige bud, som i gammel tid udgik fra Min mund."

Mantraet kan også forstås som *Jñā.* Ordet *jñā* betyder "Brahmā, en vis mand, planeten merkur." Ifølge *Liṅga Purāṇa* skal den forstås som "En, som nyder *guṇaerne.*" I *Śvetāśvatārā Upaniṣad* (VI.2) står der: "*Jñā* er Tidens Herre, som besidder *guṇaerne* og er alvidende." Betydningen er, at Devī er essensen af de tre guṇaer og alvidende.

829. प्रतिष्ठा
Pratiṣṭhā

Hun, som er grundlaget.

I *Śruti* står der: "Hun, som er grundlaget for hele universet." Ifølge *Brahmā Gitā* lyder det: "Denne Bevidsthed, som er det Højeste, er grundlaget for alle ting. "

Pratistha er navnet på et vers med fire stavelser i hver linje, seksten stavelser i alt. Devī findes i form af dette vers.

En vis del (*kāla*) af vandelementet (*jalatattva*) kaldes *pratistha.* Denne *kāla* siges at give et godt helbred, et langt liv og inspirere til kærlighed til Gud. Devī er kraften i denne inspiration.

Pratiṣṭha betyder også "jord". Her er betydningen berømmelse også underforstået. En digter, som har opnået *sthirapratiṣṭha* (varig berømmelse) eller *cirapratiṣṭha* (evigvarende berømmelse) er udtryk, der almindeligvis bruges. Devī er både Jordens Gudinde og Gudinde for berømmelse.

830. प्रकटाकृतिः

Prakaṭākṛtiḥ

Hun, som er manifesteret i universets form.

Prakaṭayoginis er guddommene i *Śrīcakras* første cirkel. Så betyder *mantraet:* "Den som manifesterede Sig i form af disse *yoginier.* "

Navnet kan også forstås som *Aprakaṭākṛtiḥ* (umanifesteret form). Så er fortolkningen, at Devī er Bevidstheden, som eksisterer umanifesteret i det manifeste univers. Bhāskarācārya citerer fra *Sūta Samhita*: Alle væsener kender Ham som "Jeg," "Jeg." Dog genkender de Ham ikke som Śiva på grund af *Māyā.*

Dette *mantra* er også nogle gange fortolket som *ap* + *prakaṭākṛtiḥ,* der betyder "Hun, som manifesterer sig i form af Vandelementet (*jalatattva; ap* er vand)."

831. प्राणेश्वरी

Prāṇeśvarī

Hun, som hersker over de fem prāṇaer og sanserne.

Prāṇa betyder de fem vitale åndedrag. "Han er *prāṇaens prāṇa* (åndedragets åndedrag)," ifølge *Śruti.*

Śaṅkarācārya har i kommentarerne til *Brahmā Sūtra* fastslået, at *prāṇa* indikerer *Brahman*. Devī er således Īśvarī, som er *Brahman*. *Prāṇa* er *Śakti* eller energi. Devī er hersker over alle energier.

832. प्राण दात्री
Prāṇa dātrī

Hun, som er giveren af liv.

Devī er giveren af liv til alle verdener. *Prāṇa* har forskellige betydninger. De er alle anvendelige her.

833. पञ्चाशत् पीठ रूपिणी
Pañcāśat pīṭha rūpiṇī

Hun, som besidder halvtreds centre for tilbedelse.

Selvom *pañcāśat* betyder halvtreds, er der forskellige *acāryaer*, som henviser til enoghalvtreds *pīṭhaer*. I Indien fandtes der enoghalvtreds berømte centre for Śaktitilbedelse mellem Kāmarupa og Chāyāchatra. Mange af dem eksisterer stadig, selvom navnene har forandet sig. En mulighed kan være, at Chāyāchatra er staten Kerala. Dette sammenfald er baseret på den kendsgerning, at Kerala er et område, hvor der findes mange kokospalmer, som giver skygge. (*Chāyāchatra* betyder en paraply, som giver skygge). Fra Kāmarupa til Chāyāchatra betyder formentlig fra nord til syd.

Harsadiksita fortolker *pañcāśat* som enoghalvtreds i kommentarerne til første vers af *Śāradātilaka*. I *Jñārnārṇavas* og *Yogninīhṛdayas* værker bliver der også nævnt enoghalvtreds *pīṭhaer*. Der er dog nogle kommentatorer, som insisterer på, at enoghalvtreds ikke er det rette antal Śakti-*pīṭhaer*. Ved at tælle en enkelt *pīṭha* for hvert bogstav i alfabetet, vil bogstavet *kṣa* ikke behøve at blive talt med, og så er der kun halvtreds bogstaver, som skal tælles, hvilket giver halvtreds *pīṭhaer*.

834. विशृङ्खला

Viśṛṅkhalā

Hun, som er uden hindringer, fri på alle måder.

Śṛṅkhala betyder "lænke," *vi* betyder "mistet eller uden." Her er *karma* lænken. Uanset om kæden er gjort af jern eller guld er bindingen, den forårsager, smertefuld. Binding er binding, selv om den findes i et gyldent bur. Den eneste forskel er, at resultatet af onde handlinger kan være en jernkæde, mens resultatet af gode handlinger kan være en gylden kæde. Både fortjeneste og synd forårsager bindinger, og begge fører til genfødsel. Alle bud er sanktioner og forbud, som skal vejlede de uvidende i deres handlinger. ("Du må dræbe," indebærer en sanktion, en form for *vidhi,* mens "du skal ikke dræbe" er forbud, *niṣedha*). Med andre ord er hvilken som helst handling, der udføres med resultatet for øje, rodfæstet i uvidenhed. Men enhver *karma*, som udføres uden nogen angst omkring frugten af den, bliver til *yoga.* Det forårsager ikke binding. Derfor siger Herren Kṛṣṇa i *Gitā*: "Jeg har intet ønske om frugten af handlinger." Således har Devī travlt med verdens anliggender uden at have nogen ængstelse for frugten af handlinger. Derfor bliver Hun ikke viklet ind i *karmaens* lænker.

Dette *mantra* kan også fortolkes som "Hun som end ikke er omkranset af et bælte - én som er helt nøgen," eftersom Devī er indsat i denne form i mange templer.

835. विविक्तस्था

Viviktasthā

Hun, som har bolig på afsides steder.

Vivikta betyder afsondret. Det betyder også én, som er i stand til at at skelne mellem Selv og ikke-selv - mellem det vedvarende og midlertidige. Devī opholder sig i sådanne vise mennesker.

836. वीरमाता
Vīramātā

Hun, som er Moder til de tapre; Moder til de bedste blandt hengivne.

Vīra refererer også til Gaṇeśa. I *Padma Purāṇa* siger Herren Śiva: "Åh Devī, denne Vīra har mit hjerte altid kært, han er læremesteren i vidunderlige bedrifter, han tilbedes af store mængder Gaṇeśaer."

837. वियत् प्रसूः
Viyat prasūḥ

Hun, som er Moder til æteren.

Eftersom *ākāśa* (æter) anses for at være det første element, der blev skabt, nævnes det her. *Mantraet* betyder i virkeligheden: "Hun, som skabte alle elementerne i universet." Der står i *Śruti*: "Hvorfra alle disse elementer opstår." Desuden: "Fra *Ātman* fødes æteren." (*Taittiriya Upaniṣad* II.i).

838. मुकुन्दा
Mukundā

Hun, som giver frelse.

Som giver af frelse er Viṣṇu også *Mukunda.* I *Tantrarāja* står der, at Devī også giver glæde til Gopierne i form af Kṛṣṇa.

Mukunda er navnet på en dyrebar sten i Kuberas skatkammer. Devī anses for at befinde sig i denne stens form. Al rigdom kommer fra det guddommelige. Det er værd at huske ordene fra *Gitā* (X.41): "Vid, at alt hvad der end er glorværdigt, fremgangsrigt eller stærkt, er en del af Min pragt."

839. मुक्ति निलया
Mukti nilayā

Hun, som er bolig for frelse.

Devī er virkelig opholdsstedet for den højeste form for frelse. De fem former for frelse er *sālokya* (at opholde sig i samme verden med guddommen), *sārūpya* (enshed i form), *sāmīpya* (at være nær guddommen), *sāyūjya* (intim forening med guddommen) og *nirvāṇa* (evig lyksalighed, endelig frigørelse fra materien og genforening med Selvet).

840. मूल विग्रह रूपिणी
Mūla vigraha rūpiṇī

Hun, som er altings rodform.

Fordi vores sind, som er baseret på de tre *guṇaer*, ikke kan begribe den formløse kraft, tilbeder vi Devī i forskellige former og billeder. Blandt Hendes mange former anses Rājarājeśvarī som rodformen (*mūlavigraha).* Andre Śaktier såsom Bālā eller Bagala er alle afledt fra denne form. Således hylder dette *mantra* Devī som Rājarājeśvarī.

841. भावज्ञा
Bhāvajñā

Hun, som er vidende om alle tanker og følelser.

Devī kender alle sine hengivnes indre hemmeligheder (*bhāvaer*) uden at være blevet fortalt om dem.

Ordet *Bhāva* gives mange betydninger – eksistens, natur, tanke, sjæl, fødsel, intelligens, rigdom, medfølelse, spil, hengivenhed og meditation. Devī kender alle disse. *Bhāva* er *samsāra,* og *bhāva* er noget, der hører til *bhāva.* Devī ved alt om dem, som er bundet til *samsāra.*

Bhāva betyder også de seks ændringer, som hvert levende væsen gennemgår: fødsel, eksistens, vækst, forandring, forfald (sygdom) og død. Devī kender også alle disse.

Bhāva er Śiva, og *bhāva* er alt, der hører til Ham; Hun, som kender det, er *Bhāvajňā.*

I filosofien er *bhāva Brahman,* i poesien er det følelsen og i grammatikken en verbal grundform.

Mantraer har seks slags betydning (*arthaer*). De seks betydninger er: *bhāvārtha, sampradāyārtha, garbhārtha, kaulārtha, sarvarāhasyārtha* og *mahāttvārtha.* Når det siges, at Devī er *Bhāvajňa,* vidende om *bhāvārta* (den åbenlyse betydning eller vigtighed), indebærer det, at Hun også kender alle de andre betydninger.

Bha betyder "lys," og *"va"* betyder "gående." Devī kontrollerer solen, månen og andre lysende himmellegemers gang.

842. भव रोगघ्नी

Bhava rogaghnī

Hun, som udrydder sygdommene i cyklussen af fødsel og død.

I *Ramāyāna* står der: "Jeg ser ingen anden medicin end Śiva." Og i *Śiva Purāṇa*: "Ligesom medicinen er sygdommens fjende, er Śiva fjende til alle sorger i *samsāra.*"

843. भव चक्र प्रवर्तिनी

Bhava cakra pravartinī

Hun, som drejer på hjulet på cyklussen af fødsel og død.

"Endnu en fødsel, endnu en død og at ligge endnu en gang i moderens liv." Sådan drejer *samsāras* hjul rundt mellem fødsler og dødsfald. Devī er den, som drejer på hjulet.

Bhavacakra er *anāhatacakra.* Bhava er også Śiva, og *bhavacakra* er Śivas *cakra. Anāhatacakra* i hjerteområdet er Śivas opholdssted, og Devī aktiverer eller guider dette *cakra.*

Tidligere er det nævnt, at hjertet er Devīs opholdssted, og der kan derfor opstå forvirring omkring, hvorfor det nu drages frem som Śivas opholdssted. Sandheden er, at det er Śiva, Devī eller *Brahman.* Det er enhed i forskellighed, hvor alle kvaliteter flyder sammen.

Cakra betyder sind. *Bhavacakra* betyder Śivas sind. Devī leger med det. Her er det værd at huske Kālīdasas ord: "Og fra Śivas side sker et lille tab af fatning" (*Kumārasambhava).*

I *Viṣṇu Purāṇa* står der (angående sindet som *cakra*): "Viṣṇu bærer sindet i Sin hånd i form af *cakraet,* som drejer uophørligt og hastigere end vinden."

844. छन्दः सारा

Chandaḥ sārā

Hun, som er essensen af alle Vedaerne.

Chandas betyder *Vedaerne,* vers som *Gayatrī* og vilje eller ønske (*icchā*). Devī er essensen af alle *Vedaer.* Śrī Nārāyana Guru hilser Hende som "De fire *Vedaers* ædelstensbesatte lampe."*Chandaer* betyder også den ubegrænsede bevægelse (i sindet). Her menes, at alle sindets bevægelser skal rettes mod det Højeste.

Sāra betyder essens og styrke eller konstans. Devī er legemliggørelsen af den konstante viljekraft (*icchāśakti*).

Essensen af *chandaer* eller *Vedaer* siges at være det femtenstavelses (*pañcadaśi*) *mantra*, som anses for at være essensen af *Gayatrīmantraet.* Devī findes i form af dette *mantra.*

Fjorten metoder til at opnå erkendelse er blevet udbredt. *Vedaerne* er den vigtiste blandt disse, og heri er *Gayatrīmantraet* det vigtigste element. Dette *mantra* har to former, det ene kan gentages af alle, og det andet er fuldstændig skjult. Selv *Veda*

Puruṣa (den personificerede *Veda*) nævner kun dette i symbolske vendinger som *kāma, yoni* eller *kāmala.* (*Varivasyārahasya*).

845. शास्त्र सारा
Śāstra sārā

Hun, som er essensen af alle skrifter.

Śāstraer (skifter) er *Vedaer* og *vedāngaer* (ledsagende værker til *Vedaerne*). Bhagavan Vyāsa (fortolker af *Vedaer*) fortæller: "*Gitā* er essensen af alle *śāstraer*; Manu er essensen af alle *Vedaer*; Gangā er kilden til alle hellige vande; og Herren Hari er essensen af alle Guddommelige Væsener." *Gitā* er essensen af alle *Upaniṣader,* som indeholder frøet til alle *śāstraer.*"

"*Śāstraer* er det, som belærer mennesker om, hvordan de skal handle eller afstå fra at handle." (Vācaspati Miśra).

846. मन्त्र सारा
Mantra sārā

Hun, som er essensen af alle mantraer.

"Ligesom vandet, der kommer ned fra himlen, strømmer mod oceanet, vil den ærbødige overgivelse ved at lægge sig foran en guddom også strømme til Keśava." Her kan vi tænke på Den Guddommelige Moder i Keśavas sted. Alle guddomme er virkelig efterkommere af den Śakti, som er Moder. Således er essensen af alle *mantraer,* der er rettet mod alle guddomme, rodfæstet i Hende.

Mantra betyder *Vedaerne,* det som anvendes i *Tantraer* og også de fireogtres bøger om *mantraer.*

847. तलोदरी
Talodarī

Hun, som har en slank talje.

En, hvis talje kan holdes af en enkelt håndflade. Ifølge *sāmudrika śāstra* er en slank talje et tegn på skønhed.

Navnet kan også ses som *atalodari.* I dette tilfælde er Devī i den Kosmiske tilstand (*virāt*), og hendes talje er *atala* (en af de fjorten verdener). *Mantraet* betyder således "En, som findes i den Kosmiske form."

848. उदार कीर्तिः
Udāra kīrtiḥ

Hun, som besidder ophøjet berømmelse.

I stedet for at adskille stavelserne som *udāra* + *kīrti,* kan de, når de gives den ovenstående betydning, adskilles som *ud* + *a* + *ara* + *kīrti.* Det vil betyde: "Én, hvis tilbedelse hurtigt vil føre til ophøjet og altgennemtrængende berømmelse."

Ud betyder den gyldne person i Solens skive. I *Chāndogya Upaniṣad* (I.1. 6-7) står der: "Det menneske, der strålende som guld ses i solen – Hans navn er Ud." I Bhāskarācāryas fortolkning betyder det, at tilbedelse af Devī giver et menneske en berømmelse, der overgår den gyldne person i solens berømmelse.

Udārakīrti er berømmelse, som er glorværdig ligesom måneskinnets nektar. Berømmelse for det gode er som hvidt måneskin, og berømmelse for det dårlige er mørke. *Mantraet* betyder, at Devī er én, hvis berømmelse er hvid som måneskinnets nektar, og som skænker en sådan berømmelse.

Hun, som fjerner (*ud*) påvirkningen fra onde guddomme (*ara*) såsom Maṅgala.

849. उद्दाम वैभवा
Uddāma vaibhavā

Hun, hvis dygtighed er ubegrænset.

Skabelsen, vedligeholdelsen og opløsningen er alle dele af Devīs glorværdige handlinger. Śaṅkarācārya påpeger, at det ikke er muligt at forestille sig den glorværdighed, som viser sig i skabelsen af universet.

Uddama betyder "med ubundet reb." *Dāma* er et reb, eller det som begrænser. Devī er således "En, hvis magt løsner *samsāras* reb." Hun er giver af Befrielse.

850. वर्ण रूपिणी

Varṇa rūpiṇī

Hun, hvis form findes i alfabetets bogstaver.

Selvom vi normalt taler om enoghalvtreds bogstaver, findes der ifølge Pānini "tilsammen treogtres eller fireogtres bogstaver i *Prākṛta* og *sanskṛt-* sprog, ligesom det bekendtgøres af Svayambhu Selv."

851. जन्म मृत्यु जरा तप्त जन विश्रान्ति दायिनी

Janma mṛtyu jarā tapta jana viśrānti dāyinī

Hun, som giver fred og hvile til dem, der er plaget af fødsel, død og affældighed.

Fred fra *samsāras* sorger er selvfølgelig *mokṣa* (Befrielse). Således betyder *mantraet* "En, som giver befrielse." Verdsligt liv fører til sorger. Des mere livet ser ud til at være en nydelse, jo større vil den ultimative sorg være. Sorg er større, når vi mister ting, som er kære for os. Kun ved ikke at knytte os til ting, kan vi reducere den sorg. *Vairāgya* (uanfægtethed) opstår ved mangel på ønsker og passioner.

Det højeste i *vairāgya* er at søge total tilflugt i Devī og opnå den fred (*viśrānti*), som der refereres til i dette *mantra.*

852. सर्वोपनिषद् उद्घुष्टा

Sarvopaniṣad udghuṣṭā

Hun, som prises i alle Upaniṣaderne.

Upaniṣad er det, som får Selvet til at nærme sig *Brahman* (*upa*) og ødelægger uvidenhed (*niṣat*).

Der findes et stort antal *Upaniṣader* – ifølge en beregning er der 1180 (1135 ifølge *Bhāgavata Purāṇa).* Hver gren (*śākha*) af *Vedaerne* skal indeholde en *Upaniṣad. Ṛgveda* har 21, *Yajurveda* 109, *Sāmaveda* 1000 og *Atharvaveda* 5 eller 50 *śākhas,* som giver et endeligt tal på 1135 eller 1180. De fleste af disse er nu gået tabt.

Ti ud af disse *Upaniṣads* blev velkendte gennem Śankaras kommentarer til dem. Disse ti er: *Īśāvāsya, Kena, Kaṭha, Praṣna, Muṇḍaka, Māṇḍukya, Taittiriya, Aitareya, Chāndogya* og *Bṛhadāraṇyaka.* Emnet for alle *Upaniṣads* er Selvet. Således er Devī det emne, der beskrives i alle *Upaniṣads.*

853. शान्त्यतीत कलात्मिका

Śāntyatīta kalātmikā

Hun, som transcenderer tilstanden af fred.

Fred (*śānti*) er tilstanden af ligevægt i sindet og frihed fra angst. Tilstanden hinsides er fuldkommen Befrielse. Det kaldes *śāntyatīta kalā* (tilstanden hinsides fred). *Śaiva*-skrifterne beskriver denne tilstand af *parinirvāṇa* (fuldkommen Befrielse) som Devīs iboende tilstand.

854. गम्भीरा

Gambhīrā

Hun, som er ubegribelig.

Gambhīrā betyder en dybde, som ikke kan beskrives eller begribes. I *Śiva Sūtra* står der: ”Ved at meditere på *mahāhrada* (den store dybde) oplever man kraften i dette *mantra.*" Den "store dybde" er Devī, som er hinsides rum og tid og allestedsnærværende.

Hvis *gambhīrā* anses for at betyde et sted med stor dybde, fortæller skrifterne, at tilbedelse i hellige vande giver særligt udbytte, hvor vandet er meget dybt.

Bhāskarācārya har denne fortolkning. *Gam* står for *Gaṇapati, bhi* er frygt, og *rā* er det, som driver ud. Devī befrier os fra frygt for Gaṇeśa og andre guddomme.

Her skal vi huske de forskellige *pūjaer* som *Rahupūja* og *Śanipūja,* som udføres i Ammas guddommelige nærvær. For de, der har været nærværende, vil den søde erfaring være forsikrende og hjerteåbnende at huske.

855. गगनान्तःस्था

Gaganāntaḥsthā

Hun, som har bolig i æteren, rummet.

Her refererer "æter" til rummet i hjertet (*daharākāśa* – se *mantra* 609).

Hun er bevidstheden, som dvæler i elementernes æter. Det vil sige, at Hun er den Højeste, *Parākasa Brahman.*

Hun er den, som forbliver, selv på tidspunktet for opløsningen (*anta*) af æterelementet. Af de fem elementer opløses jorden i vandet på det tidspunkt, vandet i ilden, ilden i luften og luften i æteren, og æteren opløses også. Devī forbliver stærk selv på dette tidspunkt.

Ifølge *Tantraśāstra* står *gagana* for stavelsen *ha.* Konsonanterne *ya, va, ra* og *la* er kendt som *antasthaer* (inden for grammatikken). Disse fem er også *bīja*-stavelser, der repræsenterer de fem elementer. Devī findes i form af de fem elementer, som er repræsenteret af deres *bīja*-stavelser.

856. गर्विता

Garvitā

Hun, som er stolt.

Stoltheden er her over universets skabelse.

"Du er skabelsesakten, skaberen og myriaden af former, der skabes; og Du, åh Herre, er også det materiale, som alt skabes af!"lyder det fra digteren.

Hvis skabelsen skal finde sted, er Devī Selv nødt til at blive til skaber og skabelsesakten. Denne trang til skabelse er *parāhanta*, det højeste ego. Der kan opstå et spørgsmål om, hvordan denne transformation er mulig. Eruttacchan siger, at han ikke kan beskrive, hvor forvildet han føler sig ved at se Dig som to, når Du er En!

Det er naturligt for Devī at være stolt af Sin store skønhed, som gjorde Hende i stand til vinde halvdelen af Herren Śivas krop. Kālīdasa beskriver Śivas forfatning, da Han oplever Pārvatīs overstrømmende skønhed, mens Hun kommer for at tjene Ham under Hans *tapas*: "Haras holdning blev lidt forstyrret, på samme måde som havet bliver det, når månen står op, og Han lod Sine tre øjne vandre hen over Umās ansigt og Hendes læber, der var røde som *bimbafrugt.*"(*Kumārasambhava* III.67). Således afbrød Hendes ubeskrivelige skønhed Śivas *tapas* og vandt Hans opmærksomhed.

857. गान लोलुपा

Gāna lolupā

Hun, som nyder musik.

Der findes fire slags musikinstrumenter: strengeinstrumenter (*tata*), trommer (*ānaddha*, bundet med læder), instrumenter med metal som cymbaler (*ghana*) og vindens instrumenter som fløjten (*suṣira*, med huller).

Devī holder af sang og nyder også musik, der spilles på alle de ovennævnte instrumenter. Hun værdsætter to slags sange fra *Sāmaveda* - *sāma* og *gāndharva.*

858. कल्पना रहिता

Kalpanā rahitā

Hun, som er fri for imaginære egenskaber.

Kalpanā betyder kommando, form, lighed. *Mantraet* betyder, at Devī er uden lige og formløs, og at ingen andre giver Hende kommandoer.

Kalpanā er forestillingsevnens produkt. Bølgerne fra *samsāraoceanet,* (som er *jīvaerne,*) er kendt som *kalpanā,* (fordi de er forestillinger). Devī er fri for disse bølger, *Kalpanārahitā.*

Kalpa betyder tiden, som går indtil universets opløsning. *Mantraet* kan fortolkes således: "Én, som gør det gavnlige (*hita*) for menneskelige væsener (*nara*) frem til opløsningens tid."

Kalpa kan også betyde opløsningen af universet. Så er Devī en, som gør det gavnlige for sjælene ved opløsningens tid. Devī indeholder de subtile former af alle levende væsener i form af deres *vāsanāer,* og efter opløsningen begynder hun at genskabe alt som begyndelse til en ny alder (*kalpa*). Denne cyklus fortsætter med uformindsket styrke. I *Aṣṭhāvakra Gītā* siges det: "I Bevidsthedens uendelige hav, hvor jeg befinder mig, opstår levende væsener, de brydes mod hinanden, leger sammen og vender naturligt tilbage til mig igen; hvor forbløffende!"

859. काष्ठा

Kāṣṭhā

Hun, som dvæler i den højeste tilstand (hinsides hvilken, der intet findes).

Bhāskarācārya citerer *Sūta Samhita:* "Uanset om det er med form eller uden, virkelig eller uvirkelig, er den Højeste Śiva grundlaget for alle udsagn i *Vedānta*; det er den højeste tilstand (*parākasta*)." I *Śruti* står der også: "Det er *kāṣṭhā,* det ultimative mål; det er den højeste vej." (*Kaṭha Upaniṣad* I.iii. 1 1)

Kāṣṭhā er det, som gennemtrænger alt. I *Gitā* (X.42) erklærer Herren Kṛṣṇa: "Jeg understøtter hele universet og gennemtrænger det med en enkelt fraktion." I *Liṅga Purāṇa* står der, at Devī er *Kāṣṭhā,* hustru til den Højste Śiva, der findes i form af *ākāśa,* der er kendt som Bhīma, der i Sit Selv indeholder alle levende og ikke-levende ting.

Kāṣṭhā er også én, som står hinsides *samsāraoceanet.*

860. अकान्ता

Akāntā

Hun, som gør ende på alle sorger og synder.

Aka betyder synd og sorg. Devī gør en ende på alle slags af dem begge. Der menes her tre slags sorger: de, som er forårsaget af én selv, af den fysiske verden og af guddommelige kræfter (se *mantra* 397). Devī ødelægger dem alle.

861. कान्तार्ध विग्रहा

Kāntārdha vigrahā

Hun, som er halvdelen af Sin ægtemands krop.

Her henvises der til *ardhanārīśvara,* én som har taget halvdelen af Sin ægtemands krop, og én som har taget halvdelen af Sin hustrus krop.

Bhāskarācārya anser *Kāntā* for at betyde bogstavet *khā,* (som kommer efter bogstavet *ka*), der betyder himmel. Devī er én, som har himlen som en del af Sin krop.

862. कार्य कारण निर्मुक्ता

Kārya kāraṇa nirmuktā

Hun, som er fri af årsagers og virkningers bindinger.

Alt i universet er bundet af relationen mellem årsag og virkning. Men Devī, som er årsag til alt, har ingen årsag. Hvis Hun havde en årsag, ville det være nødvendigt at søge Hendes årsag, og en sådan kæde af søgninger ville fortsætte uden ende. Teknisk er dette kendt som *avyavastha* (uafgjort.)

Karya betyder kategorier af ting, der begynder med *mahat* og *kāraṇa,* og er den grundlæggende årsag, *mūlaprakṛti* (se *mantra* 397). Tilstanden af frihed fra begge disse betyder, at Hun er ren som *Brahman.* Det gøres klart i *Śvetāśvatārā Upaniṣad* (VI.8): "Ingen virkning eller intet organ ved Ham er kendt. Der findes ikke Hans lige eller overlegne. Hans store kraft erklæres (i *Vedaerne*) som værende af mange slags. Hans viden, styrke og handling er beskrevet som iboende i Ham."

863. काम केलि तरङ्गिता

Kāma keli taraṅgitā

Hun, hvis nydelse ved foreningen med Kameśvara er overstrømmende.

Ved foreningen med Kāmeśvara i det inderste kammer i den tusindbladede lotus, beskrives Devī som overstrømmende af glæde ligesom et ocean med stigende bølger. Foreningen af Śiva og Śakti er blevet beskrevet som *mahāmaithuna* – den store forening.

864. कनत् कनक ताटङ्का

Kanat kanaka tāṭaṅkā

Hun, som bærer glitrende guldørenringe.

I skildringen af Devī i Sin fængslende kvindelige form, siges det, at Hun bærer skinnende gylde ørenringe. I Hendes kosmiske (*vīrāṭ*) form, pryder solen og månen Hendes ører. Både den opstigende fuldmåne og den nedgående sol er gyldne.

865. लीला विग्रह धारिणी

Līlā vigraha dhāriṇī

Hun, som antager forskellige strålende former som en leg.

Dette *mantra* giver et svar til dem, der stiller spørgsmålet: "Har Devī, som er ren *Brahman,* behov for guldørenringe og kærlighed for at lege?" Alt er kun en leg for Devī. Hvorfor denne *līlā*?

Livet er aldrig helt nøgternt. Hvis det var det, ville det være uinteressant og virke tørt. Selv hos vismanden Vālmīki, som var rodfæstet i afholdenhed, smeltede hjertet, da han så den ene af to kærlighedsfugle falde til jorden, fordi den blev dræbt af jægerens pil. Og hvad var resultatet? Et af verdens største episke digte, *Ramāyāna.*

Når blomsten springer ud, er bestøvelsen det eneste motiv i sidste ende. Duften, blødheden, de betagende farver og honningen er kun med til at skjule den sandhed. De er usandheder. Det er ren leg – en *līlā* som er frembragt af Universets skaber.

Devīs forskellige *vigrahaer* (former) er inkarnationer, hvis formål er denne *līlā. Yogavāsiṣṭha* siger, at guddommen (*vigraha*), som er indsat i Padmarājatemplet, kaldes for Līlādevī. Hun er også i denne forstand *Līlāvigrahadhāriṇi.*

866. अजा

Ajā

Hun, som ikke har nogen fødsel.

I *Śruti* står der: "Det ene ufødte Væsen; Hun har røde, hvide og sorte farver." (*Śvetāśvatārā Upaniṣad* IV.5) og *Gitā* (II.20) tilføjer: "Han er ikke født, ej heller vil Han nogensinde dø." *Mahābhārata* gør det klart: "Jeg var ikke, er ikke og vil ikke blive født på noget tidspunkt. Jeg er *kṣetrajna* (den vidende) om alle væsener; derfor kaldes Jeg *Ajā* (ufødt)."

Alt, som fødes, har med sikkerhed en afslutning. Devī, som ikke har nogen ende, har heller ingen begyndelse. Hun er *Ajā*. *Gitā* uddyber: "Ufødt, evig, uforanderlig og oprindelig."

867. क्षय विनिर्मुक्ता
Kṣaya vinirmuktā
Hun, som er fri for forfald.

Eftersom Devī ikke er født, har Hun intet forfald (*kṣaya*).

Ordet *kṣaya* betyder hus. Bhāskarācārya forklarer, at Devī frelser selv de husholdere, som tilbeder Hende i deres hjem, for vedslige sorger. Et menneske, som holder af sit hjem, vil kun forlade det, hvis det finder et andet tilholdssted, som det holder mere af. I stedet for den forgængelige fysiske krop, skænker Devī den permanente tilstand af Befrielse og gør således Sin hengivne evig.

868. मुग्धा
Mugdhā
Hun, hvis skønhed er fængslende.

Mugdhā er én, som besidder en skønhed, der ikke kan beskrives. Devīs overdådige skønhed har været hyldet af digtere siden *Vedaernes* tid. Selv i dag er mennesker med poetiske evner inspirerede til at skildre Hende i nye billeder. Śaṅkarācārya kalder endda sin lovsang til Devī for "*Saundarya Laharī*", som kan oversættes til "bølger af skønhed" eller "beruselse af skønhed". Så evigt frisk og uden lige er Devīs skønhed.

869. क्षिप्र प्रसादिनी

Kṣipra prasādinī

Hun, som hurtigt kan stilles tilfreds.

En mor bliver let beruset af glæden ved sine børns søde pludren og leg. På samme måde holder Devī af selv små offergaver, som gives i ren hengivenhed.

"Ved at tilbede andre guddomme får man gradvist frelse, men ved at tilbede Herren Umā, bliver man befriet i denne fødsel," står der i *Saura Purāṇa. Śiva Purāṇa* tilføjer: "Selv én, som kun har lille tro, behøver ikke at skulle gennem moderens liv efter den tredje fødsel."

I *Tantrarāja* står der, at bønner, ofringer og tilbedelse, som i denne livstid bliver gjort uden regelmæssighed, i det mindste vil føre til frelse i det næste liv."

870. अन्तर् मुख समाराध्या

Antar mukha samārādhyā

Hun, som skal tilbedes i det indre (ved mental tilbedelse).

Som en forskrift slår fast: "Den, som plukker sindets blomster og ofrer dem til Maheśa, behøver ikke gøre andet." Er man ikke i stand til at gøre det," vil Māyā forsvinde, ved at man ofrer vilde blomster eller siger Hans navne."

Dette *mantra* viser den unikke værdi af *mānasa pūja* (mental tilbedelse), som Amma foreskriver. Hvis alt skabes af sindet, hvorledes kan mental tilbedelse så undgå at bære frugt?

Indre tilbedelse er en proces, som vækker *Kuṇḍalinī.* Den *Kuṇḍalinī,* som opholder sig i den individuelle *jīva,* er identisk med Lalitāmbikā. Tidligerere er den proces beskrevet, hvor *Kuṇḍalinī* vækkes og guides til forening med Śiva i *sahasrāra* og de forbløffende forandringer, det afstedkommer i kroppen på en *upāsak.* Devī er *Antarmukhasamārādhyā,* fordi Hun tilbedes ved, at *yogier* vender sig indad gennem mental *upāsana.*

871. बहिर् मुख सुदुर्लभा

Bahir mukha sudurlabhā

Hun, som er vanskelig at opnå for dem, der retter opmærksomheden udad.

Fysikken analyserer de ydre objekter. Resultatet af disse analyser er ikke, at det spirituelle lys skinner. Hvordan kan man finde en fisk i et træ? Man er nødt til at dykke ned i havet. Det er ikke tilstrækkeligt at blive oppe på kysten. Man kan stå ved kysten og kaste et net ud, men det vil kun give begrænsede resultater. Man vil få et bedre udbytte af at sejle ud på havet i en båd og kaste sine net ud derfra. Men havets moder er også nødt til at give sin velsignelse. Gør Hun ikke det, kan man miste båden, nettet og endda sit liv!

Kun asketen, som har tæmmet de fem sanser gennem mådehold og disciplin, kan nyde Devīs strålende lynglimt.

872. त्रयी

Trayī

Hun, som er de tre Vedaer.

De tre *Vedaer, Ṛgveda, Yajurveda* og *Sāmaveda* er kendt som *trayi* (trefoldige). Devī er den indre essens i disse *Vedaer.*

Sāma og *Ṛg Vedaerne* begynder med stavelsen *a. Yajurveda* begynder med stavelsen *I* (som i det engelske ord ”give”). Når man følger de grammatiske regler og kombinerer begyndelsesstavelserne i *Ṛg* og *Yajus a + i* får man lyden *e.* Hvis man lægger det til *a* i *Sāmaveda* er resultatet *ai.* I *Tantra* kaldes lyden *ai* for *śucirūpa.* Det er *bījākṣara* (rodstavelsen) i *vāgbhāva kūṭa* i *pañcadaśimantraet.* Ved således at kombinere de tre første bogstaver af de tre *Vedaer,* får vi betydningen af navnet Trayī, som er Devī i form af Śuci, som er *bīja* i *vāgbhava kūṭa.*

873. त्रिवर्ग निलया

Trivarga nilayā

Hun, som er bolig for de trefoldige mål for det menneskelige liv.

De første tre mål i livet er *dharma* (retfærdighed), *artha* (rigdom) og *kāma* (begær og ønsker). Tilsammen danner de en triade (*trivarga*), hvis opholdsted (*nilaya*) er Devī.

Trivarga kan også være tidens tre perioder – fortid, nutid og fremtid eller de tre lyde *a, u* og *m,* der er indeholdt i *prāṇava* (Om).

874. त्रिस्था

Tristhā

Hun, som har bolig i de tre verdener.

Antallet tre kan betyde mange ting. Det kan her dreje sig om triader, der blev nævnt ved det tidligere *mantra* – livets tre mål, de tre inddelinger af tiden og stavelsen *Om.* Andre triader er de tre verdener, de tre *Vedaer,* Treenigheden Brahmā, Viṣṇu og Śiva, de tre typer Agni (ild), livets tre stadier (barndom, ungdom og alderdom), de tre former for synder, (der sker gennem tanke, ord og handling), de tre forfædre i form af dagen, natten og tusmørket, de tre *guṇaer* og mange andre. Vi kan tænke om Devī, at Hun opholder sig i dem alle.

875. त्रिपुर मालिनी

Tripura mālinī

Hun som er Tripurāmalini, Gudinden i antardasaracakraet (det sjette prakara) i Śrīcakra.

876. निरामया
Nirāmayā

Hun, som er fri for sygdomme af enhver slags.

Ikke kun Devī Selv, men alle de hengivne, som tilbeder Hende med fast hengivenhed, bliver befriet for sygdomme ved Hendes nåde.

877. निरालम्बा
Nirālambā

Hun, som ikke er afhængig af nogen.

Devī afhænger ikke af noget indre eller ydre. Da Hun er den, der understøtter alt, behøver Hun ikke selv nogen støtte.

878. स्वात्मारामा
Svātmārāmā

Hun, som fryder Sig i Sit eget Selv.

Den Højeste Bevidsthed blev delt i to med skabelsen af universet som formål og blev til et par, Śiva og Śakti. Således lavede det Højeste Sig Selv til en have (*arāma*) med legen som formål. Universet er Śiva og Śaktis frydefulde have. Devī, som findes i form af Śiva-Śakti, har således gjort Sit eget Selv til universet og leger i det.

Hun, som leger i både *sva* og *ātma,* både i hvad der er Hendes (*prakṛti* eller universet) og i det Højeste Selv. I dette tilfælde er *arāma* symbol på den forgængelige *prakṛti.*

879. सुधास्रुतिः
Sudhāsrutiḥ

Hun, som er kilden til nektar.

Når *Kuṇḍalinī* stiger op til *sahasrāra* som resultatet af *sādhana,* forårsager det en strøm af nektar fra månen, som befinder sig der. Nektaren afkøler kroppen og giver lyksalighed til en *sādhak*. Dette *mantra* gør det tydeligt, at Devī Selv er strømmen af nektar.

Ifølge *Jñānarnava* er *sudhaśruti* en form for meditation på Devī.

880. संसार पङ्क निर्मग्न समुद्धरण पण्डिता

Samsāra paṅka nirmagna samuddharaṇa paṇḍitā

Hun, som formår at løfte alle, der er fanget af sansernes forblændelse, op af det midlertidige livs mudder.

Samsāra er en mudret mose. Jo mere, man forsøger at slippe ud af den, des dybere synker man ned i den. Hvert skridt får en til at synke dybere ned. *Samsarier* nyder denne mudderpøl som om den var sandeltræspomade. På et enkelt øjeblik og med én eneste oplevelse kan Devī udrette det under, som består i at løfte mennesker, der gennem druk og ødselhed umætteligt følger et liv, der skader andre. Devī kaldes *pandita,* en ekspert (bogstaveligt talt betyder det én, som kender Selvet), fordi Hun kender hemmeligheden bag at løfte deres bevidsthed.

Amma har afgivet dette løfte: "Moder vil tage jeres hånd og føre jer fremad. Hun vil fjerne de snærende håndjern, Hun vil give jer Sin hånd og vise vejen, så I ikke falder ned i *samsāras* ild." Hvilken yderligere forsikring har vi behov for i dette liv? De, som prøver det, ved, at der ikke er et eneste tomt ord i dette løfte.

881. यज्ञ प्रिया

Yajña priyā

Hun, som holder af offergaver og andre ritualer.

"*Yajña* er Viṣṇu," ifølge *Śruti* (se *mantra* 769). Således betyder *mantraet:* Hun, som holder af Viṣṇu. Hun har Viṣṇus form, (*mantra* 893) og i én manifestation viser Hun sig som Viṣṇus søster (*mantra* 280).

Der findes fem typer *Yajña* (offer): (1) *Brahmayājna*: studiet af *Vedaerne*. (2) *Devayajña*: *agnihotra* og andre *yāgaer. Pūjaer* for Rāhu, Śani, Kuja (Mars) og chanting af de guddommelige navne hører til i denne kategori. De rettes mod forskellige *devaer.* (3) *Manuṣyayajña*: ofringer rettet mod mennesker. *Vedaerne* belærer om, at "Gæsten er Gud." At ære og tilbede sine gæster hører til denne gruppe. (4) *Pitṛyajña*: ofring til forfædrene. (5) *Bhūtayajña:* at give mad til dyr, fulge og insekter (offergaver rettet mod levende væsener). At praktisere og beskytte disse fem former for ofringer hører til husholderens pligter.

882. यज्ञ कर्त्री

Yajña kartrī

Hun, som er udføreren af ofre og ritualer.

883. यजमान स्वरूपिणी

Yajamāna svarūpiṇī

Hun, som er i form af Yajamāna (som leder offerriter).

Yajamāna er en af Śivas otte former.

884. धर्माधारा

Dharmādhārā

Hun, som understøtter reglerne for et retskaffent liv.

Dharma betyder "det, som giver støtte." Devī understøtter *dharma.* Bhāskarācārya citerer fra *Samvarta Smṛti:* "I ethvert land kan de regler for opførsel, som overleveres via traditionen, og som ikke går imod skrifterne, kaldes for *dharma.* "

Han, som beskytter *dharma,* vil til gengæld blive beskyttet af det. Hvordan beskyttes *dharma*? At leve et *dhārmisk (*retskaffent) liv er vejen.

Hvis *mantraet* deles op som *dharma* + *ā* (vidt og bredt) + *dhāra* (strøm) kan betydningen være: "Hun som spreder *dharma* alle vegne. "

885. धनाध्यक्षा

Dhanādhyakṣā

Hun, som fører opsyn med rigdom.

Dhanādhyaksa er Kubera, Rigdommens Herre. Devī kaldes *Dhanādhyaksā,* fordi der ikke findes nogen skelnen mellem den tilbedende og det tilbedte.

886. धन धान्य विवर्धिनी

Dhana dhānya vivardhinī

Hun, som øger rigdom og høst.

Når der er en overflod af rigdom, er det Devīs velsignelse. En, som tænker, at det skyldes hans egne evner, kan ikke selv forudse, at han vil falde, når han tager sit næste skridt. Devīs nærvær vil ses der, hvor der ikke kun er en overflod af høst, men hvor ydmygheden også blomstrer.

887. विप्र प्रिया

Vipra priyā

Hun, som holder af de vise.

En *vipra* er en *jňāni,* som har viden om Selvet. Det er den eneste betydning af *vipra*, som giver mening til den berømte sætning: "*Vipraer* beskriver den ene sandhed på mange måder." *Vipra* oversættes ofte til *brāhmaṇa.* Men det er ikke et begreb, som refererer til den status, man opnår ved sin fødsel. Denne status opnås gennem ens handlinger.

"Man er *vipra* på grund af sin viden og visdom."

"En vidende om *Brahman* er en *brāhmaṇa.*"

"Man er ved sin fødsel en *śūdra,* men bliver en *brāhmaṇa* ved sine handlinger. "

De følgende spørgsmål fortjener omtanke: "Kender en *brāhmaṇa* den uforgængelige *Brahman* uden at lære det? Fødes han med et mærke på panden eller med den hellige tråd eller kvasten?"

888. विप्र रूपा

Vipra rūpā

Hun, hvis form findes i den, der kender Selvet.

Kan også betyde én, som former de vidende om Selvet. Det er værd at bemærke, at dette *mantra* beskriver Ammas sande form.

889. विश्व भ्रमण कारिणी

Viśva bhramaṇa kāriṇī

Hun, hvis illusionskraft får universet til at fungere.

Brāhmaṇa betyder både at dreje rundt og forvirre. Devī er med samme lethed som en jonglør i stand til at få store kosmiske masser til at udfolde sig. Det er den samme Devī, som skjuler universets sande natur og skaber forvirring i en *samsārin* ved at indføre navne og former. Det er ligesom, når et reb kan se ud som en slange. Hvorfor skaber Hun den illusion? For at vedligeholde den kosmiske aktivitet. En, som ikke har nogen illusion, vil ikke engagere sig i handling, og det er afslutningen på *samsāra.*

Viśva betyder også Viṣṇu. (*Viśva* er det første navn i *Viṣṇu Sahasranāma*). Her citerer Bhāskarācārya en historie fra *Kālīka Purāṇa.* En gang steg Viṣṇu op på Garuḍa, som rejste hen over himlen. Han så den smukke Kāmamba Devī på Nilacalabjerget i landet Kāmarupa. Hun var Devī Selv. Viṣṇu fortsatte sin rejse uden at vise Hende respekt. Hun besluttede at give ham en lærestreg. Inden for få minutter faldt Viṣṇu ned i havet. Da Lakṣmi hørte om det fra Garuḍa, blev hun urolig og bad til Devī. Devī blev behaget igen ved denne bøn, Hun reddede Viṣṇu fra faren og viste Ham hen til Lakṣmi. Han lovpriste Devī og vendte tilbage til Vaikuṇṭha. Således blev Devī årsag til Viṣṇus vildfarelse.

890. विश्व ग्रासा

Viśva grāsā

Hun, som fortærer universet.

I *Śruti* står der: "Det, som universet vender tilbage til, eksisterer."

Den Devī er den samme som *Brahman.* Det ses også i *Brahmā Sūtraerne:* "Det er det højeste Selv, eftersom det bevægelige og det ubevægelige bliver Dets føde."

Her kan vi huske beskrivelsen fra *Kaṭha Upaniṣad* (I.ii.25), som blev citeret tidligere: "For hvem *brāhmaṇaer* og *kṣatriyaer* er føde og selv døden blot en sideret."

891. विद्रुमाभा

Vidrumābhā

Hun, som skinner som en koral (med Sin røde udstråling).

Vidruma er koral. Det kan også betyde videnstræet (*vi* + *druma*). Eller det er et specielt træ, det ønskeopfyldende *kalpatræ.* Devī, som opfylder alles ønsker, skinner som det ønskeopfyldende træ.

892. वैष्णवी

Vaiṣṇavī

Hun, som er i Viṣṇus form.

Devī findes i Viṣṇus form eller er Moder til Viṣṇu. I *Devī Purāṇa* findes den følgende definition af *Vaiṣṇavi:* "Hun prises med sang som *Vaiṣṇavi*, som bærer konkylie, diskos og kølle, som er Moder til Viṣṇu og ødelægger af fjender og findes i Viṣṇus form."

893. विष्णु रूपिणी

Viṣṇu rūpiṇī

Hun, hvis form strækker sig over hele universet.

I Sin kosmiske leg manifesterer Devī sig i fire forskellige former. Śrī Bhāskarācārya citerer det følgende fra *Lalitopākhyāna*, hvor Viṣṇu siger: "Maheśas oprindelige Śakti kommer til syne i fire former: i Sin normale eller "nydende" form (*bhogarūpiṇī*) som Bhavānī, i kamp som Durgā, i vrede som Kālī og som mand i Min egen form."

I *Kūrma Purāṇa* viste Śiva sin Universelle form til Mankanaka, som spurgte til den forfærdelige og strålende form ved Śivas side. Śiva svarede: "Hun er min Højeste *Māyā* og den *Prakṛti,* som besidder de tre *guṇaer.* De vise kalder Hende universets livmoder. Hun kender universet, og Hun vildfører det gennem *Māyā.* Hun er Nārāyana."

894. अयोनिः

Ayoniḥ

Hun, som er uden oprindelse.

Eftersom Hun er uden oprindelse, har Hun ingen ende. Hun har intet hjemsted. Hun har ingen begrænsninger.

Hvis *a* er Viṣṇu, og *yoni* er oprindelse, er Hun oprindelsen til Viṣṇu. Selv treenigheden Brahmā, Viṣṇu og Śiva opstår, eksisterer og forgår i Hende.

895. योनि निलया

Yoni nilayā

Hun, som er sæde for alle oprindelser.

"Den ene, fra hvem alle væsener oprinder," står der i *Śruti.* Den Parāśakti er Devī. En, som er kilde til selv den Oprindelige Årsag og understøtter selv skaberen Brahmā.

Dette *mantra* betyder også "Hun, som dvæler i form af *bindu* i trekanten i *Śrīcakra.*"

896. कूटस्था
Kūṭasthā

Hun, som forbliver uforandret som ambolten.

En ambolt er et solidt stykke jern, hvor ophedede metalstykker bliver formgivet med en hammer. Den forandrer sig ikke. Selv ikke efter at der er blevet hamret rødglødende jernstykker på den utallige gange. På samme måde er Devī den Højeste, den Evige Ene, som forbliver uberørt som ambolten, selv når verdslige forandringer slår på den.

Kūṭa kan fortolkes som uvidenhed (*ajñāna*). Så betyder *mantraet,* at Devī forbliver indhyllet i vores uvidenhed. "Visdom vikles ind i uvidenhed; derved vildledes væsener," står der i *Gītā* (V. 1 5).

Kūṭa betyder også bjergtinde. Devī er så ubevægelig som en bjergtinde. Mange Devītempler ligger på bjergtoppe.

Kūṭa er også verden. Devī holder alle verdener fastgjort til Sig Selv.

Den *Tāntriske* betydning er: "Hun, som opholder sig i de tre *kūṭaer* i *pañcadaśimantraet.*" Den anden *Tāntriske* betydning er, at Hun dvæler ved døren (*kūṭa*) i *Śrīcakratrekanten.*

Ifølge *Visvakośā* betyder *kūṭa* maskine, bedrag, zodiak, ambolt, illusion, bjergtop, tinde, ubetydelighed, del af en plov, porten til en by.

897. कुल रूपिणी
Kula rūpiṇī

Hun, som er guddommen i Kaulavejen.

De forskellige betydninger af *kula* og *Kaulavejen* er blevet gennemgået tidligere ved flere *mantraer.*

898. वीरगोष्ठी प्रिया

Vīragoṣṭhī priyā

Hun, som holder af krigernes forsamling.

Vīraer behøver ikke være krigere. Lærde, ledere, herskere og digtere kan alle være *vīraer.* Da Devī kan tilbedes, hvor alle af denne slags er samlet, holder Hun særligt af sådanne forsamlinger.

899. वीरा

Vīrā

Hun, som er heroisk.

En, som har dygtige efterkommere, og en mand, der udmærker sig, kaldes *Vīrā.* Devī er virkelig uden lige blandt *vīraer* med efterkommere som krigeren Subrahmania, Ganeśa, ødelæggeren af forhindringer, Kālī, som fælder dæmonen Dāruka, og med en mand som Śiva, der fortærede den mest kraftfulde gift, brændte Tripura-byerne til aske og Selv udgør døden for Dødens Herre!

900. नैष्कर्म्या

Naiṣkarmyā

Hun, som afstår sig fra at handle.

Her huskes Herren Krisnas ord: "Der er intet som helst for mig at opnå i de tre verdener, Åh Pārtha, ej heller er der noget at opnå, der ikke allerede er opnået, og dog er jeg engageret i handlinger."(*Gitā* III.22).

Devī, som gør alt, forventer ikke frugten af noget. I *Gitā* kaldes handlinger, der udføres for handlingens egen skyld uden ønske om nogen frugt af den, for ikke-handling (*akarma*). Alle Devīs handlinger er for andres bedste. "Uden tilknytning til handlingens frugt, evigt tilfreds, afhængig af ingen, gør han intet som helst, selvom han bestandigt engagerer sig i handlinger." (*Gitā* IV.20)

Der findes ikke noget i de tre verdener, som Devī har brug for at opnå. Der er intet, der skal gøres. Alligevel er Hun optaget af handlingerne, der er forbundet med skabelse, vedligeholdelse og ødelæggelse, og af at opfylde Sine Hengivnes ønsker. Fordi alle handlinger, der gøres uden forventning om frugter, kaldes ikke-handlinger, kaldes Devī handlingsløs, *Naiṣkarmyā.*

Med dette mantra afrundes den tiende *kāla,* der er kendt som *bodhini.*

901. नाद रूपिणी

Nāda rūpiṇī

Hun, hvis form findes i den oprindelige lyd.

Devī findes i form af Nādabrahman, *Brahman*-som-lyd.

Nāda beskrives i *Svacchanda Tantra* på grundlag af *prāṇava,* stavelsen *Om. Nāda* er foran *praṇava. Nādas* position er i *anāhata cakra* i hjertet. Med basis i de fem sanser hørelse, berøring, syn, smag og lugt, anses *nāda* for at bestå af fem *tuṣṭis* (former for opstemthed). De har også fem forhindringer (*vighnaer*). De svarer til jordisk rigdom og tilegnelse af den, samt overvågning, forbrug og tab af den. Den *sādhak,* som overvinder disse forhindringer, opnår opløftning og gør fremskridt inden for Nādabrahmans *upāsana,* og vil blive i stand til at realisere Devī, som er *Nādarūpinī.*

902. विज्ञान कलना

Vijñāna kalanā

Hun, som realiserer viden om Brahman.

Her er *Vijňāna* viden om *Brahman,* og *kālana* er én, som realiserer det, eller gør det til sin egen.

Ifølge *Kūrma Purāṇa,* refererer *vijňana* til de fjorten *vidyāer* eller grene af viden. Der findes fire *Vedaer,* de seks *Vedāngaer* (uddybende værker til *Vedaerne*), jura, *Purāṇaerne, mīmāmsā* (filosofi) og logik. (Der findes andre tilsvarende inddelinger af viden i systemer). Devī har realiseret essensen af dem alle, eftersom Hun er hjemsted for al viden.

903. कल्या

Kalyā

Hun, som er i stand til at skabe.

Dette navn kan forstås som én, der har evner inden for kunst eller besidder kreative egenskaber, eller som én, der er essensen af daggryets klarhed.

Kalya har ifølge ordbogen følgende betydninger: "skabelse, *morgengry,* fravær af sygdom, dygtig person, lykkebringende tale og mjød. Devī kan forbindes med alle disse betydninger.

904. विदग्धा

Vidagdhā

Hun, som er ekspert i alt.

Hvor vidunderlig er ikke Devīs ekspertice, som udfolder sig i skabelsens store forskellighed, i dygtigheden, hvormed Hun beskytter og straffer!

905. बैन्दव आसना

Baindava āsanā

Hun, som findes siddende i Baindavacakraet.

Baindava er stedet mellem øjenbrynene. Der findes *ājňācakraet* og over det *sahasrāra. Bindumaṇḍala* i *ājňācakraet* er over *Hākinī*-cirklen. Her opholder den Śakti sig, som kaldes Manonmani.

Baindavacakra refererer også til *sarvānandamayacakraet* i *śrīcakra.* Så betyder *mantraet,* at Devī er den, der opholder sig i dette cakra.

Bhāskarācārya giver den følgende fortolkning. Han antager, at *mantraet* er *abaindavāsana* og deler det som *ap* (vand) + *aindava* (af månen eller månerne, som her refererer til *jīvas*) + *āsana* (sæde): "Der findes kun en enkelt måne, men den spejler sig i mange vande. På samme måde er Devī kun én, men Hun spejler sig via betingninger i en stor mængde *jīvaer.* "

906. तत्त्वाधिका

Tattvādhikā

Hun, som transcenderer alle kosmiske kategorier.

Tattvaer bliver opgivet forskelligt inden for forskellige filosofiske systemer. *Sānkhyas* tilslutter sig tanken om femogtyve *tattvaer:* de fem elementer og deres objekter (lyd, berøring, syn, smag og lugt), de fem vidensorganer, de fem handleorganer, de fem *prāṇaer* (vitale åndedrag): *prāṇa, apāṇa, vyāṇa, udāṇa* og *samāṇa*), de fem *upaprāṇaer* (hjælpende åndedrag: *nāga, kūrma, kṛkara, devadatta* og *dhanañjaya*). Desuden de seks *cakraer* (begyndende med *mulādhāra*), som i alt bliver seksogtredive. Disse kategorier eksisterer indtil opløsningens tid. Devī transcenderer dem og eksisterer endda hinsides opløsningen.

Her følger en opgørelse over den placering og de handlinger, der hører til de ti åndedrag: *prāṇa* i hjertet, *samāṇa* i navlen, *udāṇa* i halsen og *vyāṇa* gennem kroppen. *Nāga* handlinger sker ved at kaste op, *kūrma* ved at blinke med øjnene, *kṛkara* ved at forårsage sult og *devadatta* ved at gabe. Ved døden dækker *dhanañjaya* kroppen og bliver der i et stykke tid uden at forlade den.

907. तत्त्व मयी

Tattva mayī

Hun, som er Selve Virkeligheden eller Selve Śiva.

Der findes tre slags *tattvaer* (virkelighed) – *Atmātattva, Vidyātattva* og *Śivatattva.* Devī er essensen af alle disse. Nogle anser *Turīyatattva* for at være den fjerde. *Tattva* kan forstås som *Brahman,* der er *Sat – Cit – Ānanda* (eksistens – bevidsthed – lyksalighed). *Atmatattva* er *Sat, Vidyātattva* er *Cit,* og *Śivatattva* er *Ānanda.* Således er *Tattvamayī* Hende, som er *Satcitānanda.*

Atmātāttva siges at svare til *Māyā, Vidyātattva* til Śiva og *Śivatattva* til Śakti. *Turīyatattva* er kombinationen af disse tre.

Dette *mantra* kan også tolkes ud fra *samādhitilstanden.* Der findes to slags *samādhi: samprajňata* og *asamprajňāta.* Den første slags er intens og har et højt tempo, mens den anden slags er stille og langsom. *Jňānarnava* beskriver de to typer. Tegn på *samprajňāta samādhi* er latter, gråd, hår, der rejser sig, skælven og sveden. Tegn på *asamprajňāta samādhi* er faste øjne og en fast krop, som skyldes, at sindet er forankret i *Brahman.*

908. तत् त्वम् अर्थ स्वरूपिणी

Tat tvam artha svarūpiṇī

Hun, som er betydningen af tat (Det) og tvam (Du).

Tat står for *Brahman* og *tvam* for *jīvatma.* Ifølge det meget kendte citat fra *Upaniṣad* "Tat tvam asi" er disse to det samme. Devī findes i form af den viden om Selvet. "*Jīva* er ikke adskilt fra *Brahman,*" tilføjer Acārya Śankara.

909. साम गान प्रिया

Sāma gāna priyā

Hun, som har forkærlighed for chanting af Sāma-vedaen.

Hvis navnet deles op som *sāmaga + ana + priya* får vi: "Hun, som elsker den, der synger Sāmasange (*samaga)* som Sin egen *prāṇa* (*ana*)."

910. सोम्या

Somyā

Hun, hvis natur er gunstig og venlig, kølig og mild som månen.

Somya er det, der tilhører *somāyāga, somaofferet.*

Devī fortjener den højeste position i denne ceremoni og er derfor *Somyā.*

Ifølge Bhāskarācārya er Soma Śiva, fordi Han er med Umā (sa + Umā). Så er *Somyā* én, som hører til Śiva, hvilket betyder Devī, som er foreningen af Śiva og Śakti.

Soma betyder også kamfer. Devī er lige så klar, kølig og ren som kamfer.

911. सदाशिव कुटुम्बिनी

Sadāśiva kuṭumbinī

Hun, som er Sadāśivas hustru.

Dette *mantra* kan også anses for at betyde: "Altid (*sadā*) lyksalig (Śivā) og med familie (*kuṭumbini*)." Hun er *kuṭumbini* (familiens matrone), fordi *śaktierne* Śyāmalā, Śuddhavidyā og Aśvārūḍhā alle er medlemmer af Hendes familie. Det siges også, at disse *śaktier* er former for Devī Selv.

912. सव्यापसव्य मार्गस्था

Savyāpasavya mārgasthā

Hun, som befinder sig i (eller kan opnås ad) både den venstre og højre tilbedelsesvej.

De lærdes holdning er, at der også findes en midtervej. *Savya* (venstre) konnoterer skabelsesakten, *apasavya* (højre) opløsningsprocessen, og *mārga* er handlingen, der vedligeholder. Således er Devī grundlaget for alle tre processer.

Solens gang gennem stjernebillederne igennem årets løb er inddelt i tre *ayanaer* eller veje – nord, syd og midt, som svarer til henholdsvis *savya, apasavya* og *marga.* De henviser til solens gang gennem områderne i nord, syd og nær ækvator, som hver varer fire måneder. Dette *mantra* betyder i denne sammenhæng, at Devī befinder sig i alle de tre veje.

Generelt anses det for mest fordelagtigt at dø i løbet af solens passage gennem det nordlige område, men *mantraet* gør det tydeligt, at for den sande hengivne af Devī findes der ingen skelnen. En sådan hengiven vil smelte sammen med Hende, uanset hvornår døden indfinder sig.

Solens passage gennem det nordlige område kaldes *jyotirmārga,* "lysets vej" (vidensvejen eller *devaernes* vej). Solens passage gennem det sydlige område er kendt som *dhumamārga,* "røgens vej." Den første menes at være for *jñānis,* mennesker med viden, og den sidste for verdslige mennesker.

Den midterste vej kaldes *dhruvamaṇḍala,* "Dhruvas hjemsted," eller Viṣṇus sted. Det siges, at solens og planeternes bane kontrolleres fra *dhruvamaṇḍala.* Devī opholder sig her og styrer alle tre veje. Således opnåede Hun navnet *Savyāpasavyamārgastā.*

Det er almindeligt at inddele året i to dele ud fra solens gang gennem det nordlige og det sydlige område (*uttara* og *dakṣiṇā ayanas*), som hver varer seks måneder.

Under hver *ayana* passerer solen gennem området for ni stjerner eller konstellationer, som hver er delt i tre grupper, der er kendt som *vīthīer* med tre *nakṣatraer* eller konstellationer på hver. Det er følgende:

Den nordlige passage eller Uttarāyana

Aśvinī, Kṛttikā, Bharaṇī	Nāgavīthī
Rohiṇī, Ārdrā, Mṛgaśiras	Gajavīthī
Puṣya, Āśleṣā, Purnarvasu	Airāvatīvīthī

Den midterste passage eller Madhyamāyana

Makhā, Purva og Uttara Phalgunīs	Ṛṣatīvīthī
Hasta, Citrā, Svātī	Govīthī
Jyeṣṭhā, Viśākhā, Anuradha	Jāradgavīvīthī

Den sydlige passage eller Dakṣiṇāyana

Mūla, Pūrva og Uttara Āṣāḍha	Ajavīthī
Śravaṇa, Dhaniṣṭhā, Śatabhiṣak	Mrgavīthī
Pūrva, og Uttara Bhādrapada, Revatī	Vaiśvānaravīthī

Savya henviser også til *iḍā; apasvya* til *piṅgalā* og *mārga* til *suṣumnā.* Devī opholder sig i disse tre *nāḍīer.*

913. सर्वापद् विनिवारिणी

Sarvāpad vinivāriṇī

Hun, som fjerner alle farer.

I *Kūrma Purāṇa* siger Devī: "Med visdommens lys ødelægger jeg uheld af selv gigantisk omfang, som rammer dem, der søger tilflugt hos Mig og i deres tilbedelse frasiger sig alle tilknytninger, har medfølelse for alle skabninger, er frigjorte fra begær og vrede og besidder selvkontrol, hvad enten de er *sannyāsier, vānaprasthaer, gṛhasthaer* eller *brahmachārier.*"

I *Harivamśa* fortæller Viṣṇu til Devī: "Kun Du beskytter mennesker fra sorger som død, tab af rigdom, børns død og andre lidelser: Det er der ingen tvivl om." I *Varāha Purāṇa* priser Brahman Hende: "Åh Devī, for den, der søger tilflugt hos Dig, opstår der ingen farer og uheld."

Selv *Brahman* og andre vil tjene dem, som husker Devī.

Betydningen af dette *mantra* skal opstå gennem personlig erfaring. Ingen, som konstant søger tilflugt hos den Guddommelige Moder, kan nægte sandheden i dette *mantra.*

914. स्वस्था

Svasthā

Hun, som har bolig i Sig Selv, som er fri for alle lidelser.

Brahman er det objekt, som intet adskiller eller udskiller sig fra. *Brahman* opholder sig i *Brahman.* Det er grunden til, at vi siger, at Devī er *Svasthā* og har bolig i sig Selv.

"Hvor holder den *Brahman* til? I Sin egen majestæt," siges det i *Śruti.* (*Chāndogya Upaniṣad* VII.24.1).

Hvis navnet deles op som *su + astha,* bliver betydningen: "Hun, som ikke har noget fast opholdsted, men strækker sig lykkebringende ud overalt."

915. स्वभाव मधुरा

Svabhāva madhurā

Hun, hvis iboende natur er sødme.

"Hun, som med Sit nærvær (*svabhāva*) giver nåde til byen Madhura." Det vil sige: "Hun, som findes i form af gudinden Mīnākṣī af Madhura."

Ifølge Bhāskarācārya kan dette navn også fortolkes på følgende måde: "Hun som bærer de vises åg." Betydningen er, at for vismændene bliver Devī ved Sin kraft til åget på livets vogn. Når hestene løber fremad, er åget med til at få vognen til at følge med og nå frem til målet. Hvis åget går i stykker, kan vognen løsne sig og endda falde i grøften.

Der findes også flere andre fortolkninger af navnet:

– Hun, som er foran de, som kaster lys på Selvet.

– Hun, som er sød mod dem, der viser fravær af begær, vrede og andre negative egenskaber.

– Hun, som giver (Sine hengivne) den nektar, som naturligt findes i Hende.

916. धीरा

Dhīrā

Hun, som er vis; Hun, som giver visdom.

Dhī er visdom, viden om Selvet; *ra* er én, som besidder eller giver. Således er Hun, som giver viden om Selvet, *Dhīrā.* Ira er den daglige guddom for den tiende månedag (*daśami*). *Dhīra* er Īra, skænkeren af visdom. Dette *mantra* hilser Devī i form af denne guddom.

"Kun gennem Guds nåde kan man få smag for nondualitet," siger Śankara.

917. धीर समर्चिता

Dhīra samarcitā

Hun, som er tilbedt af de vise.

Hun bliver tilbedt for at opnå lyksaligheden ved viden om *Ātman.* Lyksaligheden i viden om Selvet gør alt andet uinteressant ifølge dem, der har opnået erfaringen. Den afsondrede, fredfyldte og nonduale lyksalighed i *Ātman* overgår langt selv den reneste glæde. Den er uberørt af ethvert spor af sorg eller angst. Hvis ikke, hvorfor ville de vise ellers give afkald på alt andet for at opnå det? "Du kan kaste mig ned i helvedet eller gøre mig til Herre over alle verdener; hvad der end sker, vil jeg aldrig forlade Dine Fødder – det er sikkert!" siger Kalyanacarana.

918. चैतन्यार्घ्य समाराध्या

Caitanyārghya samārādhyā

Hun, som tilbedes med bevidstheden som offergave.

Det er tilbedelsen af Devī, som ikke sker via billeder eller ting, men ved at fremkalde Hende og ofre til Hende i sindet.

Caitanya er *bhuvaneśvarimantraet,* og *arghya* er offergaven under tilbedelsen. Således er Hun én, der tilbedes ved at bruge *bhuvaneśvarimantraet.*

919. चैतन्य कुसुम प्रिया

Caitanya kusuma priyā

Hun, som holder af den blomst, som er bevidstheden.

Dette mantra handler om tilbedelse af det formløse. Her er det højeste de blomster, som er viden om det Højeste. Det er den højeste form for tilbedelse.

Ifølge *tantra*-eksperter er *caitanya* lyksaligheden kaldet *Kuṇḍagolodbhāva.* Det er lyksaligheden, der erfares, når *Kuṇḍalinī* går ind i *Viśuddhicakraet.* Devī holder af den *caitanyablomst.*

I *Saundaya Laharī* (vers 3) siger Śaṅkarācārya, at for de, som ikke er højt begavede intellektuelt, er Devī strømmen af honning fra en buket af *caitanyablomster.* Denne strøm er kraften til at skelne mellem virkeligt og uvirkeligt. Når der tales om "mennesker, som ikke er højt begavede intellektuelt" menes det, at selv almindelige mennesker fortjener at opnå *Brahmans* lyksalighed. Hastāmalakācārya, som er Śankaras egen discipel, er et eksempel.

Billedet af blomster er en måde at give formløse ideer en form. Bhāskarācārya gør det klart gennem et eksempel. Den største form for tilbedelse siges at være gennem brugen af otte slags blomster: ikke-skadende adfærd, begrænsning af sanserne, overbærenhed, medfølelse, visdom, bodsøvelser, sandhed og meditation (at ofre sit hjerte).

920. सदोदिता

Sadoditā

Hun, som er evigt skinnende.

En, som altid stiger op i stråleglans, (som aldrig går ned). Eller en, som altid kommer til syne i mennesker, der har dyder, og spreder Selvets lys.

921. सदातुष्टा
Sadātuṣṭā

Hun, som er evigt tilfreds.

Hun, som er tilfreds med de, der har dyder. Devī opholder sig med glæde i selskab med mennesker, der har dyder. Selv onde mennesker bliver dydige i Hendes selskab. Således bliver det klart, at Devī altid er i selskab med gode mennesker.

922. तरुणादित्य पाटला
Taruṇāditya pāṭalā

Hun, som er rosa som morgensolen.

Taruṇāditya er den nyopståede sol, og *pāṭala* er rosafarvet. Det kan også tolkes, som om det refererer til solen ved middagstid. Således beskriver Bhāskarācārya Devī som én, der skinner med en klar rosa farve. Man kan måske føle, at der ikke er nogen rødlig farve i solen ved middagstid. Solens lys indeholder alle farver, hvor den røde bliver tydelig ved daggry og skumring. Den røde farve er der altid. Derfor beskrives Devī som en kombination af hvide og røde farver, der svarer til solen ved middagstid.

Devī antager forskellige farver, der afhænger af den form, som de hengivne tilbeder Hende i. "Når Hun skænker frelse, er Hendes farve hvid og fredfyldt. Når hun kontrollerer mænd, kvinder og konger, bliver Hendes farve rosa. Når Hun viser det aspekt, der kontrollerer penge, er Hendes farve gul. Når Hun dræber, har Hun en sort farve; når Hun er fjendtlig, antager Hun en brun farve, og i den erotiske side er Hun rosa. Ifølge Smṛti mediteres der således på den altid skinnende Devī i forskellige farver, som afhænger af de forskellige aktiviteter.

923. दक्षिणादक्षिणाराध्या

Dakṣiṇādakṣiṇārādhyā

Hun, som tilbedes af både højre- og venstrehåndede gudsdyrkere.

Dakṣiṇā betyder duelige mænd, og *adakṣiṇā* betyder dem med få færdigheder. Devī er genstand for tilbedelse fra begge typer mennesker.

Herren Kṛṣṇa siger: "Fire slags *sukṛtier* (mænd med dyder) tilbeder Mig, Åh Arjuna: de fortvivlede, de, som søger viden, de som søger rigdom og de vise." (*Gitā* VII.16) Ordet *sukṛti* er særligt bemærkelsesværdigt. Det er ikke alle, som ønsker at tilbede Devī. Kun de mænd, som har dyder eller har oparbejdet fortjenester, som falder ind under de nævnte kategorier, vil søge tilflugt hos Hende. Blandt dem kan der være vise mænd, dygtige mænd og mænd, der savner færdigheder.

I denne sammenhæng er Ammas råd meningsfuldt. Hun siger: "Børn, I skal bede om hengivenhed i stedet for om rigdom! Hvis du får kontrol over kongen, får du hele skatten. Hvorfor tigge om småting?" Det er de vises vej.

Dakṣiṇā betyder også ofre, der inkluderer rigdom, og *dakṣiṇā* betyder vise mænd som ovenfor og *ārādhya,* tilbedt. Således er Devī én, som tilbedes af de vise (Hendes bedste hengivne) med forskellige offergaver.

Dakṣiṇaer er *devaer,* og *adakṣiṇaer* er *asuraer.* Devī tilbedes af begge grupper.

Dakṣiṇa refererer også til handlingens vej, (*karma mārga*) og *adakṣiṇa,* vidensvejen (*jñānamārga*). Devī tilbedes ad begge disse veje. *Mantraet* kan også betyde, at Devī er generøs eller mild (*dakṣiṇa*) over for de hengivne, som følger vidensvejen (*adakṣiṇas*). Det skal ikke betyde, at tilbedelse gennem *jñāna* er tilbedelse gennem *karma* overlegen. Det betyder kun, at fordi vidensvejen er hårdere, kan Devī måske vise mere medfølelse over for dem, der følger den.

924. दर स्मेर मुखाम्बुजा

Dara smera mukhāmbujā

Hun, hvis lotusansigt har et sødt smil.

Dara betyder også frygt. I det tilfælde betyder *mantraet:* "Hun, som smiler, selv når frygt forventes." Ved den endelige opløsning forventes det, at selv Brahman og andre vil opleve frygt. Devī vil selv på det tidspunkt fortsætte med at smile.

Dara betyder også beskyttelse. Når Hendes hengivne har brug for beskyttelse fra fare, er Hun der med et smil på Sit lotusansigt. Hvilket sødt navn det er! Kun de, som har erfaret denne godhed, vil kende til dette navns sødme.

925. कौलिनी केवला

Kaulinī kevalā

Hun, som tilbedes som ren Viden (Bevidsthed) af dem, som følger Kaulavejen.

Navnet *Kaulinī* (*mantra* 94) betyder én, som tilbedes af dem, som følger *kaulavejen.* Der bliver Devī tilbedt med en form. Ordet *kevalā* i dette *mantra* betyder på den anden side én, som er Ren Viden, uden egenskaber og navn. Således er Hun formløs her. Hun er *Kaulinī* og *Kevalā* på samme tid – med og uden form. Tilbedelse med form og uden form når begge i lige høj grad ind til Hende.

Ifølge nogle kommentatorer er dette *mantra Kālīnikevalā.* I dette tilfælde er Devī ren tid.

926. अनर्घ्य कैवल्य पद दायनी

Anarghya kaivalya pada dāyinī

Hun, som skænker den uforlignelige frugt, som er Endelig Befrielse.

Kaivalya er her blevet beskrevet som tilstanden hinsides *turīyatilstanden.*

927. स्तोत्र प्रिया

Stotra priyā

Hun, som holder af hymner, der lovpriser Hende.

Der findes seks slags *stotraer* (lovprisning): Hilsner og at lægge sig ærbødigt ved fødderne (*namaskāra*), at velsigne guddommen, hvis kraft måske er svundet ind (*āśīs*), at prise guddommens inderste essens (*siddhāntokti*), at prise guddommens bedrifter (*parākrama*), at prise herlighederne (*vibhūti*) og bøn (*prārthanā*). Læs som eksempler de følgende *mantraer* i *Sahasranāma:* 63 (Én, som opfylder alle ønsker), 79 (Beskrivelse af Hendes bedrifter i slaget mod Bhaṇḍa), 627 (Tilbedt af de tre verdener), 658 (Beskrivelsen af Hende som kombinationen af vilje, viden og handling), 692 (Skænkeren af herredømmet over imperier), 735 (Grundlaget for dette illusoriske univers), 928 (Lovprisningens sande objekt) og 953 (Giver af glæde.)

Stotra betyder også *Vedisk mantra.* Devī er særlig glad for lovprisninger, der ofres ved at chante *mantraer* fra *Vedaerne.*

928. स्तुति मती

Stuti matī

Hun, som er det sande objekt, essensen, i alle lovprisninger.

Hvor talrige er ikke de hymner, der er blevet sunget i lovprisning siden de *Vediske* tider! Og hvor mange flere vil ikke følge efter disse! Dette *mantra* gør det tydeligt, at det sande objekt eller den sande modtager af al den lovprisning, som synges på hvilket som helst sprog og rettes mod hvilken som helst guddom, er den oprindelige højeste Śakti – selve Adi Parāśakti.

Hun er også én, som skænker intelligens og erkendelse til dem, som lovpriser Hende.

929. श्रुति संस्तुत वैभवा

Śruti samstuta vaibhavā

Hun, hvis herlighed prises i Śrutierne.

Samstuta er kendt eller erfaret. Duśyanta siger i *Śakuntala*: "Kroppen bevæger sig fremad, men den, der i sit hjerte er uvidende (*asamstuta),* bevæger sig baglæns." *Śrutisamstuta* indebærer, at Devīs magt og herlighed kun begribes af *Vedaerne.* Da der findes fire *Vedaer,* kan dette *mantra* også tolkes som "En, der har fire kendte herligheder."

De fire måder, hvor Devīs herligheder manisterer sig, er: Personen i hjertet (*Jīvapuruṣa*), Personen i verset (*Chandaḥpuruṣa*), Personen i *Vedaerne* (*Vedapuruṣa*) og den Store Person (*Mahāpuruṣa*) Disse fire kan også forstås som *jīva,* stavelsen *Om, Vedaerne* og *Virāt.*

De følgende fire *śaktier* nævnes også som Devīs herligheder: tålmodighed (*kṣamāśakti*), viden (*jňānaśakti*), fasthed (*pratiṣṭhāśakti*) og mådeholdenhed (*nivṛttiśakti*).

930. मनस्विनी

Manasvinī

Hun, som er velkendt for Sit sind.

Navnet *Manasvinī* skal forstås rigtigt. Hendes sind prises, fordi det ikke er det sædvanlige. For det meste er alle afhængige af sindet. I Devīs tilfælde er det sindet, som afhænger af Hende.

931. मानवती

Mānavatī

Hun, som er højsindet; Hun, som har stor berømmelse.

Māna betyder også målestok og det, som ikke kan måles. Når vi taler om Devīs berømmelse, kan den ikke måles. Når vi forstår betydningen af at måle, er Devī den, som måler og holder styr på held og uheld.

932. महेशी

Maheśī

Hun, som er Śivas hustru.

Også den store beskytter og den, som tilbedes af store personer.

933. मङ्गलाकृतिः

Maṅgalākṛtiḥ

Hun, som har en lykkebringende form.

Én hvis handlinger (*kṛtī*) er lykkebringende. Hendes handling er skabelsen af universet.

934. विश्व माता

Viśva mātā

Hun, som er Universets Moder.

Viśva er også Viṣṇu. Hun er Moder til Viṣṇu. Devī er oprindelsen til treenigheden Brahman, Viṣṇu og Śiva.

935. जगद् धात्री

Jagad dhātrī

Hun, som er Moderen, som beskytter og opretholder verden.

"Du er vores Herre, som hver dag giver os alt uden at fejle, vores mad og tøj, beskyt os og velsign os!"

936. विशालाक्षी
Viśālākṣī

Hun, som har store øjne.

Det henviser til den store skønhed i Devīs øjne og også til den kendsgerning, at der ikke findes noget sted, som Hendes øjne ikke når.

Den Devī, som tilbedes i Kāśi (Varanāsi) er Viśalākṣī.

937. विरागिणी
Virāgiṇī

Hun, som er lidenskabsløs.

Én, som ikke har noget ønske om noget. Da Devī ikke er bundet til noget, er Hun ikke særligt interesseret i noget. Hun er uden tilknytning.

938. प्रगल्भा
Pragalbhā

Hun, som er dygtig og sikker.

Her henvises der til de ufejlbarlige evner, som afspejles i skabelsen, vedligeholdelsen og ødelæggelsen. Hvor storslået er modet og dygtigheden i skabelsen af alt i universet!

939. परमोदारा
Paramodārā

Hun, som er yderst gavmild.

Devī er én, som skænker den ultimative lyksalighed. Dette *mantra* kan også betyde, at Devī er den, som skaber *samsāraoceanet* alle vegne.

Navnet kan også skilles fra det foregående som *aparamodāra* og betyde, at Hun er gavmild over for de fattige og lidende.

Sådanne dårligt stillede mennesker har helt sikkert fortjent Hendes nåde, og Hun opfylder alle deres ønsker (*Aparama:* de, som ikke har Rāmas nåde, rigdommens gudinde, fattige, *udārā:* gavmild).

940. परा मोदा
Parā modā

Hun, som er yderst frydefuld.

Āmoda er glæde, duft og berømmelse. Devī er den, som besidder det ultimative inden for alle disse områder. Hun er også den, som spreder den højeste fryd overalt.

941. मनोमयी
Manomayī

Hun, som findes i sindets form.

Sindets form er både manifesteret og ikke-manifesteret. Det kan både siges, at sindet har en form, og at det ikke har en form.

"Den Bhairava, Śiva, er Cidākāśa. Hans *spandaśakti,* Hans bevægelsesenergi er Manomayi," står der i *Vāsiṣṭha Ramāyāna.* Den første pulsering af alle kosmiske elementer (*tattvaer*) fra Jorden til Śiva er kendt som *manomayi.* Devī er den oprindelige bevægelse eller pulserende energi, *ādyaspanda.*

Ifølge *mantraet Manorūpekṣukodaṇḍā* (*mantra* 10) er Devī én, der holder et våben, som er Hendes sind. Hun besejrer og underlægger sig alle med det våben. Sindet kan bruges som et andet begreb for *Brahman.*

942. व्योम केशी
Vyoma keśī

Hun, som har himlen som Sit hår.

Beskrivelsen af Devī som én, der bærer den opstigende måne i Sit hår, hører sammen med dette *mantra.* Det gælder også Śivas hår. Derfor kaldes Śiva Vyomakeśa. *Viomakeśi* er Śivas hustru. *Vyomakeśi* er én, som beskytter (*īśi*) selv atomerne (*vyomaka*). Devī er én, som beskytter atomer og desuden får dem til at manifestere sig i mange forskellige former og med mange forskellige navne.

Dette navn kan også referere til den Kosmiske (*virāt*) form, hvor æterelementet (*vyoma* eller *ākāśa*) er Hendes hår.

943. विमानस्था
Vimānasthā

Hun, som sidder i sin himmelske stridsvogn; Hun som rejser i Sin himmelske stridsvogn sammen med guderne.

Vimānasthā betyder også én, som opholder sig i en speciel stridsvogn, der består af lys. Lysets stridsvogn har den betydning, at hastigheden er meget høj. Devī, som rejser i en sådan stridsvogn, kan give lindring og et tilflugtssted til hvem som helst på fraktionen af et øjeblik. Lyset rejser med 300.000 km (eller 186.000 mil) i sekundet. Det er svært at forestille sig, at tidligere tiders vismænd i Indien har analyseret lysets hastighed for så længe siden. Der findes et vers i Sāyanas kommentarer til *Ṛgveda*: "Åh Herre Sol, hilsener til Dig, som rejser 2202 *yojanaer* på et halvt øjeblik!" Ifølge en beregning, som er lavet af Professor G. Krishnamūrti fra Madras, er denne værdi næsten identisk med den moderne værdi, som tillægges lysets hastighed."

Lysets stridsvogn betyder et klart eller strålende lys. Det betyder også stridsvognene *kiricakra ratha* og *geyacakra ratha,* som blev beskrevet i de tidligere *mantraer.* Således betyder det nærværende *mantra,* at Devī rejser i disse strålende stridsvogne.

Verset, der refereres til her, har også en anden særlig betydning. De første tre fjerdedele af verset repræsenterer fysisk viden, og den sidste del repræsenterer den spirituelle viden. Det minder om, at en hvilken som helst fysisk viden kun kan indebære et trygt og fredfyldt liv, hvis den er rodfæstet i spirituel viden.

Vi indikerer fravær, og *māna* er mål. Så er *Vimānasthā* én, som dvæler i den umålelige, ubegrænsede *Brahman.*

Māna er *pramāna* eller bevismåde. Devīs natur er viden. Hun er én, som opholder sig i form af viden i *pramānaerne*, som er forskellige veje til at opnå viden, som f.eks. *pratyakṣa* (direkte erkendelse gennem sanserne), *anumāna* (slutning), *upamāna* (analogi), *arthapathi* (uundgåelig slutning ud fra omstændighederne) og *anupalabdhi* (bevis, fordi det modsatte er fraværende).

Hun er én, som opholder sig i *Vedaerne* (*vimānaer*). *Vimānaer* kan også referere til de fjorten *vidyāer* eller grene af viden. Devī er den, som opholder Sig i dem. De fjorten grene af viden er de fire *Vedaer,* de seks uddybende værker til *Vedaerne,* alle *Purāṇaerne, nyāya* (logisk filosofi), *mīmamsa* (et filosofisk system) og retfærdighedens kodeks.

944. वज्रिणी

Vajriṇī

Hun, som er Indras hustru.

Indra er Vajri, eftersom Han besidder *vajravåbenet,* tordenkilen. Devī, som findes i form af Indrānī, er Indras kone.

Devī er også én, som bærer *vajravåbenet* (se *mantra* 497), eller én som bærer smykker, der er besat med *vajra* (diamanter).

Vajra betyder også *Brahman.* I en passage i *Śruti* står der: "Den store, forfærdelige, opløftede *vajra,"* indikerer *Brahman* (*Kaṭha Upaniṣad* II.iii.2). Således er *Vajriṇi Sakalabrahman, Brahman* med form.

945. वाम केश्वरी

Vāma keśvarī

Hun, som er gudinden i Vamakeśvaratantraet.

Vāmakaer er de, der tilbeder Śakti ved at følge *vāma (*venstre) vej, som blev omtalt tidligere. *Vāmakeśvarī* er deres gudinde.

Vāmaka betyder også ophav, *Prajāpati,* racens leder. Så er *Vāmakeśvari* Dakṣa-guddommen og de andre *Prajāpatier.*

946. पञ्चयज्ञप्रिया

Pañcayajña priyā

Hun, som holder af de fem typer ofringer.

Ifølge *Vedaerne* er de fem *yajňaer* (ofringer) *Agnihotra, Darśapūrnamāsa, Cāturmāsya, Goyajňa* og *Somayajňa.* Ifølge *Smṛti: Brahmayajňa, Devayajňa, Pitṛayajňa, Manusyayajňa* og *Bhūtayajňa.* Devī er én, som holder af *yajňaer* og velsigner dem, der udfører ofringerne.

De lister, som ifølge *Vedaerne* og *Smṛtierne* er nævnt ovenfor, er de almindeligt accepterede betydninger, men der findes adskillige andre lister over de fem former for *yajaner.* Ifølge *Paňcarātrāgama: Abhigamana* (at nærme sig Gud), *Upādāna* (at samle ting til tilbedelse), *Svādhyāya* (studiet af skrifterne), *Ijyā* (tilbedelse) og *Yoga* (meditation). Ifølge *Kaulāgama: Kevala, Yāmala, Miśra, Cakrayuk* og *Vīrasamgraha.* Ifølge *Bṛhattantrakaumudī: Āturī, Śautakī, Daurbhodhī, Trāsī sādhanā* og *Bhāvinī.* De fem ofringer er også blevet defineret som tilbedelse af månen, jorden, himlen, manden og kvinden.

947. पञ्च प्रेत मञ्चाधि शायिनी

Pañca preta mañcādhi śāyinī

Hun, som hviler sig på et leje bestående af fem lig.

Det er tidligere blevet nævnt, at Devīs leje har Brahmā, Viṣṇu, Rudra og Īśvara som de fire ben og Sadāśiva som madras (se *mantra* 58). *Tripūrasundarī* hviler på det leje. Det er deres dybe meditation på Devī, som gør disse guddomme ubevægelige som lig. Bhāskarācārya citerer fra *Bhairavāmala:* ”På det store og lykkebringende leje, hvis pude er den store Īśāna, hvis ben er Brahmā og andre, og hvis madras er den store Īśāna, hviler den store *Tripūrasundarī,* den Store Devī." Śankara siger også i *Saundari Laharī* (vers 92): "Brahmā, Viṣṇu, Rudra og Īśvara blev benene på Dit leje, og Sadāśiva blev det rene hvide lagen."

948. पञ्चमी
Pañcamī

Hun, som er den femte.

Efter Brahmā, Viṣṇu, Rudra og Īśvara kommer Sadāśiva som den femte og største; Devī er Hans kone og derfor kaldet *pañcamī,* den femte.

Pañcamī kan også være Vārāhi. Så betyder dette *mantra,* at Devī findes i Vārāhis form.

Pañcamī er *ānandabindu,* den femte af de fem *binduer* i kroppen, som er lyksalighed.

Pañcamī siges at repræsentere den femte tilstand, tilstanden hinsides *turīya,* som er beskrevet tidligere (se *mantra* 263)

949. पञ्च भूतेशी
Pañca bhūteśī

Hun, som er de fem elementers Gudinde.

Pañcabhūta betyder: "Ting, som udspringer fra de fem (elementer)," og *īśi* er deres gudinde. De fem ting, der referes til her, er de fem ædelsten, som oprinder fra de fem elementer: *Indranīla* (en blåsort ædelsten) fra jorden, *mauktika* (perle) fra vandet, *kaustubha* fra ilden, *vaiḍūrya* (lapis lazuli) fra luften og *puṣparāga* (en rød ædelsten) fra himlen. Devī bærer de smykker, som er beklædt med disse ædelsten, der kaldes Vaijayantī.

Der findes en overbevisning om, at det er lykkebringende at bære en kæde eller en ring med perler der ligner *Indrānīla.*

950. पञ्च सङ्ख्योपचारिणी
Pañca saṅkhyopacāriṇī

Hun, som tilbedes ved brug af de fem objekter for tilbedelse.

De fem objekter er duft (sandelpomade), blomster, røgelse, lampe og mad.

951. शाश्वती
Śāśvatī

Hun, som er evig.

Devī er kaldet Evig, da Hun forbliver uforandret i de tre tidsperioder. Hun er den, der tilbedes i al evighed.

952. शाश्वतैश्वर्या
Śāśvataiśvaryā

Hun, som har evigt herredømme.

Nogle gange adskilles navnet fra det foregående *mantra* som *isasvataiśvarya.* Så bliver det fortolket som *īśa* + *aśvata* + *aiśvaryā* og får betydningen: "Hun som har herredømmet (*aiśvarya*) over Brahmā og andre guddomme, (*īśa*) og som indsætter dem i roller som heste (*aśvatā*), ridedyr eller vogne."

953. शर्मदा
Śarmadā

Hun, som er giveren af glæde.

Devī giver glæden, som ikke er berørt af lidelserne i ængstelsen for fare.

954. शम्भु मोहिनी

Śambhu mohinī

Hun, som vildleder Śiva.

Śiva er fjende til Kāma, begærets herre. Devīs skønhed er tilstrækkelig til at få længslen og begæret til at vågne selv i den, der slagter Kāma; ikke kun ydre skønhed, men også den indre. For at beskrive Hendes indre skønhed, skrev Kālīdasa det femte kapitel i *Kumārasambhāva.*

955. धरा

Dharā

Hun, som er Moder Jord.

Hun, som har form som jordelementet. Hun, som understøtter alle. Husk at jordelementets position (*pṛthivī tattva*) er *mūlādhārā*, som understøtter alt. Ligesom jorden understøtter alt, bærer Devī som en ren leg de kosmiske kroppe på Sine fingerspidser. Derfor er Hun *dharā,* én som bærer.

Ifølge *mantraśāstra* betyder dette navn, at Devī findes i form af stavelsen *la.* Bhāskarācārya citerer fra *Jñānārṇava:* "Stavelsen *la* er Jordens Gudinde, med bjerge og skove, essensen af alle de hellige pilgrimssteder og velsignet med de halvtreds *Śaktipīṭhaer.*"

956. धर सुता

Dhara sutā

Hun, som er datter af Dhara (Himavat); Pārvatī.

Dharasutā kan også være Sītā.

957. धन्या

Dhanyā

Hun, som besidder stor rigdom; også Hun, som er overordentlig velsignet.

Maṅgala, Piṅgalā og Dhanyā er tre *yoginīer,* der er velkendte i *jyotiṣa śāstra* (astrologien).

Bhāskarācārya citerer fra *Bhaviṣyottārā Purāṇa* og beskriver fire slags tanker, som opstår i et menneske, der nærmer sig døden: *ārta, raudra, dhanya* og *śukla.*

Ārtha repræsenterer tanker, der handler om rigdom, bekymringer for hjemmet, konen, tøjet og andre ejendele. Kort sagt *Māyās* vildfarelse. *Raudra* står for tanker, der handler om fysiske og mentale sår, tortur og lidelser, der er forekommet. *Dhanya* er meditation på betydningen af *Upaniṣader* og *Purāṇaer,* som er lært tidligere. Endelig er *śukla* den fuldt fokuserede meditation på lidenskabsløshed, der er baseret i *yoga* og frihed fra sansernes fristelser.

De, som dør med *ārtatanker,* vil blive genfødt i lavere former, som fugle eller dyr. De, som dør med *raudratanker,* vil blive født i endnu lavere former som insekter og orme. *Dhanya* meditation i dødsøjeblikket vil føre til *devaernes* verden. De, som dør og samtidig er engagerede i *śukla* meditation, opnår den højeste tilstand uden genfødsel. Derfor skal den vise fæstne sit sind på den meditative vej i *śukla.* Sindet skal trænes i *dhanya* tidligt i løbet af livet. Denne vej er ikke svær. Det er årsagen til, at Devī kaldes *Dhanyā.* Det er let at fæste Hendes form, som tilbedes som *Dhanya,* i sindet.

958. धर्मिणी

Dharmiṇī

Hun, som er retfærdig.

De dyder, som praktiseres af de store mænd i alle tidsaldre, såsom sandhed, overbærenhed, fastholdelse af moralske værdier og afkald gives navnet *dharma. Dharma* guider samfundet ind på den rette vej. Devī opholder sig i denne *dharma.* Det guddommelige løfte er: ”Jeg fødes i hver alder for at opretholde retfærdighed.” Devī er én, som opfylder det løfte.

959. धर्म वर्धिनी

Dharma vardhinī

Hun, som fremmer retfærdighed.

Dharma er ikke noget, der er udbredt overalt i samfundet, selvom et samfund heller aldrig fuldstændigt mangler enhver form for *dharma.* Som ilden i ulmende gløder vil det vige fra tid til anden og andre gange vil det flamme op, brænde klart og sprede varme og lys. I *Vāmana Purāṇa* står der, at kontrol over sanserne, renhed, gunst og hengivenhed er Śivas, Devīs og Sūryas (solens) *dharma.*

960. लोकातीता

Lokātītā

Hun, som transcenderer verdenerne.

Devī transcenderer alle verdener fra Indras verden til Viṣṇus verden og opholder sig i Mahākailāsa.

961. गुणातीता

Guṇātītā

Hun, som transcenderer guṇaerne.

Den faktor, som kontrollerer det individuelle menneskes kvalitet, er blandingen af de tre *guṇaer.* Husk den *sāttviske* Vibhiṣana, den *rājasiske* Rāvana og den *tāmasiske* Kumbhakarna, der blev født som brødre. Devī forbliver hinsides disse *guṇaer.* Så længe sindet eksisterer, er det ikke muligt for mennesket helt at transcendere *guṇaer,* fordi de tre *guṇaer* er sindets iboende natur. Sindet kan kun begribe de ting, der ligesom det selv består af *guṇaerne.*

962. सर्वातीता
Sarvātītā

Hun, som transcenderer alt.

Devī befinder sig hinsides alle de guddommelige former. Det er nævnt mange gange tidligere, at Hun endda er hinsides Brahmā, Viṣṇu og Śiva.

963. शमात्मिका
Śamātmikā

Hun, hvis natur er fred og lyksalighed.

Śamātmikā er "én, som er *śama* (fred, ro) og én, hvis essens er *śam* (lyksalighed)." Lyksalighed er Selvets iboende natur, og Devī er én, som dvæler i Selvet.

Dette *mantra* kan også forstås på en anden måde. Universet er baseret på modsætninger og forskelle. Derfor er konflikt dets natur. Devīs form er i hele universet, og dog vil friktioner og konflikter i universet ikke røre Hende. Bhagavān Kṛṣṇa gør det klar i *Gitāen* (II.70): "Han, i hvem alle ønsker går ind som vandet i oceanet, der fyldes fra alle sider og forbliver uændret, vil opnå fred; men ikke han, som omfavner sine ønsker." Oceanet forbliver uberørt af, at der flyder urenheder ind i det fra alle sider. Således opnår han fred, når konflikten mellem ønsker ikke skaber oprørthed. Den *śama* eller fred er Devīs iboende kvalitet.

964. बन्धूक कुसुम प्रख्या
Bandhūka kusuma prakhyā

Hun, hvis skønhed og ynde ligner bandhukablomsten.

Bandhūka er en klar rød blomst. Husk beskrivelser som *Sindūrārunavigraha* og *Dādimīkusumaprabhā.*

965. बाला

Bālā

Hun, som aldrig forsager barnets natur.

Barnets natur er renhed. "Åh elskede, fordi Du leger som et barn, kaldes du *Bālā* (lille pige)," står der i *Tripurasiddhānta.* Devī er *Bālā,* fordi Hun aldrig opgiver den leg, som kendetegner et barn.

Bālā kan også være *kumāri,* en ung pige. *Kanyākumāri* er en berømt guddom, som repræsenterer Devī. Så indebærer *mantraet,* at Devī findes evigt i form af en ung pige.

966. लीला विनोदिनी

Līlā vinodinī

Hun, som fryder sig ved sin leg.

De vise siger, at skabelsen af universet er en *līlā* (leg) for Devī. Skabelsen, vedligeholdelsen og ødelæggelsen er alle dele af hendes leg og tidsfordriv.

Bhāskarācārya citerer en historie fra *Yogavāsiṣṭha.* Der var en konge kaldet Padmarāja. Hans kone, Līlā, havde stor hengivenhed for Devī. Hun bad Devī om at sørge for, at hendes mand kom tilbage, da han døde før tid. Devī sørgede for, at manden livede op og kom tilbage. Således skænkede Hun glæde til Līlā, og derfor er Hun kendt som *Līlāvinodinī.*

Lakṣmi har navnet Līlā. Devī kaldes *Līlāvinodinī,* fordi hun får Lakṣmi til at more sig.

967. सुमङ्गली

Sumaṅgalī

Hun, som er evigt gunstig; Hun, som aldrig bliver enke.

"At gøre alle anbefalelsesværdige gerninger og undgå alle afskyelige gerninger kaldes af de vise *maṅgala* (gunstigt, lykkebringende)." I *Sumaṅgalī findes en sådan gunst.*

Maṅgala er synonym for *Brahman.* Således er Devī identisk med *Brahman.*

968. सुख करी

Sukha karī

Hun, som giver glæde.

Årsagerne til glæde er fysiske og spirituelle velsignelser. Devī er én, som giver glæder til Sine hengivne gennem midler, der er baseret på *dharma* og retfærdighed.

969. सुवेषाढ्या

Suveṣāḍhyā

Hun, som iført Sine overdådigt smukke klæder og smykker er meget tiltrækkende.

Rigdommen i beklædningen er ikke kunstigt glimmer, men derimod enkelhed, renhed, tilbageholdenhed og anstændighed. *Mantraet* betyder, at Devī er én, som er stolt og yndefuld i Sin lykkebringende beklædning og udsmykning.

970. सुवासिनी

Suvāsinī

Hun, som er evigt gunstigt gift.

Suvāśini er én, som altid er klædt i lykkebringende og smukt tøj. Den slags tøj tillader traditionen ikke, at enker har på. Śrī Parameśvaras kone vil aldrig blive en enke. Parameśvara betyder i virkeligheden *Brahman* i denne sammenhæng. Devī bliver derfor ikke enke, end ikke i tiden for den Store Opløsning, fordi *Brahman* er hinsides tiden og aldrig møder døden.

971. सुवासिन्यर्चन प्रीता
Suvāsinyarcana prītā

Hun, som glæder sig ved tilbedelse, der udføres af gifte kvinder.

Der findes *Tāntriske* ritualer, hvor gifte kvinder (*sumaṅgalier*) bliver tilbedt som Devī. Śrī Rāmakṛṣṇa har gennemført denne form for tilbedelse. Dette *mantra* kan også tolkes som "Hun, som finder glæde ved *Sumaṇgalīpūjaen.*"

972. आशोभना
Āśobhanā

Hun, som altid er strålende.

Śobhanā er synonym for lykkebringende, fremgangsrig og smuk. Devī er sandelig legemliggørelsen af alle disse kvaliteter.

973. शुद्ध मानसा
Śuddha mānasā

Hun, som har et rent sind; Én, som renser Sine tilbedendes sind.

Hvad er et rent sind? Herren Kṛṣṇa siger i *Gitāen* (II.45): "*Vedaerne* handler om de tre *guṇaer.* Åh Arjuna, frigør dig fra de tre guṇaer, fra modsætningernes par og forbliv evigt i *sattva,* fri fra alle tanker om at tilegne og bevare og vær forankret i Selvet."

Den del af *Vedaerne,* som handler om ritualer, gennemgår de tre *guṇaer* og ønsker om frugter, som altid vil følge, når man udfører sådanne ritualer. Den sande opfyldelse af livets formål er at frigøre sig fra modsætningernes par og konstant hvile i sandheden. At vende sindet væk fra handlinger, der er rodfæstet i de tre *guṇaer* og holde det fæstet på Selvet, som er evig lyksalighed, er den sande opløftning. At forblive i denne tilstand er den sande renhed i sindet. Hvis der findes et sind i den tilstand, er det blottet for de tre *guṇaer,* og det er Selvet i essensen. Den tilstand opnås gennem en lang proces af tilbageholdenhed og *sādhana* og er den endegyldige erfaring af Selvet, tilstanden af evig forankring i Sandheden. Fordi Devī konstant findes i den tilstand, kaldes Hun *Śuddhamānasā,* Hende som har et rent sind.

974. बिन्दु तर्पण सन्तुष्टा

Bindu tarpaṇa santuṣṭā

Hun, som holder af offergaver til Bindu.

Bindu refererer til *sarvānandamaya cakra* i *Śrīcakra. Tarpana* betyder her at lave *pūja og* ofringer til *cakraet* efter de foreskrevne regler.

At følge reglerne for at ære og tjene andre er vigtige ikke kun i menneskelige relationer, men også i relation til det Guddommelige. Amma siger ofte: "Kun de mest dovne vil sige: "Reglerne er meningsløse, og jeg vil aldrig følge dem." Som nævnt tidligere er livet ikke en intellektuel aktivitet, men en følelsesmæssig aktivitet. At give et barn mad, at give det mad første gang, at fejre barnets første fødselsdag og andre ritualer er måder at vise følelser. Barnet kan godt vokse op uden disse og plejer ikke at forlange dem. Men alligevel er de vigtige som ritualer. Der er behov for ritualer, det er de upassende ritualer, som skal fjernes. Ritualer er underkastet tider og omstændigheder. Vise mænd vil fra tid til anden korrigere ritualer, som ikke længere er passende. Det behager Devī.

Bindu betyder også intelligens. Devī er én, som glæder sig ved at blive tilbedt af vise mænd.

975. पूर्वजा

Pūrvajā

Hun, som er før alle, født først.

"Åh Saumyā, denne rene Sat (*Brahman*) er sandelig det første, som eksisterede," står der i *Śruti.* Det er den samme *Brahman,* der som den oprindelige *Prakṛti* (*mūlaprakṛti*) fortsætter den kreative proces. Navnet *Pūrvajā* henviser til denne *mūlaprakṛti.*

Pūrvajā betyder også den oprindelige Śaktis første pulseren eller første skabelse.

976. त्रिपुराम्बिका

Tripurāmbikā

Hun, som er Moderen til Tripurāerne (Tre Byer).

Tripurā betyder den vågne, drømmende og sovende tilstand. Eftersom Devī er skaber af disse tilstande, kaldes Hun Tripurāmbikā. De tre kroppe - grov, subtil og kausal - er også kendt som Tripuraer eller "de tre byer." Devī er også Moder til dem. "Sjælen, der leger i de tre byer (*puraer*)," står der i *Śruti,* der refererer til *jīvaen,* som leger i de tre kroppe: den grove, subtile og kausale.

Śrīcakra har ni *cakraer* fra *trailokyamohana* til *sarvānandamaya,* som det er blevet beskrevet tidligere. Hvert *cakra* begynder med en trekant. Der er fem trekanter, som peger nedad og som er kendt som *Śakti* trekanter(*Śaktikonaer*), og der er fire, som vender opad, der er kendt som Śiva - trekanter. Fra *Śaktikonaer* opstår der fem elementer og fra *Śivakonaer* de fire *tattvaer, Māyā,* Śuddhavidyā, Maheśvara og Sadāśiva. Universet tager form efter disse ni *tattvaer.* Fra *Śaktikonaer* opstår også huden, blodet, kødet, fedtet og benene. Fra *Śivakonaer* opstår marven, sæden, livsåndedraget og *jīva.* Hver trekant har en Tripura, og hver Tripura har en *mudrā.* Tripuraerne er Tripura, Tripureśvari, Tripūrasundarī, Tripuravāśini, Tripurāśrī, Tripuramālini, Tripurāsiddhi, Tripurāmbikā og Mahātripurasundarī. Tripurāmbikā er den ottende guddom blandt disse. Det nærværende *mantra* beskriver, at Devī findes i form af den Śakti.

977. दश मुद्रा समाराध्या

Daśa mudrā samārādhyā

Hun, som tilbedes ved ti mudrāer (finger- og håndstillinger brugt i tilbedelse).

Eksperten i *Tantra* M.P. Pandit gennemgår *mudrāer:* "*Mudrāer* er det sprog, hvormed den tilbedendes krop taler til guddommen. Følelsen af hengivenhed i hans hjerte udtrykkes gennem *mantraer* og i kropsbevægelser gennem *mudrāer.* Det er ikke tilstrækkeligt at holde hengivenheden i hjertet; den skal også udtrykkes. *Mudrāer* er ofring af sjælen gennem bevægelsen af fingrene og andre organer. De hjælper til selvovergivelse og giver desuden støtte til den mentale koncentration. Hver *mudrā* er fyldt med guddommens nærvær. "

De ti *mudrāer er følgende:*

Sarvasaṅkṣobhini (det, som sætter alt i bevægelse)

Sarvavidrāvini (det, som driver alle)

Sarvākarṣini (det, som tiltrækker alle)

Sarvavaśankari (det, som bringer alt under kontrol)

Sarvonmādinī (det, som vildleder alle)

Sarvamahankuśa (det, som inspirerer og vækker alle)

Sarvakhecari (det, som forårsager rejser i himlen – oplevelsen af at flyve uden vinger kommer nogle gange til *sādhaks*)

Sarvabīja (frøet til alt)

Sarvayoni (oprindelsen til alt; denne *mudrā* anses for at være den vigtigste, da det er *mudrāen* for *Bindu.*)

Sarvatrikhaṇḍaā: denne sidste *mudrā* inkluderer hele *Srica-kra.* Den "fejres som udbredt over hele *cakrarāja.*"

Pūjā Paddhati beskriver *mudrāerne* detaljeret. Devī er én, som tilbedes ved alle disse ti *mudrāer.*

978. त्रिपुराश्री वशंकरी

Tripurāśrī vaśaṅkarī

Hun, for hvem Tripurāsri er under kontrol.

Som nævnt tidligere under *mantra* 976 er Tripurāsri den femte blandt *Tripurāer.* Hun dvæler i *sarvādhasādhaka, Śricakras* femte cakra.

979. ज्ञान मुद्रा

Jñāna mudrā

Hun, som findes i jñānamudrās form (visdommens fingerstilling).

Denne *mudrā* kaldes også *cinmudrā.* Det er *mudrāen,* hvor spidsen af tommel- og pegefinger møder hinanden og former en cirkel, samtidig med at de andre fingre holdes strakte. Denne *mudrā* kan ses i billeder af forskellige guddomme som Śrī Ayyappa.

Dette *mantra* betyder også: ”Hun, som giver (*ra*) lyksalighed (*mud*) i viden (*jñāna*).

980. ज्ञान गम्या

Jñāna gamyā

Hun, som skal opnås gennem visdommens yoga.

Śrī Bhāskarācārya citerer en passage fra *Kūrma Purāṇa,* som bliver sagt af Devī: ”Min ubetingede form, som er Ren Bevidsthed, godgørenhed (lykkebringende eller *sivam*), fri for alle begrænsninger, uendelig, udødelig og højest, kan kun opnås gennem visdom. Den Højeste Bolig opnås kun vanskeligt. De (vise mennesker) som tænker, at den viden er den bedste vej, går ind i Mig.”

Hvor meget man end fastholder sin viden om *Brahman* i sindet, vil man ikke erfare *Brahman* på grund af betingninger (begrænsninger) – begrænsningerne (*upādhier*) i sindet, sanseorganerne og hele kroppen. Kun en intelligens, der transcenderer sanserne og gør sig fri af disse begrænsninger, kan opnå denne erfaring.

981. ज्ञान ज्ञेय स्वरूपिणी

Jñāna jñeya svarūpiṇī

Hun, som både er erkendelse og det erkendte.

"Sindet skal være så stille som øjet, der efter at have talt det ene efter det andet, ikke har mere at tælle."

Jňeya (det, som kan vides) er det, som kan tælles. Efter at have fået tal på alt, er der ikke længere mere tilbage at tælle, og kun *jňāna* (viden i sig selv), "øjet, " der gennemførte optællingen, er tilbage.

Den betingede *jīva* (*samsārien*) er den, som tæller. Når selv betingninger - *upādhier* som kroppen – er blevet talt, er det kun *jīva,* som er jňāna, der er tilbage. "*Jīva* er ingen anden end *Brahman,*" siger Śankara. Såeldes betyder dette *mantra*: "Hun, som findes i form af Selv og ikke-Selv."

982. योनि मुद्रा

Yoni mudrā

Hun, som findes i yonimudrās form.

Det er den niende af de ti *mudrāer*, som blev gennemgået tidligere.

983. त्रिखण्डेशी

Trikhaṇḍeśī

Hun, som er herskeren over den tiende mudrā, trikhaṇḍa.

De tre *khaṇḍaer* (dele), der refereres til, er: *soma-, surya-* og *agnikhaṇḍaer* (solens, månens og ildens dele). Disse er de generelle dele af *mantraer,* og Devī er den herskende guddom over dem alle. I særdeleshed refereres der her til de tre *kūṭaer* eller dele af *pañcadaśi* (*mantraet* med femten stavelser). Devī er selvfølgelig Gudinden for dette *mantra.*

984. त्रिगुणा

Triguṇā

Hun, som er udrustet med de tre guṇaer: sattva, rājas og tamas.

Den første gang, hvor *guṇaerne* optræder, er i *Sānkhya*-filosofien. Alt i naturen udgøres af de tre *guṇaer.* I varierende grader er de tre sammensmeltet med alt. Af denne grund kaldes Moderen, som er *prakṛti* (Natur) for *Triguṇa.*

Bhāskarācārya citerer fra *Purāṇaerne* for at understøtte det: "Devī, som er Yogeśvari og ved sin leg skaber og ødelægger former, fremtræder i utallige former med mange funktioner og mange navne. Hendes natur er trefoldig, og derfor kaldes Hun *Triguṇā.*" (*Vāyu Purāṇa*) Og der ses også følgende beskrivelse: "Jeg tilbeder den evige kraft, som er basis for de tre *guṇaer,* og som befinder sig i alle væsener." (*Viṣṇu Purāṇa*)

985. अम्बा

Ambā

Hun, som er alle væseners Moder, Universets Moder.

I *Tantra* refereres der til dette navn som *mantrajīva, mantraernes* sjæl. De tre *guṇaer* er årsag til energi, Śaktis former og kosmos. Devī, Amba, er årsag til *guṇaerne* selv.

986. त्रिकोणगा

Trikoṇagā

Hun, som opholder sig i trekanten.

Her menes der *yonicakraet* i *Śrīcakra.*

987. अनघा
Anaghā

Hun, som er uden synd.

Synd og fortjeneste (*pāpa* og *puṇya*) er resultaterne af handlinger. Devī har ingen synd eller fortjeneste, selvom Hun udfører alle slags ødelæggelser (*nigraha*) og velsignelser (*anugraha*).

I *Gitā* (II.48) står der: ”Udfør dine handlinger og vær urokkeligt forankret i *yoga,* giv afkald på tilknytning og hav ligevægt i sindet i succes og fiasko, for ligevægt kaldes *yoga.*” Der findes ingen synd eller fortjeneste knyttet til handlinger, der er grundfæstet i *yoga.* Det er årsagen til, at Devī er uden synd.

988. अद्भुत चारित्रा
Adbhuta cāritrā

Hun, hvis bedrifter er storslåede.

Ordet *cāritrā* betyder både hørende til *cāritrā* (historie) og troskab i ægteskabet. Devīs historie og Hendes troskab har begge fremkaldt undren. Hele *Devī Purāṇa* portrætterer Hendes bedrifter. Der er intet behov for at søge efter noget større tegn på Hendes troskab end *ardhanārīśvara konceptet,* som forklares i navnet *Kāmeśajňata saubhāgyamārdavorudvay ānvitā* (*mantra* 39).

Bhāskarācārya fortolker også dette *mantra* på følgende måde: ”Hun, som beskytter mod resultaterne af naturens omvæltninger som f.eks. jordskælv, lynnedslag og storme.”

989. वाञ्छितार्थ प्रदायिनी
Vāñchitārtha pradāyinī

Hun, som giver alle ønskede ting.

Det inkluderer både verdslige og spirituelle ønsker. Devī opfylder generøst ønsker fra mennesker, der befinder sig i alle livets fire stadier (*brahmacārya, gṛhastha, vānaprastha* og *sannyāsa*) inklusive livets ultimative mål, der ønskes af en *sannyāsi.*

990. अभ्यासातिशय ज्ञाता
Abhyāsātiśaya jñātā

Hun, som kun kan erfares gennem den spirituelle disciplins yderst krævende praksis.

Kun gennem lang og vedvarende praksis (*abhyāsātiśaya*) af alle otte *yogiske* veje (se *mantra* 254) kan man realisere (*jňata*) Devī.

Eller Hun, som gennem konstant praksis (*abhyāsa*) bliver overordentlig godt kendt (*atiśayajňata*).

"Hun, hvis lemmer er viden, hvis krop er alle *śāstraer,* og hvis bolig er hjertet, den Devī skal ses gennem konstant praksis. Hun manifesterer Sig gennem forening med Selvet," står der i *Brahmāṇḍa Purāṇa.*

991. षडध्वातीत रूपिणी
Ṣaḍadhvātīta rūpiṇī

Hun, hvis form transcenderer de seks veje.

De seks veje er ord (*padadhva*), verdener (*bhuvanadhva*), bogstaver (*varṇadva*), filosofiens systemer (*tattvardhva),* kunstformer som musik (*kalādhva*) og *mantraer* som *paňcadaśi* og *Gayatrī* (*mantrādva*). Men Devīs virkelige form er ikke det, der fremkaldes i nogen af disse – den er hinsides alle disse. Efter at Hun havde indsat Bhavatārini Devī i Āśrammens tempel, sagde Amma til Sine børn: "I dag har vi indsat et billede her. Men mine børn, I skal ikke kun se det billede, men den essentielle sandhed bag det." Den essentielle sandhed er det, der referes til som "hinsides de seks veje." De veje, som er nævnt her, kan bruges til at erkende Devī, men Hendes virkelige natur er hinsides alle disse.

Hengivelsens veje siges også at være seks: Vejene, der hører til Śiva, Viṣṇu, Durga, Bhāskara (solen), Gaṇapati og Indu (månen).

Kulārṇava siger, at én, som renser sindet med *mantraer,* der hører til disse veje, opnår Kulās viden (Devī). Men dette *mantra* henviser til, at Devīs virkelige essens ligger hinsides de hengivne vejes rækkevidde.

Filosofiens seks systemer er også veje til at erkende sandheden. Igen udgør disse systemer kun veje – Devī er målet. Hendes essentielle natur (*svarūpa*) er hinsides alle disse veje.

992. अव्याज करुणा मूर्तिः

Avyāja karuṇā mūrtiḥ

Hun, som er ren medfølelse.

Devī er legemliggørelsen af ublandet nåde og medfølelse. Moder er intet andet end godhed. Hvor er det let for børnene, som vildledes af behov for verdslige objekter, at tage fejl på deres vej. De er ikke en gang klar over, at de har taget fejl. Uendelig, ren medfølelse er nødvendig for at acceptere alle disse fejl. Den konstante distraktion fra børnene eller deres fejl skader ikke moderes godhed. En moder udviser endda større kærlighed og medfølelse, når et barn ikke kan finde vej. Det er det virkelige bevis på godheden.

993. अज्ञान ध्वान्त दीपिका

Ajñāna dhvānta dīpikā

Hun, som er den klare lampe, der fjerner uvidenhedens mørke.

Dette *mantra* repræsenterer Devī i form af Guruen. Uvidenhedens mørke kan kun fjernes gennem lyset i viden. "*Gu* betyder mørke, og *ru* er én, som fjerner det. Således er én, som fjerner mørke kendt som Guru," ifølge de vise. "Jeg lægger mig ved Dine fødder, mange ærbørdige hilsner til den Guru, som åbner øjnene, der er blinde på grund af uvidenhed og bruger en nål, der er dækket med en salve af viden!"

994. आबाल गोप विदिता
Ābāla gopa viditā

Hun, som er velkendt blandt alle, selv børn og kohyrder.

Der er ingen, fra den største lærde til idioten, som ikke kan sige ordet "mor" fra tid til anden. Devī er den Moder. Barnet, som ikke kender nogen anden, vil kende sin mor. Moder er kendt af alle.

Bālā refererer til Brahmā og Gopa til Sadāśiva ; såldes er Devī kendt for alle fra Brahmā og Sadāśiva til den uvidende kohyrde.

Bālāgopa er Kṛṣṇa, *Paramātman.* For Śrī Kṛṣṇa, som er en *pūrṇāvatāra,* en total manifestation af det Højeste Væsen, er Devī ingen andre end Hans eget Selv. Der er ingen, som ikke kender selvet kaldet "Jeg". Den eneste forskel eksisterer i forhold til, hvem man refererer til med dette "Jeg". Betydningen af dette *mantra* er, at alle – fra én, som kender "Jeg´et" som *Brahman,* den oprindelige kilde til universet, til én, som tror, at "Jeg" betyder *jīvaen,* som er stolt af sin grove krop – alle kender Devī godt. Hun repræsenterer viden i alle former, fra det grove til det subtile.

Go betyder også viden eller intelligens. *Gopa* er én, som beskytter viden, en lærd. Devī er kendt af alle, fra børn til den lærde. Den eneste forskel er den slags viden, der erfares, men den forskel er ikke vigtig. Devīs moderkærlighed er lige for alle, og alle er stolte af, at de kender Hende.

995. सर्वानुल्लङ्घ्य शासना
Sarvānullaṅghya śāsanā

Hun, hvis ordrer ingen nægter at adlyde.

Hvem kan gå imod Moders ordrer? Alle fra Brahman til det laveste insekt er under Hendes herredømme. Alle kosmiske kroppe danser efter Hendes melodi uden at afvige det mindste.

Alle levende ting er som fisk, der er fanget i et stort net. De opdager det bare ikke, før nettet bliver hevet i land. Men så er det for sent. I nettet finder vi mindre fisk, der er blevet fanget af større. De store fisk sluger de mindre fisk uden at indse, at de alle er fanget i nettet! Begge ender uden for vandet oppe på kysten. Det er livets drama. Mennesker lever som disse fisk. Hvis de indser, at de er fanget i nettet, kan de slippe ud og være frie i det uendelige ocean. Men kun en eller to fisk blandt millioner er i stand til at gøre det. Selvom Devī ikke afviger fra sine forordninger, vil Hun byde dem velkommen i de uendelige bølger, som er Hendes hænder.

I denne sammenhæng refererer Bhāskarācārya til vers 24 i *Saundarya Laharī*: "Brahmā skaber verden, Viṣṇu beskytter den, og Rudra ødelægger den. Īśa skjuler de tre guddomme i sig Selv, og så skjuler Han Sin egen krop. Sadāśiva modtager Din ordre, som Du giver med en hurtig bevægelse fra Dine øjenbryn, og giver Sin godkendelse og velsignelse til Brahman og andre, som udfører deres opgaver. "

Skal vi forkaste dette billede som en myte, tage det til os som hengivenhed eller analysere det ud fra reglerne om viden? Dette spørgsmål kan kun afgøres i lyset af ens egen erfaring.

996. श्रीचक्र राज निलया
Śrīcakra rāja nilayā

Hun, som opholder sig i Śrīcakra, cakraernes konge.

Śrīcakra repræsenterer foreningen af Śiva og Śakti. Med fem Śakti-*cakraer*, der vender nedad og fire Śiva-*cakraer*, der vender opad er *Śrīcakra* Śiva-Śakti kroppen. Denne Konge over alle *cakraer* er opholdsted for den Højeste Herskerinde, Parāśakti.

Śakticakraerne er *Trikoṇa, Ashṭakoṇa, Antardaśāra, Bahirdaśāra* og *Caturdaśāra.* Śiva *cakraerne* er *Bindu, Aṣṭadala, Ṣoḍaśadala*og *Caturaśra. Śrīcakra* er kendt ved mange navne som *Cakrarāja, Navayonicakra, Tricatvārimśatkoṇa* (indeholdende treogfyrre trekanter), *Viyatcakra* og *Matṛkacakra.*

997. श्रीमत् त्रिपुर सुन्दरी

Śrīmat tripura sundarī

Hun, som er den hellige Tripūrasundarī Devī.

Tripura er Śiva; og *Tripurasundarī* er Hans kone.

Der er givet mange betydninger til ordet *Tripura.* De kan opsummeres på følgende måde: Treenigheden Brahmā-Viṣṇu-Maheśvara; de tre slags ofringers ild (*gārhapatya, āvāhiniya* og *dākṣiṇa*); de tre kræfter i vilje, viden og handling; de tre verdener (jorden, himlen og underverdenen); *gayatrī* verset (som har tre linjer i et vers); de tre guddommelige verdener Kailāsa, Vaikuṇṭha og Satyaloka; de tre *varṇaer* eller kaster (*brāhmaṇa, kṣatriya* og *vaiśya*); de tre *guṇaer* og alle den slags triader er kendt som *Tripura.*

Kālika Purāṇa forklarer *Tripura* ud fra treenigheden af Brahmā, Viṣṇu og Rudra. "Maheśvara delte efter Sin egen vilje Sin krop i tre; hovedet blev Brahmās krop med fem ansigter, fire arme og hvid fremtoning på lotusblomstens inderste midte. Den midterste del blev Viṣṇus krop, med ét ansigt, blå farve, fire arme, som holder konkylien, diskos, køllen og lotusblomsten. Den nederste del blev Śivas kropmed fem ansigter, en farve som hvide skyer og med halvmånen i det lokkede hår. Eftersom Maheśvara transformerede sig Selv til at blive denne treenighed, er Han kendt som Tripura." *Tripūrasundarī* er konen til den Tripura. Hun er hele universets Śakti.

998. श्री शिवा

Śrī śivā

Hun, som er den gunstige og hellige Śiva.

Hun som er rigdom og gunst for Herren Śiva. Der er givet talrige betydninger til ordet *Śrī,* såsom Lakṣmī, Sarasvatī, godt held, rigdom, sejr og det lykkebringende. Alle disse betydninger kan lægges sammen med Śiva og tolkes som betydningen af dette *mantra.*

999. शिव शक्त्यैक्य रूपिणी

Śiva śaktyaikya rūpiṇī

Hun, som er foreningen af Śiva og Śakti i én form.

Den første skabende impuls i universet er begær. "Begær – det kom først" står der i *Śruti.* Dette begær anses for at være den første bevægelse i det kosmiske sind. *Tantra* kalder den *Kāmakalā.* Dette navn betegner den første bevægelse i den evige og ubeskrivelige oprindelige stråleglans: Det lys eller *prakāśa* kaldes Parāmaśiva, og *Kāmakalā,* dets bevægelse, kaldes Parāśakti. Farven i dette lys er hvid. Og Kāma, som er moder til bevægelsen, har en rød farve. Lysets skygge er sort. Således er der tre *guṇaer:* hvid (*sattva*), rød (*rājas*) og sort (*tamas*). De blev ikke skabt, men har ifølge *Śruti* altid eksisteret: "Én, ufødt og rød-hvid-og-sort."

Śiva er kaldt *Prakāśa,* mens Śakti er kaldt *Vimarśa. Vimarśa* kan betyde refleksion og kontemplation. Den første forandring fra mørke til lys sker gennem det røde som daggry. Det er sådan, den første pulserende bevægelse af Śakti blev kendt for at have rød farve. Den første impuls forandrer sig til *nāda,* og dens opholdsted kaldes *nādabindu.* Da alt skabes fra dette *bindu,* kaldes det *parābindu.*

Når *parābindu* vender sig mod skabelsesprocessen, kaldes det *Śabdabrahman* eller *aparābindu.* Det er her, at Śiva og Śakti opholder sig som én – Śiva er ubevægelig, og Śakti er essensen af bevægelse. Det minder én om billedet af Devī, som står med Sine fødder plantet på Śivas bryst. Den ene er ubevægelig, og den anden er fuld af vitalitet. Her er den store sandhed, at ubevægelighed er indeholdt i vitalitet, og vitalitet i ubevægelighed.

Her findes den ubevægelige Śiva-tilstand, den vitale Śakti-tilstand og den tilstand, hvor De er forenede – således er det én Sandhed, der kommer til syne som tre. Det er kendt som *tripuṭi* eller som de tre *guṇaer.* Det er den hemmelige betydning af trekanten. Således bevæger vi os fra *vimarśa* til *nāda* til *parābindu* til *trikoṇa* eller *tripūti.*

Prakāśa og *vimarśa,* Śiva og Śakti forenes således i én. Devī er den forening, Parāśakti.

Der findes et *mantra* kaldet *Hamsamantra,* der også er kendt som *Śivaśaktyaikyamantraet.* Således er Devī én, som findes i form af det *mantra.*

Śivaśakti kan referere til Śivas Śaktier. De fem *śaktier* er Dhumavati, Bhasvati, Spandana, Vibhvi og Hladani. Dhumavati er del af *pṛthvi,* Jorden; hun tilslører. Bhāsvati er del af *Agni,* ilden; hun afslører eller assimilerer. Den antikke visdom fortæller: "Den studerende er ild." Hvor tankevækkende! Kraften til at assimilere er når alt kommer til alt den studerendes nødvendig kvalifikation. Spandana er del af *Vāyu,* luften. Hun stimulerer trangen til hård anstrengelse. Vi hilser de to karakterer Bhīma og Hanumān fra Purāṇaerne som Vāyus sønner. Selv når alle andre bukker under for træthed, er disse to fulde af energi til at handle. Vibhvi er del af *ākāśa,* æteren; Hun gennemtrænger. De, som har en stor mængde af denne kvalitet i sig, kaldes *devaer* eller guddommelige. Hladani er del af *jala,* vandet. Hun nærer og beskytter livet, racen og verden.

Sammenføringen af disse *śaktier* er det, der menes med ordet *aikya.* Således beskriver *mantraet Śivasaktyaikyarūpiṇī* Devī som den kollektive form for Śivas fem *śaktier.*

1000. ललिताम्बिका

Lalitāmbikā

Hun, som er den Guddommelige Moder Lalitā (den legende).

Hun er *Lalitā,* som er ubeskriveligt charmerende og yndefuld i sin påklædning, gang, ord og udseende og Moderen (*Ambikā*), som nærer og beskytter alt med sødmefyldt kærlighed. Således er Hun *Lalitāmbikā.*

Śrī Bhāskarācārya refererer til beskrivelsen: "*Lalitā* er én, som leger og transcenderer verdener," der findes i *Padma Purāṇa.* Her refererer termen *Lalitā* til Devī, som har bolig i *Bindu* i *Śrīcakra* og trancenderer de stråler af lys, der kommer fra de omgivende guddomme. Bhāskarācārya fortsætter med at beskrive *Lalitā,* som én, der er "udstyret med de otte mandige kvaliteter: strålende, legende, sødmefuld, dyb, fast, fuld af energi, yndefuld og generøs." Ordet "mandig" (pauruṣa) er også egnet til at bruge om kvinder, som også kan besidde disse kvaliteter. *Puruṣa* er én, som opholder sig i kroppen, der kaldes en *pura,* en by. Med andre ord *jīvaen.* Mand og kvinde kan ikke siges at have forskellige slags *jīvaer*; *jīva* er den samme. Således kan *pauruṣa* i lige høj grad bruges om mand og kvinde. Det henviser til den kvalitet, der hører til at være menneskelig.

Lalitā foran Śiva er den amorøse, der er fyldt af erotiske følelser. *Lalitā* er én, som er fuld af ungdom og skønhed. Hun er den smukke, som med Sine ord og bevægelser formår at vække begæret selv i Śiva, som er den, der besejrer Kāma, Begærets Herre.

Alt ved Hende er fyldt med skønhed og *lālitya,* det legende. Hendes bue er gjort af sukkerrør. Hendes pile er blomster. Buens streng er lavet af sorte bier. Således er selv Hendes våben yndefulde og fortryllende! Hun fortjener derfor i høj grad navnet *Lalitā.*

Over alle disse ting er *Lalitāmbikā* fejret som Devīs hellige navn, som er sandheden om Hendes fulde pragt. Devī bliver altid hyldet som Ambikā. Moderen. Moderen, som er *Lalitā.*

Med dette sidste mantra fuldender vi solens elvte *kāla,* der er kendt som *dharini.*

I de første tre navne i *Sahasranāma* præsenteres Devī som ansvarlig for skabelse, vedligeholdelse og ødelæggelse. De fjerde og femte navne har forklaret kræfter, som er usædvanlige i andre guddomme, men iboende i Devī. I det sjette navn frem til det sidste navn hyldes både Hendes manifesterede og umanifesterede pragt og herlighed. Og endelig afsløres Hendes sande hellige navn Lalitāmbikā.

De vise foreskiver, at hvert navn chantes med stavelsen *Om* foran. Der plejer også at være et *Om* i slutningen. Således skal hymnen afsluttes med et OM.

Mānasa Pūja

af

Śrī Mātā Amritānandamayi

(Dette er en beskrivelse af *mānasa pūja* – mental tilbedelse – som Amma vejledte i under et spirituelt møde, som hun gennemførte mellem den 15. og 19. april 1987 i Sin *Aśram* i Amritapuri, Indien).

"Børn, I skal gøre det hele med fuld koncentration. I skal ikke skynde jer. *Sādhana* er vejen til at lade *jīvātman* (den individuelle sjæl) smelte sammen med *Paramātman* (den Højeste sjæl). Udfør denne *arcana* med fuld opmærksomhed.

"Start med at sætte jer i den stilling, I foretrækker og hold rygraden så rank som muligt. Rør Moder Jord med begge hænder og vis respekt for Hende. Hun er *Devī*, som tilgiver alle de fejl, vi begår, og lader Sin medfølelse strømme ud til os. Bed til Hende: "Åh Amma, gør mig lige så god til at tilgive som Du er", rør ved Moder Jord og rør ved din pande med begge hænder.

Chant OM tre gange. Der findes urenheder fra egoet i alle. Forestil jer, at det hele bliver renset ud og forsvinder, mens vi chanter. Hvis nogen leder jeres chanting, kan I gentage efter den, der er leder.

"Børn, gentag inde i jer selv "Moder! Amma!" og tegn en trekant på jorden foran jer. Eller også kan I blot forestille jer en trekant. Tegn et midtpunkt (*bindu*) i cirklens centrum. Luk øjnene, hold begge hænder tæt ved hjertet og forestil dig *Devīs* smukkeste form i dit sind. Kald på Hende "Åh Amma, Amma" og nyd Hendes skønhed. Hold hele tiden øjnene lukkede. Med åbne øjne kan vi se de tusindvis af ting, der findes i verden. Når vi har åbne øjne, bliver vi tvunget til at være opmærksomme på alt det, der kan se rundt omkring. Vi opnår ikke den fordybelse,

som vi trænger til. Oplever vi ikke typisk en form for lyksalighed, når vi lukker øjnene og sover?

Nyd den Guddommelige Moders skønhed og bed til Hende, Amma... Amma... Kom og bliv ét med mig, bliv ét med mit sind! Amma, giv mig den rette indstilling og lad Din skønhed være det eneste, jeg holder af. "Samtidig med at I kalder på Hende på denne måde, tager I *Devī* inde fra hjertet og sætter Hende i centrum af trekanten foran jer.

"Det kan være, at nogle af jer især tilbeder *Kṛṣṇa* eller Ayyappa eller andre guddomme. Disse børn vil ikke føle samme kærlighed for *Devī,* som de gør for *Kṛṣṇa* eller Ayyappa. Fordi jeres sind er knyttet til den guddom, I har valgt at tilbede, kan I indsætte den guddom i trekanten. Den eneste grund til, at Amma har bedt jer om at påkalde *Devī,* er fordi, vi skal i gang med en *arcana* med *Devī Lalitās* tusind navne. Uanset hvilke navne, vi bruger, ved Hun godt, at vi kalder på Hende. Der er nogle børn, som kalder deres mor for *chechi* eller *akka* (ældre søster), men deres mor ved alligevel godt, at det er hende, de kalder på. Hun ved godt, at det bare er en vane, barnet har fået. På samme måde forstår Amma også godt de forskellige navne, vi bruger, når vi kalder på Hende. Så de børn, som har valgt *Kṛṣṇa* eller andre guddomme, kan i stedet sætte dem foran sig, hvis de foretrækker det.

"Se den Guddommelige Moder tydeligt foran jer, mens I laver denne pūja."Amma, jeg ved ingenting om meditation eller *pūja* eller noget som helst. Tilgiv alle mine fejl og accepter min tilbedelse af Dig. Det siges, at Du er den, som tilgiver enhver form for fejl, man begår!"

"Børn, Gud er hjemsted for al medfølelse, og den, som accepterer alle vores urenheder og synder. Kun Han formår at tage imod alle de urenheder, vi har. Da mælkeoceanet blev kærnet var der ingen, som kunne klare den bitre gift, der blev udskilt; men til sidst accepterede *Śiva* den. Gud er det princip, som accepterer alle de urenheder, som findes i os, og renser os. Ligesom alle bakterier bliver dræbt af en disinficerende creme, vil alle urenheder blive fjernet af *premabhakti* (hengivenhed i form af kærlighed).

"Når I har bedt på denne måde i et stykke tid, kalder I med stor kærlighed på Devī: "Amma! Amma!" I rører Devīs fødder. Lav *mānasa pūja* mens I kalder på Hende, "Amma, Amma" og hulker af kærlighed og hengivenhed. Der findes intet større *mantra* end "Amma."

"Nu begynder vi at bade den Guddommelige Moder. Forestil jer, at I stiller noget vand, som I skal bruge til badet, hen foran *Devī*. Forestil jer, at I vasker Hende, mens I tager vandet i begge hænder. Kald på Hende indeni: "Amma, Amma." Den Guddommelige Moder behøver i virkeligheden ikke at blive badet af os. Vi gør det kun for at rense vores eget sind. Amma siger ikke, at vi ikke skal lave *pūja*, men *mānasa pūja* – tilbedelse i sindet - er det bedste. Børn, det er virkelig vigtigt, at I gør det med lukkede øjne. Kun på den måde kan I opnå den fulde koncentration. I virkeligheden findes der hverken indeni eller udenfor, men i den nuværende tilstand, vi befinder os i, findes der et indeni og udenfor.

"Hæld vandet i en strøm ned over *Devīs* hoved og bed til Hende "Åh Moder, giv mig darśan i din fuldstændige form!" Samtidig med bønnen, koncentrerer I jer hele tiden om at fastholde formen i sindet. Bagefter forestiller I jer, at I holder en kande mælk i begge hænder. Forestil jer, at I hælder mælken ned over *Devīs* hoved som *abhiṣeka* (bad til guddommen) på samme måde, som man gør i templerne. Forestil jer nu, at I hælder en strøm af *kālabham* (tyk sandeltræspomade), som er blevet tilberedt på forhånd, hen over Devīs hoved. Så forestiller I jer bagefter, at I hælder rosenvand på Hendes hoved. Forestil jer at I hælder det hen over Hende ligesom I ville bade et lille barn. I skal løfte hånden og gøre de bevægelser, som er nødvendige for at hælde vandet hen over Amma. Sindet er faret vild i en verden af forskelle, og derfor opnår I ikke den fulde koncentration, medmindre I udfører disse handlinger samtidig. Det er kun ved, at vi forestiller os disse ting, at vi i et kortere tidsrum kan opnå i det mindste en vis kontrol over sindet. Forestil jer, hvordan sandeltræspomaden bliver vasket væk, mens rosenvandet strømmer ned ad *Devīs* hoved.

"Børn, I skal koncentrere jer om alt, hvad I gør. Ellers får I intet udbytte af det. I gør disse ting for at opnå et spirituelt løft og for at jeres familier kan trives og få fremgang. Hvis I har ondt i benene, kan I rejse jer op og fortsætte *pūjaen.* Børn, hvis I ikke kan opnå fuld koncentration i begyndelsen, skal I ikke bekymre jer! Det kan være, at der kun er et enkelt sekund med fuld koncentration i løbet af en times meditation. I begyndelsen er det ikke mere, der er muligt for os. Men det er tilstrækkeligt at gøre langsomme fremskridt. Når man skal lære at lave en skulptur, kan man ikke lave den lige med det sammme. Af den grund anbefaler Amma også, at I i begyndelsen synger hymner, chanter de tusind navne og så videre. Kun ved at bruge den slags metoder, vil det med tiden blive let at opnå kontrol over sindet.

"Forestil jer nu, at I tager *bhasma* (hellig aske) og lægger den på *Devīs* hoved i små portioner. Forestil jer, hvordan den hellige aske drysser ned over Hendes krop. Forestil jer så, at I igen laver *abhiṣeka* og på den måde vasker al den hellige aske væk igen.

"Rør ved Hendes fødder og læg jer ærbødigt foran Hende. Forestil jer, at I tager en *sari* i en farve, I godt kan lide og draperer den omkring Amma. I er vant til at give jeres børn tøj på. Nu har vi givet Amma en ny *sari* på. Børn, I skal ikke tænke på jeres hjem eller slægtninge! Vi laver denne *pūja,* efter at vi har overladt vores hjem og ejendele til en fremragende husholder – den Almægtige! Han vil passe på alle tingene i vores hjem, Han vil ikke falde i søvn! Børn, I behøver slet ikke bekymre jer om den slags ting. Jeres sind skal være fuldt tilstede her. Ellers nytter alle disse ting, vi gør, ikke noget. "Åh Amma, vores hjerter er fyldt af torne og snavs. Vi har søgt tilflugt hos Dig og har tillid til, at Du, som er Universets Moder, vil tilgive alle vores fejl! Kun hvis Du kommer for at blive i mit hjerte, kan jeg fortsætte min rejse og blive guidet af Dit lys. I øjeblikket er jeg ikke i stand til at finde vej på grund af mørket! Åh Amma, kom ind i mit hjerte."

"Nu pynter vi Amma. Lad os også give Hende parfume på ansigtet og kroppen. Ingen af disse ting gør vi for Hendes skyld. Amma er duften i alt. Men vi er nødt til at få Hende ind i vores sind. Derfor foregiver vi alt det her!

"Tag nu lidt safran på højre ringfinger og sæt et mærke på Hendes pande. Træd lidt tilbage og nyd skønheden. Bed til Amma, "Amma, Amma, bliv her foran mig! Gå ikke Din vej."

Så giver I Hende ankelringe og gyldne armbånd på, I pynter Hende med ørenringe og andre smykker. Amma er altid lige i nærheden af os, men vi kan bare ikke se Hende. Så enten bliver vi selv til børn, eller også skal vi tænke på Hende som et barn. På den ene eller anden måde vil det lykkes for os at rense vores sind!"

"Tag nu en smuk krone og sæt den på Ammas hoved. Forestil jer en kurv fyldt med blomster. Samtidig beder I til den Guddommelige Moder og kalder på Hende: "Amma, giv fuld opmærksomhed. Amma, smelt sammen med mig!"

"Det er godt at forestille sig, at man er et barn, for det giver ydmyghed og beskedenhed. Vi er nødt til at skille os af med oplevelsen af vores ego. Vores store vismænd anså ydmyghed for at være meget vigtig, også selvom man allerede havde opnået Selvrealisering. Kun gennem ydmyghed kan vi vokse. Ydmyghed betyder ikke, at vi bliver andres slave. I virkeligheden bliver vi mere kultiverede af det. Ydmyghed er ikke en svaghed. Det er først, når vi trykker på knappen, at paraplyen folder sig ud. Kun gennem ydmyghed kan vores sind udvide sig og omfatte hele verden. Kun gennem ydmyghed kan vi gøre os egnede til at modtage Guds nåde. Selvom vi har gjort *tapas* igennem evigheder, opnår vi ikke guddommelig nåde, hvis Jeg-fornemmelsen stadig er stærk. Og den nåde er uundværlig, når vi skal rense sindet for begær, vrede og andre negative tilbøjeligheder.

"Bed til den Guddommelige Moder: "Amma! De siger, at Du er den virkelige Moder! Men vi kan ikke se Dig! Skjuler Du dig fra os, efter at Du har efterladt os, Dine babyer, i denne skov af uvidenhed? De siger, at Du er lige i nærheden, men jeg kan ikke se Dig! Amma, de vilde dyr angriber mig! Skoven brænder! Løb herhen og kom og tag mig i Dine arme, Amma! Hvor er min Mor? De siger, at jeg har en Mor, men Hun er ikke til at få øje på nogen steder. Alle sårer mig. Jeg er ikke selv bevidst om mine fejl. Men de andre får mig til at lide. Det siges, at kun Du kan tilgive alle fejl. Amma, jeg beder Dig om at skynde Dig; jeg kan ikke længere bære det! Hvis Du kommer, får jeg styrke. Tag mig og hold mig i Din favn Amma! Kun dér er jeg fri."

Hulkende ofrer du din kærligheds blomster hen over den Guddommelige Moders hoved. Lad dem overdynge Hendes hoved. Eller forestil jer, at I lægger dem på Hendes hoved i små håndfulde. Mens dette står på, tillader I ikke, at der kommer nogen andre tanker og forstyrrer. Bliv ved med at se ansigtet foran jer. Rør ved Hendes fødder og læg jer ærbødigt foran dem, mens I siger: "Åh Amma, jeg beder dig om at blive!" Se nu på hele Hendes form og nyd skønheden – Hendes ansigt, kronen, ørenringene, Hendes læber, hår, Hendes *sari*, Hendes kærlige holdning, som virker dragende på os. Forestil jer det hele. Mødre vil lokke deres surmulende børn hen til sig med hænderne. På samme måde kalder vores Amma på os og beder os om at komme nærmere. Forestil jer, at Hun står lige her og er klar til at holde jer I sin favn. Se Hende tydeligt foran jer! I alt, hvad vi gør, skal vi have fuldstændig overgivelse.

Vores Amma er kommet sejlende i en båd for at hjælpe os med at krydse vandet. Vi er kommet op på båden, men vi slæber stadig rundt på vores bagage og græder. Når vi bliver spurgt: "Hvorfor græder du?" er vores svar:"Jeg kan ikke klare den her byrde!" Vi er ikke klar til at lægge byrden fra os, det er grunden til, at vi lider. Overgiv alt, kun sådan vil *Devī* acceptere os. Vi er nødt til at have fuldstændig overgivelse. Ellers svarer det til at have frø i linningen og spørge Herren, om han ikke vil få dem til at spire og vokse. De vil ikke spire, fordi vi ikke har den rette indstilling og overgiver os."

"Vi skal have indstillingen: "Denne krop, dette hus, intet af det her er mit. Jeg er slet ikke i stand til at passe på disse ting. Amma, du må overtage det hele og beskytte det!"

"Børn, I skal ikke være bange, fordi I har syndet eller været uvidende. Universets Moder accepterer med glæde alt, hvad Hendes uvidende børn gør. Hun vil ikke straffe os. Vi ser ingen tegn på væmmelse hos en mor, som fjerner sit barns afføring. Ligeledes vil vores Amma ikke hade os, hvis vi begår fejl på grund af vores uvidenhed. "

"Nu skal I fortsætte og forestille jer, at I omfavner den Guddommelige Moder. Og bed til Hende: "Amma, vi ved ingenting! Vi beder dig om at tilgive vores fejl! Tilgiv os! Vi brænder i en smelteovn. Vi rækker hænderne ud i alle retninger og søger efter hjælp. Amma, kom og red os, red os! Selv dem, der står os nært, tør ikke komme os til undsætning, for de er bange for, at de selv vil falde derind. Findes der noget sted i verden, hvor Du ikke er nærværende? Du er den eneste, som kan redde mig. Amma, løft mig op herfra! Jeg kæmper med bindingerne til familien. Jeg har begået utallige fejl, og jeg har troet, at denne krop ville holde for evigt. Selv nu vil mit sind ikke slippe den opfattelse. Vi holder fast i det her træ med torne. Tornene stikker og gør ondt i hænderne. Vi kunne ikke forudse det; vi fik øje på blomsternes skønhed og holdt fast i træet. Løft os op herfra og helbred vores sår! Amma, vores sind er blevet overtaget af en vild skov. Kun Dit sværd kan skære det hele ned!"

"Amma, vi beder Dig om ikke at forsvinde! Vores kroppe er skabt af begær og vrede. Du er ren kærlighed. Vi ved, at Du ikke vil være i nærheden af os. Det er varmen fra vores stolthed og uvidenhed, der er nærmest. Men tilgiv os alligevel Amma, vær god ved os og bliv i nærheden af os. Mens I beder på den måde, omfavner I kærligt Amma."

"Vi får ikke et dyr til at nærme sig, når vi viser vrede. Uanset om det er en hund, en kat eller en fugl, er vi nødt til at tilbyde dyret lidt at spise og lokke det til at komme nærmere. På samme måde er vi nødt til at ikke at holde os tilbage. Vi skal være fuldt koncentrerede uden at kigge os omkring, mens vi kalder på Amma og beder Hende om at komme. Vi har endnu ikke opnået en fuldkommen fokuseret tilstand. Når vi opnår den tilstand, vil der ikke længere være brug for navne og former. Det er i orden at citere Vedānta, men vi har endnu ikke opnået Vedāntas niveau. Vi siger, at vi ikke er sindet, at vi ikke er intellektet og så videre. Men det gør vi kun lige indtil det øjeblik, hvor nogen mishandler eller fornærmer os; så følger vi efter ham med en kniv! Når vi sætter os og mediterer, kan vi ikke koncentrere os et eneste sekund. Derfor er disse metoder den eneste vej til at få fokus i sindet."

"Oplev, hvordan vi sidder i den Guddommelig Moders favn. For det er virkelig her vi sidder! Universet er Hendes favn. Hvis ikke, var vi faldet for længe siden."

"Når vi engagerer os i familieanliggender kan vi ikke hele tiden reflektere over, at vi er legemliggørelser af Selvet. Men vi kan godt tænke, at Herren eller *Devī* er vores beskytter. Vi har altid fornemmelsen af kroppen. Når vi tænker på *Devī* på den måde, vil egoets skal blive brudt ned på grund af vores ydmyghed. Der findes ingen anden måde at bryde den. Det siges, at alt er *ātman.* Men vi kan ikke forstå det. Der er blevet skåret i den lille babys hånd, og der er et sår. Så siger vi: "Åh lille baby, lad være med at græde, du er *ātman!*" Det ville svare til, at nogen kom og fortalte dig, at du er *ātman.* Barnet kan mærke den smerte, det har. Men når vi tænker, at vi i virkeligheden ikke er kroppen, bliver smerten en lille smule mindre. Vi behøver ikke tænke på nondualitet og alt hinsides det. "Du er floden, vi er dammen. Der er urenheder i os. Kun gennem Din nærhed, kan vi blive rene." Det er kun gennem den slags tanker, at vi kan opløse vores sind fuldstændigt."

"Lad os nu synge en hengiven sang. Forestil jer, at den Guddommelige Moder danser til sangen, og at vi danser med Hende. Nyd Ammas skønhed, mens du danser. Du skal græde, mens du synger. En hengivens tårer er verdens lys. Stearinlyset smelter for at skabe lys omkring sig. Et almindeligt menneskes tårer er meningsløse, for de gør ingen gavn. Der er kun mørke. Hvis du græder, fordi du har skåret dig i foden, vil det ikke helbrede foden. Den bliver bare betændt. Når en hengiven græder, svarer det til at give såret medicin og hele det. Det har vi brug for. At græde på grund af ting, der er uvirkelige, vil bare ødelægge os. Den, som græder, går til grunde, og det gør alle andre også. Men de hengivne tårer er rettet mod det evige. Det er verdens lys. Det er aldrig en svaghed. Det er de tårer, som strømmer i *Devīs* virkelige nærvær. Det er ekstasens tårer, som strømmer, når *jīvātman* rører *Paramātman."*

"Åh Herre, lad min familie få fremgang, og må der blive fred i verden! Glem alles fejl og tilgiv dem! Giv dem styrken til at kende Din sandhed og leve ud fra den! Giv os fremgang og et godt helbred og beskyt vores familie!" Mens I beder på denne måde, kan I nu synge denne hengivne sang."

Lalitā Lalitā Śrī Lalitā
Lalitā Lalitā Om Mātā
Lalitā Lalitā Jayalalitā
Lalitā Lalitā Jaganmātā

Vedavilāsini Śrī Lalitā
Viśvavimohinī Śivalalitā
Mātā Bhavāni Śrī Lalitā
Mukti Pradāyini Śivalalitā

"Hvis I er søvnige, kan I rejse jer op og lave *arcana.* Så vil I være forsigtige, fordi det vil gøre ondt, hvis I falder. Bliv aldrig gode venner med søvnen! Søvnen er som en kat. Uanset, hvor meget mad du giver den, vil den stadig prøve at stjæle mere mad. Den venter bare. Den prøver bare at finde ud af, hvor den kan finde et behageligt sted at lægge sig, og den vil bare vide, hvor maden er opbevaret. Lad ikke sindet følge den retning. Hvis det forsøger, er du nødt til at slå det og genne det væk. Det er kun muligt, når vi prøver hen over et stykke tid. Hvis vi holder op med at forsøge, så er det slut! Søvnen vil også tage vores intellekt med sig; vi lægger ikke engang mærke til det!"

"Der kan være nogle mennesker, som ikke bryder sig om mental tilbedelse, hvor de ikke bruger blomster eller noget andet. Men de som forstår betydningen af det, vil holde af det. Alle andre former for tilbedelse følger efter *mānasa pūja.* Hvad kan vi give den Almægtige? Har solen brug for et stearinlys? Gud har ikke brug for noget. Det vi har brug for er at rense vores hjerter. Hvis vi forsøger at belægge en beskidt pande med tin, vil det ikke sidde fast. Først bliver vi nødt til at skrabe alt det beskidte væk. Maling vil ikke fæstne til en snavset væg. Vi er nødt til først at fjerne det beskidte. På samme måde er det kun ved at fjerne urenhederne fra vores sind, at vi kan opleve Guds nærvær."

"Fortæl den Guddommelige Moder: "Åh Universets Moder, modtag os kærligt i Din favn! Opdrag os omsorgsfuldt! Du er evig kærlighed. Du er den, som står på vores side, i alle fødsler. Kun Du kan få os over på den anden side af dette ocean af fødsler og død! Åh Amma, tag os med op på Din båd! Vi beder Dig om at tage imod det ritual, vi nu vil udføre!

En far accepterer det, når den lille dreng siger "cha", på samme måde som når den store dreng siger "accha" (far). Vis os den samme kærlige accept! Vi kan kun sige "cha". Du kender vores sprog. Amma, Du kender altid babyens sprog. Vi er ikke i stand til at udtale Dine navne rigtigt eller prise Dig. Vi er ikke i stand til at anerkende, hvem Du er. Alligevel vil vi, som en baby, chante Dine navne. Vi beder Dig om kærligt at acceptere det og velsigne os med Dit nærvær. Vi overgiver os helt til Din vilje. Hvis Du svigter os, er der ingen anden som vil elske og hjælpe os som Dig! Du er den, som tilgiver os, selvom vi begår hundredvis af fejl. Andre vil omvendt forsøge at straffe os, selvom vi har begået en enkelt fejl og gjort hundredvis af gode ting. Åh Amma, forlad os ikke!" Bed til Moder på denne måde.

"Nu forestiller I jer, at I tænder en lampe – visdommens og enhedens lampe. Ilden, som I tænder den med, skal komme fra jeres kærlighed til Herren. Tænd røgelsen og vift den tre gange rundt om *Devī*. Læg noget *tāmbula* (betelblade og nødder) på Ammas højre side. Så begynder vi *arcanaen*. Lær at chante *mantraerne* med et åbent hjerte. I skal ofre hver blomst, mens I ser Amma foran jer. Forestil jer, hvordan hver blomst lander foran de guddommelige fødder. Den virkelige blomst er sindets blomst. Det er den blomst, vi har brug for at give Hende. "

"Der findes en fortælling. En gang tilbad en brāhminpræst Herren med mange slags blomster. Så spurgte han: "Herre! Er der nogen anden blomst, Du ønsker nu? Er du tilfreds nu?" Præsten var stolt over, at han havde gjort noget stort, fordi han havde givet Herren alt. Herren sagde: "Der findes én blomst til." "Hvad er det for en blomst? " spurgte præsten. "*Mānasa puṣpa* (sindets blomst)," sagde Herren. "Hvor kan jeg finde den henne?" spurgte præsten. "Lige her, " sagde Herren. Han mente hjertets blomst. Uden at vide det, vandrede præsten rundt alle vegne og ledte efter *mānasa puṣpa*, alt sammen på grund af manglende *sraddha* (opmærksomhed). Efter at have løbet længe omkring, kom han udmattet tilbage og lagde sig ved Herrens fødder og sagde med stor sorg: "Herre, jeg kunne ikke finde *mānasa puṣpa* nogen steder. Jeg beder Dig om at være tilfred med Dette! Jeg har kun mit hjerte, som jeg kan give dig." Herren svarede: "Det er den *mānasa puṣpa,* jeg bad om! Det jeg ønsker er renhedens og kærlighedens blomst. Uden den, kan du bruge millioner af penge og lave *pūjaer* gennem hundredvis af fødsler, men du vil ikke få Mit nærvær i det mindste sekund. En holdning af overgivelse er broen, som bringer dig nærmere Mig. Du har ikke rejst den bro endnu. Jeg venter på det lige i nærheden af dig."

"Vid derfor hvem, den Guddommelige Moder er, og tilbed Hende med renhed i hjertet. Vi er ved at lære at tale åbent til *Devī*. "Du er floden. Vi er den snavsede rendesten. Amma, vi beder til Dig, lad Din nåde strømme ind i os. Tag det beskidte væk. Fjern vores uvidenhed! Vi skal opleve følelsen af overgivelse: "Amma, Du er den, som er i stand til at give alt. Vi overgiver alt til Dig!"

Vi er kun dukker i Hendes hænder!" "Vi overlader alt til Din vilje. Vi vil få alt, hvis vi er afhængige af Dig. Hvis vi er afhængige af mælk, kan vi få kærnemælk og yoghurt, smør, alt. Men det er ikke det, vi har gjort, indtil nu; vi gik efter kærnemælken og yoghurten. Vi søgte ikke tilflugt i mælken. Hvis vi søger tilflugt hos Dig, får vi det forgængelige og det Uforgængelige. Vi søger tilflugt i den mælk, som er Dig. Det har vi ikke gjort indtil nu. "Vi får alt, hvad vi har brug for, når vi er afhængige af Herren. Vi overlader alt til dig. Dine børn ønsker kun fred i sindet!"

Nu vil vi synge en hymne, der priser *Devī*. Børn, når den bliver sunget, skal I tænke på følgende: "Amma, vi ved ingenting. Vi kender ikke noget *tantra* eller *mantra.* Vi forsøger bare at kalde på Amma. Amma giv os styrke." Vi skal have den ydmyge indstilling, hvor vi føler, at vi er intet. Vi skal begynde *arcana* med den følelse. *Arcana* skal gøres med koncentration. Uden den følelse vil jeres udbytte blot være, at I bliver trætte. I spilder også jeres tid. Sindet skal være fuldstændig opslugt af Amma. Det skal smelte sammen med *Devī*, som er det samme som det Højeste Selv. Når hvert navn chantes, forestiller I jer, at I tager en smuk hvid blomst fra jeres hjerte og lægger den ved *Devīs* fødder. Den hvide blomst er et symbol på dit rene hjerte. I skal lave *arcana,* mens I bevæger hånden, samtidig med at I ofrer de mentale blomster. Kun ved at bruge den slags metoder, kan vi fastholde sindet. Slip jeres generthed, børn! Vores mål er det evige. Alle de ydre ting vil ikke vare ved."

(En brahmari synger et vers, som begynder med "Åh Moder, jeg kender hverken dit mantra..")

"Åh Moder, jeg kender hverken Dit *mantra* eller Dit *yantra*; jeg kender ingen hymne, som priser Dig. Jeg ved ikke, hvordan jeg skal kalde på Dig eller meditere på Dig. Ej heller kender jeg nogen historier, som priser Din storhed. Jeg kender ikke de bevægelser, der skal til for at tilbede Dig. Jeg ved ikke, hvordan jeg skal kalde på Dig. Men Moder, jeg ved med sikkerhed, at der vil blive gjort en ende på alle mine sorger, hvis jeg følger Din vej."

Herefter er der en person, som skal recitere meditationsversene for Lalitā *Devī* og bagefter *Lalitā Sahasranāma*, navn for navn. Efter hvert navn skal de andre svare med ´Om *Parasaktyai Namah´* og udføre *arcana* i det indre.

(Amma chanter også mantraerne højlydt. Tilbedelsen varer omtrent halvanden time.)

"Nu forestiller I jer, at I tager noget *pāyasam* (sød budding) i en skål og stiller den foran den trekant, I tegnede. Det er kærlighedens *pāyasam,* som I skal ofre til Amma og ikke nogen anden slags. Den sødme, der findes i risen, sukkeret og kokosnøden, som udgør kærlighedens *pāyasam*, kan ikke måles. Forestil jer, at I tager små skefulde af *pāyasam* og mader Amma. Forstil jer indeni, at Hun spiser det med stor nydelse. Forestil jer så, at I siger: "Åh Amma, jeg har ingen viden om skrifterne, ritualerne, eller *yoga* eller *pūja*. Amma, jeg beder Dig om at beskytte mig!"

"Nu vil vi synge en hengiven sang. Børn, klap i hænderne, følg rytmen og syng med. Amma står foran, Hun er lidt hævet over alt og transcenderer alt. At være sammen med Universets Moder er en festival, som er fyldt med stor glæde. Børn, syng denne sang med kærlighed. Alle skal prøve at synge med. (Så fortsætter Amma med at synge de tre følgende sange:)

Parāśaktī Param Jyotī
Parātpare Rādhe Devī
Jaya Rādhe Jaya Rādhe
Rāsarāśesvari Priyā Priyā
Jaya Rādhe Jaya Rādhe
Rādhe Śyām Rādhe Śyām

Devī Devī Devī Jaganmohini
Chaṇḍikā Devī Caṇḍamuṇḍahārinī
Chāmundeśvarī Ambike Devī
Samsāra Sāgaram Tāranam Ceyyuvān
Nerāya Mārgam Kāttane Devī

Om Namah Śivaya Om Namah Śivaya

"Nu vifter vi kamfer som offergave foran Devī. Vi skal i virkeligheden selv blive til kamfer. Forestil dig, at du tager kamferstykket, tænder det og koncentreret lader det brænde, mens du fører det rundt i cirkler foran den Guddommelige Moder fra hovedet og ned til fødderne og fra fødderne og op til hovedet igen. Stil det så til side. Mens vi gør det, skal vi forestille os, at vi bliver opløst og smelter sammen med Amma. Forestil jer så, at I tager nogle blomster og efter at have ført dem i cirkler omkring den brændende kamferflamme, ofrer I dem ved den Guddommelige Moders fødder.

"Nu skal alle rejse sig op og forestille sig, at I går tilbedende rundt om Devī tre gange ligesom man gør i templerne. Chant: "Amma… Amma…" indeni. Herefter lægger I jer foran Hende i tilbedelse.

"Nu gentager i *śānti mantraerne* (påkaldelsen af fred), som bliver chantet om lidt. Læg håndfladerne sammen og hold dem nær hjertet. Chant med opmærksomhed og tålmodighed.

"Hvis der findes et sindssygt menneske i nærheden, vil vi selv miste vores sindsro. Derfor skal vi bede til, at der vil være godhed i vores miljø og omgivelser. Vi skal bede til, at der vil være godhed i andre mennesker. Vi får selv gavn af det. Når vi plukker blomster til en *pūja,* er vi selv de første, som nyder duften. Uanset om vi ønsker det eller ej, vil vi helt sikkert opnå de gavnlige virkninger af uselvisk tilbedelse. Vi skal ønske noget godt for verden. Det vil udvide vores sind.

Begynd med at gentage OM tre gange.

Asato mā satgamāyā
Tamaso mā jyotirgamya
Mṛtyor mā amṛtamgamāyā
Om śāntih śāntih śāntiḥ

Om sarveṣām svastir bavatu
Sarveṣām śāntir bhavatu
Sarveṣām pūrṇam bhavatu
Sarveṣām maṇgalam bhavatu
Om śāntih śāntih śāntiḥ

Om pūrṇamadah pūrṇamidam
Pūrṇat pūrṇam udachyate
Pūrṇasya pūrṇam ādāya
Pūrṇamevā vaśiṣyate
Om śāntih śāntih śāntiḥ

Om Śrī gurubhyo namah
Hariḥ Om!"

"Nu skal vi tage *Devī*, som vi har sat i trekanten tilbage i vores hjerter. Forestil dig, at du holder om Hende med begge hænder, mens du sætter Hende i lotusblomsten i dit hjerte og siger: "Amma, jeg beder Dig om aldrig at svigte mig! Bliv altid her hos mig!" I skal forestille jer det, mens I holder begge hænder presset mod hjertet. Bøj jer ned og læg jer i tilbedelse foran trekanten. Mediter på Devīs form i nogle få sekunder. Lad sindet være fuldstændig opslugt af Devī. Græd: "Amma... Amma..." og fokuser opmærksomheden på Ammas fødder, så på Hendes skød, bryst, hals, ansigt, øjne, næse, læber, ørenringe, ædelstensbesatte krone og til sidst på Hendes hår. Nyd skønheden ved at fokusere på hver eneste del. Fokuser nu opmærksomheden på hver en del af Hendes krop en gang til, nu fra hovedet og ned til fødderne. Så lægger i jer tilbedende foran Amma og rører Hendes fødder med panden.

"Børn, I skal planlægge at mødes regelmæssigt en gang om måneden og lave denne *pūja*. Kvinder kan også være med under deres månedlige menstruationer; tag et bad og sid langt fra hinanden, lav trekanten foran jer og udfør denne *pūja*. *Devī* holder til i vores hjerter, når alt kommer til alt. Der findes ingen renhed eller urenhed i Hendes verden. Men i denne verden er vi ikke nået så langt; derfor skal I sidde hver for sig uden at røre hinanden. Vi skal vise et godt eksempel; ellers vil alle begynde at begå fejl. Du kan udføre denne *pūja* hjemme eller hvor som helst. "Śivane"

Alfabetisk liste med navnene

Nr.	Navn
994	Ābālagopaviditā
990	Abhyāsātiśayajñātā
285	Ābrahmakīṭajananī
554	Acintyarūpā
988	Adbhutacāritrā
615	Ādiśaktiḥ
649	Adṛśyā
553	Agragaṇyā
866	Ajā
663	Ajājaitrī
828	Ājñā
521	Ājñācakrābjanilayā
103	Ājñācakrāntarālasthā
993	Ajñānadhvāntadīpikā
860	Akāntā
489	Akṣamālādidharā
96	Akulā
537	Amatiḥ
985	Ambā
295	Ambikā
616	Ameyā
483	Amṛtādimahāśaktisamvṛtā
814	Amūrtā
296	Anādinidhanā
987	Anaghā
485	Anāhatābjanilayā
29	Anākalitasādriśyacibuka śrivirājitā
729	Ānandakalikā
926	Anarghyakaivalyapada dāyinī
50	Anavadyāṅgī
620	Anekakoṭibrahmāṇḍajananī
815	Anityatṛptā
517	Aṅkuśādipraharaṇā

669 Annadā
870 Antarmukhasamārādhyā
273 Anugrahadā
541 Anuttamā
642 Aparicchedyā
754 Aparṇā
413 Aprameyā
476 Āraktavarṇā
37 Aruṇāruṇakausumbha vastrabhāsvatkaṭītaṭī
15 Aṣṭamīcandravi bhrājadalika sthalaśobhitā
662 Aṣṭamūrtiḥ
972 Āśobhanā
516 Asthisamsthitā
67 Aśvārūḍhādhiṣṭhitāśva koṭi koṭibhir āvṛtā
508 Atigarvitā
617 Ātmā
583 Ātmavidyā
639 Avaradā
992 Avyājakaruṇāmūrtiḥ
398 Avyaktā
427 Ayī
894 Ayoniḥ
871 Bahirmukhasudurlabhā
824 Bahurūpā
905 Baindavāsanā
965 Bālā
677 Balipriyā
546 Bandhamocinī
964 Bandhūkakusumaprakhyā
511 Bandinyādisamanvitā
547 Barbarālakā
116 Bhadramūrtiḥ
115 Bhadrapriya
277 Bhagamālinī
715 Bhagārādhyā
279 Bhagavatī
276 Bhairavī

747 Bhaktacittakekighanāghanā
372 Bhaktamānasahamsikā
567 Bhaktanidhiḥ
117 Bhaktasaubhāgyadāyinī
404 Bhakthahārdatamobheda bhānumad bhānusantatiḥ
119 Bhaktigamyā
353 Bhaktimatkalpalatikā
118 Bhaktipriyā
120 Bhaktivaśyā
74 Bhaṇḍaputravadhodyukta bālāvikrama nanditā
72 Bhaṇḍasainyavadhodyukta śaktivikrama harṣitā
65 Bhaṇḍāsuravadhodyukta śaktisenāsmanvitā
79 Bhaṇḍāsurendranirmukta śastrapratyastravarṣiṇi
275 Bhānumaṇḍalamadhyasthā
678 Bhāṣārūpā
680 Bhāvābhāvavivarjitā
843 Bhavacakrapravartinī
742 Bhavadāvasudhāvṛṣtiḥ
841 Bhāvajñā
175 Bhavanāśinī
113 Bhāvanāgamyā
112 Bhavānī
114 Bhavāraṇyakuṭhārikā
842 Bhavarogaghnī
121 Bhayāpahā
179 Bhedanāśinī
293 Bhoginī
666 Bhūmarūpā
294 Bhuvaneśvarī
380 Bindumaṇḍalavāsinī
974 Bindutarpaṇasantuṣṭā
111 Bisatantutanīyasī
822 Brahma
100 Brahmagranthivibhedinī
676 Brahmānandā
674 Brāhmaṇī
821 Brahmāṇī

265 Brahmarūpā
672 Brahmātmaikyasvarūpiṇī
675 Brāhmī
83 Brahmopendramahendrādi devasamstutavaibhavā
673 Bṛhatī
679 Bṛhatsenā
825 Budhārcitā
919 Caitanyakusumapriyā
918 Caitanyārghyasamārādhyā
245 Cakrarājaniketanā
68 Cakrarājarathārūḍha sarvāyudhapariṣkṛtā
13 Campakāśokapunnāga saugandhika lasatkacā
435 Cāmpeyakusumapriyā
756 Caṇḍamuṇḍāsuraniṣūdiṇī
434 Candanadravadigdhāṅgī
755 Caṇḍikā
240 Candramaṇḍalamadhyagā
592 Candranibhā
239 Candravidyā
244 Carācarajagannāthā
243 Cārucandrakalādharā
242 Cāruhāsā
241 Cārurūpā
236 Catuḥṣaṣṭikalāmayī
235 Catuḥṣaṣṭyupacārāḍhyā
691 Caturaṅgabaleśvarī
7 Caturbāhusamanvitā
505 Caturvaktramanoharā
417 Cetanārūpā
844 Chandaḥsārā
416 Citśaktiḥ
4 Cidagnikuṇḍasambhūtā
364 Cidekarasarūpiṇī
251 Cinmayī
57 Cintāmaṇigṛhāntasthā
362 Cit
728 Citkalā

512 Dadhyannāsaktahṛdayā
560 Dāḍimīkusumaprabhā
609 Daharākāśarūpiṇī
599 Daityahantrī
696 Daityaśamanī
484 Ḍākinīsvarī
600 Dakṣayajñavināśinī
923 Dakṣiṇādakṣiṇārādhyā
725 Dakṣiṇāmūrtirūpiṇī
598 Dākṣāyaṇī
498 Ḍāmaryādibhirāvṛtā
488 Damṣṭrojvalā
608 Daṇḍanītisthā
602 Darahāsojjvalanmukhī
601 Darāndolitadīrghākṣī
924 Darasmeramukhāmbujā
977 Daśamudrasamārādhyā
581 Dayāmūrtiḥ
701 Deśakālāparicchinnā
5 Devakāryasamudyatā
64 Devarṣigaṇasanghāta stūyamānātma vaibhavā
607 Deveśī
886 Dhanadhānyavivardhinī
885 Dhanādhyakṣā
957 Dhanyā
955 Dharā
956 Dharasutā
884 Dharmādhārā
255 Dharmādharmavivarjitā
959 Dharmavardhinī
958 Dharmiṇī
916 Dhīrā
917 Dhīrasamarcitā
446 Dhṛtiḥ
254 Dhyānadhyātṛdhyeyarūpā
641 Dhyānagamyā
695 Dīkṣitā

631 Divyagandhāḍhyā
621 Divyavigrahā
195 Doṣavarjitā
744 Daurbhāgyatūlavātūlā
650 Dṛśyarahitā
191 Duḥkhahantrī
194 Durācāraśamanī
772 Durādharṣā
771 Durārādhyā
190 Durgā
189 Durgamā
188 Durlabhā
193 Duṣṭadūrā
668 Dvaitavarjitā
423 Dvijavṛndaniṣevitā
768 Dyutidharā
665 Ekākinī
855 Gaganāntasthā
854 Gambhīrā
857 Gānalolupā
719 Ganāmbā
636 Gandharvasevitā
856 Garvitā
420 Gāyatrī
69 Geyacakrarathārūḍha mantrinī parisevitā
605 Gomātā
266 Goptrī
635 Gaurī
267 Govindarūpiṇī
42 Gūḍhagulphā
501 Guḍānnaprītamānasā
606 Guhajanmabhūḥ
706 Guhāmbā
624 Guhyā
720 Guhyakārādhyā
707 Guhyarūpiṇī
604 Guṇanidhiḥ

961 Guṇātītā
713 Gurumaṇḍalarūpiṇī
603 Gurumūrtiḥ
722 Gurupriyā
527 Hākinīrūpadhāriṇī
525 Hamsavatī mukhyaśakti samanvitā
456 Hamsinī
84 Haranetrāgnisandagdha kāma sanjīvanauṣadhiḥ
297 Haribrahmendrasevitā
526 Haridrānnaikarasikā
304 Heyopādeyavarjitā
595 Hṛdayasthā
303 Hṛdyā
302 Hrīmatī
301 Hrīmkarī
712 Ī
658 Iccāśakti jñānaśakti kriyāśakti svarūpiṇī
594 Indradhanuṣprabhā
41 Indragopaparikṣiptasmara tūṇābha jaṅghikā
271 Īśvarī
418 Jaḍaśaktiḥ
419 Jaḍātmikā
935 Jagaddhātrī
257 Jāgariṇī
325 Jagatīkaṇḍā
378 Jālandharasthitā
823 Jananī
851 Janmamṛtyujarātapta janaviśrāntidāyinī
766 Japāpuṣpānibhākṛtiḥ
745 Jarādhvāntaraviprabhā
377 Jayā
788 Jayatsenā
643 Jñānadā
980 Jñānagamyā
981 Jñānajñeyasvarūpiṇī
979 Jñānamudrā
644 Jñānavigrahā

71 Jvālāmālinikākṣiptavahni prākāra madhyagā
323 Kadambakusumapriyā
21 Kadambamañjarīkḷpta karṇapūra manoharā
330 Kādambarīpriyā
60 Kadambavanavāsinī
625 Kaivalyapadadāyinī
513 Kākinīrūpadhāriṇī
557 Kālahantrī
464 Kālakanṭhī
328 Kalālāpā
794 Kalāmālā
612 Kalānāthā
797 Kalānidhiḥ
491 Kālarātryādiśaktyaughāvṛtā
611 Kalātmikā
327 Kalāvatī
555 Kalikalmaṣanāśinī
858 Kalpanārahitā
903 Kalyā
324 Kalyāṇī
63 Kāmadāyinī
795 Kāmadhuk
322 Kāmakalārūpā
863 Kāmakelitaraṇgitā
589 Kāmakoṭikā
62 Kāmākṣī
558 Kamalākṣaniṣevitā
375 Kāmapūjitā
796 Kāmarūpiṇī
586 Kāmasevitā
30 Kāmeśabaddhamāṅgalya sūtraśobhita kandharā
39 Kāmeśajñātasaubhāgya mārdavorudvayānvitā
77 Kāmeśvaramukhāloka kalpita śrīganeśvarā
373 Kāmeśvaraprāṇanāḍī
33 Kāmeśvarapremaratna maṇipratipaṇa stanī
82 Kāmeśvarāstra nirdagdha sabhaṇḍāsura śūnyakā
321 Kāmyā

31 Kanakāṅgadakeyūra kamanīya bhujānvitā
864 Kanatkanakatāṭaṅkā
329 Kāntā
861 Kāntārdhavigrahā
86 Kanṭhādhaḥkaṭiparyanta madhyakūṭasvarūpiṇī
449 Kāntiḥ
465 Kāntimatī
793 Kapardinī
80 Karāṅgulinakhotpanna nārāyaṇadaśākṛtiḥ
26 Karpūravīṭikāmoda samākarṣi digantarā
326 Karuṇārasasāgarā
862 Kāryakāraṇanirmuktā
859 Kaṣṭhā
590 Kaṭākṣa kiṅkarī bhūta kamalā koṭi sevitā
556 Kātyāyanī
441 Kaulamārgatatparasevitā
94 Kaulinī
925 Kaulinīkevalā
798 Kāvyakalā
613 Kāvyālāpavinodinī
623 Kevalā
478 Khaṭvāṅgādipraharaṇā
70 Kiricakra rathārūḍha daṇḍa nāthā puraskṛtā
622 Kliṅkārī
721 Komalāṅgī
437 Komalākārā
690 Kośanāthā
374 Kṛtajñā
9 Krodhākārāṅkuśojvalā
169 Krodhaśamanī
757 Kṣarākṣarātmikā
867 Kṣayavinirmuktā
344 Kṣayavṛddhivinirmuktā
343 Kṣetrakṣetrajñapālinī
345 Kṣetrapālasamarcitā
341 Kṣetrasvarūpā
342 Kṣetreśī

869 Kṣipraprasādinī
466 Kṣobhinī
440 Kulakuṇḍālayā
92 Kulāṅganā
90 Kulāmṛtaikarasikā
93 Kulāntasthā
897 Kularūpiṇī
91 Kulasanketapālinī
95 Kulayoginī
439 Kuleśvarī
714 Kulottīrṇā
442 Kumāragaṇanāthāmbā
110 Kuṇḍalinī
43 Kūrmapṛsṭhajayiṣṇu prapadānvitā
438 Kurukullā
14 Kuruvinda maṇiśreṇī kanat koṭīra maṇḍitā
436 Kuśalā
896 Kūṭasthā
740 Lajjā
503 Lākinyambāsvarūpiṇī
35 Lakṣyaromalatādhāratā samunneya madhyamā
1000 Lalitāmbikā
738 Lāsyapriyā
739 Layakarī
648 Līlākḷpta brahmāṇḍa maṇḍalā
865 Līlāvigraharūpiṇī
966 Līlāvinodinī
171 Lobhanāśinī
960 Lokātītā
664 Lokayātrāvidhāyinī
454 Lolākṣīkāmarūpiṇī
647 Lopāmudrārcitā
432 Madaghūrṇitaraktākṣī
159 Madanāśinī
433 Madapāṭalagaṇḍabhūḥ
431 Madaśālinī
717 Madhumatī

510 Madhuprītā
575 Mādhvīpānālasā
370 Madhyamā
222 Mahābalā
231 Mahābhairavapūjitā
219 Mahābhogā
223 Mahābuddhiḥ
237 Mahacatuḥṣaṣṭikoṭi yoginī gaṇasevitā
209 Mahādevī
78 Mahāgaṇeśa nirbhinna vighna yantra praharṣitā
752 Mahāgrāsā
220 Mahaiśvaryā
578 Mahākailāsanilayā
751 Mahākālī
233 Mahākāmeśamahiṣī
403 Mahākāmeśa nayana kumudāhlāda kaumudī
210 Mahālakṣmī
48 Mahālāvaṇyaśevadhiḥ
227 Mahāmantrā
215 Mahāmāyā
580 Mahanīyā
59 Mahāpadmāṭavīsamsthā
81 Mahāpāśupatāstragni nirdagdhāsura sainikā
214 Mahāpātakanāśinī
571 Mahāpralayasākṣinī
213 Mahāpūjyā
218 Mahāratiḥ
212 Mahārūpā
109 Mahāsaktiḥ
217 Mahāśaktiḥ
582 Mahāsāmrājyaśālinī
229 Mahāsanā
753 Mahāśanā
216 Mahāsattvā
224 Mahāsiddhiḥ
226 Mahātantrā
774 Mahatī

234 Mahātripurasundarī
584 Mahāvidyā
493 Mahāvirendravaradā
221 Mahāvīryā
230 Mahāyāgakramārādhyā
228 Mahāyantrā
225 Mahāyogeśvareśvarī
932 Maheśī
232 Maheśvara mahākalpa mahātāṇḍava sākṣiṇī
208 Māheśvarī
750 Maheśvarī
718 Mahī
570 Maitryādivāsanālabhyā
524 Majjāsamsthā
458 Malayācalavāsinī
455 Mālinī
165 Mamatāhantrī
500 Māmsaniṣṭhā
930 Manasvinī
931 Mānavatī
776 Mandārakusumapriyā
28 Mandasmita prabhāpūra majjatkāmeśa mānasā
933 Maṅgalākṛtiḥ
40 Māṇikyamakutākāra jānudvaya virajitā
495 Maṇipūrābjanilayā
101 Maṇipūrāntaruditā
941 Manomayī
207 Manonmanī
10 Manorūpekṣukodaṇḍā
415 Manovācāmagocarā
846 Mantrasārā
786 Mantriṇīnyastarājyadhūḥ
75 Mantriṇyambā viracita viṣanga vadha toṣitā
238 Manuvidyā
47 Marālīmandagamanā
785 Martāṇḍabhairavārādhyā
457 Mātā

445 Matiḥ
577 Mātṛkāvarṇarūpiṇī
576 Mattā
716 Māyā
538 Medhā
509 Medoniṣṭhā
775 Merunilayā
735 Mithyājagadadhiṣṭhānā
565 Mitrarūpiṇī
163 Mohanāśinī
562 Mohinī
564 Mṛḍānī
211 Mṛḍapriyā
561 Mṛgākṣī
579 Mṛṇālamṛdudorlatā
749 Mṛtyudārukuṭhārikā
181 Mṛtyumathanī
868 Mugdhā
519 Mugdaudanāsaktacittā
16 Mukha candra kalaṅkābha mṛganābhi viśeṣakā
563 Mukhyā
736 Muktidā
839 Muktinilayā
737 Muktirūpiṇī
838 Mukundā
99 Mūlādhāraikanilayā
514 Mūlādhārāmbujārūḍhā
89 Mūlakūṭatrayakalebarā
88 Mūlamantrātmikā
397 Mūlaprakṛti
840 Mūlavigraharūpiṇī
816 Munimānasahamsikā
813 Mūrtā
34 Nabhyālavāla romālilatā phalakucadvayī
299 Nādarūpā
901 Nādarūpiṇī
900 Naiṣkarmyā

44 Nakhadīdhiti sañchanna namajjana tamoguṇā
460 Naliṇī
732 Nāmapārāyaṇaprītā
300 Nāmarūpavivarjitā
450 Nandinī
733 Nandividyā
298 Nārāyaṇī
734 Naṭesvarī
19 Navacampaka puṣpābha nāsādaṇḍa virājitā
24 Navavidruma bimba śrī nyakkāri radana cchadā
287 Nijājñārūpanigamā
12 Nijāruṇa prabhāpūra majjadbrahmāṇḍa maṇḍalā
27 Nijasallāpa mādhurya vinirbhartsita kacchapī
569 Nikhileśvarī
185 Nīlacikurā
177 Nirābādhā
132 Nirādhārā
156 Nīrāgā
161 Nirahaṅkārā
137 Nirākārā
138 Nirākulā
877 Nirālambā
876 Nirāmayā
133 Nirañjanā
151 Nirantarā
186 Nirapāyā
147 Nirāśrayā
187 Niratyayā
150 Niravadya
174 Nirbhavā
178 Nirbhedā
667 Nirdvaitā
139 Nirguṇā
155 Nirīśvarā
134 Nirlepā
170 Nirlobhā
158 Nirmadā

135 Nirmalā
164 Nirmamā
162 Nirmohā
180 Nirnāśā
154 Nirupādhiḥ
389 Nirupamā
143 Nirupaplavā
390 Nirvāṇasukhadāyinī
176 Nirvikalpā
145 Nirvikārā
160 Niṣcintā
140 Niṣkalā
153 Niṣkalaṅkā
142 Niṣkāmā
152 Niṣkāraṇā
182 Niṣkriyā
168 Niṣkrodha
166 Niṣpāpā
183 Niṣparigrahā
146 Niṣprapañcā
172 Nissamśayā
429 Niḥsīmamahimā
789 Nistraiguṇyā
184 Nistulā
136 Nityā
149 Nityabuddhā
388 Nityaklinnā
144 Nityamuktā
73 Nityāparākramāṭopa nirīkṣaṇa samutsukā
391 Nityāṣoḍaśikārūpā
148 Nityaśuddhā
566 Nityatṛptā
430 Nityayauvanā
568 Niyantrī
379 Oḍyāṇapīṭhanilayā
767 Ojovatī
45 Padadvaya prabhājāla parākṛta saroruhā

280 Padmanābhasahodarī
247 Padmanayanā
248 Padmarāgasamaprabhā
23 Padmarāga śilādarśa paribhāvi kapolabhūḥ
278 Padmāsanā
949 Pañcabhūteśī
58 Pañcabrahmāsanasthitā
250 Pañcabrahmasvarūpiṇī
428 Pañcakośantarasthitā
274 Pañcakṛtyaparāyaṇā
948 Pañcamī
947 Pañcapretamancādhiśāyinī
249 Pañcapretāsanāsinā
950 Pañcasaṅkhyopacāriṇī
833 Pañcāśātpīṭharūpiṇī
11 Pañcatanmātrasāyakā
515 Pañcavaktrā
946 Pañcayajñapriyā
167 Pāpanāśinī
743 Pāpāraṇyadavānalā
366 Parā
369 Paradevatā
782 Parākāśā
618 Paramā
252 Paramānandā
812 Paramantravibhedinī
808 Paramāṇuḥ
807 Paramdhāma
396 Parameśvarī
806 Paramjyotiḥ
940 Parāmodā
939 Paramodārā
573 Parāniṣṭhā
790 Parāparā
572 Parāśaktiḥ
809 Parātparā
246 Pārvatī

811 Pāśahantrī
810 Pāśahastā
482 Paśulokabhayankarī
354 Paśupāśavimocanī
368 Paśyantī
773 Pāṭalīkusumapriyā
619 Pāvanākṛtiḥ
480 Pāyasānnapriyā
593 Phālasthā
507 Pītavarṇā
394 Prabhārūpā
393 Prabhāvatī
827 Pracaṇḍā
938 Pragalbhā
574 Prajñānaghanarūpiṇī
261 Prājñātmikā
830 Prakaṭākṛtiḥ
783 Prāṇadā
832 Prāṇadātrī
784 Prāṇarūpiṇī
831 Prāṇeśvarī
826 Prasavitrī
395 Prasiddhā
610 Pratipanmukhya rākāntatithi maṇḍala pūjitā
829 Pratiṣṭhā
781 Pratyagrūpā
367 Pratyakcitīrūpa
730 Premarūpā
731 Priyaṅkarī
770 Priyavratā
803 Pūjyā
545 Pulomajārcitā
542 Puṇyakīrtiḥ
543 Puṇyalabhyā
288 Puṇyāpuṇyaphalapradā
544 Puṇyaśravaṇakīrtanā
802 Purātanā

292 Pūrṇā
291 Puruṣārthapradā
975 Pūrvajā
804 Puṣkarā
805 Puṣkarekṣaṇā
801 Puṣṭā
444 Puṣṭiḥ
157 Rāgamathanā
8 Rāgasvarūpapāśāḍhyā
382 Rahastarpaṇatarpitā
381 Rahoyāgakramārādhyā
688 Rājapīṭhaniveśitanijāśritā
305 Rājarājārcitā
684 Rājarājeśvarī
687 Rājatkripā
308 Rājīvalocanā
306 Rājñī
685 Rājyadāyinī
689 Rājyalakṣmi
686 Rājyavallabhā
314 Rākenduvadanā
494 Rākinyambāsvarūpiṇī
317 Rakṣākarī
318 Rākṣasaghnī
499 Raktavarṇā
313 Ramā
319 Rāmā
320 Ramaṇalampaṭā
310 Ramaṇī
741 Rambhādivanditā
307 Ramyā
312 Raṇatkinkiṇimekhalā
309 Rañjanī
799 Rasajñā
800 Rasaśevadhiḥ
311 Rasyā
316 Ratipriyā

315 Ratirūpā
32 Ratnagraiveya cintākalola muktā phalānvitā
38 Ratnakiṅkiṇikāramya raśanā dāma bhūṣitā
596 Raviprakhyā
748 Rogaparvatadambholiḥ
490 Rudhirasamsthitā
104 Rudragranthivibhedinī
269 Rudrarūpā
614 Sacāmara ramā vāṇī savya dakṣiṇasevitā
356 Sadācā rapravartikā
661 Sadasadrūpadhāriṇī
272 Sadāśivā
911 Sadāśivakuṭumbinī
709 Sadāśivapativratā
921 Sadātuṣṭā
201 Sadgatipradā
711 Sādhu
128 Sādhvī
920 Sadoditā
383 Sadyahprasādinī
694 Sāgaramekhalā
528 Sahasradalapadmasthā
283 Sahasrākṣī
284 Sahasrapād
105 Sahasrārāmbujārūḍhā
282 Sahasraśirṣavadanā
634 Śailendratanayā
290 Sakalāgama sandoha śukti sampuṭa mauktikā
520 Sākinyambāsvarūpini
385 Sākṣivarjitā
87 Śaktikūṭaikatāpanna kaṭyadho bhāga dhāriṇī
909 Sāmagānapriyā
198 Samānādhikavarjitā
792 Sāmarasyaparāyaṇā
502 Samastabhaktasukhadā
963 Śamātmikā
98 Samayācāratatparā

97 Samayāntasthā
122 Śāmbhavī
954 Śambhumohinī
422 Sandhyā
268 Samhāriṇī
355 Samhṛtāśeṣapāṣaṇḍā
126 Śāṅkarī
66 Sampatkarīsamārūḍha sindhuravraja sevitā
710 Sampradāyeśvarī
692 Sāmrājyadāyinī
880 Samsārapaṅka nirmagna samudharaṇa paṇḍitā
173 Samśayaghnī
726 Sanakādisamārādhyā
197 Sāndrakaruṇā
141 Śāntā
447 Śāntiḥ
131 Śāntimatī
853 Śāntyatītakalātmikā
129 Śaraccandranibhānanā
123 Śāradārādhyā
704 Sarasvatī
953 Śarmadā
125 Śarmadāyinī
51 Sarvābharaṇabhūṣitā
659 Sarvādhārā
702 Sarvagā
196 Sarvajñā
697 Sarvalokavaśaṅkarī
758 Sarvalokeśī
200 Sarvamaṅgalā
204 Sarvamantrasvarūpinī
203 Sarvamayī
703 Sarvamohinī
552 Sarvamṛtyunivāriṇī
124 Śarvāṇī
819 Sarvāntaryāminī
995 Sarvānullaṅghyaśāsanā

913 Sarvāpadvinivāriṇī
698 Sarvārthadātrī
49 Sarvāruṇā
199 Sarvaśaktimayī
206 Sarvatantrarūpā
724 Sarvatantreśī
962 Sarvātītā
532 Sarvatomukhī
529 Sarvavarṇopaśobhitā
263 Sarvāvasthāvivarjitā
645 Sarvavedāntasamvedyā
551 Sarvavyādhipraśamanī
205 Sarvayantrātmika
530 Sarvāyudhadharā
202 Sarveśvarī
708 Sarvopādhivinirmuktā
852 Sarvopaniṣadudghuṣṭā
533 Sarvaudanaprītacittā
705 Śāstramayī
845 Śāstrasārā
952 Śāśvataiśvaryā
951 Śāśvatī
700 Satcidānandarūpiṇī
820 Satī
130 Śātodarī
791 Satyajñānānandarūpā
646 Satyānandasvarūpiṇī
818 Satyarūpā
693 Satyasandhā
817 Satyavratā
699 Sāvitrī
912 Savyāpasavyamārgasthā
991 Ṣaḍadhvātītarūpiṇī
523 Ṣaḍānanā
386 Ṣaḍaṅgadevatāyuktā
108 Ṣaṭcakroparisamsthitā
387 Ṣāḍguṇyaparipūritā
473 Siddhamātā

472 Siddhavidyā
471 Siddheśvarī
632 Sindūratilakāñcitā
46 Śiñjāna maṇi mañjīra maṇḍita srīpadāmbujā
591 Śirasthitā
412 Śiṣṭapūjitā
411 Śiṣteṣṭā
53 Śivā
405 Śivadūtiḥ
727 Śivajñānapradāyinī
52 Śivakāmeśvarāṅkasthā
408 Śivaṅkarī
407 Śivamūrtiḥ
410 Śivaparā
409 Śivapriyā
406 Śivārādhyā
999 Śivaśaktyaikyarūpiṇī
540 Smṛtiḥ
492 Snigdhaudanapriyā
462 Śobhanā
683 Śobhanāsulabhāgatiḥ
910 Saumyā
2 Śri Mahārājñī
1 Śri Mātā
998 Śrī Śivā
996 Śrīcakrarājanilayā
392 Śrīkaṇṭhārdhaśarīriṇī
127 Śrīkarī
85 Śrīmadvāgbhava kūtaika svarūpa mukhapaṅkajā
56 Śrimannagaranāyikā
3 Śrimat Simhāsaneśvarī
997 Śrīmat Tripurasundarī
376 Śṛṅgārarasasampūrṇa
587 Śrīṣodaśākṣarīvidyā
264 Sṛṣṭikartrī
585 Śrīvidyā
539 Śrutiḥ
929 Śrutisamstutavaibhavā

289 Śrutisīmanta sindūrī kṛta pādābja dhūlikā
36 Stanabhāra dalanmadhya paṭṭa bandha valitrayā
927 Stotrapriyā
928 Stutimatī
761 Subhagā
682 Śubhakarī
461 Subhruḥ
765 Śuddhā
973 Śuddhamānasā
25 Śuddha vidyāṅkurākāra dvijapaṅkti dvayojvalā
61 Sudhāsāgaramadhyasthā
106 Sudhāsārābhivarṣiṇī
879 Sudhāsrutiḥ
968 Sukhakarī
192 Sukhapradā
681 Sukhārādhyā
531 Śuklasamsthitā
522 Śuklavarṇā
467 Sūkṣmarūpiṇī
506 Śulādyāyudhasampannā
967 Sumaṅgalī
55 Sumerumadhyaśṛṅgasthā
459 Sumukhī
660 Supratiṣṭhā
260 Suptā
463 Suranāyikā
970 Suvāsinī
971 Suvāsinyarcanaprītā
969 Suveṣāḍhyā
915 Svabhāvamadhurā
536 Svadhā
54 Svādhīnavallabhā
504 Svādhiṣṭhānāmbujagatā
535 Svāhā
258 Svapantī
414 Svaprakāśā
764 Svargāpavargadā
638 Svarnagarbhā

914 Svasthā
448 Svastimatiḥ
723 Svatantrā
365 Svātmānandalavī bhūta brahmādyānanda santatiḥ
878 Svātmārāmā
486 Śyāmābhā
259 Taijasātmikā
847 Talodarī
559 Tāmbulapūritamukhī
361 Tamopahā
360 Tanumadhyā
359 Tāpasārādhyā
357 Tāpatrayāgni santapta samāhlādana candrikā
20 Tārākānti tiraskāri nāsābharaṇa bhāsurā
922 Taruṇādityapāṭalā
358 Taruṇī
425 Tat
22 Tāṭankayugalībhūta tapanoḍupa maṇḍalā
107 Taḍillatāsamaruciḥ
363 Tatpadalakṣyārthā
906 Tattvādhikā
908 Tattvamarthasvarupinī
907 Tattvamayī
424 Tattvāsanā
452 Tejovatī
270 Tirodhānakarī
872 Trayī
629 Tridaśeśvarī
984 Triguṇā
763 Triguṇātmikā
627 Trijagadvandyā
983 Trikhaṇḍeśī
986 Trikoṇagā
597 Trikoṇāntaradīpikā
588 Trikūṭā
477 Trilocanā
628 Trimurtiḥ
453 Trinayanā

626 Tripurā
875 Tripuramālinī
976 Tripurāmbikā
978 Tripurāśrivaśaṅkarī
787 Tripureśī
874 Tristhā
760 Trivargadātrī
873 Trivarganilayā
630 Tryakṣarī
762 Tryambakā
262 Turīyā
443 Tuṣṭiḥ
481 Tvaksthā
426 Tvam
848 Udārakīrtiḥ
849 Uddāmavaibhavā
6 Udyadbhānusahasrābhā
633 Umā
281 Unmeṣa nimiṣotpanna vipanna bhuvanāvaliḥ
487 Vadanadvayā
479 Vadanaikasamanvitā
17 Vadana smaramāṅgalya gṛha torana cillikā
496 Vadanatrayasamyutā
640 Vāgadhīśvarī
350 Vāgvādinī
352 Vahnimaṇḍalavāsinī
371 Vaikharīrūpā
892 Vaiṣnavī
497 Vajrādikāyudhopetā
468 Vajreśvarī
944 Vajrinī
18 Vaktralakṣmī parīvāha calan minābha locanā
469 Vāmadevī
351 Vāmakeśī
945 Vāmakeśvarī
332 Vāmanayanā
989 Vāñchitārthapradāyinī
349 Vandārujanavatsalā

348 Vandyā
331 Varadā
518 Varadādiniṣevitā
850 Varṇarūpiṇī
286 Varṇāśramavidhāyinī
333 Vāruṇīmadavihvalā
670 Vasudā
470 Vayovasthāvivarjitā
338 Vedajananī
335 Vedavedyā
652 Vedyavarjitā
904 Vidagdhā
337 Vidhātrī
891 Vidrumābhā
549 Vidyā
402 Vidyāvidyāsvarūpiṇī
451 Vighnanāśinī
346 Vijayā
253 Vijñānaghanarūpiṇī.
902 Vijñānakalanā
651 Vijñātrī
340 Vilāsinī
347 Vimalā
943 Vimānasthā
548 Vimarśarūpiṇī
336 Vindhyācalanivāsinī
887 Viprapriyā
888 Viprarūpā
899 Vīrā
778 Virāḍrūpā
937 Virāgiṇī
898 Vīragoṣṭhipriya
779 Virajā
836 Vīramātā
777 Vīrārādhyā
936 Viśālākṣī
102 Viṣṇugranthivibhedinī
339 Viṣṇumāyā

893 Viṣṇurūpiṇī
834 Viśṛnkhalā
475 Viśuddhicakranilayā
76 Viśukra prānaharana vārāhī vīrya nanditā
889 Viśvabhramaṇakāriṇī
759 Viśvadhāriṇī
334 Viśvādhikā
637 Viśvagarbhā
890 Viśvagrāsā
934 Viśvamātā
256 Viśvarūpā
384 Viśvasākṣiṇī
780 Viśvatomukhī
401 Vividhākārā
835 Viviktasthā
550 Viyadādijagatprasūḥ
837 Viyatprasūḥ
671 Vṛddhā
421 Vyāhṛtiḥ
399 Vyaktāvyaktasvarūpiṇī
400 Vyāpinī
942 Vyomakeśī
883 Yajamānasvarūpini
882 Yajñakartrī
881 Yajñapriyā
769 Yajñarūpā
534 Yākinyambāsvarūpiṇī
474 Yaśasvinī
654 Yogadā
656 Yogānandā
653 Yoginī
655 Yogyā
982 Yonimudrā
895 Yoninilayā
657 Yugandharā

www.ingramcontent.com/pod-product-compliance
Lightning Source LLC
Chambersburg PA
CBHW070934180426
43192CB00039B/2175
* 9 7 8 1 6 8 0 3 7 3 3 8 7 *